Parola a te!

Romana Capek-Habeković
University of Michigan, Ann Arbor

Sandra Palaich
University of Michigan, Ann Arbor

HEINLE
CENGAGE Learning

Australia • Brazil • Japan • Korea • Mexico • Singapore • Spain • United Kingdom • United States

HEINLE
CENGAGE Learning™

Parola a te!
Romana Capek-Habekovic, Sandra Palaich

Executive Editor: Lara Semones
Assistant Editor: Catharine Thomson
Editorial Assistant: Julie Foster
Technology Project Manager: Morgen Murphy
Marketing Manager: Lindsey Richardson
Marketing Communications Manager:
   Stacey Purviance
Content Project Manager: Tiffany Kayes
Creative Director: Rob Hugel
Art Director: Cate Rickard Barr
Senior Print Buyer: Mary Beth Hennebury
Production Service/Compositor: Pre-Press PMG
Text Designer: Joyce Weston
Photo Researcher: Jill Engebretson
Photo Manager: Sheri Blaney
Copy Editor: Christine Cervoni, Camelot Editorial
   Services
Illustrator: Dave Sullivan
Cover Designer: Susan Shapiro
Cover Image: © DeA Picture Library/Getty Images

For product information and technology assistance, contact us at
Cengage Learning Academic Resource Center, 1-800-423-0563

For permission to use material from this text or product, submit all requests online at **www.cengage.com/permissions.**
Further permissions questions can be e-mailed to
permissionrequest@cengage.com.

Library of Congress Control Number: 2007942861

ISBN-13: 978-1-413-02187-5
ISBN-10: 1-413-02187-5

Heinle
25 Thomson Place
Boston, MA 02210-1202
USA

Cengage Learning products are represented in Canada by Nelson Education, Ltd.

For your course and learning solutions, **visit academic.cengage.com.**
Purchase any of our products at your local college store or at our preferred online store **www.ichapters.com.**

Printed in the United States of America
1 2 3 4 5 6 7 12 11 10 09 08

Contents

Capitolo 3: Il Veneto   50

Capitolo 4: L'Emilia-Romagna   78

Capitolo 5: La Toscana   *108*

To the Student

We wrote *Parola a te!* guided and inspired by our students' interest in contemporary Italy both as a country known for a diverse and rich cultural landscape of its regions and a constant and prominent presence on the international scene. Our book will take you on a journey of discovery of faces of Italy that you might not be familiar with. You will learn about the rich history of selected regions, about their traditions and economy, about their people and the dialects they speak, the food they eat, about the famous people born there, and about cities and towns whose fame is based on the economic and cultural impact they generate locally and nationally. The texts that you will read are stimulating and interesting, and you will be able to see how much of today's Italy is a result of centuries of history and tradition. At the same time, through a series of contextualized communicative activities, you will further develop your speaking skills.

The structure of *Parola a te!* is easy to follow, and leaves abundant space for your creativity, both in oral as well as in written form. It also provides you with links to text-related web sites, which will enable you to explore even more different aspects of Italy.

The text is organized in twelve chapters, each of which deals with one region: il Piemonte, la Lombardia, il Veneto, l'Emilia-Romagna, la Toscana, la Liguria, il Lazio, le Marche, la Campania, la Calabria, la Sicilia, and la Sardegna. We chose these particular twelve regions because of their geographical location, cultural differences, and because we felt that they offered the greatest variety of issues to discuss. Each chapter contains the following elements:

• Entriamo nell'argomento

The first section, *Sapevi che...,* highlights some interesting facts about the region. *Prima di leggere* urges you to get acquainted with the vocabulary used in the chapter and practice it before you start reading.

• Profilo della regione

This section introduces the region of a particular chapter in terms of its geographic location, and principal demographic, historic, economic, and cultural properties, as well as the specific aspects of the regional dialect. The readings in *Parola a te!* address a variety of issues pertinent to Italian society and culture in general, but also how they are reflected in different regions as well. In addition, Italian popular culture and the influence of the

United States, as well as your own personal opinions and experiences, serve as bases for your oral and written communication.

• Città, cittadine e paesi and Alcuni personaggi famosi

These are shorter readings that present several important locations within a particular region, and some well-known local personalities, both historic and contemporary. They will provide you with additional input for further development of conversational skills.

• Parole nel contesto

Consists of key words and expressions that will help you understand the chapter's reading and acquire its vocabulary. They appear in several exercises and activities in different contextualized formats, such as matching words, synonyms and antonyms, associations, fill in the blanks, creating sentences, etc.

• Comprensione del testo

Consists of several activities in different formats (associations, questions, matching) based on the reading. The purpose of these activities is to verify and strengthen your understanding of the text and its cultural context.

• Attività comunicative

This section is composed of activities that deal with the functional-situational use of the language. These activities are contextualized, and appear in a variety of formats from dialogues, to role-plays, discussions, analyses, computer-based research, and follow-up discussions. Their main function is to help you develop conversational skills by way of expressing opinions and judgments, defending points of view, formulating questions, analyzing, and creating your own topics of conversation. In other words you are encouraged to communicate in the target language in a variety of ways.

• Sul web

You will be asked to navigate the web, and find additional information on a specific region or its famous personality discussed in the chapter. You will share your findings with classmates. This will further develop your research abilities, analytical thinking, and oral fluency.

• Curiosità

This section includes interesting information about the region, such as various events, customs, particular animals or plants, food, etc. We trust that you will find this information amusing and intriguing.

• Ascoltiamo!

You will have plenty of opportunities to practice your listening comprehension skills. Each chapter features several *Ascoltiamo!* sections whose format varies from filling in the missing vocabulary to answering personal questions.

• Sulla strada

Sulla strada is an authentic video program which follows the main character on his road trip across Italy. It also features interviews with Italians from all walks of life, of different ages and genders, who talk about issues that are important to them. These interviews offer a cross section of life in Italy today. In addition to the cultural information you will learn from the program, you will be challenged to understand the speakers' authentic speech patterns and accents, and this will enable you to self-evaluate the progress of your listening comprehension skills.

• Prova scritta

This section gives you the opportunity to practice your writing skills. You can choose the topic of your composition among several suggested topics related to the chapter's reading. You will be asked to express and substantiate your opinion or point of view.

Our ultimate goal in writing *Parola a te!* was to engage you, the student, in a dialogue with another culture without prejudice and stereotyping, to make you aware that by understanding others you will learn about yourself and your own culture, and in this way expand your own world. It also aims to improve your language skills and expand your knowledge of this fascinating country and thus better prepare you for your future contacts with Italy.

Acknowledgments

The authors would like to express their gratitude to the editing, production, and design team at Heinle Cengage World Languages, and are especially thankful to their helpful and always encouraging editor, Lara Semones. Our warmest thanks go to PJ Boardman, Editor in Chief, Catharine Thomson, Assistant Editor, Morgen Murphy, Technology Project Manager, Esther Marshall, Senior Content Project Manager, and Tiffany Kayes, Content Project Manager for their valuable suggestions, support, and enthusiasm in the process of writing and production of the manuscript.

Heinle Cengage would also like to thank Antonella Giglio, native reader; Christine Cervoni, copyeditor; Joyce Weston, interior design; Susan Shapiro, cover design; and Pre-Press PMG, in particular Roberta Peach, composition and project management.

We are especially thankful to our colleague Silvia Marchetti who proofread the entire manuscript, and gave us lots of constructive feedback. Our thanks also go to our colleague Ivano Presciutti whose comments in the initial stages of the manuscript were very helpful.

Lastly, we would like to thank our husbands Darko and Michael, for their endless patience with their absentee wives and their unwavering support while we worked on the text.

Finally, we extend our thanks to the following reviewers whose constructive comments have helped to shape *Parola a te!*

Deborah Contrada, *The University of Iowa*

Julia Cozzarelli, *Ithaca College*

Patricia DiSilvio, *Tufts University*

Eric Edwards, *The University of Texas at Austin*

Luigi G. Ferri, *University of Central Florida*

Michela Martini, *Cabrillo College*

Giovanna Miceli Jeffries, *University of Wisconsin—Madison*

Gerry Milligan, *College of Staten Island, CUNY*

Michael Papio, *University of Massachusetts, Amherst*

Alicia Ramos, *Hunter College, CUNY*

Giorgio Spanò, *City College of San Francisco*

Anne Urbancic, *University of Toronto*

CAPITOLO 1

Il Piemonte

Profilo della regione

Città, cittadine e paesi

    Torino: la sede della FIAT

    Asti: la città dello spumante e del tartufo bianco

Alcuni piemontesi famosi

    Primo Levi: la voce dell'Olocausto

    Giovanni Agnelli: il monarca della FIAT

Appunti grammaticali

    Per il ripasso dei sostantivi, degli aggettivi e dei verbi **essere** ed **avere**, riferirsi alla pagina 325.

 academic.cengage.com/italian/parola

Sul web

Ascoltiamo

Sulla strada

Entriamo nell'argomento

Sapevi che...

    ...la FIAT è il maggiore produttore italiano di automobili, camion ed altri mezzi di trasporto commerciali?

    ...il nome FIAT sta per la Fabbrica Italiana Automobili Torino?

    ...lo spumante di Asti, i vermut Martini & Rossi e Cinzano sono d'origine piemontese?

Prima di leggere

Prima di leggere il brano sul Piemonte, ti sarà utile il seguente vocabolario:

benessere	viticoltura	pregiato
favorire	ripresa	verificarsi
raggiungere	arrestare	legame

Con l'aiuto del glossario, trova il significato di queste parole e completa i seguenti dialoghi.

1. – Sapevi che l'agricoltura e la _____ contribuiscono notevolmente al _____ economico del Piemonte?
   – Sì, lo sapevo perché mi intendo un po' di vini. Ho letto da qualche parte che il Barolo è uno dei vini più _____ d'Italia.

2. – Il fatto che il paesaggio piemontese _____ lo sviluppo del turismo, non mi sorprende per niente.
   – Nemmeno me. Anzi, penso che il turismo abbia contribuito alla _____ economica della regione.

3. – Nonostante la buona situazione economica del Piemonte, negli ultimi decenni _____ un costante calo delle nascite.
   – Dici che il numero dei bambini ormai _____ i livelli critici?
   – Allora nemmeno l'aumento dell'immigrazione nella zona può _____ il declino del numero degli abitanti.

4. – Mi piace sentire che il Piemonte, pur essendo industrializzato, tiene ancora un forte _____ con il passato.
   – Sì, è bello quando la storia fa parte del presente.

Profilo della regione

Territorio: la seconda regione più estesa d'Italia con 25.400 km²
Capoluogo: Torino
Province: Alessandria, Asti, Biella, Cuneo, Novara, Torino, Verbania e Vercelli
Popolazione: 4.300.000

Geografia: 43% montagne; i fiumi principali sono il Po e il Ticino; gran parte della regione è bagnata dal Lago Maggiore
Clima: continentale; inverni lunghi e freddi, estati calde e afose

 Ascoltiamo! Visita il seguente sito per ascoltare il brano: academic.cengage.com/italian/parola

Quadro economico. Ascolta il brano tre volte: la prima volta per capire il significato generale e la seconda volta inserisci le parole che mancano. Ascolta il brano una terza volta per controllare il contenuto.

L'_____ piemontese è principalmente _____ nelle province di Torino, Novara e Vercelli per via dell'abbondanza di _____ _____ esistente in quelle zone. L'industria più _____ è quella automobilistica, ma anche le industrie tessile, _____, alimentare, grafico-editoriale, dell'_____ e del legno sono molto competitive. L'agricoltura contribuisce notevolmente al _____ economico della regione. Nelle _____ si coltivano mais, _____, _____, barbabietole da zucchero, frutta e ortaggi vari, pioppi e foraggi. Anche l'_____ del bestiame è particolarmente importante per l'economia della regione.

Un po' di storia

	QUANDO?	CHI?	COSA?
a.C.	150.000–100.000 anni fa	i primi uomini	i primi insediamenti documentati nella zona di Torino, prima della nascita del Po
	c. 5000	popoli e tribù di origine celtica, ligure, provenzale e franca	nascono i primi villaggi nella zona e si avvia il commercio
	c. 1000	i Galli	il Piemonte diventa una zona sempre più omogenea grazie all'espansione gallica ed al transito delle merci attraverso la regione
	tra il 173 ed il 125	i Romani	nasce il primo insediamento romano

QUANDO?	CHI?	COSA?
89	i Romani	agli abitanti della Cispadania, cioè la pianura al sud del Po, viene concessa la cittadinanza latina
d.C. V secolo	i Bizantini, i Burgundi, i Goti	crolla l'Impero Romano d'Occidente e sono in corso le invasioni barbariche
568	i Longobardi	Il Piemonte viene occupato dai Longobardi e suddiviso in ducati: Torino, Asti, Ivrea e S. Giulio d'Orta
773	Carlo Magno	il re dei Franchi invade il Piemonte e l'Impero Carolingio impone un proprio ordine sociale
'300	varie dinastie	la regione comincia a diventare un'entità geografica distinta, malgrado la complessa e disgregata situazione politica; la regione è governata da varie dinastie
'600	i Savoia	formazione dello Stato Sabaudo e di un governo statale centralizzato
'600–'800	i Francesi, Napoleone	espansione territoriale ed il susseguirsi di guerre e battaglie contro i francesi
1861	i Savoia	durante il Risorgimento la regione è ancora governata dalla dinastia sabauda; cominciano riforme economiche e sociali; Torino è la prima capitale del nuovo Regno d'Italia
'900		il Piemonte diventa protagonista di importanti sviluppi sociali ed economici: industrializzazione, esplosione del capitalismo italiano; allo stesso tempo, cresce il socialismo e il comunismo italiano; nascono le grandi società industriali, quali la FIAT di Agnelli e la Olivetti; si affermano: il cinema, il telefono, la radio, la televisione, la moda ed il calcio
1970		viene ufficialmente costituita la Regione Piemonte

Quadro economico

L'industria piemontese è principalmente concentrata nelle province di Torino, Novara e Vercelli per via dell'abbondanza di energia elettrica esistente in quelle zone. L'industria più sviluppata è quella automobilistica, ma anche le industrie tessile, chimica, alimentare, grafico-editoriale, dell'abbigliamento e del legno sono molto competitive.

L'agricoltura contribuisce notevolmente al benessere economico della regione. Nelle pianure si coltivano mais, riso, patate, barbabietole da zucchero, frutta e ortaggi vari, pioppi e foraggi. Anche l'allevamento del bestiame è particolarmente importante per l'economia della regione.

Infine, le bellezze naturali e l'architettura barocca, ben preservata in molte città piemontesi, favoriscono il turismo che è un altro settore molto importante per l'economia della regione.

Cucina

Una gran parte del Piemonte è ricca di colline, il che favorisce la produzione di ottimi vini. La tradizione della viticoltura è introdotta per la prima volta dai Greci nei secoli VI–V a.C., però durante il dominio dell'Impero Romano viene estesa per tutto il territorio. Nei secoli successivi la viticoltura continua a svilupparsi nonostante alcuni periodi di ristagno, come per esempio, nel Medioevo. Durante il regno dei Savoia, nel secolo XVIII, le tecniche di viticoltura sono perfezionate ed i vini piemontesi cominciano ad essere conosciuti per la loro altissima qualità. Le zone vinicole principali sono le Langhe ed il Roero, il cui vitigno più diffuso, il Nebbiolo, dà origine ad uno dei più rinomati vini d'Italia—il Barolo. Nella zona di Monteferrato si producono il Barbera, il Grignolino, il Dolcetto ed il Moscato, dal quale origina lo spumante di Asti, un vino dolce pregiato in tutto il mondo. I vermut Martini & Rossi e Cinzano sono anch'essi d'origine piemontese.

Società

La seconda guerra mondiale ha quasi distrutto il Bel Paese. Mentre gli italiani cercano di ricostruire le città distrutte dai bombardamenti degli Alleati, l'industria comincia a fare piccoli passi verso la ripresa economica. Inizia l'esodo dal Meridione di gente in cerca di lavoro; le mete principali sono gli Stati Uniti, l'America del Sud e l'Italia del Nord, in particolare Torino. I successivi cambiamenti demografici causano forti tensioni sociali tra i settentrionali ed i meridionali. Anche oggi Torino ed altre città del Nord industriale sono la meta preferita degli immigrati provenienti dall'Est europeo, dall'Africa e dall'Asia. L'aumento della popolazione straniera nella regione ha prodotto anche un effetto negativo e cioè un maggior numero di tensioni e conflitti sociali causati dal razzismo e dalla xenofobia.

Allo stesso tempo in Piemonte, come nel resto d'Europa e del Nord Italia, negli ultimi decenni si è verificato un costante calo delle nascite. Di conseguenza l'invecchiamento della popolazione piemontese ha raggiunto livelli critici. Cosa significa tutto ciò? Vuol dire che neanche aumentando l'immigrazione nella regione si potrà arrestare il declino del numero complessivo degli abitanti. Questo fenomeno è dovuto non solo ai bassi tassi di fecondità, ma anche a una forte crescita della vita media.

Nonostante l'alto livello di industrializzazione della regione, in un certo senso il Piemonte conserva ancora oggi un forte legame con il passato, visto che nella regione si trova una delle più alte concentrazioni di piccoli proprietari contadini ed il maggior numero di piccoli borghi e villaggi. Vi si trovano più di mille comuni con fino a 10.000 abitanti e solo sette con più di 50.000 abitanti.

In dialetto

Scrivoma an piemontèis.

1. Leggi i seguenti proverbi in dialetto piemontese.

   a. *A i'è pi guai che piasi.*   Ci sono più guai che piaceri.

   b. *Dop la piouva ai ven el sù.*   Dopo la pioggia viene il sole.

   c. *Ant is mund gnun a l'è cuntent.*   In questo mondo nessuno è contento.

2. Cosa significano questi proverbi?

   a. _____

   b. _____

   c. _____

Parole nel contesto

A. Cosa vuol dire? Scegli il significato più adatto in base al testo appena letto.

   1. una regione estesa

      a. un'area limitata   **b.** una zona vasta

   2. una situazione disgregata

      a. una situazione frammentata   **b.** una situazione disintegrata

   3. un'industria tessile

      a. produce stoffe   **b.** lavora il pellame

   4. i prodotti alimentari

      a. gli elettrodomestici   **b.** le cose da mangiare

   5. l'industria dell'abbigliamento

      a. produce mobili   **b.** produce vestiti

B. Industrie e prodotti. Prova a elencare almeno tre prodotti per ciascuna delle seguenti industrie.

   1. l'industria tessile: _____

   2. l'industria chimica: _____

   3. l'industria alimentare: _____

   4. l'industria grafico-editoriale: _____

   5. l'industria dell'abbigliamento: _____

   6. l'industria del legno: _____

C. Associazioni. In coppie, create delle frasi complete con le seguenti espressioni.

   1. vinicolo _____

   2. le patate _____

   3. il vino _____

   4. pregiato _____

Comprensione del testo

A. Parliamo di storia. Prima abbina i concetti logicamente collegati.

1. le invasioni barbariche   _____ il re dei Franchi

2. la Cispadania   _____ periodo storico dell'unificazione d'Italia

3. Carlo Magno   _____ tribù celtiche, liguri, provenzali e franche

4. la nascita del capitalismo italiano   _____ il ventesimo secolo

5. l'omogeneizzazione culturale   _____ i Goti, i Bizantini, i Burgundi

6. il Risorgimento   _____ ottiene la cittadinanza romana

7. la nascita del commercio   _____ i Galli

Adesso scrivi l'ordine cronologico degli eventi:

_____

B. Da definire. Abbina in modo logico i vocaboli alle definizioni.

1. Il Po ed il Ticino   _____ è il genere artistico-letterario del Seicento.

2. Il Lago Maggiore   _____ è un albero.

3. L'industria automobilistica   _____ sono i fiumi più grandi del Piemonte.

4. Il pioppo   _____ è in fase di crescita.

5. I foraggi   _____ è il settore più sviluppato dell'economia piemontese.

6. L'allevamento del bestiame   _____ bagna il Piemonte e la Lombardia.

7. Il barocco   _____ servono per nutrire il bestiame.

C. Vero o falso? In coppie, decidete se le frasi sono vere o false. Se sono false, spiegate perché.

____ 1. Il Piemonte è la regione più estesa d'Italia.

____ 2. Le pianure occupano più della metà del territorio.

____ 3. Il clima è mediterraneo.

____ 4. Lo sviluppo dell'industria è rallentato a causa della scarsità di energia elettrica.

____ 5. L'agricoltura è un settore economico molto importante.

____ 6. Uno dei vini più rinomati è il Barolo.

____ 7. Il turismo non è molto sviluppato.

D. Domande e risposte. Rispondi alle domande in modo completo.

1. Qual è il primo popolo a scoprire la zona del Piemonte?
2. Quale popolo è responsabile dello sviluppo del commercio nella zona?
3. Quando comincia la presenza romana nella zona?
4. Che cosa fanno I Longobardi nella regione?
5. Quale dinastia ha avuto l'impatto più duraturo sulla regione?
6. Torino è da diversi secoli una città importante per la storia e l'economia del Paese. Perché?

Cuciniamo insieme!

La cucina piemontese vanta tanti piatti saporiti, dagli antipasti ai dolci. Leggi la ricetta e rispondi alle domande.

Fonduta alla piemontese

Ingredienti: 4 gr. di fontina, 40 gr. di burro, 2 dl di latte, 4 tuorli, sale

Preparazione: Tagliare la fontina a pezzetti e lasciarla nel latte per 3 ore. Poi trasferire il formaggio ben sgocciolato nel burro sciolto. Mescolare bene a caldo affinché il composto diventi cremoso e non faccia più fili. A questo punto unire le uova ed il sale. Servire calda con crostini di pane.

---

1. Come si chiama il formaggio usato in questa ricetta?
2. L'hai mai assaggiato? Ti è piaciuto?
3. Per quanto tempo la fontina si deve lasciare nel latte?
4. Come devono essere il burro e il composto?
5. Con che cosa si serve la fonduta?
6. Avete mai fatto una fonduta?

Attività comunicative

A. Un cliente difficile. In coppie, create un dialogo tra un cameriere e un cliente molto difficile che non riesce a decidere quale vino bere con certi piatti. Il cameriere, che è piemontese, suggerisce naturalmente i vini piemontesi.

Per cominciare:

CAMERIERE: Signore, cosa desidera per l'aperitivo?
CLIENTE: Veramente, non lo so. Cosa suggerisce Lei?

B. Un compleanno. In gruppi, state organizzando una festa di compleanno per un vostro amico. Descrivete cosa vi serve da mangiare e da bere e come vi immaginate la festa.

Per cominciare:

STUDENTE 1: Secondo me, non dobbiamo invitare più di dieci persone...
STUDENTE 2: Ma perché no? L'appartamento e abbastanza grande...

C. Al negozio. Vai in un negozio che ha una buona scelta di vini italiani. Fai una lista dei vini piemontesi, inclusi i prezzi. Scambia la tua lista con quelle dei tuoi compagni di classe.

D. L'immigrazione illegale. Lavorate in gruppi. In Piemonte l'afflusso di immigrati illegali ha causato tensioni razziali. Qual è, secondo te, l'impatto dell'immigrazione illegale in una società? Perché? Quali potrebbero esserne le soluzioni?

Per cominciare:

STUDENTE 1: Secondo me, l'immigrazione illegale produce tensioni perché...
STUDENTE 2: Non dovrebbe essere così perché...

 Sul web

A. Il vino. Fai una ricerca su alcuni dei vini piemontesi più famosi e descrivi le loro caratteristiche. Informa la classe sui risultati della tua ricerca.

B. La tradizione emigratoria. Trova delle informazioni su emigrati italiani che producono il vino in qualche regione degli Stati Uniti.

academic.cengage.com/italian/parola

Città, cittadine e paesi

Torino: la sede della Fiat

Torino è il capoluogo del Piemonte e la quarta città d'Italia per numero di abitanti e per importanza economica. Oggi Torino ha quasi un milione di abitanti per via dell'intensa emigrazione di lavoratori provenienti dal Sud nell'immediato dopoguerra e delle diverse industrie che ancora oggi offrono delle opportunità di lavoro. La più forte è l'industria automobilistica, a cui si affiancano anche la metalmeccanica e l'industria aeronautica. Sono molto competitive anche le industrie della gomma, della plastica, dei materiali tessili, della carta, del vetro, dell'abbigliamento, dell'agricoltura, oltre a quelle dolciaria e grafico-editoriale.

Una vista di Torino con la famosa Mole Antonelliana

Quando si parla dell'industria torinese si pensa subito alla FIAT, il maggiore produttore italiano di automobili, camion ed altri mezzi di trasporto commerciali. La Punto, la Stilo, la Panda, la Seicento, l'Idea e l'Ulysse sono soltanto alcuni dei modelli più conosciuti e venduti non solo in Italia, ma in Europa e nel resto del mondo. La FIAT, ovvero «Fabbrica Italiana Automobili Torino», è una società fondata nel 1899 da alcuni industriali, tra cui Giovanni Agnelli *senior*. Il primo successo della fabbrica si verifica durante la prima guerra mondiale con la produzione di serie di autoveicoli. L'attività della fabbrica si è estesa al settore ferroviario, a quello aeronautico e navale, alle macchine usate nell'edilizia e nell'agricoltura, nonché ai settori elettronico e nucleare. Oggi molti paesi costruiscono o montano auto su licenza FIAT. Nel corso degli anni la FIAT ha acquistato altri marchi come Lancia, Ferrari, Alfa Romeo e Maserati. Le società FIAT operano in oltre sessanta paesi, inclusi gli Stati Uniti. La FIAT è anche presente nel campo assicurativo, nei settori mobiliare e alimentare come pure nei servizi finanziari.

Un po' di storia

Torino viene fondata dai Taurini nel secolo I a.C. e diventa una colonia militare romana. Nel corso dei secoli la città è governata da varie dinastie e signorie. Molte volte è assediata dai francesi e dagli spagnoli, che influiscono tanto sulla cultura del Piemonte. Nel 1563 Torino diventa la capitale del ducato dei Savoia. Nonostante gli assedi i Savoia governano la città per quasi novecento anni. Nel 1861 Vittorio Emanuele II diventa il primo re dell'Italia unita. Torino, essendo il centro politico e culturale del Risorgimento (il periodo storico durante il quale avviene l'unificazione d'Italia), contribuisce notevolmente alla realizzazione del sogno di un'Italia unita. Dal 1861 al 1865 la città è la prima capitale della nuova monarchia. Durante la seconda guerra mondiale Torino è bombardata intensamente dagli Alleati e subisce enormi danni.

Società

Torino è oggi una delle più dinamiche città italiane ed i suoi palazzi, monumenti, chiese, musei e piazze attirano moltissimi turisti. Tra le chiese più famose bisogna menzionare il Duomo rinascimentale, dedicato a San Giovanni Battista. In questa chiesa, nella Cappella della Santa Sindone, si trova il Santo Sudario (il panno di lino che, secondo la tradizione, copriva la faccia di Gesù dopo la morte), la più importante reliquia a Torino, che continua a suscitare l'interesse degli studiosi che cercano di verificarne l'autenticità. Da vedere sono anche la chiesa di San Lorenzo, progettata dal famoso architetto Guarino Guarini, il Museo d'Arte Antica, il Museo delle Antichità Egizie, il Museo Nazionale del Risorgimento, il Museo delle Armi (uno dei più ricchi d'Europa), la Galleria Sabauda, il Palazzo Madama ed il Palazzo Reale, che è stato la sede dei Savoia fino al 1865. Per gli appassionati di arte contemporanea c'è anche la Galleria dell'Arte Moderna, nella quale si potrebbero trascorrere anche diverse ore. Torino rappresenta un'interessante continuità tra l'antico e l'ultramoderno, tra il passato ed il presente, qualità che ha dimostrato a tutto il mondo durante i XX giochi olimpici invernali del 2006.

Comprensione del testo

A. Completiamo. Completa le frasi usando le informazioni presenti nel testo appena letto.

    1. Il capoluogo del Piemonte è _____.

    2. La città ha _____ di abitanti.

    3. La popolazione è aumentata grazie all' _____ nel dopoguerra.

    4. L'industria più importante è _____.

    5. _____ è fondata nel 1899.

    6. Oggi la fabbrica produce _____.

    7. Giovanni Agnelli *senior* è _____.

    8. Dal 1861 al 1865 Torino è _____.

    9. Il Santo Sudario si trova _____.

    10. Gli ultimi giochi olimpici invernali hanno avuto luogo a _____ nel _____.

B. Il vocabolario. Guarda l'immagine e completa la lista con il vocabolario mancante.

il cruscotto, l'accensione, il _____, il clacson, il contagiri, il contachilometri, il pedale della frizione, il pedale del freno, l'_____, la leva del freno a mano, la leva del cambio, il parabrezza, il tergicristallo, il _____.

C. Identifichiamo. Osserva l'immagine e abbina le parole con le parti dell'auto corrispondenti.

il cofano
i proiettori anteriori
le frecce
i fanalini di coda
il paraurti
la targa
la ruota
lo pneumatico
il portabagagli

D. L'automobile. Come funziona l'automobile? Pensa a ciò che fai di solito mentre guidi e inserisci le parole mancanti.

1. Prima di cominciare a guidare devo _____.

2. Per aumentare la velocità metto il piede _____.

3. Se voglio cambiare corsia, devo usare _____.

4. Per fermare la macchina premo _____.

5. Quando guido di notte uso _____.

6. Se piove accendo _____.

7. Ogni tanto devo pulire _____ per vedere meglio.

E. Cosa vuol dire? Con l'aiuto del dizionario, spiega in inglese il significato delle seguenti espressioni.

frenare _____

mettere in moto l'auto _____

i proiettori anteriori _____

in prima, in folle, in retromarcia _____

il portabagagli _____

la ruota _____

F. Le parole composte. Nel vocabolario che accompagna le immagini ci sono alcuni sostantivi composti da due parole: un verbo e un sostantivo. Cerca di spiegare il significato dei due elementi che compongono ciascuna parola.

1. il contagiri: _____ e _____

2. il contachilometri: _____ e _____

3. il parabrezza: _____ e _____

4. il tergicristallo: _____ e _____

5. il portabagagli: _____ e _____

Attività comunicative

A. La famiglia su quattro ruote. In coppie, chiedi al tuo compagno/alla tua compagna cosa guidano i membri della sua famiglia e perché.

Per cominciare:

STUDENTE 1: Che tipo di auto ha tuo padre? Perché gli piace?
STUDENTE 2: Lui ha una Focus perché...

B. L'autonoleggio. Lavorate in coppie. Siete in Italia e cercate di noleggiare una macchina. Create il dialogo tra il cliente e l'impiegato di un autonoleggio. I seguenti vocaboli vi saranno utili: al giorno, a settimana, il chilometraggio, a chilometraggio illimitato, la benzina, il serbatoio, a due/quattro porte, lasciare un deposito, l'assicurazione con copertura integrale, la patente, la carta di credito, firmare il contratto, restituire la macchina.

Per cominciare:

AGENTE: Buongiorno! Che tipo di macchina desidera?
CLIENTE: Vorrei un' auto con il cambio...

C. Voglio una macchina! In gruppi, vi trovate da un autoconcessionario. Uno di voi è il venditore che vuole vendere certi modelli e marche di automobili. Gli altri sono i clienti: un ragazzo di venti anni, una giovane signora con tre figli, un giardiniere, un avvocato di trent'anni e un uomo sui settant'anni.

Per cominciare:

VENDITORE: Buongiorno! È la prima macchina che compra?
CLIENTE 1: Sì, e vorrei vedere una FIAT Seicento.

D. Quanto e in che cosa spendono gli italiani? Lavorate in gruppi. La macchina è sempre una grande spesa per la famiglia. Quali sono le altre? Secondo i dati dell'Istituto nazionale di statistica (Istat), nel 2004 la famiglia italiana media ha speso circa 2.381 euro al mese (1.915 nel sud, 2.689 nel nord!). La seguente tabella contiene l'analisi di spese familiari in Italia. Leggetela!

Categoria	Ammontare	Percentuale
Alimentari e bevande	453 euro	19%
Non alimentari:	1.928 euro	81%
Tabacchi	19 euro	0,8%
Abbigliamento e calzature	157 euro	6,6%
Abitazione	607 euro	25,5%
Combustibili ed energia elettrica	112 euro	4,7%
Arredamenti, elettrodomestici e servizi per la casa	150 euro	6,3%
Servizi sanitari e spese per la salute	90 euro	3,8%
Trasporti	338 euro	14,2%
Comunicazioni	50 euro	2,1%
Istruzione	29 euro	1,2%
Tempo libero e cultura	114 euro	4,8%
Altri beni e servizi	260 euro	10,9%

Source: www.istat.it/salastampa/comunicati/non_calendario/20050803_00/testointegrale.pdf

Adesso interpretate i dati contenuti nella tabella. Che cosa vi dicono della vita di una famiglia media in Italia? Secondo voi, queste spese mensili differiscono da quelle americane? In che senso? Quali sono le spese sostenute dalla vostra famiglia?

Per cominciare:

STUDENTE 1: Mi sorprende che gli italiani spendano solo...

STUDENTE 2: La tabella vuol dire che gli italiani...

STUDENTE 3: Nella mia famiglia non si spende tanto in...

Sul web

A. Torino. Guarda le immagini di Torino. Com'è la città? Che atmosfera ha? Ti sembra tipicamente italiana? Perché?

B. La FIAT. Trova delle informazioni sulla vendita delle FIAT negli Stati Uniti e della sua cooperazione con le grandi case automobilistiche americane.

academic.cengage.com/italian/parola

Asti: la città dello spumante e del tartufo bianco

Tutto il mondo conosce lo spumante Asti.

Chi non conosce lo spumante Asti? Anche chi non beve il vino ha senz'altro visto questo marchio nelle enoteche e nei supermercati di tutta America. Asti è infatti nota in tutto il mondo per la sua produzione vinicola. Il vino è da sempre nella cultura e nella tradizione astigiana: introdotto dai Greci nel secolo I a.C., i Romani ne migliorano poi le tecniche di produzione. Oggi la cultura del vino si riflette anche nel fatto che nella zona ci sono numerose cantine, botteghe e musei dedicati al vino.

Asti non è importante solo per i suoi rinomati vini: ricca di arte e cultura, è anche la città natia di Vittorio Alfieri, uno dei grandi letterati del '700. Asti è anche la sede del palio di Asti, meno noto di quello di Siena, ma ugualmente affascinante.

Le colline circostanti la città sono anch'esse famose, ma per un raro e costosissimo frutto della terra usato in molti piatti gastronomici, non solo italiani. Si chiama *Tuber magnatum pico,* ma forse lo conoscete meglio con il nome di tartufo bianco. Raro e prezioso, questo tartufo è il più apprezzato ed il più ricercato dagli *chef* internazionali per i suoi pregi culinari e le sue caratteristiche particolari. Ha un profumo intenso e un sapore unico; basta usarne una piccolissima quantità per arricchire un cibo speciale. Ha l'aspetto di una patata irregolare e bruttina; ma sapete quanto costa? Il prezzo di un pezzetto di circa 50 grammi (c. 2 once) può raggiungere più di 160 euro (220 dollari)! Si vende fresco, conservato o come ingrediente in oli ed altri prodotti gastronomici. Lo cavano i tartufai accompagnati da cani da tartufo specialmente addestrati, di cui le razze più usate sono il lagotto romagnolo (l'unica razza riconosciuta ufficialmente come specializzata nella ricerca del tartufo), il border collie, il pointer, il setter, lo spinone italiano ed il bracco italiano.

Parole nel contesto

Cosa vuol dire? Spiega il significato delle seguenti parole.

1. astigiano _____

2. tartufaio _____

3. cantina _____

4. gastronomico _____

5. cavare _____

Comprensione del testo

Domande e risposte. Rispondi alle seguenti domande in modo completo.

1. Per quale prodotto è conosciuta la città di Asti?
2. Quale grande letterato è nato ad Asti?
3. Com'è il Palio di Asti in confronto al Palio di Siena?
4. Che cosa fanno i cani da tartufo?

 Sul web

Il Palio di Asti. Trova ulteriori informazioni sul Palio di Asti e poi rispondi alle seguenti domande. Trova anche delle foto e dei video e guardali per capire meglio l'atmosfera del Palio.

1. Dove e quando ha luogo il Palio di Asti?

2. Chi ci partecipa? Chi sono gli sbandieratori e gli scudieri?
3. Secondo te, questa gara è pericolosa? Perché?
4. Hai notato qualcosa di strano nelle foto e nei video del Palio?

academic.cengage.com/italian/parola

 Ascoltiamo! Visita il seguente sito per ascoltare il brano: academic.cengage.com/italian/parola

Gli Eiffel 65. Ascolta il brano due volte e rispondi alle domande che seguono.

1. Quando è stato fondato il gruppo Eiffel 65?
2. Da dove proviene il loro nome?
3. Dove ha vissuto Jeffrey Jay?
4. Quali musicisti lo hanno influenzato?
5. Che tipo di formazione musicale ha Maurizio Lobina?
6. In che cosa consiste il loro successo?

Curiosità

Il tartufo è stato scoperto – presumibilmente – dai Babilonesi 5000 anni fa.

Al tempo degli antichi Greci l'origine del tartufo era attribuita al combinarsi delle piogge autunnali con il tuono.

Alcuni piemontesi famosi

Primo Levi: la voce dell'Olocausto (1919–1987)

Primo Levi nasce a Torino nel 1919. La sua famiglia era ebrea liberale, di origine spagnola. Levi comincia a studiare chimica all'università di Torino dove si laurea, nel 1941, nonostante le leggi razziali imposte dal governo fascista di Mussolini che proibivano agli ebrei di frequentare l'università. A causa della sua religione Levi ha anche difficoltà a trovare lavoro, ma finalmente dopo due anni ci riesce. Nel 1943, quando i tedeschi invadono l'Italia settentrionale, Levi fugge in montagna e raggiunge un gruppo di partigiani. Subito dopo è arrestato dai fascisti e deportato nel campo di concentramento di Auschwitz. Lì passa dieci mesi terribili, sopravvivendo grazie alla sua professione di chimico: i tedeschi lo mettono a lavorare in una fabbrica di gomma sintetica situata nella prigione. I ricordi delle sofferenze e degli orrori visti in quei dieci mesi trascorsi ad Auschwitz tormentano Levi per tutta la vita. Dei 650 ebrei imprigionati durante la sua cattività, solo 20 sopravvivono alle inimmaginabili torture. L'esercito russo finalmente libera i prigionieri nel 1945.

Ritornato in Italia, Levi riprende il suo lavoro di chimico industriale alla ditta SIVA di Torino e si sposa. Subito dopo comincia a scrivere delle esperienze fatte ad Auschwitz, dalle quali scaturiscono due biografie: *Se questo è un uomo* (1947) e *La tregua* (1958). Seguono altre due biografie che hanno un notevole successo: *Lilìt e altri racconti* (1971),

Primo Levi

in cui l'autore scrive di alcuni personaggi che ha conosciuto nel campo di concentramento e *Il sistema periodico* (1975), una raccolta di episodi della vita del narratore collegati in vari modi agli elementi chimici. Infatti, una buona parte del suo discorso letterario è basata sulla contaminazione del testo narrativo con elementi scientifici, cioè chimici. Dal 1977 Levi si dedica completamente alla scrittura essendosi dimesso dalla SIVA. Tra le sue opere narrative bisogna ricordare: *Storie naturali* (1966), la sua migliore raccolta di racconti, *La chiave a stella* (1978), il romanzo *Se non ora, quando?* (1982), *L'altrui mestiere* (1985) e *Racconti e saggi* (1986).

Nel suo ultimo libro, *I sommersi e i salvati* (1986), Levi analizza l'ideologia nazista che ha causato l'Olocausto e conclude che non potrà mai perdonare ai tedeschi ciò che hanno fatto a coloro che non appartenevano alla razza ariana.

Le profonde e continue sofferenze di Levi culminano nel suo suicidio, avvenuto nel 1987. Nelle sue opere Primo Levi rappresenta la capacità di sopravvivenza dell'uomo di fronte alle esperienze fisiche e psicologiche più orrende, e dimostra anche la fragilità dell'animo, che può essere facilmente indotto a compiere atti di crudeltà disumana quando le circostanze lo richiedono.

Le opere di Levi sono state tradotte in molte lingue straniere e godono di una fama internazionale.

Comprensione del testo

Cronologia. Abbina in modo logico le date della colonna A agli eventi storici della colonna B.

A

1. Nel 1919
2. Nel 1941
3. Nel 1943
4. Nel 1945
5. Nel 1987

B

_____ Levi si suicida.
_____ i fascisti arrestano lo scrittore.
_____ l'autore nasce.
_____ si laurea in chimica.
_____ Auschwitz è stata liberata.

Attività comunicative

A. Un film. Hai mai visto i film *La vita è bella*, *La notte di San Lorenzo*, *Il giardino dei Finzi Contini* o *La tregua*? Narra alla classe la trama di un film che hai visto e che tratta dell'Olocausto e/o la seconda guerra mondiale.

B. Un problema attuale. In coppie, parlate dei problemi del razzismo esistente ancora oggi negli Stati Uniti e di come esso potrebbe essere sradicato. Poi presentate le vostre soluzioni alla classe.

Spunti per la conversazione:

1. Esiste ancora il razzismo nella tua città? Come si manifesta?
2. Sei mai stato testimone di un atto vile causato dal razzismo o dalla xenofobia?
3. Come si può sradicare il razzismo? Pensi che la tua generazione sia meno razzista di quella precedente? Perché?

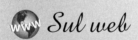 *Sul web*

A. Benito Mussolini e il fascismo. Cerca delle informazioni sull'ascesa al potere del dittatore italiano e sull'impatto che la sua al-leanza con Hitler ha avuto durante la seconda guerra mondiale.

B. L'architettura fascista. Fai una ricerca sull'architettura del periodo fascista. Guarda le immagini delle opere architettoniche e cerca di descriverle.

Come sono? Si vedono le tracce dello stile classico? Qual'era, se-condo te, il messaggio che trasmettevano gli edifici costruiti in questo stile?

C. Primo Levi. Fai una ricerca sulla pubblicazio-ne delle opere di Primo Levi in lingua inglese. Come sono stati tradotti i titoli?

academic.cengage.com/italian/parola

Giovanni Agnelli: Il monarca della Fiat (1921–2003)

Playboy, industriale, «monarca», emblema del capitalismo italiano; chi si nasconde dietro questi epiteti pittoreschi? Certamente uno dei personaggi pubblici più memorabili del Novecento italiano.

Il nome di Giovanni Agnelli, meglio conosciuto come «l'Avvocato», sarà per sempre legato alla FIAT. Nipote del mitico Giovanni *senior*, uno dei soci fondatori della FIAT, Giovanni *junior*, detto Gianni, nasce in una famiglia di industriali italiani. Nonostante la sua grandezza, fino a pochi anni fa la FIAT è stata un'azienda a conduzione familiare. Gianni impara il mestiere lavorando in azienda e seguendone lo sviluppo: da produttore locale di veicoli industriali ad un'importante *holding* multinazionale. I suoi «maestri» sono stati il nonno Giovanni e Vittorio Valletta, il leggendario presidente della FIAT al quale si attribuisce non solo la modernizzazione dell'azienda ma anche l'apertura del sistema industriale italiano al mercato internazionale.

* * *

Avviata nel 1903, la FIAT all'inizio produceva motori per navi ed aeroplani, ma poi entra nei settori siderurgico, ferroviario e delle macchine agricole. Con il boom dell'industria automobilistica negli anni '50 la FIAT diventa il più grande complesso industriale privato italiano. Sotto la guida di Gianni Agnelli diventa finalmente una *holding* multinazionale nel 1966.

Nel corso di pochi decenni la FIAT acquisisce il controllo di varie case automobilistiche italiane, come, ad esempio, l'Abarth, l'Alfa Romeo, l'Autobianchi, la Ferrari e la Lancia; mentre oggi controlla anche società in settori diversi: da quello dei beni di largo consumo, alle assicurazioni, all'editoria.

L'Avvocato per molti anni è stato l'unico vero e proprio emblema del capitalismo italiano. Dopo la seconda guerra mondiale il suo predecessore, Valletta, aveva posto le basi per la crescita della FIAT favorendo l'immigrazione dal Mezzogiorno e conducendo con pugno di ferro le trattative con i sindacati. In questo periodo diventano famosissimi i prodotti della FIAT come, ad esempio, la Lambretta, uno scooter analogo alla Vespa, e macchine come le mitiche Cinquecento e Seicento. L'Avvocato è stato spesso paragonato ad un vero e proprio monarca per via dell'impatto che la famiglia Agnelli ha avuto sull'economia italiana (la vera famiglia reale, quella dei Savoia, era stata esiliata nell'immediato dopoguerra). Il suo compito, però, si rivela tutt'altro che facile: Agnelli deve affrontare i momenti più difficili del capitalismo italiano: manifestazioni studentesche, lotte operaie, nonché gli scioperi ed i picchetti degli «autunni caldi» degli anni '60. Questi «moti proletari» mettono in grave difficoltà la produzione industriale e la competitività della FIAT.

Come si comporta Agnelli? Adottando un atteggiamento conciliante, il grande equilibrista riesce a calmare la situazione e a far emergere la competitività della FIAT. Così negli anni '70 viene eletto Presidente della Confindustria (Confederazione nazionale degli industriali).

Gli anni '70 sono stati particolarmente difficili per la FIAT—e per l'Italia—a causa del «terrorismo rosso» e dei gravi problemi economici accentuatisi durante la crisi petrolifera. Non funzionavano più il «pugno di ferro» di Valletta, né la «linea morbida» di Agnelli: i problemi culminano nel famoso «sciopero dei 35 giorni». Agnelli, tuttavia, riesce a placare la tempesta e l'azienda torinese viene rilanciata sul mercato internazionale.

Grazie ai suoi straordinari successi Agnelli si consolida sempre più come il re *virtuale* dell'Italia, ed i suoi vezzi (soprattutto il famoso orologio sopra il polsino e le scarpe scamosciate) vengono addirittura imitati come modelli di stile e di raffinatezza. Famosissima anche la sua passione per il calcio, specialmente per l'amata Juventus, le cui partite però egli seguiva soltanto fino al primo tempo.

Nel 1991 è nominato senatore a vita dall'allora Presidente della Repubblica Francesco Cossiga e nel 1996 decide di lasciare la FIAT. Dopo una serie di tragedie personali (la morte prematura del nipote Giovannino ed il suicidio del figlio Edoardo) muore nel 2003 a seguito di una lunga malattia. I suoi funerali, seguiti da un'enorme folla, sono trasmessi in diretta dalla RAI.

Negli ultimi anni continua l'erosione della posizione di mercato della FIAT, a causa della scadente qualità delle automobili e della crescente concorrenza da parte delle case automobilistiche straniere. Allo stesso tempo continuano anche le critiche rivolte alla famiglia Agnelli e a tutto il sistema di agevolazioni economiche che da anni i governi italiani elargiscono al colosso FIAT. Nel 2000 la General Motors instaura un rapporto di *joint venture* con la FIAT, ma questo è caratterizzato da tensioni e difficoltà tali che l'associazione finisce col disciogliersi nel febbraio del 2005.

Parole nel contesto

A. Sinonimi. Trova nel testo i sinonimi delle seguenti parole.

1. re
_____

2. mitico
_____

3. rapido sviluppo
_____

4. eleganza
_____

5. grande gruppo di persone
_____

6. negoziazione
_____

7. pubblicazione di libri
_____

8. macchina
_____

9. far emergere
_____

B. Come si dice? Trova nel testo le espressioni che significano le frase seguenti.

1. il periodo di proteste studentesche e operaie negli anni '60
_____

2. sotto la direzione di
_____

3. lo stile di gestione autoritario
_____

4. penetrare nuovi mercati

_____

5. il Sud d'Italia

_____

6. imparare (a svolgere) una professione

_____

7. l'attività terroristica delle Brigate Rosse negli anni '70

_____

C. Aggettivi. Nel testo ci sono parecchi aggettivi derivati da sostantivi. Scrivi gli aggettivi che derivano dai seguenti vocaboli.

1. studente _____

2. Torino _____

3. amore _____

4. pittore _____

5. famiglia _____

6. mito _____

7. industria _____

8. automobile _____

9. agricoltura _____

10. re _____

Comprensione del testo

Rispondiamo. Rispondi alle domande.

1. Chi ha fondato la FIAT e quando?

2. Cosa produceva la FIAT all'inizio?

3. Qual è la differenza principale tra lo stile manageriale di Valletta e quello di Agnelli?

4. Quali sono stati gli incarichi più importanti di Giovanni Agnelli?

5. Quali problemi ha dovuto affrontare la FIAT negli anni '60?

6. Quali problemi hanno caratterizzato gli anni '70 in Italia?

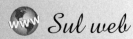

Sul web

A. La Confindustria. Fai una ricerca sulla Confindustria e prova a rispondere alle seguenti domande. Confronta le tue risposte con quelle di un compagno/una compagna.

1. Che cosa è la Confindustria?
2. Quante imprese ne fanno parte?
3. Che tipo di imprese raggruppa?
4. Qual è il fine di questa organizzazione?
5. Negli Stati Uniti esiste qualche organizzazione affine alla Confindustria?

B. La musica elettronica. Qual è il gruppo musicale italiano che ha venduto più dischi negli Stati Uniti? Guarda i loro video e l'intervista che hanno fatto per CNN. Che ne pensi? La loro musica somiglia a quella di qualche gruppo americano o internazionale che conosci? Conoscevi la loro musica prima di leggere questo testo? Sapevi che erano italiani?

academic.cengage.com/italian/parola

Ascoltiamo!
Visita il seguente sito per ascoltare il brano: academic.cengage.com/italian/parola

Domande personali: io, autista. Ascolta ogni domanda due volte e rispondi sia in voce che in scritto.

1. _____
2. _____
3. _____
4. _____
5. _____

Visita il seguente sito per guardare il video: academic.cengage.com/italian/parola

 *Sulla strada*

Dal meccanico

Ascolta la conversazione tra Marco e il meccanico e completa il brano.

MARCO: Piacere! Io e la mia Mini abbiamo fatto più o meno

_____ _____ _____,

forse più. Dovrei fare un _____ _____ e un cambio d'olio, di conseguenza. Siccome è il primo controllo che faccio, volevo sapere più o meno i tipi di controlli che si effettuano durante il controllo generale.

MECCANICO: A parte del _____ _____ _____ e del filtro che lei ci ha chiesto, faremo una diagnosi generale col tester, soprattutto per controllare la _____ _____ della macchina e la parte elettrica. Faremo controllo di livelli della _____ _____ _____, che penso sia una cosa indispensabile, e quando abbiamo alzato la macchina in punto, diciamo il nostro tecnico di dare una occhiata sotto che magari un occhio di un esperto sarà molto più, diciamo, sicuro rispetto di un occhio di un profano.

MARCO: Perfetto, e siamo a posto.

MECCANICO: E questa copia è, diciamo, la _____ della pulizia che è stata fatta.

MARCO: Perfetto, grazie.

MECCANICO: Grazie a tutto, è stato un piacere.

MARCO: È stato un piacere anche per me, più che altro per la mia Mini. Grazie.

MECCANICO: Va bene.

Prova scritta

A. L'automobilismo. Come vedi il futuro dell'industria automobilistica in America? Quale sarebbe, secondo te, la macchina ideale del futuro? Quali caratteristiche dovrebbe avere? Vorresti avere tu una tale macchina e perché?

B. Lo stato e la religione nei tempi moderni. Tenendo in mente l'esperienza di Primo Levi, pensi che la religiosità della popolazione abbia un impatto sulla vita politica del paese? Secondo te, è un fenomeno positivo o negativo? In che senso? Come vedi il ruolo dei giovani in questo processo?

C. Una recensione. Scrivi la recensione di un film o di un romanzo italiano che parla dell'Olocausto. Ti è piaciuto? Perché sì/no?

D. L'immigrazione. Paragona i fenomeni dell'immigrazione in Italia e in America. Trovane i problemi comuni e gli effetti sulla vita sociale ed economica dei due paesi.

CAPITOLO 2

La Lombardia

Profilo della regione
Città, cittadine e paesi
   Milano: una metropoli cosmopolita
   Monza: centro automobilistico d'Italia
Alcuni lombardi famosi
   Dario Fo: il grande satirista italiano
   Oliviero Toscani: maestro dell'arte fotografica
   Silvio Berlusconi: il leader politico controverso

Appunti grammaticali
   Per il ripassao del presente dei verbi regolari e
   irregolari, degli articoli e delle preposizioni,
   riferirsi alla pagina 327.

 academic.cengage.com/italian/parola

Sul web
Ascoltiamo
Sulla strada

Entriamo nell'argomento

Sapevi che...

...la Lombardia ha 9.500.000 di abitanti ed è la regione italiana più popolata?

...il Po è il fiume più lungo d'Italia?

...a Milano si trova il Teatro alla Scala, il più famoso teatro operistico del mondo?

Prima di leggere

Prima di leggere il brano sulla Lombardia, ti sarà utile il seguente vocabolario:

pianura	vantare	allevare	sostenere
rimandare	tappa	ammontare	

Prima, trova nel glossario il significato di queste parole. Poi, abbina le due colonne.

1. pianura   _____ reggere

2. ammontare   _____ rinviare a un altro momento

3. vantare   _____ vasta zona pianeggiante

4. sostenere   _____ godere

5. allevare   _____ la distanza tra due luoghi o due periodi

6. tappa   _____ raggiungere

7. rimandare   _____ badare (ai bambini)

Profilo della regione

Territorio: 23.861 km²
Capoluogo: Milano
Province: Bergamo, Brescia, Como, Cremona, Lecco, Lodi, Mantova, Milano, Pavia, Sondrio e Varese. Ultimamente è stata istituita anche la provincia di Brianza.
Popolazione: 9.500.000
Geografia: 47% pianure, 40% zone montuose, 12% colline.

I fiumi principali sono il Po (il fiume più lungo d'Italia), il Ticino e l'Adda. I laghi più conosciuti sono il Lago Maggiore, il Lago di Como e il Lago di Garda, il più vasto d'Italia. Le montagne più alte sono le Alpi.
Clima: semicontinentale; inverni freddi ed estati calde e umide

 Ascoltiamo! Visita il seguente sito per ascoltare il brano: academic.cengage.com/italian/parola

Società. Ascolta il brano tre volte: la prima volta per capire il significato generale e la seconda volta inserisci le parole che mancano. Ascolta il brano una terza volta per controllare il contenuto.

Negli ultimi decenni in Italia, e soprattutto nelle regioni del nord, si assiste a un fenomeno preoccupante: _____ _____ _____ _____. L'Italia è l'unico grande paese europeo dove ci sono più _____ che _____. Il tasso di _____ in queste regioni è del 9,5 per mille ed il tasso di _____ 9,8; dati che rispecchiano le statistiche nazionali riguardo al continuo calo delle nascite. In Lombardia, ad esempio, nascono solo _____ bambini per donna, il che vuol dire che la popolazione _____ _____ _____. È un fenomeno apparentemente paradossale, dato che i lombardi di oggi sono più ricchi ed istruiti che mai, e certo possiedono i mezzi finanziari per _____ _____. La tendenza al rapido _____ della popolazione è un fenomeno che si può riscontrare anche in altri paesi europei. Alcuni studiosi cercano di spiegare le ragioni di questo fenomeno, citando diversi ostacoli sociali alla _____ _____ _____: la mancanza di flessibilità del mercato del lavoro, la rigidità del mercato immobiliare, ecc. Altri sostengono che il calo delle nascite sia dovuto al fatto che il passaggio dalla giovinezza all'_____ _____ è sempre più lento. Molti ragazzi italiani, infatti, a causa degli studi universitari, _____ l'entrata nel mondo del lavoro e l'indipendenza dai loro genitori fino ai trent'anni. Secondo le statistiche, gli uomini italiani di _____ _____ anni che abitano ancora con i genitori sono il 66% (20,8 in Inghilterra, 22 in Francia e 28,8 in Germania) e le donne il 44,1% (10,8 in Inghilterra, 10,3 in Francia e 12,7 in Germania). Nelle varie tappe dello sviluppo della persona la decisione di avere figli viene all'ultimo posto, dopo che si sono raggiunti l'_____ _____ ed il _____. Nel futuro, le conseguenze sociali ed economiche di questo andamento saranno gravi e di vasta portata.

Un po' di storia

	QUANDO?	CHI?	COSA?
a.C.	8000	i Liguri	il territorio lombardo è popolato per la prima volta
	V sec.	i Galli	occupano il territorio lombardo
	II sec.	i Romani	conquistano la regione
d.C.	IV sec.	i Goti, i Franchi, i Visigoti, gli Ostrogoti, i Vandali	la regione soffre a causa delle invasioni barbariche verso la fine dell'Impero Romano
	VI sec.	i Longobardi	questo popolo guerriero d'origine scandinava conquista il territorio della regione; la capitale è a Pavia; la regione viene chiamata *Longobardia*
	VII – VIII sec.		italianizzazione dei lombardi; accettazione del cattolicesimo, della lingua latina e della cultura romana; leggi romane e germaniche
	VIII sec.	Carlo Magno	pone fine al regno lombardo: conquista la regione e viene coronato con la corona dei re lombardi a Pavia; oggi la corona si trova a Monza
	XI sec.		continua lo sviluppo economico della regione, specialmente il commercio con l'Europa del nord e l'industria bancaria; i banchieri nelle capitali europee sono chiamati *Lombardi*
	'200	Guelfi e Ghibellini	il secolo è segnato dalle lotte tra i Guelfi, sostenitori del papa, ed i Ghibellini, sostenitori dell'impero
			Milano è la città più popolosa d'Italia e un importante centro commerciale; comincia la costruzione dei canali per collegare la città con il lago Maggiore, con il Po e con alcuni centri della Pianura Padana

QUANDO?	CHI?	COSA?
'200–'300	i Visconti e gli Sforza	il periodo delle Signorie, il governo assolutistico delle dinastie, durante il quale Milano raggiunge l'apice del suo splendore artistico, culturale e politico
	i Gonzaga	Mantova diventa una splendida capitale e un centro culturale di prim'ordine
'500–'800		si susseguono il dominio della Spagna, dell'Austria e della Francia, le quali lasciano il loro stampo sulla regione; sotto il governo austriaco nasce una nuova classe sociale— la borghesia
1861		l'unificazione d'Italia favorisce il rapido sviluppo della regione
2ª metà del '900		la popolazione raddoppia rispetto a quella di inizio secolo; l'industria lombarda attira gli immigrati da paesi europei e non-europei, nonché dalle regioni meridionali dell'Italia
anni '70		la Lombardia diventa uno dei principali poli europei per quanto riguarda la popolazione, la produttività e la produzione industriale

Quadro economico

L'industria costituisce una grande fonte di ricchezza per la Lombardia, rendendola la regione più industrializzata d'Italia. Al tradizionale settore dell'abbigliamento, si affiancano quelli della metalmeccania, della chimica e della farmaceutica. Anche le industrie alimentare, tipografico-editoriale e delle calzature sono molto importanti, come pure il terziario, con importanti aziende commerciali, finanziarie, assicurative e dei trasporti. Milano, oltre ad essere il capoluogo della regione e il centro del terziario del Paese, è anche la Wall Street italiana e la capitale della moda europea.

La Lombardia è anche una regione ricca di passione per la terra e di volontà di preservare antichi modi di produzione. Nel quadro economico dell'Italia, la Lombardia occupa un posto di assoluta preminenza. Data la sua favorevole posizione geografica, vi fiorisce l'agricoltura, specialmente le colture di frumento e granturco che sono estese nella zona pedemontana. La bassa pianura, d'altra parte, è più adatta alla coltura del riso e dei foraggi. L'allevamento del bestiame ha favorito l'incremento dell'industria del formaggio e dei prodotti di carne.

Data l'alta qualità dei suoi prodotti agricoli e grazie anche alle sue bellezze naturali, la Lombardia gode di uno sviluppatissimo agriturismo nelle zone dei laghi e delle montagne. Dopo una lunga settimana passata in ufficio o sui libri, è bello sdraiarsi sulla spiaggia al lago, sciare o fare passeggiate in montagna, ammirare la natura, godersi la tranquillità della campagna e respirare l'aria fresca in collina. E se invece si preferisce la vivacità di un parco divertimenti, Gardaland fa per tutti! È un enorme complesso sul lago di Garda che offre avventure, spettacoli e divertimento sia ai giovani sia a quelli che si sentono giovani.

Cucina

La scelta dei tipici prodotti alimentari lombardi è ampia: formaggi (gorgonzola, taleggio, grana padano, provolone, *formai de mut,* sono tra i più noti), salumi (bresaola della Valtellina, mortadella, cotechino ed altri), e tra di loro, stranamente, anche un frutto coltivato sin dal Medioevo, chiamato la Pera Mantovana. Nell'Oltrepò Pavese fiorisce inoltre la produzione di vini e di spumanti di alta qualità. L'agricoltura lombarda vanta un grande successo per la sua capacità di mantenere vive e vitali le tradizioni, senza ignorare le nuove tecnologie usate nel campo agricolo ed alimentare. La Lombardia produce cibi pregiati, rinomati in tutto il mondo. Attualmente 15 prodotti lombardi sono protetti dalle leggi dell'Unione Europea.

Società

Negli ultimi decenni in Italia, e soprattutto nelle regioni del nord, si assiste a un fenomeno preoccupante: il calo delle nascite. L'Italia è l'unico grande paese europeo dove ci sono più anziani che giovani. Il tasso di natalità in queste regioni è del 9,5 per mille ed il tasso di mortalità 9,8; dati che rispecchiano le statistiche nazionali riguardo al continuo calo delle nascite. In Lombardia, ad esempio, nascono solo 1,07 bambini per donna, il che vuol dire che la popolazione non si rinnova. È un fenomeno apparentemente paradossale, dato che i lombardi di oggi sono più ricchi ed istruiti che mai, e certo possiedono i mezzi finanziari per allevare figli. La tendenza al rapido invecchiamento della popolazione è un fenomeno che si può riscontrare anche in altri paesi europei. Alcuni studiosi cercano di spiegare le ragioni di questo fenomeno, citando diversi ostacoli sociali alla creazione della famiglia: la mancanza di flessibilità del mercato del lavoro, la rigidità del mercato immobiliare, ecc. Altri sostengono che il calo delle nascite sia dovuto al fatto che il passaggio dalla giovinezza all'età adulta è sempre più lento. Molti ragazzi italiani, infatti, a causa degli studi universitari, rimandano l'entrata nel mondo del lavoro e l'indipendenza dai loro genitori fino ai trent'anni. Secondo le statistiche, gli uomini italiani di 25–29 anni che abitano ancora con i genitori sono il 66% (20,8 in Inghilterra, 22 in Francia e 28,8 in Germania) e le donne il 44,1% (10,8 in Inghilterra, 10,3 in Francia e 12,7 in Germania). Nelle varie tappe dello sviluppo della persona la decisione di avere figli viene all'ultimo posto, dopo che si sono raggiunti l'indipendenza economica ed il matrimonio. Nel futuro, le conseguenze sociali ed economiche di questo andamento saranno gravi e di vasta portata.

Tuttavia, in termini assoluti la popolazione della Lombardia cresce ogni anno, grazie all'immigrazione da paesi esteri ed alla regolarizzazione degli immigrati clandestini. La presenza straniera nella popolazione italiana ammonta al 15% circa, un grande incremento rispetto a qualche decennio fa. I nuovi immigrati stranieri provengono dall'Europa centro-orientale (il 40% dall'Albania, dalla ex-Jugoslavia e dall'Unione Europea), mentre continua la forte presenza di stranieri dell'Africa (il 29%, provenienti dal Marocco, dalla Tunisia e dalla Nigeria) e dell'Asia (il 19%, provenienti dalla Cina, dalle Filippine, dall'India, dal Bangladesh e dal Pakistan).

In dialetto

Leggi i seguenti proverbi e con un compagno/una compagna cerca di trovarne gli equivalenti inglesi.

Ogni paes gh'ha la soa usanza.   Ogni paese ha la sua usanza.
A caval dunà as guardà no in büca.   A caval donato non si guarda in bocca.

Chi no sgoba d'estat, d'invèren el si sissa i önge.   Chi non lavora d'estate, d'inverno si succhia le unghie.

Parole nel contesto

A. Sinonimi... Riesci a trovare nel testo i sinonimi delle seguenti parole?

1. abitato _____

2. l'area _____

3. diverso _____

4. noti _____

5. grande _____

6. i conflitti _____

7. unire _____

B. ...e contrari. Abbina le parole con il significato opposto.

1. meridionale	_____ il restringimento
2. potenti	_____ l'abisso
3. la presenza	_____ rada
4. fitta	_____ deboli
5. attirare	_____ settentrionale
6. sdraiarsi	_____ l'assenza
7. l'apice	_____ alzarsi
8. l'allargamento	_____ respingere

C. Cosa vuol dire? Scegli la frase che più correttamente descrive il significato delle parole in corsivo nel contesto del brano appena letto.

1. In Lombardia *non mancano* nemmeno le montagne.
   a. non ci sono
   b. ce ne sono a sufficienza
   c. ce ne sono pochissime

2. Mantova diventa un centro culturale *di prim'ordine*.
   a. eccellente
   b. il più grande
   c. prima degli altri

3. Gardaland *fa per tutti*.
   a. è un bel posto
   b. è aperto a tutti
   c. accontenta tutti

4. I giovani *rimandano* l'entrata nel mondo del lavoro...
   a. mandano di nuovo
   b. rinviano, differiscono
   c. mandano indietro

5. Le conseguenze di questo andamento saranno gravi e *di vasta portata*.
   a. gravissime, ma controllabili
   b. impossibili da prevedere in questo momento
   c. presenti in diverse aree della società

D. Completiamo. Completa le seguenti frasi con le parole ed espressioni adatte. Leggi di nuovo la lettura per indovinare il loro contesto.

mantenere	apprezzato	le leggi
abbigliamento	diminuzione	di pari passo

1. _____ proteggono i diritti di tutti i cittadini.

2. La popolazione di alcune regioni italiane diventa sempre più vecchia a causa della _____ delle nascite.

3. In ogni paese, il progresso industriale va _____ con l'aumento dell'inquinamento.

4. L'_____ è tra i prodotti più esportati d'Italia.

5. Le specialità gastronomiche lombarde sono _____ in tutto il mondo.

6. Oggi in Italia è costosissimo _____ una famiglia numerosa.

Comprensione del testo

A. Parliamo di storia. Leggi la tabella e rispondi alle domande che seguono.

1. Quali popoli hanno invaso la regione nel passato?
2. Quando la regione acquista il suo nome (che rimarrà sostanzialmente invariato fino ad oggi)?
3. Che cosa succede durante l'italianizzazione della regione?
4. Quando nasce la classe borghese?
5. Quali sono le famiglie più note nella storia della regione?
6. Perché è importante oggi la Lombardia?

B. Associazioni. Rileggi la lettura e abbina le colonne.

A	B
1. il Lago di Garda	_____ il capoluogo della Lombardia
2. i Liguri	_____ un frutto
3. gli Sforza	_____ un formaggio
4. 1861	_____ un parco divertimenti
5. il gorgonzola	_____ il più antico popolo nel territorio lombardo
6. la Pera Mantovana	_____ una delle famiglie più potenti
7. Gardaland	_____ data dell'unificazione d'Italia
8. Milano	_____ il più grande lago d'Italia

C. Domande e risposte. Lavorando con un compagno/una compagna rispondi alle seguenti domande.

1. Quanti abitanti ha la Lombardia?
2. Quante province ci sono? Ricordi qualche nome?
3. Come si chiamano le montagne al nord della regione?
4. Quando si parla, per la prima volta, del territorio lombardo?
5. Quali popoli invadono la Lombardia attraverso i secoli?
6. Cosa succede nella regione negli anni '70?
7. Quali sono le principali industrie?
8. Qual è la situazione demografica nel nord d'Italia?
9. Perché è problematico il calo delle nascite in un paese?

Attività comunicative

A. Prodotti gastronomici. Lavorate in coppie. Con un compagno/una compagna, scrivete una lista dei prodotti alimentari italiani che si trovano nei supermercati americani. Paragonate la vostra lista con quella di un altro gruppo.

Per cominciare:

STUDENTE 1: La mortadella è un salume italiano.

STUDENTE 2: Conosci qualche altro salume italiano?

B. Un' avventura In coppie, immaginate di essere clienti ed impiegati di un'agenzia turistica. State preparando un viaggio in Lombardia e cercate di creare un itinerario. Esprimete i vostri interessi e desideri; indicate quanto tempo libero e risorse finanziarie avete a disposizione.

Per cominciare:

CLIENTE: Mi piace sciare e vorrei passare una settimana in montagna. Dove posso andare?

AGENTE: Le Alpi sono una possibilità. Quanto tempo vuole restarci?

C. Società. Lavorate in coppie. Con un compagno/una compagna, discutete delle somiglianze e delle differenze tra l'Italia e l'America rispetto alla situazione demografica e sociale. Cercate di trovare possibili soluzioni al problema del calo delle nascite e dell'invecchiamento della popolazione in Italia.

Per cominciare:

STUDENTE 1: Anche in Arizona c'è il problema dell'immigrazione illegale…

STUDENTE 2: Secondo me, non è un problema, perché…

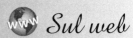

Sul web

A. Le cose lombarde. Fai una ricerca sulla regione Lombardia e poi prova a rispondere alle seguenti domande:

1. Che cos'è l'agriturismo?

2. Sai elencare tutti i laghi lombardi?

3. Quali ricette di piatti tipici lombardi hai trovato?

4. Conosci qualche altro proverbio lombardo? Quale sarebbe il suo equivalente in inglese?

5. Qual è l'origine dello stemma della Lombardia?

B. I lombardi famosi. Trova delle informazioni relative a questi famosi lombardi: il regista Luchino Visconti, il gruppo musicale *Elio e le Storie Tese*, ed il trio comico di Aldo, Giovanni e Giacomo.

Dopo aver fatto la ricerca, parlane con un compagno/una compagna e prova a rispondere alle seguenti domande.

1. Quali film ha diretto Luchino Visconti? Che genere di film dirigeva? Ha girato qualche film basato su opere letterarie?

2. Chi sono *Elio e le Storie Tese*? Perché sono famosi?

3. Chi sono Aldo, Giovanni e Giacomo? Chi dei tre non è lombardo? Quali film hanno girato?

academic.cengage.com/italian/parola

Città, cittadine e paesi

Milano: una metropoli cosmopolita

L'imponente Duomo di Milano, uno splendido esempio dell'architettura gotica.

È il capoluogo della Lombardia ed il principale centro economico, industriale e finanziario d'Italia. È la città più popolata, con 3.900.000 di abitanti, e continua a crescere grazie alla recente immigrazione da vari paesi europei, asiatici, africani e sudamericani. Questo ricco quadro demografico dà alla città un'atmosfera cosmopolita, accogliente e dinamica. Nonostante il giudizio di molti italiani che considerano i milanesi troppo influenzati dalla cultura consumistica ed eccessivamente dedicati al lavoro, i milanesi sanno divertirsi. Ci sono moltissimi luoghi d'intrattenimento per tutti i gusti: dall'opera e il teatro, al cinema ed alle discoteche (Como 15 e Shocking sono le più frequentate). Inoltre, i milanesi godono della fama di essere tra gli italiani più eleganti. Basta passare per via Monte Napoleone per vedere gli ultimi trend nella moda. Ci si trovano anche le più conosciute case di moda come, per esempio, Armani, Benetton, Dolce & Gabbana, Fendi, Valentino, Versace, Krizia, Missoni e Moschino. Infatti, alcuni dei più famosi stilisti italiani sono lombardi, ad esempio Gianfranco Ferré, Mariuccia Mandelli, conosciuta in tutto il mondo come Krizia, e Franco Moschino. La Milano d'oggi è indubbiamente il centro della moda europea.

Uno degli svaghi preferiti dai milanesi è il calcio, un vero sport di culto anche tra le donne. Le squadre A.C. Milano (chiamata semplicemente *il Milan*) e F.C. Internazionale Milano (*l'Inter*) hanno tantissimi tifosi. La rivalità tra alcune squadre di calcio, ad esempio tra il Milan e la Juventus di Torino, è simile a quella tra gli Yankees ed i Red Socks nel baseball americano. Inoltre, la rapida americanizzazione della cultura popolare italiana ha facilitato l'introduzione degli sport considerati tipicamente americani come, per esempio, il baseball ed il football.

A Milano hanno sede molte case editrici (Mondadori, Garzanti ed altre) e la Borsa Valori Italiana. Essendo il centro commerciale d'Italia, Milano è anche la sede di una delle più prestigiose università del mondo per lo studio di economia e commercio: l'Università Commerciale Luigi Bocconi, o semplicemente «la Bocconi».

L'industria del turismo è un'altra risorsa molto importante per l'economia di Milano. Gli edifici storici che suscitano più interesse da parte dei turisti sono: il Duomo (secolo XIV), una delle più grandi cattedrali in stile gotico del mondo e la terza più grande d'Europa; la Galleria Vittorio Emmanuele II dove si trovano, sotto un tetto di vetro, tanti negozi, bar e ristoranti; il Teatro alla Scala, il più famoso teatro operistico del mondo; il Palazzo di Brera che contiene i dipinti dei maggiori pittori del Rinascimento; il Castello Sforza; la chiesa Santa Maria delle Grazie, nel cui refettorio è custodito il celebre affresco *L'Ultima Cena* di Leonardo da Vinci. L'opera è protetta dall'ultimissima tecnologia che elimina l'umidità dal muro su cui l'affresco è dipinto.

Un po' di storia

Milano ha una storia lunga e turbolenta. I Galli fondano la città nel 600 a.C. circa. Durante il governo dell'imperatore Diocleziano, Milano, chiamata *Mediolanum*, diventa la capitale dell'Impero Romano. Nei secoli successivi questo nome cambia in *Mailand*. Le due famiglie più potenti, i Visconti e gli Sforza, hanno un impatto enorme sullo sviluppo urbanistico e culturale della città. È Lodovico il Moro degli Sforza (1451–1508) che commissiona *L'Ultima Cena*, e le strutture architettoniche che si vedono oggi a Milano risalgono proprio al tempo di Lodovico. Negli ultimi anni dell'Ottocento la città diventa un centro importante del Risorgimento e della ribellione contro il dominio straniero. Nel 1921 Benito Mussolini stabilisce il partito fascista a Milano dove, nel 1945, è fucilato dai partigiani per i crimini che i fascisti avevano commesso contro il popolo italiano.

Società

Il progresso economico ed industriale di Milano va di pari passo con l'aumento dell'inquinamento. Nonostante Milano abbia una rete di trasporto pubblico (metropolitana, autobus, tram e treni) moderna ed efficiente, lo smog prodotto dalle macchine e dalle fabbriche rappresenta un problema costante. L'inquinamento dell'*hinterland* milanese è un argomento preferito dagli ambientalisti che cercano di trovare soluzioni efficaci per risolvere questo problema che minaccia non solo la salute degli abitanti, ma anche gli edifici storici della città.

Le sfilate di Milano attirano i più rinomati stilisti del mondo.

Comprensione del testo

A. Vero o falso? Indica se le seguenti informazioni sono vere (V) o false (F) e spiega la tua risposta.

	V	F
1. Milano ha 1.000.000 di abitanti.	___	___
2. È una città cosmopolita.	___	___
3. Mancano i posti per divertirsi.	___	___
4. I Visconti sono una casa di moda.	___	___
5. Milano è molto inquinata.	___	___
6. La Bocconi è una discoteca.	___	___

Cuciniamo insieme!

Questo piatto è uno dei più famosi in Italia. Leggi la ricetta attentamente.

Risotto alla milanese

Per il risotto
Ingredienti: 400 gr. di riso vialone, 60 gr. di burro, 1,5 lt. di brodo, 1 cipolla media, 1 bustina di zafferano, 60 gr. di grana grattugiato e sale

Per il brodo
Ingredienti: 200 gr. di carne de manzo, 100 gr. di tacchino, 100 gr. di pollo, cipolla e sale

Preparazione: Preparare il brodo. Sbucciare la cipolla e metterla in una pentola con circa due litri d'acqua. Aggiungere la carne di manzo, del sale, e cuocere per circa un'ora. Aggiungere il pollo e il tacchino e cuocere per un'altra ora. Filtrare il brodo e continuare a bollirlo mentre si cuoce il risotto.

Sbucciare e tritare la cipolla; unirla a metà del burro in una casseruola e farla soffriggere a fiamma molto bassa. Unire il riso e poi aggiungere un po' di brodo. Far cuocere per 16–18 minuti, mescolando e continuando ad aggiungere brodo bollente. Unire lo zafferano pochi minuti prima della fine della cottura. Prima di togliere dal fuoco, aggiustare di sale ed aggiungere il resto del burro ed il Grana grattugiato. Servire caldo.

Attività comunicative

A. Verbi in contesto. Lavorate in coppie. Con un compagno/una compagna, identifica almeno otto verbi che si riferiscono alla preparazione del risotto alla milanese. In quali altri contesti si possono usare questi verbi?

Per cominciare:

preparare   Cosa si può preparare?   una cena, una tavola, un esame, le lasagne

B. Non mi piace. Lavorate in coppie. Parla con un compagno/una compagna dei cibi che odi e spiegane le ragioni.

Per cominciare:

STUDENTE 1: Odio la trippa perché puzza...
STUDENTE 2: Anch'io, ma ancora di più odio...

C. Al ristorante. In coppie, assumete i ruoli di cameriere in un ristorante e di un cliente che è difficile da accontentare. Poi presentate il vostro dialogo ai compagni di classe.

Per cominciare:

CAMERIERE: Signore/Signora, desidera?

CLIENTE: Voglio una bottiglia di acqua minerale non gassata. Ma non la voglio troppo fredda.

 Sul web

A. Milano webcam. Guarda le immagini della città. Che atmosfera prevale? Paragona la città di Milano con una città americana. In che senso sono simili o diverse?

B. Il calcio italiano. Che cosa sai del calcio italiano? Fai una ricerca su Internet e riferisci i risultati alla classe.

1. Com'è organizzato il calcio in Italia?

2. Quali squadre sono state campioni nazionali in tempi recenti?

3. Quali calciatori sono le grandi «star» del calcio italiano? Quanto sono pagati?

4. Quali sono i campionati nazionali e mondiali più famosi?

5. Quali squadre di serie A sono attualmente tra le prime in classifica?

6. Hai mai visto una partita di calcio? Come si differenzia il calcio italiano dal football americano?

7. In che modo sono diverse le partite di calcio da quelle di football americano?

academic.cengage.com/italian/parola

Curiosità

Quale leggenda?

Milano, come varie altre città in Italia, nasconde molti misteri, segreti e miti, tra cui anche diverse leggende sulla propria fondazione. Secondo una di esse, il re gallico Ambigato seguiva, insieme ai suoi figli, il volo di uno stormo d'uccelli. Raggiunse così la Pianura Padana e vi costruì una città per la quale scelse il nome Mediolanium perché nello stesso luogo venne ritrovata una scrofa col manto per metà ricoperto di lana che stava per allattare i suoi cuccioli: quindi medio-lanae, cioè mezza-lana.

Secondo un'altra leggenda, la città fu fondata dai Celti nel 600 a.C.; essi la chiamarono «luogo di mezzo», ovvero Mediolanum, per via della sua posizione geografica centrale.

Monza: centro automobilistico d'Italia

L'autodromo di Monza è una delle piste più famose d'Europa.

Le città italiane sono spesso un incantevole miscuglio del nuovo e dell'antico; lo è anche Monza. Monza è conosciuta nel mondo dell'automobilismo per il suo mitico autodromo che, dal 1922, ospita i Gran Premi di Formula 1 ed altre competizioni motoristiche. Sulle piste di Monza si sono cimentati i grandi campioni delle competizioni su quattro ruote come Schumacher, Barrichello, Montoya, Alesi, nonché i leggendari Senna, Prost e Mario Andretti, secondo alcuni il più grande pilota di tutti i tempi.

Un po' di storia

Monza ha radici molto antiche: la zona era abitata dai Celti, ma diventa una vera città con i Romani, quando prende il nome di *Modicia*. Con i Longobardi acquista importanza e potere, tanto che la regina Teodolinda (secolo VII) la sceglie come sua residenza e vi fa costruire un palazzo e la basilica di S. Giovanni Battista. Monza riesce a mantenere la sua identità anche sotto i Franchi, ma più tardi passa sotto il controllo di Milano.

La basilica di S. Giovanni Battista (il Duomo), è sicuramente il monumento più importante della città, ornato degli affreschi degli Zavattari (1444). Dal Duomo si accede al Museo che custodisce la raccolta più ricca di arte barbarica del periodo tra i secoli IV e IX, tra cui: il *Dittico di Stilicone*, 16 ampolline di stagno provenienti dalla Terra Santa, ed il *Reliquario del dente di S. Giovanni*.

L'Arengario, antico Palazzo del Comune (1293) si trova nel centro medievale insieme ai resti del Ponte d'Arena, di epoca romana.

Comprensione del testo

A. Abbiniamo. Abbina le parole con le loro definizioni.

1. Teodolinda	_____	Palazzo del Comune
2. Duomo	_____	l'antico nome di Monza
3. Arengario	_____	pista per le corse automobilistiche
4. Modicia	_____	la basilica di San Giovanni Battista
5. autodromo	_____	la regina dei Longobardi

B. Domande e risposte. Lavorate in coppie. Rispondete alle domande che seguono.

1. Quanto è vecchia la città di Monza?

2. Secondo te, i «Nascar Dads» conoscono la città di Monza? Perché?

3. Quale località ti sembra particolarmente interessante e perché?

 Sul web

Le città lombarde. Fai una ricerca sulle città di Milano e Monza e cerca di rispondere alle domande qui sotto. Riferisci i risultati alla classe.

1. Quali film si proiettano nei cinema milanesi in questi giorni?

2. Cosa ti piacerebbe fare a Milano con degli amici? Perché?

3. Quali piatti tipici di Monza hai trovato?

4. Conosci qualche gruppo rock lombardo o milanese?

academic.cengage.com/italian/parola

 Ascoltiamo! Visita il seguente sito per ascoltare il brano: academic.cengage.com/italian/parola

Bergamo, la città di Arlecchino. Ascolta il brano due volte e rispondi alle domande che seguono.

1. Come è costruita la città di Bergamo?

2. Come si chiamano le due parti?

3. Cosa sono le *muraine*?

4. Chi è Arlecchino?

5. Come si veste?

6. Che cosa è la *commedia dell'arte*?

Alcuni lombardi famosi

Dario Fo: il grande satirista italiano (1926–)

Dario Fo, autore, attore e regista teatrale, cinematografico e televisivo, si distingue anche per essere stato, nel 1997, il primo lombardo a vincere il Premio Nobel per la letteratura.

Nato nel 1926 a Sangiano, in provincia di Varese, esordisce nella sua illustre carriera nel 1953 con la pubblicazione della rivista satirica *Il dito nell'occhio*. Un anno dopo sposa l'attrice Franca Rame, con cui inizia una prolifica cooperazione artistica. La popolarità di Fo sul piano nazionale ed internazionale cresce sempre più grazie alle sue opere letterarie e teatrali. Fo è un autore molto controverso e provocatorio perché nei suoi scritti critica apertamente la logica del sistema capitalista, l'imperialismo, la corruzione del governo italiano ed anche la Chiesa. Per diversi anni le autorità italiane e straniere hanno censurato la pubblicazione dei

Dario Fo e Franca Rame

suoi testi narrativi e hanno anche proibito la rappresentazione delle sue opere teatrali. Negli anni Settanta e Ottanta gli Stati Uniti gli hanno negato il visto d'ingresso a causa dell'ideologia socialista presente nelle sue opere. Finalmente, nel 1986, su invito dell'American Repertory Theater, Fo e sua moglie ottengono il permesso di entrare nel paese. Nonostante la tematica complessa della sua opera, il pubblico italiano ed internazionale da trent'anni dimostra un continuo interesse nei confronti dei suoi drammi e delle sue farse e satire politiche.

Non tutti condividono l'ammirazione per le rappresentazioni «politiche» della compagnia teatrale Fo-Rame; nel 1973 Franca Rame viene sequestrata e violentata da un gruppo di cinque neofascisti, in pieno giorno, a Milano.

L'identità dei suoi assalitori rimane sconosciuta fino al 1998 quando si scopre che il detestabile reato è stato suggerito da alcuni alti ufficiali dei Carabinieri. Questo atto di violenza è stato, secondo molti, un vero «stupro di stato»; alla scoperta dell'identità degli assalitori seguono le scuse ufficiali dell'allora Presidente della Repubblica Oscar Luigi Scalfaro. La coraggiosa Rame infine riesce a riacquistare la salute e riprende la sua attività teatrale e politica con lo stesso vigore.

Oltre ad essere scrittore, Fo è anche un abile attore. Le sue opere teatrali promuovono il ruolo dell'attore come portavoce di cambiamenti sociali ed allo stesso tempo gli consentono di esprimere sé stesso tramite la propria interpretazione dell'opera. La caratteristica principale della recitazione di Fo è il suo amore per l'improvvisazione e la sua capacità di ridere di sé stesso e della società in generale. La sua arte è fortemente influenzata dalla tradizione dello spettacolo italiano, specialmente dalla *commedia dell'arte*.

Tra le opere più importanti con intenti politico-sociali bisogna ricordare: *La signora da buttare* (1967), *Mistero buffo* (1969), *Morte accidentale di un anarchico* (1971) e *Non si paga! Non si paga!* (1974). Più recenti sono: *Johan Padan e la descoverta delle Americhe* (1991), *Sesso. Grazie, tanto per gradire* (1994), *Marino libero! Marino è innocente* (1998) e *L'anomalo bicefalo* (2003). Assieme alla Rame, Fo continua il suo provocante dialogo con la società, sempre più coinvolto nelle discussioni sui vari problemi sociali non solo in Italia, ma anche all'estero.

Parole nel contesto

Associazioni. Scrivi tutte le espressioni che puoi associare con le seguenti parole. Usa l'immaginazione!

1. il dramma _____

2. l'attore _____

3. la commedia _____

4. il regista _____

Comprensione del testo

Domande e risposte. Dopo aver letto la breve biografia di Dario Fo, rispondi alle domande che seguono.

1. Perché Dario Fo è un personaggio controverso?

2. Come reagiscono le autorità alla tematica delle sue opere?

3. Come si chiama sua moglie e qual è la sua professione?

4. Quale tragedia personale ha sofferto la famiglia Fo?

5. Oltre ad essere scrittore, cos'altro fa Dario Fo?

6. Cosa gli succede nel 1997?

7. Ricordi i titoli di almeno tre delle sue opere?

 Sul web

A. Dario Fo negli Stati Uniti. Cerca delle informazioni sulle rappresentazioni delle opere teatrali di Dario Fo negli Stati Uniti. Prendi degli appunti per poterli confrontare con quelli dei tuoi compagni di classe.

B. La commedia dell'arte. Trova le informazioni su questo antico genere teatrale. Dove e quando è nato? Che cosa significa il suo nome? Chi ne sono i protagonisti? Qual è stato il suo influsso sulla commedia moderna?

C. La tragedia di Franca Rame. Rileggi il tragico episodio dalla vita di Franca Rame e cerca di rispondere alle seguenti domande.

1. Chi sono i Carabinieri?

2. Quali sono i due principali corpi di polizia in Italia?

3. Che differenze ci sono tra questi due corpi?

4. Com'è organizzata la polizia in America?

academic.cengage.com/italian/parola

Oliviero Toscani: maestro dell'arte fotografica (1942–)

Forse il nome Oliviero Toscani non vi è noto, ma tutto il mondo conosce le sue straordinarie e spesso controverse fotografie realizzate per la multinazionale Benetton.

Oliviero Toscani è nato a Milano nel 1942 in una famiglia di artisti: suo padre è stato il primo fotoreporter del *Corriere della Sera*. Dal primo giocattolo ricevuto, una macchina fotografica, la vita di Oliviero è segnata dalla fotografia. Comincia con dei reportage sulla sua generazione; la richiesta di collaborazione da parte delle riviste di moda e di costume è immediata: *Vogue*, *Elle* e *Harper's Bazaar* sono le testate internazionali che gli danno subito carta bianca. In breve tempo Toscani diventa uno dei fotografi più richiesti e più conosciuti in America, in Francia ed in Inghilterra, oltre che in Italia stessa. Nel mondo della moda egli porta immediatamente una ventata di novità: servizi realizzati per le strade, reportage nei luoghi «caldi» di New York (gallerie, teatri, discoteche). Emblematiche le sue campagne per la Benetton che dal 1982 puntano su temi di rilevanza sociale (l'integrazione razziale, la salvaguardia dell'ambiente, l'AIDS) piuttosto che sulla pubblicità del prodotto.

Alcune delle sue fotografie sono controverse per le loro qualità scioccanti ed emozionanti.

Oliviero Toscani

Particolare interesse hanno suscitato quelle sue fotografie che fanno parte della campagna mondiale contro l'AIDS.

Le sue foto fanno parte delle collezioni di alcuni fra i più importanti musei di arte contemporanea — all'Aja, a Francoforte, a Chicago, a Johannesburg — e sono state messe in mostra nei musei di Losanna, Città del Messico, San Paolo, Santiago del Cile, Salamanca ed Helsinki.

Nel 1999, il sindaco di Venezia, Massimo Cacciari, ha commissionato a Oliviero Toscani una campagna fotografica per salvare la città dalle continue e danneggianti ondate di turisti. La campagna ha cercato di mettere in rilievo i problemi di quest'antica città, come l'inquinamento dei canali, le montagne di rifiuti lasciati dai turisti, il sovraffollamento e addirittura l'invasione dei piccioni. Durante l'estate del 1999 in alcuni punti nevralgici della città sono stati affissi dei manifesti e disposte delle installazioni che mostravano le immagini realistiche della bruttezza della città che coesiste con le sue bellezze. Secondo molti, la campagna non ha prodotto l'effetto desiderato. Tuttavia, Toscani rimane uno dei fotografi più riconosciuti del mondo.

Parole nel contesto

Cosa vuol dire? Scegli la frase che più correttamente descrive il significato delle parole in corsivo.

1. Dal primo giocattolo ricevuto, la vita di Oliviero *è segnata dalla fotografia*.
   a. lui vive per la fotografia
   b. lui fa le foto per documentare la sua vita
   c. la fotografia è la fonte principale dei suoi guadagni

2. *Vogue, Elle* e *Harper's Bazaar* sono le testate internazionali *che gli danno subito carta bianca*.
   a. lo licenziano
   b. gli lasciano la libertà artistica
   c. lo pagano molto

3. Le campagne per la Benetton *puntano su* temi di rilevanza sociale.
   a. cercano di esplorare
   b. cercano di evitare
   c. cercano di combattere

4. La campagna ha cercato di *mettere in rilievo* i problemi di quest'antica città.
   a. risolvere
   b. attirare l'attenzione
   c. criticare

Comprensione del testo

Domande e risposte. Rispondi in modo completo alle seguenti domande.

1. Come comincia la carriera di Oliviero Toscani?
2. Con quali riviste di moda collabora?
3. Che cos'era la campagna «Contro Venezia—Per Venezia»?
4. Perché è controverso Toscani?

Attività comunicative

Esperienze personali. Lavorate in coppie. Con un compagno/una compagna, parla delle tue esperienze da fotografo.

1. Ti piace scattare le foto? Perché sì/no?

2. Che tipo di macchina fotografica usi?

3. Hai dei soggetti preferiti?

4. Conosci qualche fotografo americano?

5. Qual è la tua peggiore esperienza fotografica?

 Sul web

A. Le foto di Toscani. Trova le seguenti foto di Toscani, stampale e portale in classe: *Priest and Nun, Kiss, Black and White Hand, HIV-Positive Arm, Rat, Pigeons on Man.* Osservale attentamente. Che impressione ti fanno? Interpreta il loro simbolismo e il loro messaggio. Poi, confronta le tue opinioni con quelle degli altri compagni di classe.

B. Ancora su Oliviero Toscani. Trova altre foto di Oliviero Toscani su Internet, portale in classe e parlane con un compagno/una compagna.

academic.cengage.com/italian/parola

Silvio Berlusconi: il leader politico controverso (1936–)

L'onorevole Silvio Berlusconi, l'ex Primo Ministro d'Italia, è nato a Milano nel 1936. Laureato in giurisprudenza, inizia la sua professione d'imprenditore nel settore dell'edilizia. Più tardi si dedica alla produzione televisiva. Trasforma la TV via cavo di Milano 2 in un successo nazionale: nascono Canale 5, la sua prima rete televisiva nazionale, e Publitalia, la relativa concessionaria di pubblicità. Queste attività portano alla fondazione della holding Fininvest, fondata nel 1978. Il successo ottenuto con Canale 5 lo spinge anche ad acquistare le reti televisive Italia Uno e Retequattro, che lui trasforma in network nazionali. Negli anni ottanta Berlusconi entra nel campo dell'editoria, dopodiché il gruppo Fininvest sviluppa una forte presenza anche nei settori delle assicurazioni e dei prodotti finanziari. Così all'inizio degli anni novanta la Fininvest diventa il secondo gruppo privato italiano, con oltre 40 mila dipendenti e Silvio Berlusconi, onorato anche con il titolo di Cavaliere, diventa uno degli uomini più ricchi ed influenti d'Italia.

Dal 1986, è proprietario del *Milan*, che sotto la sua gestione vince sette campionati nazionali (*scudetti*), quattro Coppe dei Campioni, due Coppe del Mondo e numerosi trofei internazionali.

Nel gennaio del 1994 il Cavaliere esordisce in politica: fonda Forza Italia, un partito che, dal nulla, in tre mesi arriva a ottenere oltre il 20 per cento dei voti e vince le elezioni politiche con l'alleanza del Polo delle Libertà. Il governo nasce tra mille polemiche e anche

Silvio Berlusconi

dall'Europa arrivano le critiche. Berlusconi ed altri membri del governo sono coinvolti nello scandalo di *Tangentopoli*. Tangentopoli è un termine giornalistico che si riferisce all'inchiesta «Mani pulite» avviata nel 1992 riguardo alle tangenti pagate da alcuni imprenditori in cambio della concessione di appalti pubblici. L'inchiesta si estende a molte altre città e rivela la corruzione esistente fra imprenditori, politici locali e nazionali e membri del governo. Il danno all'immagine di Berlusconi è enorme: dopo otto mesi egli è costretto a dimettersi dalla carica di Presidente del Consiglio dei Ministri, anche se verrà successivamente assolto dall'accusa.

Nelle elezioni politiche del 2001, Berlusconi forma un'altra alleanza, la Casa delle Libertà, grazie alla quale questa coalizione di centro-destra conquista la maggioranza dei seggi in parlamento; il Cavaliere è presidente del Consiglio dei Ministri ancora una volta ed il suo partito, Forza Italia, diventa il primo partito italiano con il 29,4 percento dei voti. Nelle elezioni del 2006, Berlusconi perde con un piccolissimo margine contro Romano Prodi e la sua coalizione dell'Unione.

Silvio Berlusconi è probabilmente la figura più controversa nella recente vita politica del paese. Tanto amato quanto odiato, è accusato di abuso di potere, di monopolizzazione dei mass media e non riesce mai a levarsi di dosso lo stigma della corruzione che continua a perseguitarlo.

Parole nel contesto

Sinonimi. Riesci a trovare nel testo i sinonimi delle seguenti parole?

1. legge   _____

2. costruzione   _____

3. comprare   _____

4. coalizione   _____

5. liberarsi   _____

6. in seguito   _____

7. forzato   _____

8. discussioni   _____

Comprensione del testo

A. Cronologia. Metti in ordine cronologico gli eventi della vita di Silvio Berlusconi.

_____ Diventa proprietario del *Milan*.

_____ È eletto Primo Ministro per la 1° volta.

_____ Fonda Canale 5 e Publitalia.

_____ È coinvolto in Tangentopoli.

_____ Diventa ricco lavorando nel settore dell'edilizia.

_____ È eletto Primo Ministro per la 2° volta.

_____ Si laurea in giurisprudenza.

_____ Forma la *Casa delle Libertà*.

_____ Fonda Fininvest.

_____ È assolto dall'accusa di corruzione.

_____ Fonda il partito Forza Italia.

B. Personaggi controversi. Lavorate in coppie. Con un compagno/una compagna, cerca di esprimere le tue opinioni partendo dalle seguenti domande.

1. Perché è così controverso Silvio Berlusconi?

2. Secondo te, essere ricchi e partecipare alla vita politica crea un conflitto di interessi? Perché?

3. Ci sono figure controverse nella vita pubblica e politica del tuo paese? Quali? Perché sono controverse?

Sul web

Ancora su Berlusconi. Guarda il video dell'intervista di Berlusconi con Lucia Annunziata sul programma *In mezz'ora*. Che cosa succede durante l'intervista? Cosa rivela del carattere di Berlusconi? Che tipo di persona è? Assomiglia a qualche personaggio politico degli Stati Uniti?

academic.cengage.com/italian/parola

Ascoltiamo!

Visita il seguente sito per ascoltare il brano: academic.cengage.com/italian/parola

Domande personali: vivere in città. Ascolta ogni domanda due volte e rispondi sia oralmente che in scritto:

1. _____
2. _____
3. _____
4. _____
5. _____

Sulla strada

Visita il seguente sito per guardare il video: academic.cengage. com/italian/parola

Compriamo un po' di vestiti! Guarda il video e completa le seguenti frasi.

1. Marco deve fare lo shopping perché _____.
2. Il negozio vende _____, _____, _____, _____, _____ _____ e _____.
3. A Marco piace _____.
4. Non gli piace _____.
5. La clientela del negozio _____.
6. Marco paga _____.

Prova scritta

A. L'americanizzazione d'Italia. Come abbiamo visto in Piemonte e in Lombardia, in alcune regioni italiane si verifica il fenomeno dell'americanizzazione della società italiana. Cosa ne pensi? In che modo si manifesta? Come spiegheresti l'associato fenomeno di globalizzazione?

B. I politici controversi. Nella vita politica di ogni paese, ci sono delle figure controverse. Potresti indicare alcuni politici le cui idee sono controverse? Perché sono controverse e quali reazioni suscitano nella popolazione?

C. Una recensione. Hai mai visto una satira o una commedia teatrale? Scrivi la recensione di uno spettacolo teatrale comico che hai visto.

CAPITOLO 3

Il Veneto

Profilo della regione
Città, cittadine e paesi
   Venezia: una città da favola
   Padova: la città del sapere
Alcuni lombardi famosi
   Marco Polo: l'esploratore dei nuovi mondi
   Giacomo Casanova: seduttore legendario o
     uomo represso?
   Roberto Baggio: il mitico calciatore

Appunti grammaticali
   Per il ripassao del passato prossimo e
    dell'imperfetto, riferirsi alla
    pagina 334.

 academic.cengage.com/italian/parola

Sul web
Ascoltiamo
Sulla strada

Entriamo nell'argomento

Sapevi che...

...Venezia è anche chiamata Serenissima?

...Venezia ha circa quattrocento ponti ed è costruita su diciotto isolette?

...Galileo Galilei ha insegnato all'Università di Padova ed era nel 1592 il decano della facoltà di matematica?

Prima di leggere

Prima di leggere il brano sul Veneto, ti sarà utile il seguente vocabolario:

polenta	azienda
scambio	lino
spezie	merletto
suino	occhialeria

Consulta il glossario per il significato delle parole e completa le seguenti frasi.

1. Marco Polo ha portato varie _____ dai suoi viaggi in Asia.

2. Gli abitanti del nord d'Italia, invece di mangiare la pasta, mangiano la _____.

3. Gli _____ commerciali tra gli Stati Uniti e l'Italia sono molto intensi.

4. Durante l'estate mi piace portare vestiti leggeri come quelli fatti di _____.

5. L'isola di Burano è nota per i suoi bellissimi _____.

6. I prosciutti si fanno dalla carne _____.

7. L'industria degli occhiali si chiama _____.

8. Ci sono molte _____ italiane negli Stati Uniti.

Profilo della regione

Territorio: 18.390 km²
Capoluogo: Venezia
Province: Belluno, Padova, Rovigo, Treviso, Venezia, Verona e Vicenza
Popolazione: 4.760.000
Geografia: 56% pianure, 29% montagne, 24% colline. Occupa una parte della Pianura Padana—tra il lago di Garda, il mare Adriatico e il Po—e al nord confina con le Alpi.
Clima: varia da zona a zona; molto rigido in montagna, in pianura inverni freddi si alternano ad estati calde.

 Ascoltiamo! Visita il seguente sito per ascoltare il brano: academic.cengage.com/italian/parola

Cucina. Ascolta il brano tre volte: la prima volta per capire il significato generale e la seconda volta inserisci le parole che mancano. Ascolta il brano una terza volta per controllare il contenuto.

Grazie alle sue caratteristiche geografiche e climatiche, il Veneto gode di una lunga e ricca tradizione gastronomica, dominata da quattro elementi fondamentali: la _____, i _____, il _____ e il _____ (con il quale si possono creare addirittura una quarantina di piatti diversi!). Il riso viene importato per la prima volta in Italia dai _____ _____ durante un lungo periodo di intensi scambi commerciali con l'Oriente, ma dalla prima metà del _____ viene coltivato direttamente nelle vaste pianure veronesi. Il commercio con i _____ _____ e con il Nord Europa ha arricchito ulteriormente la cucina veneta, in cui sono spesso usati ingredienti e spezie esotici.

Oggi il Veneto è noto anche per altri prodotti gastronomici come, ad esempio, il _____ veneto (l'arte della lavorazione e conservazione delle carni suine era nota nel Veneto anche prima dell'avvento dei Romani), il radicchio di Treviso, i _____ (*formaio embriago* o ubriaco, pecorino veneto, ricotta affumicata) e la _____ (bigoli, casunziei e gnocchi di San Zeno).

Un po' di storia

QUANDO?		CHI?	COSA?
a.C.	3000	Ötzi	i primi insediamenti nella regione, come dimostra la più vecchia mummia del mondo chiamata Ötzi, ritrovata nel 1991 a pochi metri dal confine con l'Austria
	2000	gli Euganei	si insediano nella regione nell'età del bronzo
	c. 1500	i Veneti	vengono dall'attuale Turchia dopo la distruzione di Troia, secondo lo scrittore latino Tito Livio; era un popolo essenzialmente pacifico, dedicato al commercio, all'agricoltura, alla pesca ed all'allevamento di cavalli, per i quali erano famosi nell'antichità
	200	i Romani	la regione è conquistata dai Romani, con cui i Veneti stabiliscono accordi di pace; la regione entra a far parte dell'Impero Romano; cominciano a svilupparsi le città in cui fiorisce l'arte e il commercio
d.C.	476	i Goti, gli Unni, i Longobardi	la regione è saccheggiata dai popoli barbari; comincia il dominio feudale nella zona; Venezia rimane libera e così inizia la sua gloriosa storia marittima
	1100	Venezia	è una grande potenza marittima la cui ricchezza è costituita dal commercio con Costantinopoli, l'Egitto, la Terra Santa, città-stati italiane e il Nord Europa
	'500	Venezia	è al massimo del suo splendore, attaccata in continuazione dalle altre nazioni che cercano di sconfiggerla; entra in conflitto con i Turchi dell'Impero Ottomano
	'700	Venezia	fioriscono le arti nella Repubblica di San Marco: la pittura della scuola veneta con Tiziano, Giorgione, Veronese, Canaletto, Tiepolo; l'architettura con il Longhena e il Palladio; la letteratura con Goldoni e Casanova; la scultura con Canova, la musica con Vivaldi, Monteverdi e Tartini
	1797	Napoleone	conquista la Repubblica e la cede all'Austria; finiscono mille anni di indipendenza e splendore; la Serenissima è sotto il dominio austriaco per 60 anni
	1866	Regno d'Italia	il Veneto entra a far parte del Regno d'Italia; la regione è indebolita dalla grave crisi economica e dalle successive guerre mondiali; comincia una forte emigrazione verso l'Argentina, il Brasile, gli Stati Uniti, il Canada e l'Australia
	1960–oggi		la situazione economica della regione migliora grazie agli scambi commerciali con l'Europa e all'operosità della gente; la regione ritorna ad essere un ponte tra l'Europa mediterranea e il resto dell'Europa

Quadro economico

Oltre la metà del territorio veneto è pianeggiante e molto fertile, caratteristiche che favoriscono l'ottima produttività agricola della regione, le cui colture principali sono il mais, la barbabietola da zucchero, il tabacco, il gelso, la patata, la frutta (mele, pere, albicocche e ciliegie) e foraggi vari. Anche il settore della pesca è molto competitivo.

In montagna e in collina, inoltre, vi sono altre attività economiche importanti come l'allevamento del bestiame e la viticoltura. Oggi il Veneto è il maggior produttore in Italia di vini D.O.C., in particolare i vini bianchi, e tra i suoi vini più pregiati ci sono: l'Amarone e il Valpolicella, il Bardolino, il Piave, il Soave e, naturalmente, il Prosecco.

L'industria tessile è molto sviluppata e nella regione ci sono parecchie aziende che lavorano il cotone, la seta e il lino. Va ricordato anche l'artigianato, rinomato soprattutto per la lavorazione del vetro a Murano, per i famosi merletti di Burano, ma anche per l'occhialeria e per la produzione di mobili d'arte.

Infine, ci sono altri settori molto importanti per l'economia del Veneto, tra cui quello chimico-industriale e quello del turismo.

Cucina

Grazie alle sue caratteristiche geografiche e climatiche, il Veneto gode di una lunga e ricca tradizione gastronomica, dominata da quattro elementi fondamentali: la polenta, i fagioli, il baccalà e il riso (con il quale si possono creare addirittura una quarantina di piatti diversi!). Il riso viene importato per la prima volta in Italia dai mercanti veneziani durante un lungo periodo di intensi scambi commerciali con l'Oriente, ma dalla prima metà del 1500 viene coltivato direttamente nelle vaste pianure veronesi. Il commercio con i paesi asiatici e con il Nord Europa ha arricchito ulteriormente la cucina veneta, in cui sono spesso usati ingredienti e spezie esotici.

Oggi il Veneto è noto anche per altri prodotti gastronomici come, ad esempio, il prosciutto veneto (l'arte della lavorazione e conservazione delle carni suine era nota nel Veneto anche prima dell'avvento dei Romani), il radicchio di Treviso, i formaggi (*formaio embriago* o ubriaco, pecorino veneto, ricotta affumicata) e la pasta (bigoli, casunziei e gnocchi di San Zeno).

In dialetto

Il veneto è parlato da alcuni milioni di persone in totale (Italia nord-orientale, Istria, Croazia, Slovenia e a Chipilo in Messico). Il dialetto deriva dal latino volgare (la lingua proveniente dal latino classico nei secoli successivi). Notate le grandi differenze tra i vocaboli veneti e l'italiano.

piron	forchetta
sculiero	cucchiaio
corteo	coltello
goto	bicchiere
tosa	ragazza
«A no te dormi mai.»	Ma non dormi proprio mai.
«A so rivà.»	Sono arrivato finalmente.

Parole nel contesto

A. Cosa vuol dire? Crea delle frasi complete con le seguenti espressioni.

1. suddividere _____

2. il baccalà _____

3. scambi commerciali _____

4. lavorazione _____

B. Associazioni. Quanti vocaboli riesci ad associare alle seguenti espressioni? Usa il dizionario se necessario.

1. il tabacco _____

2. la pesca _____

3. la gastronomia _____

4. il commercio _____

5. le spezie _____

6. l'artigianato _____

Comprensione del testo

A. Parliamo di storia. Rispondi alle seguenti domande in modo completo.

1. Quando comincia e quanto dura il dominio marittimo di Venezia?

2. Quanto dura il periodo dello splendore artistico di Venezia?

3. Com'è la situazione economica della regione dopo l'unificazione d'Italia?

4. Quali sono gli artisti veneti più famosi?

B. Vero o falso? Indica se le seguenti informazioni sono vere (V) o false (F) e spiega la risposta.

_____ 1. Il Veneto è bagnato dal mar Tirreno.

_____ 2. La regione è divisa in sette province.

_____ 3. Il Veneto è prevalentemente montuoso.

_____ 4. La coltivazione del tabacco comincia nel 1500.

_____ 5. Il pecorino veneto è un vino famoso.

_____ 6. A Burano si fanno i merletti.

Attività comunicative

A. In un ristorante veneto. In coppie, create un dialogo tra un cameriere e un cliente che vuole assaggiare le specialità venete. Che cosa gli raccomanda il cameriere?

Per cominciare:

CAMERIERE: Buongiorno! Desidera?
CLIENTE: Vorrei assaggiare una specialità veneta; quale primo mi consiglia?

B. Gastronomia. In gruppi, scrivete uno spot pubblicitario per un prodotto gastronomico tipico del Veneto. Fatelo vedere ai vostri compagni di classe.

Cuciniamo insieme!

Uno dei piatti tipici del Veneto è «Risi e bisi». Leggi la ricetta.

Risi e bisi

Ingredienti: 1 kg. di piselli freschi, 200 gr. di riso vialone, 60 gr. di burro, 50 gr. di pancetta, 40 gr. di prezzemolo, olio extravergine d'oliva, 1,2 lt. di brodo, parmigiano grattugiato, una cipolla, sale e pepe.

Preparazione: Sgranare i piselli. Tritare il prezzemolo e scaldare il brodo. Preparare il soffritto: mettere in una casseruola la pancetta tritata, metà del burro, 2 cucchiai di olio, il prezzemolo e la cipolla affettata. Farlo soffriggere per qualche minuto, poi unire i piselli e lasciarli stufare bagnandoli con qualche cucchiaio di brodo. Versare nel recipiente il brodo bollente ed aggiungere il riso girandolo spesso. Prima di togliere il riso dal fuoco, aggiustare di sale e pepe, aggiungere il rimanente burro e tre cucchiai di parmigiano grattugiato.

Adesso completa le seguenti frasi.

1. Si sgranano _____.

2. Il prezzemolo si _____.

3. Si scalda _____.

4. La cipolla si _____.

5. Il riso si _____ spesso.

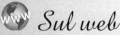 *Sul web*

Un menu tradizionale. Trova un menu tradizionale del Veneto e presentalo alla classe.

academic.cengage.com/italian/parola

Città, cittadine e paesi

Venezia: una città da favola

Venezia è una delle città italiane più affascinanti e visitate dai turisti. Situata nella laguna veneta, è spesso chiamata anche la Serenissima o la Regina dell'Adriatico, titoli che perfettamente descrivono il suo splendore. Ogni anno milioni di turisti visitano la Serenissima per ammirare le sue magnifiche opere d'arte e la sua splendida architettura, con i suoi canali e calli incantevoli e con la sua atmosfera da favola. La città è costruita su diciotto isolette, separate da centosessanta canali valicati da circa quattrocento ponti. Il canale principale è il Canal Grande e i ponti più famosi sono il Rialto e il Ponte dei Sospiri. Fanno parte del territorio comunale le isole di Murano, Burano, Torcello e

La spettacolare vista del Canal Grande con i palazzi e le gondole.

Lido. I mezzi di trasporto più diffusi sono senz'altro le famosissime gondole e i vari tipi di vaporetto. I canali, spesso inquinati e puzzolenti, si ripuliscono regolarmente e i vecchi palazzi vengono restaurati di frequente. Rimane tuttavia il problema del rapido sprofondamento della città. Tant'è vero che molti quartieri sono sommersi più volte l'anno dalle acque dell'Adriatico; un fenomeno che causa grossi danni alla struttura urbanistica di Venezia. La comunità scientifica ed ecologica internazionale da anni è alla ricerca della soluzione migliore per salvare la città da questo continuo degrado.

Un po' di storia

Le origini di Venezia risalgono ai tempi dei Romani e nel corso dei secoli la città è dominata da vari popoli, tra cui anche i Bizantini dai quali ottiene l'indipendenza all'inizio del secolo IX. L'impatto della cultura bizantina sull'architettura veneziana è più che evidente; basta visitare la basilica di San Marco che è un magnifico esempio del connubio artistico tra l'arte veneziana e quella bizantina. Nell'anno 1000, Venezia allarga il suo dominio politico fino all'Istria ed alla Dalmazia e, con la IV crociata (1202–1204), costituisce un vasto territorio coloniale (Impero Latino d'Oriente) nella penisola balcanica e nell'Egeo. La città è spesso in conflitto con la rivale Genova e le guerre navali tra le due potenze si espandono anche alla lotta per il retroterra. Alla fine, Venezia vince e si impadronisce di tutto il Veneto, il Friuli, Brescia e Bergamo; ma questa espansione causa nuovamente una lunga serie di guerre, questa volta con Milano, poi con Firenze e Ferrara. L'espansione territoriale di Venezia è arrestata nel secolo XVI quando viene attaccata dalle altre potenze europee (con l'assalto turco perde anche il dominio sui territori orientali). La scoperta dell'America e la deviazione del traffico mercantile dal Mediterraneo all'Atlantico causa il ridimensionamento della principale fonte di reddito per Venezia. Nel 1797, Napoleone dissolve la Repubblica di Venezia e la cede all'Austria. Solo con la terza guerra d'indipendenza, nel 1866, Venezia è riunita all'Italia.

Quadro economico

L'artigianato tradizionale veneziano include lavori di pizzo - tradizionalmente fatti sull'isoletta di Burano e conosciuti per la loro raffinatezza - le tipiche maschere della commedia dell'arte e, ovviamente, oggettistica in vetro di Murano.

La storia della lavorazione del vetro a Venezia è molto interessante. In principio queste attività erano svolte in città, ma poi sono state trasferite sull'isola di Murano per evitare che l'alta temperatura dei forni impiegati nella soffiatura potesse incendiare la città. L'arte ha avuto i suoi periodi di gloria, ma anche di declino. Nel secolo XVIII, infatti, si verifica un forte calo di produzione nel settore e rallenta anche il processo d'innovazione artistica; un ristagno accentuato, nel 1797, dall'annessione di Venezia all'Impero austriaco, il quale impone alti dazi sul vetro veneziano al fine di proteggere la propria produzione di vetro boemo. Il Risorgimento rianima l'arte e l'industria vetraria di Murano, i cui prodotti rimangono tuttora i più pregiati del mondo.

L'isola di Burano è nota per le sue case dai vivaci colori e l'artigianato del pizzo.

Cultura

Essendo un'importante città d'arte e di cultura, Venezia è la sede dell'Istituto Superiore di Economia e Commercio e di altre facoltà, di gallerie d'arte antica (l'Accademia) e moderna (Ca' Pesaro, Collezione Peggy Guggenheim), di numerosi musei, biblioteche (la Marciana è tra le più note) e del Liceo Musicale Benedetto Marcello. Venezia ospita anche molte manifestazioni artistiche e culturali a livello internazionale come, per esempio, la Mostra Biennale d'arte moderna, il Festival del teatro e della musica e il Festival di arte cinematografica. Venezia è una vera mecca turistica per via delle sue chiese e della sua architettura, che incorpora caratteristiche architettoniche di diversi periodi storici ed artistici. Architetti come Andrea

Palladio e Antonio Da Ponte hanno contribuito all'originalità ed alla bellezza urbanistica della città. I pittori che hanno fondato la celebre *scuola veneta* sono Jacopo Bellini, Giovanni Bellini, Vittorio Carpaccio, Tiziano, Jacopo Tintoretto, Paolo Veronese e Tiepolo.

Venezia oggi non è soltanto un monumento al suo glorioso passato ma anche una città vitale piena di storici caffè (Florian)—una volta luoghi di ritrovo per artisti e scrittori (celebri ed aspiranti)—di negozi raffinati e di ristoranti che offrono autentici piatti veneziani. Non si può dimenticare il tradizionale Carnevale, celebrato a febbraio quando i veneziani si nascondono dietro le maschere di Pantalone e Pulcinella e si divertono per le calli della città. L'immagine della Serenissima è mutevole: spensierata e gioiosa durante il Carnevale; misteriosa, romantica e melanconica in altre stagioni.

Società

Venezia non è una città grande, ha solo circa 270.000 abitanti, un numero che diminuisce ogni anno. La città è diventata carissima, è molto inquinata ed è tormentata da frequenti inondazioni. Tutti conoscono Venezia per le sue straordinarie bellezze naturali, ma pochi sanno che la città si trova in una situazione paradossale: il turismo di cui vive la sta uccidendo. L'inquinamento della laguna, causato dalle fabbriche e dai turisti, ha raggiunto livelli quasi insostenibili. Infatti, già nel 1999, l'allora sindaco della città, Massimo Cacciari, ha commissionato al famoso fotografo della Benetton, Oliviero Toscani, una campagna multimediale intesa a scoraggiare—o perlomeno, ridurre—il turismo di massa a Venezia (vedi Capitolo 2, Alcuni lombardi famosi).

Oltre al problema dell'inquinamento, la città è minacciata dalle inondazioni delle acque lagunari; ogni anno, infatti, ci sono decine di gravi allagamenti: un fenomeno che peggiora col passar del tempo. Per rimediare al problema dell'*acqua alta*, ingegneri e scienziati di tutto il mondo si sono uniti nel tentativo di sviluppare il cosiddetto «progetto Mose» (Modulo sperimentale elettromeccanico), consistente nella costruzione di un sistema di 79 barriere mobili che entrano in azione quando la marea supera i 110 cm. Inoltre, intorno alle imboccature del porto verranno costruite delle barriere di cemento, per aiutare a infrangere le onde che arrivano dall'Adriatico. Tuttavia, attorno a questo progetto sono sorte polemiche e controversie: l'organizzazione ambientalista Italia Nostra si oppone al progetto Mose sostenendo che le barriere, poiché trattengono le acque in città invece di riciclarle nella laguna, contribuirebbero al problema dell'inquinamento.

Parole nel contesto

A. Abbiniamo. Abbina le espressioni della prima colonna ai loro sinonimi nella seconda colonna.

1. espandere	_____	via
2. incendio	_____	rendere ancora più grave
3. allagamento	_____	in pericolo
4. calle	_____	rompere
5. peggiorare	_____	fuoco
6. rimediare	_____	acqua alta
7. marea	_____	allargare
8. infrangere	_____	inondazione
9. minacciato	_____	risolvere

B. Cosa vuol dire? Spiega che cosa significano le espressioni in corsivo.

1. La città è costruita su diciotto isolette separate da centosessanta canali, *valicati da circa quattrocento ponti.*

_____

2. Basta visitare la basilica di San Marco *che è un magnifico esempio del connubio artistico tra l'arte veneziana e quella bizantina.*

_____

3. Venezia *allarga il suo dominio politico* fino all'Istria ed alla Dalmazia.

_____

4. Il Risorgimento *rianima* l'arte vetraria di Murano.

_____

5. Venezia è *una vera mecca turistica* per via delle sue chiese e della sua architettura.

_____

6. L'inquinamento della laguna ... *ha raggiunto livelli quasi insostenibili.*

_____

Comprensione del testo

A. Completiamo. Leggi il testo ancora una volta e completa le frasi in modo logico.

1. Venezia è situata _____
2. È costruita su _____ separate da

   _____ .
3. I ponti più famosi sono _____ .
4. I mezzi di trasporto sono _____ .
5. Una volta i canali erano _____ ma

   adesso sono _____ .
6. La comunità internazionale cerca di _____ .

B. Un po' di storia. Venezia ha una storia molto movimentata. Abbina le date agli eventi importanti.

A	B
1. Nel secolo IX	_____ Napoleone liquida la Repubblica.
2. Nell'anno 1000	_____ la rivale di Venezia.
3. Tra il 1202 e il 1204	_____ l'espansionismo di Venezia è arrestato.
4. Genova è	_____ Venezia diventa indipendente da Bisanzio.
5. Nel secolo XVI	_____ Venezia conquista l'Istria e la Dalmazia.
6. Nel 1797	_____ Venezia costituisce l'Impero Latino d'Oriente.

C. Domande e risposte. Rispondi in modo completo alle seguenti domande.

1. Quali industrie veneziane sono molto competitive?
2. In che cosa consiste l'artigianato tradizionale?

3. Dove si fanno, tradizionalmente, i lavori di pizzo veneziani? Come sono?

4. Perché la produzione del vetro è stata trasferita sull'isola di Murano?

5. In quale periodo si è rinnovato l'interesse per l'arte vetraria?

6. Ricordi i nomi di alcuni musei d'arte antica e moderna?

7. Come si chiama una delle biblioteche famose?

8. Conosci qualche manifestazione culturale di fama internazionale?

9. Chi sono Palladio e Da Ponte?

10. Conosci qualche pittore veneziano?

11. Che cos'è il «progetto Mose»?

Attività comunicative

A. Un paragone. Lavora con un compagno/una compagna. Conosci una città o uno stato americano afflitto da simili problemi ecologici? Quale? Secondo te, come si potrebbero risolvere questi problemi?

Per cominciare:

STUDENTE 1: Anche nella mia città ci sono i problemi di…
STUDENTE 2: Nella mia città invece…

B. Il gondoliere. Lavorate in gruppi. Sei un gondoliere che porta una giovane coppia in giro per i canali. Mostragli le località più famose e spiega perché ti piace fare il gondoliere.

Per cominciare:

GONDOLIERE: Signori si accomodino! Vi farò vedere i posti più romantici di Venezia.
LA COPPIA: Quanto costa mezz'ora in gondola?

C. Contro Venezia - Per Venezia. Lavorate in gruppi. Siete un'agenzia pubblicitaria e un gruppo ambientalista. Create delle brochure, una per attirare i turisti a Venezia e una per scoraggiare il turismo di massa. Create degli slogan convincenti e spiegate le attrazioni e gli aspetti negativi della città. Poi presentate le vostre brochure alla classe.

 *Sul web*

A. Il Carnevale. Trova delle informazioni sul Carnevale di Venezia. a quale data risale la prima celebrazione? Qual è il significato del Carnevale? Come si festeggia oggi? Trova le foto più interessanti e portale in classe.

La gondola è il mezzo di trasporto più romantico di Venezia.

B. La gondola. Cerca delle informazioni sulla storia della costruzione delle gondole e portale in classe.

C. Gli scrittori. Chi sono gli scrittori veneziani più noti? Fai un elenco di almeno cinque autori.

D. Le manifestazioni culturali. Trova delle informazioni sulla Mostra biennale d'arte moderna e sul Festival dell'arte cinematografica. Che cosa sono? Quando hanno luogo? Chi vi partecipa?

E. Una festa tradizionale. Trova delle informazioni sulla Festa del Redentore. Quando si festeggia? Perché è così interessante?

F. Il progetto Mose. Fai una ricerca sul progetto Mose. Riferisci le informazioni alla classe in forma di una breve presentazione.

G. L'arte moderna. Fai una ricerca sul museo Peggy Guggenheim. Descrivilo. Chi era Peggy Guggenheim? Quali opere custodisce il museo?

academic.cengage.com/italian/parola

Padova: la città del sapere

Prato della Valle è il ritrovo preferito degli studenti padovani.

Padova è il capoluogo dell'omonima provincia. È situata nella parte centro-orientale del Veneto, sul fiume Bacchiglione. La città ha 215.000 abitanti, però, essendo ospite di molti programmi di studio di università straniere, tra cui anche statunitensi, sembra più popolata. La città è sede universitaria dal 1222 e l'università di Padova è la seconda più antica d'Italia, dopo quella di Bologna. Anche oggi gode di un'ottima reputazione grazie alla qualità dei suoi programmi ed alla sua collaborazione con enti scientifici di tutto il mondo.

Uno dei suoi professori più famosi è lo scienziato Galileo Galilei, che nel 1592 assume la carica di decano della facoltà di matematica. Egli rimane all'università, dove insegna corsi di geometria e di astronomia, fino al 1610. Sotto gli auspici di Francesco II da Carrara viene creata l'Università degli Artisti (*Universitatis Artistarum*) che comprende gli studi di astronomia, dialettica, filosofia, grammatica, medicina e retorica. Tra i secoli XV e XVIII, l'università si distingue per i suoi grandi progressi, in particolare nelle discipline medico-scientifiche, astronomiche e filosofiche. È importante citare il nome di Elena Lucrezia Cornaro Piscopia, la prima donna al mondo a conseguire, nel 1678, la laurea in filosofia.

L'università ha contribuito notevolmente anche all'unificazione d'Italia e ha continuato ad avere un ruolo importante anche nei conflitti mondiali. Per esempio, nel 1943 il rettore ha invitato pubblicamente gli studenti a lottare contro il fascismo. Per le sue attività antifasciste, l'università di Padova è stata l'unica in Italia ad essere onorata con la medaglia d'oro al valor militare.

Un po' di storia

Padova è fondata nel secolo IV a.C. Diventa un municipio romano nel 49 a.C. e un comune libero nel secolo XII. Dal 1237–1256 è sotto il dominio di Ezzelino da Romano. Successivamente è governata dai Da Carrara e dai Da Venezia. In seguito alla terza guerra di indipendenza, Padova rientra nello Stato italiano.

Quadro economico

L'agricoltura costituisce un'importante fonte di ricchezza per la città; si coltivano diverse varietà d'uva, cereali, verdura e frutta. La città è anche sede di importanti industrie siderurgiche, meccaniche, tessili, chimiche, alimentari, grafico-editoriali, d'abbigliamento e di materie plastiche. L'architettura di Padova è molto interessante: ci sono tantissime gallerie e strade che permettono di girare in bici facilmente; anzi molti padovani preferiscono questo mezzo di trasporto alla macchina. Il turismo è sviluppatissimo grazie alle numerose chiese, palazzi, musei ed al più antico parco botanico d'Europa (1545). Tra i posti più visitati ci sono: la basilica di Sant'Antonio (secolo XIII), visitata ogni anno da milioni di pellegrini che vanno a pregare sulla tomba del santo protettore della famiglia e dei bambini; e la Cappella degli Scrovegni (secolo XIV) che custodisce i celebri affreschi di Giotto. Anche Dante ha vissuto a Padova.

La città ha molti caffè e ristoranti dove i visitatori possono rilassarsi e assaggiare degli ottimi piatti regionali. I mercati all'aperto sono un'altra attrazione turistica.

Società

Una tradizione molto interessante che si manifesta ogni anno nel centro storico della città è la festa di laurea (ogni città ha le proprie tradizioni), un'usanza goliardica di origine medievale che simbolizza la vita spensierata caratteristica degli studi universitari. Il giorno della laurea gli studenti neolaureati escono dall'università e si recano verso la piazza principale della città. I ragazzi sono spesso vestiti in costumi medievali, con mantelli di diversi colori (rappresentanti le diverse facoltà) e cappelli a punta. In testa portano anche una corona d'alloro. Gli amici del neolaureato preparano un grande cartello (detto *papiro*) su cui descrivono—con dei versi in rima e in modo divertente, ma spesso anche volgare e imbarazzante!—la vita da studente del neolaureato. Il festeggiato deve quindi leggere questi versi davanti agli amici—e spesso anche ai genitori!—e ogni volta che sbaglia deve bere del vino. Alla fine inevitabilmente si ubriaca. Come se ciò non bastasse, al neolaureato si fanno indossare vestiti ridicoli e squallidi, preparati in precedenza dagli stessi amici, e lo si porta in giro per la città in un carrello da spesa o qualcosa di ugualmente ridicolo. La festa poi continua nei bar o nei ristoranti. È una giornata piena di baldoria che così segnala la fine della vita studentesca, priva di preoccupazioni e di vere responsabilità.

Curiosità

La parola «laurea» deriva in parte dalla parola latina «laurus», cioè «alloro», perché a tutti coloro che conseguivano il titolo di dottore veniva messa in testa una corona d'alloro.

Parole nel contesto

Nomi ed aggettivi. Scrivi la forma aggettivale dei seguenti nomi.

1. Stati Uniti _____

2. università _____

3. accademia _____

4. scienza _____

5. medicina _____

6. astronomia _____

7. filosofia _____

8. turismo _____

Comprensione del testo

Completiamo. Completa le frasi che seguono.

1. Padova ha _____ abitanti.

2. La città è fondata _____.

3. L'università è fondata nel _____.

4. Dal 1592 al 1610 _____.

5. Elena Lucrezia Cornaro Piscopia è _____.

6. L'economia è basata su _____.

7. Le industrie più importanti sono _____.

8. Sant'Antonio è _____.

9. La Cappella degli Scrovegni custodisce _____.

10. Goliardia significa _____.

Attività comunicative

A. L'università. In coppie, svolgete un dialogo in cui spiegate perché avete scelto di frequentare la vostra università.

Per cominciare:

STUDENTE 1: Sono di Miami e volevo andare a studiare lontano da casa. E tu?
STUDENTE 2: Anch'io volevo studiare lontano da casa, ma...

B. Le professioni. In coppie, parlate delle vostre specializzazioni e delle professioni che vorreste svolgere dopo la laurea.

Per cominciare:

STUDENTE 1: Adesso seguo un corso di recitazione teatrale. Mi piace un sacco. Vorrei fare l'attore.
STUDENTE 2: Perché? Questa professione non farebbe per me: sono troppo timida.

C. Parliamo di goliardia. Lavorate in gruppi. Che cosa significa per te questo termine? A quali usanze studentesche americane è affine la festa di laurea italiana? Secondo te, appartenere ad una *fraternity* o *sorority* è parte integrante della vita studentesca? Perché? Quali sono le tue esperienze con queste associazioni studentesche?

Per cominciare:

STUDENTE 1: Appartieni a una *fraternity* o *sorority*?
STUDENTE 2: No, ma alla mia università...

D. Il diploma e la laurea. Lavorate in coppie. Dopo essersi diplomati, molti giovani italiani si iscrivono all'università. Le statistiche però affermano che una gran percentuale degli iscritti non si laurea. Per quelli laureati la famiglia di solito organizza una grande festa perché la laurea simboleggia il passaggio dei giovani nel mondo degli adulti e l'inizio di una nuova tappa nella loro vita. Cosa si festeggia di più negli Stati Uniti: il diploma o la laurea? Perché? Come hai festeggiato il diploma? E come festeggerai la laurea? Parlatene in coppie.

Per cominciare:

STUDENTE 1: I miei genitori hanno organizzato…
STUDENTE 2: Quando mi laureo, i miei…

 *Sul web*

A. Chi è Giotto? Trova delle informazioni sul grande artista e sulle località dove sono custodite le sue opere, esclusa Padova. Poi informa la classe sui risultati della tua ricerca.

B. Galileo Galilei. Quali sono le scoperte più importanti di Galileo Galilei? Perché fu condannato come eretico dalla Chiesa Cattolica?

academic.cengage.com/italian/parola

 Ascoltiamo! Visita il seguente sito per ascoltare il brano: academic.cengage.com/italian/parola

Vicenza, la città di Palladio. Ascolta il brano due volte e rispondi alle domande che seguono.

1. Perché è famosa Vicenza?
2. Quali sono le caratteristiche della lavorazione dell'oro vicentino?
3. Dove vengono esportati gli oggetti d'oro vicentini?
4. Perché Vicenza gode della protezione dell'UNESCO?
5. Che cos'è «La Rotonda»?

Curiosità

Chi fu Ötzi?

Sapevate che la mummia Ötzi è la mummia più antica del mondo? Proviene dall'età del bronzo e ha più di 5300 anni. È stata scoperta sui ghiacciai del Senales a pochi metri dal confine con l'Austria. Da subito nasce il problema: il reperto archeologico si trovava in Italia o in Austria? Dopo una lunga disputa, i governi hanno deciso di condividere la mummia.

Secondo gli scienziati, circa 5300 anni fa Ötzi portava il suo gregge sulle Prealpi austriache al confine italo-austriaco. Un giorno, probabilmente durante una tempesta di neve, o forse dopo una caduta, Ötzi morì. Le basse temperature a 10.000 piedi sopra il livello del mare hanno causato la mummificazione del suo corpo, che è stato preservato così bene da permettere agli scienziati di poter addirittura analizzare il contenuto dello stomaco e i suoi effetti personali.

Alcuni veneti famosi

Marco Polo: l'esploratore dei nuovi mondi
(1254–1324)

Marco Polo era il noto viaggiatore veneziano, nato nel 1254 sull'isola croata di Korčula. La sua era una famiglia benestante ed eminente, grazie a suo padre Niccolò e a suo zio Matteo che avevano commerciato con molto successo con i popoli del Medio Oriente. I loro viaggi li avevano portati perfino alla corte del grande Kublai Khan, l'imperatore mongolo. Da ragazzo Marco ebbe una formazione classica e divenne poliglotta; è noto che parlava francese, italiano e croato, però non imparò il cinese, nonostante il suo lungo soggiorno in Cina. La famiglia si trasferì a Venezia quando lui era ancora ragazzino e da lì il padre e lo zio continuarono i loro viaggi in Oriente. All'età di diciassette anni, nel 1271, Marco partì insieme al padre ed allo zio per l'Asia Anteriore e Centrale, raggiungendo Pechino tre anni dopo. Durante i successivi diciassette anni, conquistata la fiducia del Kublai Khan, vissero alla sua corte. Per conto del Khan, Marco svolse diverse missioni diplomatiche in varie regioni dell'Estremo Oriente.

Successivamente i Polo soggiornarono in Persia, ma finalmente, dopo ventiquattro anni d'assenza, ritornarono a Venezia nel 1295, durante un periodo caratterizzato da continui conflitti tra Venezia e la rivale Genova; nel 1295, durante una battaglia navale, Marco fu catturato e imprigionato a Genova. Rimase in prigione fino al 1299 e durante questo periodo dettò le memorie dei

Marco Polo

suoi viaggi ad un compagno di prigionia di nome Rustichello. Queste memorie furono poi trascritte in francese con il titolo *Livre des merveilles du monde*, conosciuto dopo come *Il Milione*. Il libro ebbe un grande successo perché per molti anni rappresentò la più importante fonte di notizie sull'Asia orientale. Il suo testo contiene osservazioni storiche e descrizioni dettagliate delle varie culture e della geografia di quel continente. Il libro narra la storia delle regioni visitate; descrive le città, l'architettura e gli abitanti; parla delle varie razze conosciute, delle loro lingue, del loro stile di vita, del cibo che mangiavano e dei vestiti che portavano, dei loro riti matrimoniali e religiosi, dei prodotti locali, dei loro governi, della flora e fauna regionali, del terreno, ecc. Grazie a *Il Milione*, Marco Polo viene riconosciuto come il padre dell'antropologia moderna.

Nonostante il successo iniziale, il libro è stato considerato in seguito frutto della fantasia del suo autore piuttosto che un documento autentico; un atteggiamento che risultava da un egocentrismo europeo che non ammetteva che potessero esistere civilizzazioni più avanzate di quelle europee. Ci sono voluti cent'anni prima che *Il Milione* venisse accettato come un testo veritiero. Anche Cristoforo Colombo lo lesse e lo portò con sé durante il suo primo viaggio nel Nuovo Mondo. Marco Polo morì a Venezia nel 1324.

Comprensione del testo

A. Vero o falso? Indica se le seguenti frasi sono vere (V) o false (F). Se sono false, spiega perché.

_____ **1.** Marco Polo nacque a Venezia.

_____ **2.** Suo padre e suo zio precorsero i suoi viaggi.

_____ **3.** Kublai Khan era l'imperatore persiano.

_____ **4.** Marco parlava cinese.

_____ **5.** Nel 1271 Marco partì per l'Asia.

_____ **6.** I Polo ritornarono a Venezia dopo dieci anni.

_____ **7.** Marco scrisse _Il Milione_ da solo.

_____ **8.** Il libro apparve prima in francese.

Il Milione

A. Leggiamo insieme. Leggi il seguente brano e rispondi alle domande.
(† indica le lacune nel testo originale)
Di Balascam.
Balasciam è una provincia che la gente adorano Malcometo, e ànno lingua per loro. Egli è grande reame e discende lo re per reditate; e scese del legnaggio d'Allesandro e de la figlia di Dario, lo grande signore di Persia. E tutti quegli re si chiamano Zulcarnei in saracino, ciò è a dire Ales[a]ndro, per amore del grande Allexandro.

E quivi nasce le priete preziose che si chiamano balas[c]i, che sono molto care, e cavansi ne le montagne come l'altre vene. E'è pena la testa chi cavasse di quelle pietre fuori del reame, perciò che ve n'à tante che d'venterebboro vile. E quivi, in un'altra montagn', † ove si cava l'azzurro, e è '' migliore e 'l piú fine de' mondo; e le pietre onde si fa l'azzurro, è ven' di terra. E àvi montagne ove si cava l'argento. E la'provincia è molto fredda. E quivi nasce cavagli assai e buoni coritori, e non portano ferri, sempre andando per le montagne. E nascevi falconi molto volanti e li falconi laineri: cacciare e uccellare v'è lo migliore'del mondo. Olio non ànno, ma fannone di noci. Lo luogo è molto forte da guerra; e' sono buoni a'cieri e vestonsi di pelle di bestie, perciò ch'ànno caro di 'anni. E le grandi donne e le gentili portano brache, che v'è ben 100 bra'cia di panno bambagino, e tal 40 e tal 80; e questo fanno per parere ch'abbiano gross' le natiche, perché li loro uomini si dilettano in femine grosse. Or lasciamo questo reame, e conteremo d'una diversa g'nte, ch'è lungi da qu'sta provincia 10 giornate.

1. Di che religione è il popolo di Balascan?

2. Che forma di governo ha Balascan?

3. Come si chiamano i suoi re?

4. Che cosa sono le *balasci* e come sono puniti coloro che volessero esportarle?
5. Cos'altro viene cavato dalle montagne?
6. Com'è il clima della zona?
7. Quali animali ci vivono?
8. C'è dell'olio?
9. Come sono vestiti gli uomini e le donne?
10. Che tipo di donna piace agli uomini di Balascan?

Attività comunicative

A. **Un viaggio di scoperta.** Lavorate in coppie. Descrivi al tuo compagno/ alla tua compagna un luogo esotico che ti piacerebbe visitare.

Per cominciare:

STUDENTE 1: Mi piacerebbe andare a Bora Bora.
STUDENTE 2: Perché proprio lì?

B. **Un viaggio particolare.** Lavorate in coppie. Descrivi al tuo compagno/ alla tua compagna il viaggio più strano che tu abbia mai fatto e perché esso ha deluso le tue aspettative.

Per cominciare:

STUDENTE 1: Ho fatto una vacanza pessima…
STUDENTE 2: Perché?

C. **Chiedere indicazioni.** Lavorate in coppie. Tu e il tuo compagno/la tua compagna vi siete persi in una località nella quale vi trovate per la prima volta. Cosa fareste per trovare la strada giusta? Tenete presente che in questa località non esiste il telefono.

Per cominciare:

STUDENTE 1: Se mi perdo, cerco…
STUDENTE 2: Io seguirei…

D. **Un programma di *reality*.** In gruppi, parlate di un programma televisivo nel quale i protagonisti si trovano in luoghi pieni di pericoli, e di come se la cavano. Spiegate se vi piacciono questi tipi di programmi o se li trovate noiosi.

Per cominciare:

STUDENTE 1: Io odio i «reality TV» perché…
STUDENTE 2: Io invece li guardo regolarmente…

 *Sul web*

Un po' di geografia. Trova una mappa dettagliata dell'itinerario dei viaggi di Marco Polo, stampala e portala in classe.

academic.cengage.com/italian/parola

Giacomo Casanova: seduttore leggendario o uomo represso? (1725–1798)

Avete mai sentito dire «Lui pensa di essere un vero Casanova» o «Chi ti credi di essere, Casanova»? L'amante delle donne per eccellenza è forse Giacomo Girolamo Casanova, noto anche come Jean-Jacque Chevalier de Seingalt. Durante la sua vita avventurosa esercita varie «professioni»: soldato, spia, diplomatico, giocatore di giochi d'azzardo, violinista, finanziere e scrittore. Tuttavia ciò che gli assicura fama storica, non soltanto veneziana ma anche internazionale, è la sua reputazione di grande conquistatore erotico. La sua autobiografia *Histoire de ma vie*, scritta in francese, parla delle sue avventure galanti con—a detta sua—centoventidue donne; ma il suo testo è anche una testimonianza della vita nel secolo XVIII. I suoi numerosi impieghi lo portano a tutte le corti europee e perciò il suo libro non descrive solo la vita di quel periodo a Venezia, ma anche, ad esempio, ciò che succedeva a Parigi presso la corte di Luigi XV, e a Londra.

Casanova nasce in una famiglia teatrale. I suoi genitori, attori di professione, lo abbandonano da bambino ed egli viene allevato dalla nonna materna. Trascorre l'infanzia dominato da donne forti e gli storiografi attribuiscono a questo fatto la sua abitudine—più tardi nella vita—di indossare occasionalmente abiti da donna. Nel 1734,

Giacomo Casanova

Casanova viene mandato a Padova dove studia all'università, ma poi si trasferisce al seminario S. Cipriano per diventare prete. È espulso dal seminario a causa delle sue avventure amorose e della sua predilezione per il bere. Cambiava spesso lavoro perché veniva licenziato appena si scopriva il suo «appetito» edonistico.

Soffriva spesso di varie malattie veneree che curava con dei trattamenti da lui stesso scoperti. Nel 1749, Casanova incontra l'amore della sua vita, una donna francese, Henriette, che però lo abbandona. Nel 1755, finisce in prigione e i suoi manoscritti, libri ed opere varie che trattano di magia, vengono sequestrati. Dopo esser scappato dalla prigione, si trasferisce a Parigi dove si arricchisce grazie al suo talento da giocatore d'azzardo. Fonda la lotteria e stabilisce un'amicizia con Luigi XV, Rousseau e Mme. Pompadour. Il suo soggiorno a Parigi, però, non dura a lungo. Deve scappare di nuovo e continua a vagare da una metropoli europea all'altra.

Casanova scrive e pubblica per tutta la vita: poesie, traduzioni, opuscoli satirici, un romanzo utopistico e varie altre opere che rimangono inedite. Ma la sua autobiografia è il suo vero capolavoro e diventa oggetto di studio degli esperti della società del secolo XVIII.

Comprensione del testo

Domande e risposte. Dopo aver letto il testo rispondi alle seguenti domande.

1. Chi è Casanova?
2. Perché la sua autobiografia è importante oggi?
3. Com'era la sua infanzia?
4. Perché non si è mai fermato a lungo in un posto?
5. Si è mai innamorato di una donna?

Attività comunicative

A. L'amore. Lavorate in coppie. Parla con il tuo compagno/la tua compagna del tuo primo amore.

Per cominciare:

STUDENTE 1: Quanti anni avevi quando ti sei innamorato per la prima volta?
STUDENTE 2: Tredici. E tu? Ti sei mai innamorato?

B. Il partner ideale. Lavorate in coppie. Descrivi al tuo compagno/alla tua compagna le qualità che cercherai in una persona che vorrai sposare nel futuro. Parla anche delle caratteristiche negative che non potresti mai sopportare.

Per cominciare:

STUDENTE 1: La mia persona ideale dovrebbe avere il senso dell'umorismo.
STUDENTE 2: Mi piacciono le persone magre.

C. Il divorzio all'americana. In gruppi, parlate del problema del divorzio negli Stati Uniti. Secondo voi, quali sono le possibili cause di questo fenomeno? Che impatto ha il divorzio sui figli? Suggerite delle soluzioni possibili al problema del divorzio.

Per cominciare:

STUDENTE 1: I miei genitori sono sposati da vent'anni, ma...
STUDENTE 2: I miei invece hanno divorziato quando ero piccolo/a...

D. Il matrimonio d'oggi. Lavorate in gruppi. I giovani rimandano sempre di più il matrimonio. Puoi darne una spiegazione? Si tratta di un fenomeno psicologico, sociale, economico o di qualcos'altro? Che progetti hai per il tuo matrimonio?

Per cominciare:

STUDENTE 1: Non ho intenzione di sposarmi prima di...
STUDENTE 2: Io invece sposo Peter, stiamo insieme dal liceo e...

Il matrimonio in Italia. Fra tutti gli eventi nella vita di una persona, pochi hanno più importanza del matrimonio. In Italia, come già sappiamo, le usanze variano parecchio da regione a regione, ma in linea di principio, gli elementi comuni sono i seguenti:

Il fidanzamento	È molto più privato e informale che negli Stati Uniti. Raramente si comprano diamanti che sforano il budget del fidanzato per anni; e raramente gli uomini cercano di trovare modi sempre più bizzarri e fantastici di fare la proposta di matrimonio. Di solito si tratta di un'intesa tra due persone che stanno insieme da tempo.
I *wedding showers*	Non esistono!
La cerimonia	Prima di potersi sposare, i futuri sposi devono andare in municipio e dichiarare la loro intenzione di sposarsi. In seguito, nell'apposito spazio dell'edificio del municipio vengono affisse le cosiddette «pubblicazioni del matrimonio». Dopo un certo periodo che varia da regione a regione, a patto che nessuno abbia niente da ridire, gli sposi ottengono il «nulla osta» al matrimonio e possono sposarsi. La cerimonia deve essere fatta prima in municipio e poi, volendo, anche in chiesa. Se si fa in chiesa, tutti gli invitati vengono alla messa; sarebbe molto maleducato presentarsi solo al ristorante!
Il giorno della festa di nozze	La mattina, mentre i futuri sposi si preparano, i rispettivi parenti si recano presso la loro casa, che è di solito la casa dei genitori, e passano la mattinata mangiando dolcetti e conversando. Come negli USA, la sposa deve portare qualcosa di nuovo, qualcosa di vecchio e qualcosa di blu. Quando gli sposi sono pronti, vanno alla cerimonia con i parenti, ma separatamente, ognuno dalla propria casa. Dopo la cerimonia o la messa, i novelli sposi si allontanano con il fotografo per fare le foto, mentre gli invitati vanno al ristorante e cominciano a bere gli aperitivi e a mangiare gli antipasti. Quando arrivano gli sposi, il pasto può cominciare.
Il cibo	È comune servire diversi antipasti, due primi, due secondi, due contorni, la torta, i liquori e il caffè.
I regali	Molti giovani oggi fanno la lista di nozze presso il loro negozio preferito, come negli USA. I parenti più stretti regalano soldi, mentre i parenti più lontani e gli amici portano regali direttamente alla casa dei genitori della sposa o dello sposo, qualche mese prima. I genitori di solito non fanno regali; pagano invece il vestito della sposa, il ricevimento in casa, il pranzo o la cena e qualche volta com-

	prano la casa per la giovane coppia. Il costo delle nozze è pressappoco uguale a quello negli Stati Uniti, ma il pranzo ha luogo in un ristorante che non deve essere affittato. In tal modo resta di più da poter spendere per il cibo.
La luna di miele	La luna di miele è diventata un vero e proprio status symbol in Italia. La giovane coppia spesso mette la luna di miele nella lista di nozze, così i parenti possono contribuire alle spese del viaggio. Sempre più raramente si rimane in Italia; oggi va molto di moda andare alle Maldive, nel Sudafrica, nei paesi nordici e negli USA.
Gli scherzi	Mentre i novelli sposi festeggiano le loro nozze mangiando e ballando con gli altri invitati, gli amici della coppia lasciano la festa di soppiatto per recarsi alla casa degli sposi a preparare qualche scherzo. Lo scopo è di rendere quanto più difficile il rientro degli «sposini» a casa. Gli scherzi sono a volte molto creativi: un centinaio di bicchieri riempiti d'acqua sparsi per tutta la casa, le sveglie nascoste che squillano ogni dieci minuti, lo zucchero tra le lenzuola del letto matrimoniale, ecc.

Comprensione del testo

Rispondi alle domande in modo completo.

1. Nel testo ci sono molte espressioni che si riferiscono al matrimonio e alle persone che si sposano. Trovale tutte!

2. Quali sono le somiglianze tra il matrimonio in Italia e quello in America?

3. Quali sono le differenze?

4. Ti piacerebbe sposarti all'italiana? Perché?

 Sul web

A. Casanova nel cinema. Trova una lista di film basati sull'autobiografia di Casanova.

B. San Valentino. Trova delle informazioni sulla storia di San Valentino, il protettore degli innamorati. Usa qualsiasi motore di ricerca italiano e usa «storia di San Valentino» come criterio di ricerca.

C. Quando l'amore non c'è più... Gli italiani divorziano quanto gli americani? Quali sono le procedure per ottenere il divorzio in Italia? Trova anche delle statistiche sul numero di divorzi in Italia.

academic.cengage.com/italian/parola

Roberto Baggio: il mitico calciatore (1967–)

Ogni sport ha le sue star, campioni che diventano un vero e proprio culto. Così anche nel calcio. Uno dei calciatori più straordinari e più amati in Italia è senz'altro Roberto «Roby» Baggio. Nasce il 18 febbraio 1967 a Caldogno, un piccolo comune in provincia di Vicenza. Sesto di otto figli, cresce in una modesta famiglia, e già nell'infanzia il calcio diventa la sua passione. A scuola non si applica tanto, ma se la cava e consegue la maturità. Presto comincia a frequentare il campo di calcio del paese, dove è costretto a palleggiare da solo in un angolo dato che i ragazzi più grandi lo escludono sempre dalle loro partite. Ben presto, però, tutti si accorgono che Roby possiede un insolito talento per il calcio e lui diventa una specie di «celebrità» a Caldogno. Così comincia la sua inarrestabile salita ai vertici dello sport.

Baggio esordisce giocando per il *Caldogno*, per poi passare alla *Vicentina* in serie C. Aiuta la squadra a salire in serie B, e poi viene ingaggiato dalla *Fiorentina* dove rimane per cinque anni. Durante quel periodo trascorso a Firenze diventa amico di Roberto Benigni, e si converte al buddismo che lo aiuta a riacquistare l'equilibrio personale. Nel 1990,

Roberto Baggio

la scia la «squadra viola» e passa alla *Juventus*. I suoi fans si sentono traditi ed accusano Baggio di essere motivato solamente dal denaro (più di 1 milione di dollari netti l'anno), accusa che il calciatore continua a smentire.

Davanti alla sede della Fiorentina si scatena una vera e propria guerriglia urbana con molti feriti. Dopo aver giocato in bianconero, «il divin codino» gioca per il *Bologna*, ma nel 2004, dopo una serie di infortuni che non riesce più a gestire, decide di ritirarsi definitivamente dal calcio. A dispetto delle sue alleanze mutevoli, Roberto Baggio rimane ancor'oggi amatissimo dagli italiani.

I suoi record:
- ha segnato 193 reti in serie A
- unico giocatore italiano ad aver segnato in 3 mondiali diversi (2 in Italia nel 1990, 5 negli USA nel 1994, 2 in Francia nel 1998)
- miglior rigorista della serie A (68 gol su 78 rigori calciati)
- quarto cannoniere di tutti i tempi della nazionale italiana (55 presenze, 27 gol)
"L'essenza del calcio è l'invenzione continua."

Roberto Baggio

Parole nel contesto

A. Cosa vuol dire? Spiega che cosa significano le seguenti espressioni.

1. diventare un culto: _____

2. litigarsela: _____

3. conseguire la maturità: _____

4. esordire: _____

5. essere ingaggiato: _____

6. un milione di dollari netti: _____

7. una guerriglia urbana: _____

B. Parliamo di calcio! Rileggi il paragrafo intitolato «I suoi record», e prova a spiegare che cosa significano i seguenti termini calcistici.

1. segnare una rete _____

2. il mondiale _____

3. il rigorista _____

4. la serie A, B, C _____

5. il cannoniere _____

6. la nazionale _____

Comprensione del testo

Domande e risposte. Rispondi alle seguenti domande.

1. Perché si dice che la *Fiorentina* è una squadra «viola» e la *Juventus* una squadra «bianconera»?

2. Perché i fiorentini si sono sentiti traditi da Baggio?

3. Qual è, secondo Baggio, la capacità più importante di un bravo calciatore?

Attività comunicative

Lo sport professionale. Lavorate in gruppi. Secondo te, lo sport professionale è troppo commercializzato oggi? Gli atleti guadagnano troppo? Che immagine ha lo sport professionale in America? Quali sono i valori promossi? Quali sono i problemi più gravi che le maggiori organizzazioni e leghe sportive devono affrontare?

Per cominciare

STUDENTE 1: Secondo me, gli sportisti di professione sono come gli altri professionisti...

STUDENTE 2: Sì, ma oggi i soldi corrompono lo sport, gli stipendi degli sportisti sono esagerati...

Sul web

Il fan club di Roby. Trova i siti dedicati a Roberto Baggio. Come sono? Ti sono piaciuti? Cerca delle informazioni interessanti sulla vita e la carriera di Baggio e riferiscile alla classe.

academic.cengage.com/italian/parola

 Ascoltiamo! Visita il seguente sito per ascoltare il brano: academic.cengage.com/italian/parola

Domande personali: l'amore. Ascolta ogni domanda due volte e rispondi sia oralmente che in scritto.

1. _____

2. _____

3. _____

4. _____

5. _____

Sulla strada

Visita il seguente sito per guardare il video: academic.cengage.com/italian/parola

Una gita a Venezia. Guarda il video e poi rispondi alle domande.

1. Perché Marco non poteva girare a Venezia ieri?

2. Che funzioni hanno le barche a Venezia?

3. Riconosci qualche veduta di Venezia?

4. È piaciuta la gita a Marco? Perché?

Prova scritta

A. L'arte classica e moderna. Spiega quale ti piace di più e scrivi del tuo pittore o scultore preferito. Se hai visto una mostra dei suoi dipinti o sculture descrivila, oppure descrivi un'opera che ti è piaciuta particolarmente.

B. Una recensione. Scrivi la recensione di un film la cui trama tratta dell'amore.

C. Le scoperte importanti. Secondo te, quali scoperte del secolo XX hanno avuto l'impatto più forte a livello mondiale? Discutine!

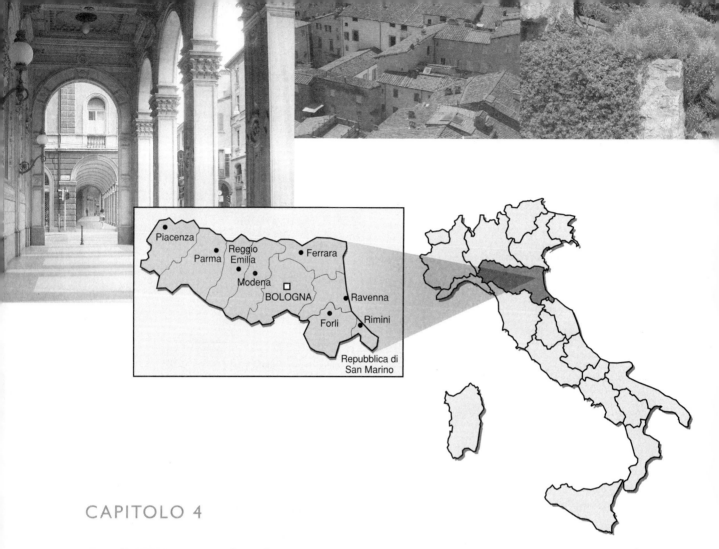

CAPITOLO 4

L'Emilia-Romagna

Profilo della regione

Città, cittadine e paesi

    Bologna: la Dotta, la Rossa, la Grassa

    Rimini: la vita notturna in Italia

    Parma: la città del prosciutto e del formaggio

Alcuni emiliani e romagnoli famosi

    Giuseppe Verdi: il grande dell'opera

    Umberto Eco: scrittore, saggista, semiologo e
       critico di fama internazionale

    Federico Fellini: genio dell'arte cinematografica

Appunti grammaticali

    Per il ripassao dei pronomi di oggetto diretto,
    indiretto e doppi e per l'uso di *ne* e *ci*,
    riferirsi alla pagina 339.

 academic.cengage.com/italian/parola

Sul web

Ascoltiamo

Sulla strada

Entriamo nell'argomento

Sapevi che…

...l'Emilia-Romagna è una delle più ricche regioni italiane?

...l'Università di Bologna, fondata nel secolo XI, è considerata la più antica del mondo?

...Bologna è soprannominata «la Dotta», «la Rossa» e «la Grassa»: «La Dotta» per la sua lunga tradizione universitaria; «la Rossa» per una viva attività comunista e «la Grassa» per essere la Mecca gastronomica?

...ci vogliono dai quattordici ai venti mesi per produrre un autentico Prosciutto di Parma?

Prima di leggere

Prima di leggere il brano sull'Emilia-Romagna, ti sarà utile il seguente vocabolario:

| benessere | ortaggi | di pari passo |
| risalire | affiancarsi | balneare |

Con l'aiuto del glossario, scegli dalla lista le parole che corrispondono ai seguenti vocaboli.

1. verdure _____

2. aver origine _____

3. litoraneo _____

4. parallelamente _____

5. mettersi accanto _____

6. prosperità _____

Profilo della regione

Territorio: 22.123 km²
Capoluogo: Bologna
Province: Bologna, Ferrara,
  Forlì-Cesena, Modena, Parma,
  Piacenza, Ravenna, Reggio
  Emilia e Rimini.
Popolazione: 4.150.000

Geografia: 48% pianure; 52% colline e montagne. Il territorio è diviso in una zona appenninica e in una vasta zona pianeggiante.
Clima: subcontinentale, con inverni freddi ed estati calde mitigate dalle brezze del mare Adriatico.

 Ascoltiamo! Visita il seguente sito per ascoltare il brano: academic.cengage.com/italian/parola

Parma, la città del prosciutto e del formaggio. Ascolta il brano tre volte: la prima volta per capire il significato generale e la seconda volta inserisci le parole che mancano. Ascolta il brano una terza volta per controllare il contenuto.

La città di Parma è spesso chiamata la terra del prosciutto e del formaggio, una descrizione pienamente meritata. I _____ del mondo conoscono bene i due prodotti che rimangono il punto fermo della _____ _____ italiana: il Prosciutto di Parma e il Parmigiano Reggiano. Il prosciutto si produce con la carne dei _____ allevati col siero di latte rimasto dalla produzione del formaggio. Oltre ai maiali propri della zona, al loro _____ _____ contribuisce anche il clima specifico delle _____ che circondano Langhiarino, una zona a sud di Parma dove si produce la maggior parte dei prosciutti. Il processo di preparazione dei prosciutti è molto rigoroso e deve rispettare alti _____ ____ _____. Ci vogliono dai _____ ai _____ mesi per produrre un autentico Prosciutto di Parma caratterizzato dal suo colore rosa chiaro, dal sapore distinto e dalla morbida consistenza. Una sola fabbrica produce _____ prosciutti all'anno.

Il Parmigiano Reggiano si produce oggi allo stesso modo di sette secoli fa. È fatto con il latte delle mucche che pascolano nella Pianura Padana. Ci vogliono _____ _____ ___ _____ e _____ _____ _____ _____ per produrre una singola forma di Parmigiano Reggiano. La sua autenticità è impossibile da imitare. Non c'è da sorprendersi che questo formaggio sia considerato proprio un simbolo di _____ e di _____ italiana.

Un po' di storia

QUANDO?	CHI?	COSA?
IX–VII sec.	la cultura villanoviana	la zona è abitata già nel Paleolitico
a.C. VI sec.	Etruschi	gli Etruschi si insediano nella zona; la regione è importante per i suoi porti: Spina, Adria, Ravenna e Rimini; lungo la linea della Via Emilia, nascono centri urbani commerciali: Cesena, Modena, Parma e Piacenza
IV sec.	Celti	l'invasione celtica minaccia la prosperità della regione
III sec.	Romani	l'Emilia diventa una delle province romane; deve il suo nome all'antica *via Aemilia*, l'arteria romana che collegava le città di *Placentia* (Piacenza) e di *Ariminum* (Rimini); la regione vede un incredibile sviluppo e diventa il punto centrale dell'Italia di allora; è teatro di grandi scontri militari, quali il passaggio del Rubicone da parte di Cesare
d.C. 402	Ravenna	diventa capitale dell'Impero Occidentale
568	i Longobardi, i Bizantini e i Franchi	dopo l'occupazione longobarda la regione è divisa tra i Longobardi e i Bizantini
VIII–XI sec.	papato, vescovi conti	la regione passa alla giurisdizione papale e i ducati longobardi sono quasi completamente controllati dai vescovi conti, fino a passare in mano alla Chiesa; dopo la caduta dei vescovi conti, si affermano le istituzioni comunali e le signorie
XI–XII sec.	Modena e Reggio	nel periodo dei comuni, Modena e Reggio vedono un notevole sviluppo commerciale, ma presto sono dilaniate da lotte e rivalità
XI–XII sec.	d'Este	Modena e Ferrara passano in mano alla dinastia degli Este
1503	Cesare Borgia	è nominato duca di Romagna
'500–'700	i Visconti, i Farnese	Parma e Piacenza: dopo la caduta in rovina dei Visconti, le città passano a papa Paolo III il quale le assegna come ducato al figlio Pier Luigi Farnese
'700	i Borboni	estintasi la famiglia Farnese, Parma e Piacenza passano ai Borboni di Spagna
1797		l'Emilia e la Romagna entrano a far parte della Repubblica Cisalpina che nel 1802 diventa Repubblica Italiana

QUANDO?	CHI?	COSA?
1860		la regione è annessa al Regno d'Italia
1947	Emilia-Romagna	il termine «Romagna», che indica il settore sudorientale della regione, viene aggiunto ufficialmente alla denominazione Emilia

Quadro economico

La strategica posizione geografica della regione facilita lo sviluppo di un'economia varia e differenziata. Ci sono tre settori economici che contribuiscono al benessere della zona, la quale è considerata una tra le più ricche d'Italia. Il primo settore è senza dubbio quello della produzione agricola.

Il secondo settore economico è l'industria. Dal sottosuolo si estraggono il petrolio e il metano su cui si basano le industrie chimiche e petrolifere. Alle industrie alimentari si affiancano quelle tessile, meccanica e automobilistica. Importante è anche l'artigianato, specialmente le ceramiche artistiche di Faenza e di Imola. Il turismo è molto sviluppato, sia quello montano che quello balneare. Ci sono anche numerosi centri termali che attirano moltissimi turisti.

Cucina

I prodotti di punta sono i cereali, la barbabietola da zucchero, la frutta e gli ortaggi. Nelle zone collinari si coltivano ortaggi e viti e sono proprio i vigneti a dominare il paesaggio di queste aree. La produzione dei vini va di pari passo con la gastronomia della regione riconosciuta in tutta l'Italia. La tradizione enologica dell'Emilia-Romagna risale ai tempi antichi. Tra Piacenza e Bologna si estende la zona nota per il vino Lambrusco, un vino rosso caratterizzato dal profumo fruttato che accompagna bene i salumi locali. Il Sangiovese è un altro vino pregiato. Prospero è anche l'allevamento di suini, bovini e pollame. Di conseguenza, la produzione dei formaggi è ad alto livello. Tutti conoscono il Parmigiano Reggiano ed i formaggi di Parma. Di fama mondiale sono anche i salumi (prodotti a Modena, Parma e Bologna) e il Prosciutto di Parma. Anche la pesca è ben avviata.

In dialetto

In bolognese ci sono dodici suoni vocalici diversi: a â e ê i î o ô u û å ä. Come si pronunciano? Devi andare a Bologna per scoprirlo. Anche le consonanti a volte presentano certe pronunce interessanti: la z è simile al *th* inglese di *thing*; la n corrisponde più o meno al gruppo *ng* dell'inglese *ring*.

Gli articoli in bolognese sono i seguenti: Determinativo *al* (il o lo), *la* (la), *l'* (l'); *i* (i o gli); *äl* (le); *äli* (le davanti a vocale: *äli ôv* - le uova). Indeterminativo *ón* (un o uno); *ónna* (un' o una).

Curiosità

Sai cosa vuol dire «il passaggio del Rubicone»? Nel 49 a.C., Giulio Cesare con il suo esercito attraversò questo piccolo fiume, limite sacro di Roma, al cui interno era proibito muovere legioni. In tal modo manifestò la sua ribellione allo Stato Romano e stabilì il suo potere. Oggi l'espressione significa fare una decisione irrevocabile.

Molto interessanti sono i pronomi soggetto e le coniugazioni verbali.
Guarda l'esempio del verbo «mangiare».

magnèr:

a mâgn	nuèter a magnän
t mâgn	vuèter a magnè
al, la mâgna	lòur i magnen

Sai cosa significano i seguenti proverbi bolognesi? Ci noti un tema comune?	
Al prémm turtèl, an ven mai bèl.	Il primo tortello non viene mai bello.
Del scran e di bichìr, an in è mai trup.	Di sedie e di bicchieri non ce ne sono mai troppi.
An s'acòrda murt a tavela.	Non si ricordano morti a tavola.

Parole nel contesto

A. Un po' di morfologia. Individua l'origine dei seguenti aggettivi usati nel testo.

1. appenninico_____.
2. pianeggiante_____.
3. differenziato_____.
4. collinare_____.
5. enologico_____.
6. fruttato_____.
7. montano_____.

B. I nomi. Individua i sostantivi corrispondenti ai seguenti verbi. Dopo inserisci i sostantivi derivanti nelle frasi in modo logico.

occupare	dividere	dominare
coltivare	considerare	

1. _____ di molti abitanti dell'Emilia-Romagna è quella dell'agricoltore.

2. _____ naturale del territorio regionale in zone collinari e pianeggianti ha determinato lo sviluppo economico.

3. Nei tempi antichi la regione fu sotto _____ romano.

4. _____ vinicola ha una lunga tradizione in Emilia-Romagna.

5. Gli enti turistici stanno prendendo in _____ il futuro sviluppo della zona balneare sull'Adriatico.

C. Traduciamo. Traduci in italiano le seguenti frasi.

    1. _The gastronomy of Emilia-Romagna is well known in Italy._

    _____.

    2. _Enology is the science of wines._

    _____.

    3. _The Lambrusco goes well with the regional smoked and cured meat products._

    _____.

    4. _Emilia-Romagna is rich with natural gas, which is the basis for its chemical industry._

    _____.

Comprensione del testo

A. Parliamo di storia. Abbina le espressioni secondo un ordine logico.

    1. Cesare Borgia   _____ diventa capitale dell'Impero Occidentale

    2. i Celti   _____ il Paleolitico

    3. Via Emilia   _____ la regione è divisa in due parti

    4. la cultura villanoviana   _____ diventa duca di Romagna

    5. gli Etruschi   _____ la regione passa al dominio papale

    6. Ravenna   _____ lo sviluppo di centri commerciali

    7. 1860   _____ minacciano lo sviluppo della regione

    8. l'Emilia Romagna   _____ dà il nome alla regione

    9. i Longobardi e i Bizantini   _____ la regione entra a far parte del Regno d'Italia

    10. la Chiesa   _____ il nome ufficiale della regione

Adesso scrivi l'ordine cronologico degli eventi:

    _____   _____

    _____   _____

    _____   _____

    _____   _____

    _____   _____

B. Completiamo. Completa le seguenti frasi con le informazioni ricavate dal testo.

1. L'Emilia-Romagna si trova nel _____ d'Italia.
2. Il suo territorio è diviso in _____.
3. Gli Appennini sono _____.
4. I tre settori economici della regione sono _____.
5. Il Lambrusco e il Sangiovese sono _____.
6. Il formaggio più usato sulla pasta si chiama _____.
7. Oltre alle industrie alimentari, sono importanti anche _____.
8. Faenza e Imola sono note per _____.
9. Il turismo si è sviluppato grazie al _____.

C. Domande e risposte. Rispondi alle seguenti domande in modo completo.

1. Quali caratteristiche della regione hanno contribuito al suo sviluppo?
2. Quali popoli antichi popolavano la zona in passato?
3. Che cosa significa la frase «il passaggio del Rubicone»?
4. Chi è Cesare Borgia? Conosci qualche altro membro della famiglia Borgia?
5. Quali dinastie regnavano in Emilia-Romagna?

Attività comunicative

A. Cosa portiamo in vacanza? Lavorate in coppie. Guarda l'immagine e descrivila insieme a un compagno/una compagna. Il seguente lessico ti sarà utile: la spiaggia, la sabbia, l'ombra, l'ombrellone, l'asciugamano, la riva, nuotare, il lettino, abbronzarsi, la crema solare, accanto a, vicino a, davanti a, sopra, sotto, ecc.

B. Dove andiamo in vacanza? Lavorate in coppie. Spiega al tuo compagno/alla tua compagna che tipo di vacanza ti piace (al mare, in montagna, la crociera, il campeggio) e perché. Quali sono i vantaggi e gli svantaggi della tua scelta?

Per cominciare:

STUDENTE 1: Mi piacciono le vacanze in città perché…
STUDENTE 2: Io invece preferisco andare in campeggio…

C. Le attività vacanziere. In coppie, parlate di ciò che ciascuno di voi fa in vacanza. Cercate di usare le espressioni suggerite: sdraiarsi, abbronzarsi, prendere il sole, fare il bagno, fare un tuffo, andare in campeggio, pescare, fare il trekking, fare lo sci, fare lo snò (snowboard), scalare una roccia, fare il sub, andare in barca, ecc.

Per cominciare:

STUDENTE 1: Mi piace andare al mare perché amo nuotare.
STUDENTE 2: Io invece preferisco…

Cuciniamo insieme!

Una ricetta. L'Emilia-Romagna è famosissima per la sua cucina. La seguente ricetta è tipica di Ferrara. Leggila!

Torta di mele ferrarese

Ingredienti: 1 kg. di mele, 2 uova, 140 gr. di zucchero, 200 gr. di farina, 6 cucchiai di latte, la scorza di 1 limone grattugiata, 1 cucchiaino di lievito per dolci, 60 gr. di burro.

Preparazione: Sbucciare le mele e tagliarle a fette sottili. Mescolare bene lo zucchero con le uova e quando il composto risulta omogeneo aggiungere la farina, il latte, la buccia di limone e il lievito. Imburrare e infarinare una teglia, mettere sul fondo le mele, cospargere con pezzetti di burro e dello zucchero, versare sopra il composto e cuocere in forno.

Associazioni. A quali parole sono associate le seguenti espressioni?

1. sbucciare _____

2. imburrare _____

3. infarinare _____

Città, cittadine e paesi

Bologna: la Dotta, la Rossa, la Grassa

Il nome di Bologna, la capitale della regione Emilia Romagna, proviene dal latino Bononia. La città vanta una lunga storia, ma e nota soprattutto per la sua università che è considerata la più antica del mondo, fondata probabilmente già nel secolo XI. Gli studenti in quel periodo erano solo uomini. Tra i suoi professori illustri bisogna menzionare il famoso poeta Giosué Carducci (1835–1907), che ha vinto il Premio Nobel per la letteratura nel 1906 e Umberto Eco, lo scrittore e saggista di fama internazionale che vi insegna dal 1971. Bologna è anche la città natia di Guglielmo Marconi, secondo molti l'inventore della radio (nel 1944 la Corte Suprema degli Stati Uniti riconosce il croato Nikola Tesla come l'inventore della radio). Oggi la città è un importante nodo stradale e ferroviario che collega l'Italia centrale con il Sud del Paese.

Uno dei luoghi di ritrovo preferiti dei bolognesi è la Piazza del Nettuno.

Un po' di storia

Bologna trae origine da una città etrusca chiamata Felsina. Diventa una colonia romana nel 189. Nei secoli successivi, la città è invasa da vari popoli barbarici; solo dopo il periodo feudale, quando diventa un libero comune tra il secolo XII e XV, vede un maggiore sviluppo economico e demografico. Il conflitto tra i guelfi e i ghibellini fa sì che diverse signorie dominino la città fino al momento della sua integrazione nello Stato Pontificio nel 1506. Seguono tre secoli di pace e di prosperità interrotti solo dal breve periodo di dominazione francese. Bologna diventa parte del Regno d'Italia nel 1860. Durante la seconda guerra mondiale, la città subisce forti bombardamenti ed è liberata dagli alleati nel 1945.

Quadro economico

Fino alla prima guerra mondiale l'economia della città si basava principalmente sull'agricoltura, che è ancora oggi molto importante. Dal primo dopoguerra ad oggi, Bologna è diventata anche un centro industriale. Prevalgono le industrie meccanica (macchinari, impianti frigoriferi, carrozzerie, motocicli), chimica, farmaceutica, poligrafico-editoriale e delle calzature. Le industrie alimentari di pastifici e distillerie sono piuttosto attive.

Nonostante il suo sviluppo industriale e urbanistico, Bologna ancora oggi conserva il suo aspetto medievale, caratterizzato dalle celebri torri, Asinelli e Garisenda, risalenti al secolo XII. Tra i suoi numerosi palazzi medievali i più noti sono il Palazzo Comunale, del Podestà, della Mercanzia e di re Enzo, di fronte al quale si trova la famosa fontana di Nettuno dello scultore Giambologna. Tra le chiese più conosciute vi sono la basilica di San Petronio e la chiesa di San Domenico, la cattedrale barocca di San Pietro e il gruppo delle quattro chiese romaniche denominate comunemente «le chiese di Santo Stefano». È anche nota come la città dei portici: quando piove è possibile percorrere tutta la città senza bagnarsi! Nel mondo dell'arte, Bologna è conosciuta per la scuola di pittura fondata da Lodovico Caracci e dai suoi cugini Agostino e Annibale (a cavallo dei secoli XVI e XVII). La scuola si proponeva di diffondere il realismo nell'ambito della pittura, mentre Annibale stabilì nuove regole per dipingere il paesaggio eroico. Essendo vicina a Firenze, città che ogni anno attrae milioni di turisti, Bologna è spesso in ombra dal punto di vista turistico. Tuttavia, una volta scoperta, vince l'affetto di tutti grazie alle sue offerte culturali e gastronomiche.

Società

Lo spirito progressista e liberale permea tutti gli aspetti della vita sociale di Bologna. Nella città ha sede l'organizzazione Arcigay che è molto attiva nell'ambito della promozione dei diritti delle persone gay, lesbiche e trans. Bologna è anche uno dei centri delle attività della sinistra italiana.

Parole nel contesto

Cosa vuol dire? Spiega con parole tue cosa sono…

1. macchinari _____

2. impianti frigoriferi _____

3. calzature _____

4. pastifici _____

5. distillerie _____

Comprensione del testo

A. Domande e risposte. Dopo aver letto il brano rispondi alle domande in modo completo.

   1. Quando è stata fondata l'università di Bologna?

   2. Chi sono stati alcuni dei suoi studenti?

   3. Chi è Giosué Carducci e che cosa ha vinto?

   4. Come si chiama lo scrittore che vi insegna oggi?

   5. Secondo la tradizione, cosa ha inventato Marconi?

6. In quali secoli Bologna vede il suo più florido sviluppo economico e demografico?

7. Quali industrie prevalgono oggi nella città?

8. Quale altro settore dell'economia è molto prospero?

9. Ricordi i nomi di alcune chiese e palazzi che suscitano l'interesse dei turisti?

10. Che tipo di organizzazioni sono attive a Bologna oggi?

Attività comunicative

A. Perché andare a Bologna? Lavorate in coppie. Scrivi un dialogo con il tuo compagno/la tua compagna in cui spieghi quali aspetti di Bologna trovi più interessanti.

Per cominciare:

STUDENTE 1: Vorrei visitare Bologna per vedere le sue famose biblioteche universitarie. E tu, perché ci andresti?

STUDENTE 2: Io vorrei visitare…

B. Immaginate! Lavorate in coppie. Immagina per un momento di vivere in uno dei palazzi bolognesi durante il periodo medievale. Che cosa ci faresti? Descrivi le tue giornate.

Per cominciare:

STUDENTE 1: Mi alzerei al canto del gallo…

STUDENTE 2: Io dormirei fino a mezzogiorno…

C. Casa in affitto. Lavorate in coppie. Devi passare un anno intero all'università di Bologna e hai bisogno di affittare un appartamento. Ti trovi in un'agenzia immobiliare e parli ad un impiegato.

Per cominciare:

CLIENTE: Mi servirebbe un appartamento di 50 metri quadrati…

IMPIEGATO: Ne vorrebbe uno in centro o in periferia?

D. Abitare dai tuoi: sì o no? Lavorate in gruppi. I tuoi genitori si sono trasferiti nella città dove studi e insistono che tu abiti a casa, invece di pagare l'affitto per la camera che condividi con un altro studente. Quali problemi prevedi e quali vantaggi ci sarebbero in una tale situazione?

Per cominciare:

STUDENTE 1: Non mi piace per niente abitare con i miei. Che ne pensi tu?

STUDENTE 2: Mi piace la cucina della mamma, ma…

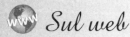

Sul web

A. Una poesia di Giosué Carducci. Trova una poesia di Giosue Carducci e rispondi alle seguenti domande.

1. Quando fu scritta?
2. Qual è la sua forma?
3. Qual è il suo tema principale?
4. Quali sentimenti evoca?
5. Che tipo di atmosfera crea la poesia?

B. Chi sono? Fa' una piccola ricerca sui guelfi e sui ghibellini.

C. Un cantante bolognese. A Bologna è nato uno dei cantautori della musica leggera italiana più creativi: Lucio Dalla (1943–). Il suo album del 1996 *Canzoni* (1.300.000 copie vendute) ha avuto un successo strepitoso. Trova una delle canzoni di questo album e trascrivine le parole. Cerca anche delle informazioni sulla vita del cantautore.

academic.cengage.com/italian/parola

Oltre alle discoteche, le spiagge attirano migliaia di turisti.

Rimini: la vita notturna in Italia

Rimini: quindici chilometri di spiaggia, tantissimi bar, ristoranti e pizzerie, discoteche e pub; tutto in una città di 128.000 abitanti. Rimini è una delle più frequentate stazioni balneari e turistiche italiane e un vero paradiso per quelli che vogliono passare i giorni sulla spiaggia e le notti in discoteca.

Un po' di storia

Le origini di Rimini sono probabilmente umbro-etrusche. Alla foce dell'Ariminus, in una terra frequentata da Etruschi, Umbri, Greci e Galli, i Romani fondano, nel 268 a.C., la colonia di Ariminum. Ha una particolare importanza strategica per la difesa contro il pericolo gallico e diventa un nodo viario dove passano la via Flaminia, la via Emilia e la via Popilia. Dopo la caduta di Roma, la città resta vittima delle distruzioni causate da invasioni e guerre e infine viene conquistata dai Bizantini. È un libero comune nel secolo XI–XII e alla fine delle lotte fra ghibellini e guelfi, passa in mano ai Malatesta. I Malatesta mantengono il dominio della città per duecento anni, ma nel 1500 la città viene ceduta ai Veneziani, per poi passare alla Chiesa. Nel '600 Rimini è tormentata da attacchi militari, terremoti, carestie, alluvioni e incursioni di pirati. La città sopravvive a tutte le sciagure e alla fine del '700 entra a far parte della Repubblica Cisalpina.

Stanchi del dominio forestiero, gli italiani cominciano a progettare la lotta per l'indipendenza. È proprio a Rimini, nel 1815, che Gioacchino Murat lancia il proclama agli italiani, incitandoli all'unità e all'indipendenza.

Il monumento di maggior importanza è il Tempio Malatestiano, eretto dal celebre architetto rinascimentale Leon Battista Alberti. Il tempio porta numerosi simboli della famiglia Malatesta, cioè l'elefante nero con una regale corona d'oro. L'elefante, secondo i bestiari medievali, simboleggia la forza, l'intelligenza, la prudenza, la capacità di perdonare le offese e molte altre qualità.

Quadro economico

L'evento di particolare importanza è la costruzione, nel 1843, del primo stabilimento balneare, il che segna la futura linea di sviluppo della città. Lacerata dai bombardamenti durante la seconda guerra mondiale, Rimini inizia l'opera di ricostruzione, alla quale segue l'esplosivo sviluppo dell'economia balneare. Rimini vanta 15 chilometri di spiagge, 1146 alberghi con 62.000 posti letto, 4 campeggi, 2062 negozi, 450 bar, 370 ristoranti e pizzerie, 50 gelaterie, 1.300.000 metri quadri di parchi e giardini attrezzati e 2 parchi di divertimento. Le spiagge sono munite di 227 stabilimenti balneari, 40.000 ombrelloni e persino 100 palestre sulla spiaggia! Su una delle spiagge, a Viserba, già da oltre 50 anni si svolge la competizione di sculture di sabbia. Se invece uno preferisce un'attività sportiva, lungo il mare passa una pista ciclabile. E per chi si vuole divertire dopo una giornata passata al sole, ci sono 22 discoteche e 52 pub. Rimini sembra essere un vero paradiso per i giovani, no?

Parole nel contesto

A. In vacanza. Completa il brano con le forme corrette delle seguenti parole.

mura	pericolo	frequentare	sabbia
progettare	ombrellone	medievale	

Questo fine settimana voglio _____ la mia prossima

vacanza. Vorrei visitare una città con le spiagge di _____, dove

sia possibile affittare un _____ per stare un po' all'ombra

e dove si possa nuotare tutto il giorno. Mi piacerebbe visitare una città

_____ cinta dalle _____, perché mi piacciono le città

storiche. La sera voglio _____ le discoteche e divertirmi. Sarebbe

l'ideale se potessi portare anche un'amica per sentirmi più sicura in un luogo

sconosciuto ed evitare i _____ della vita notturna della città.

B. Cosa vuol dire? Scegli il significato più adatto delle espressioni in corsivo in base al testo appena letto.

1. Rimini è una delle più frequentate *stazioni balneari* e turistiche italiane.
   a. stazioni di ballo
   b. luoghi dove si fa il bagno
   c. stabilimenti per bagnini

2. Rimini diventa un *nodo viario* dove passano la via Flaminia, la via Emilia e la via Popilia.
   a. crocevia
   b. nodo differente
   c. stazione ferroviaria

3. Dopo la caduta di Roma, la città *resta vittima* delle distruzioni causate da invasioni e guerre.
   a. non è più vittima
   b. diventa vittima
   c. causa la distruzione

4. Alla fine delle lotte fra ghibellini e guelfi, Rimini *passa in mano* ai Malatesta.
   a. non è più in mano ai
   b. passa sotto il dominio dei
   c. toglie il dominio ai

5. Nel 1500 la città *viene ceduta ai* Veneziani.
   a. i Veneziani la acquisiscono
   b. i Veneziani la rifiutano
   c. i Veneziani la distruggono

6. Gioacchino Murat *lancia il proclama* agli italiani, incitandoli all'unità e all'indipendenza.
   a. manda un invito
   b. fa una dichiarazione
   c. fa una denuncia

7. Se invece uno preferisce un'attività sportiva, lungo il mare passa una *pista ciclabile*.
   a. pista che si può riciclare
   b. palestra per i ciclisti
   c. strada per le biciclette

Comprensione del testo

Domande e risposte. Rispondi alle domande in modo completo.

1. Qual è una delle caratteristiche di Rimini che la distingue dalle altre città italiane che conosci?

2. Da dove proviene il nome della città?

3. Quale importanza ha la città al tempo dei Romani?

4. Chi sono i Malatesta?

5. Perché hanno scelto un elefante come loro simbolo?

6. A che cosa deve il suo sviluppo la città di Rimini?

7. Che cosa trovi di più interessante a Rimini?

Attività comunicativa

La vacanza ideale. Lavorate in coppie. Con un compagno/una compagna parla della tua vacanza ideale: dove andresti, cosa faresti, dove mangeresti, come passeresti le serate, con chi ci andresti? Poi descrivi la tua vacanza ideale alla classe.

Per cominciare:

Studente 1: Mi piacerebbe andare in Australia per…
Studente 2: Ma che idea? Il volo è troppo lungo!

Curiosità

Le vacanze in Italia

Il termine Ferragosto deriva dal latino *Feriae Augusti* e indica una festa popolare che si celebra il 15 agosto, la festa dell'ascensione della Madonna. Nel passato questa data indicava la fine dei principali lavori agricoli e l'inizio del periodo di riposo. Nel corso degli anni il Ferragosto è diventato sinonimo di vacanze e di viaggi, essendo il periodo—tra il 15 luglio e la fine d'agosto—in cui tutti gli italiani andavano al mare. I tempi però sono cambiati e la gente non passa più tutte le ferie sdraiata sulla sabbia o sotto un ombrellone, come una volta. Oggi le vacanze degli italiani rappresentano anche uno status symbol. Molti viaggiano nei paesi esotici, vanno in crociera oppure, durante l'inverno, preferiscono passare una settimana in montagna per sciare, sia in Italia che all'estero (la settimana bianca). È tipico anche fare delle scampagnate con la famiglia e gli amici. Inoltre, negli ultimi anni è cresciuto notevolmente l'interesse per l'agriturismo.

Sul web

Rimini. Fai una ricerca e organizza la tua vacanza a Rimini. Trova l'albergo, le spiagge, i ristoranti e le discoteche che vuoi frequentare. Stampa le foto delle località trovate e crea un volantino con le informazioni utili.

academic.cengage.com/italian/parola

Parma: la città del prosciutto e del formaggio

Ci vogliono 500 litri di latte per produrre una forma di Parmigiano Reggiano.

La città di Parma è spesso chiamata la terra del prosciutto e del formaggio, una descrizione pienamente meritata. I buongustai del mondo conoscono bene i due prodotti che rimangono il punto fermo della tradizione gastronomica italiana: il Prosciutto di Parma e il Parmigiano Reggiano. Il prosciutto si produce con la carne dei maialini allevati col siero di latte rimasto dalla produzione del formaggio. Al loro sapore unico contribuisce - oltre ai maiali propri della zona - anche il clima specifico delle colline che circondano Langhiarino, una zona a sud di Parma dove si produce la maggior parte dei prosciutti. Il processo di preparazione dei prosciutti è molto rigoroso e deve rispettare alti criteri di qualità. Ci vogliono dai quattordici ai venti mesi per produrre un autentico Prosciutto di Parma caratterizzato dal suo colore rosa chiaro, dal sapore distinto e dalla morbida consistenza. Una sola fabbrica produce 75.000 prosciutti all'anno.

Il Parmigiano Reggiano si produce oggi allo stesso modo di sette secoli fa. È fatto con il latte delle mucche che pascolano nella Pianura padana. Ci vogliono 500 litri di latte e due anni di lavoro per produrre una singola forma di Parmigiano Reggiano. La sua autenticità è impossibile da imitare. Non c'è da sorprendersi che questo formaggio sia considerato proprio un simbolo di cultura e di civiltà italiana.

Un po' di storia

Parma non è soltanto una destinazione gastronomica. La città risale al tempo dei romani. Diventa sede vescovile nel secolo IV e raggiunge il massimo prestigio con il vescovo Cadalo (1045–1071). In seguito, diventa libero comune nel tardo secolo XII e nel secolo XIII, dopodiché cade in mano a varie signorie. Nel 1545, papa Paolo III fa di Parma il centro di un nuovo ducato (di Parma e Piacenza). Sotto il dominio dei duchi Farnese, nella città fiorisce un'intensa vita artistica e culturale. Nel 1861, essa diventa parte dell'Italia unita. Durante la seconda guerra mondiale, Parma subisce intensi bombardamenti da parte degli alleati.

Quadro economico

L'economia di Parma è prevalentemente agricola e concentrata sull'industria della trasformazione dei prodotti agricoli e zootecnici, come per esempio formaggi, salumi, zucchero, conserve e vini. Sviluppate sono anche le industrie meccanica, chimica, farmaceutica, calzaturiera, vetraria, poligrafico editoriale e delle materie plastiche. Ogni due anni la città organizza una fiera internazionale dei prodotti alimentari, CIBUS, che dura una settimana. In quel periodo la popolazione della città raddoppia i suoi soliti 170.000 abitanti.

Tra le attrazioni turistiche, dominano la cattedrale romanica che custodisce le preziose opere del noto scultore e architetto Benedetto Antelani e del pittore Correggio, nonché il battistero romanico-gotico e le chiese rinascimentali di San Giovanni Evangelista e della Madonna della Steccata, nelle quali sono sepolti i Farnese. Tra i palazzi spiccano il Palazzo Ducale, il Palazzo Farnese e il Palazzo della Pilotta con il teatro Farnese e la residenza dei Farnese. Parma ha anche dei musei rinomati come, per esempio, la Galleria Nazionale e il Museo Nazionale dell'Arte Antica. Anche la Biblioteca Palatina è ben nota. L'università di Parma è stata fondata nel secolo XI e la vita musicale della città è legata al Conservatorio Arrigo Boito ed al Teatro Regio. Parma è anche la città natia del celebre direttore d'orchestra, Arturo Toscanini.

Il ricercatissimo Prosciutto di Parma, frutto di un'antica tradizione culinaria.

Comprensione del testo

A. Vero o falso? Dopo aver letto il testo, decidi se le seguenti frasi sono vere (V) o false (F). Per quelle false fornisci la risposta corretta.

	V	F
1. Il Prosciutto di Parma è un prodotto cotto.	___	___
2. Il Parmigiano Reggiano si fa dal latte pecorino.	___	___
3. Ci vogliono dai quattordici ai venti mesi per la produzione del prosciutto.	___	___
4. Ci vogliono 100 litri di latte per ottenere una forma di Parmigiano Reggiano.	___	___
5. CIBUS è una fiera internazionale.	___	___

B. Un po' di storia. Abbina la colonna A alla colonna B.

A	B
1. Parma è fondata	_____ nel 1861.
2. Diventa sede vescovile	_____ nei tempi romani.
3. È un libero comune	_____ nel secolo IV.
4. Diventa il centro del ducato di Parma e Piacenza	_____ nel secolo XII e XIII.
5. Entra a far parte dell'Italia unita	_____ nel 1545.

Attività comunicative

A. Siamo cuochi! Lavorate in coppie. Tu ed un tuo compagno/una tua compagna scambiatevi una ricetta che richieda il Parmigiano Reggiano.

Per cominciare:

STUDENTE 1: Ogni sabato invito il mio ragazzo/la mia ragazza a cena a casa mia. Di solito preparo…

STUDENTE 2: Mi piace cucinare la pizza quattro formaggi…

B. Le tradizioni in famiglia. Lavorate in coppie. Parla con un compagno/ una compagna di una ricetta usata nella tua famiglia da generazioni e spiega in quali occasioni si prepara.

Per cominciare:

STUDENTE 1: La mia nonna prepara sempre…

STUDENTE 2: In casa mia per Natale/ Hanukkah…

C. Un piatto regionale. In gruppi, parlate dei piatti tipici dello stato da cui provenite.

Per cominciare:

STUDENTE 1: Io sono del Michigan. A noi piacciono…

STUDENTE 2: Noi in Florida mangiamo…

Cuciniamo insieme!

Una ricetta. In coppie, leggete la seguente ricetta e a turno, fatevi delle domande per verificarne la comprensione.

Per cominciare:

STUDENTE 1: Quanto Parmigiano Reggiano si deve usare?

STUDENTE 2: Si deve usare…

Insalata Parmigiana (per 4 persone)

Ingredienti: 300 gr. di Parmigiano Reggiano, 300 gr. di prosciutto crudo,
1 kg. di verdure miste (cipolle, peperoni, ravanelli, lattuga, cicoria, finocchi).
Per la salsa: 2 dl. di olio extra vergine d'oliva, 1 dl. di aceto rosso, 3 cucchiai
da minestra di senape, sale e pepe.

Preparazione. Tagliare a piccole scaglie il Parmigiano Reggiano e a cubetti
il prosciutto crudo. Lavare bene le verdure, schiacciare i ravanelli e tagliare
tutto molto sottile. Riporre le verdure in una grande e fredda terrina. In un
contenitore capiente mescolare lentamente gli ingredienti della salsa serven-
dosi di una frusta. Versare il tutto sull'insalata, mescolare molto bene e servire.

 Sul web

A. Buon appetito! Cerca una ricetta che
contenga sia il Prosciutto di Parma sia il
Parmigiano Reggiano.

B. Il prosciutto e il parmigiano. Trova la
descrizione dettagliata della produzione
del Prosciutto di Parma e del Parmigiano
Reggiano. Cerca di individuare le

informazioni non menzionate prima e
parlane alla classe.

C. L'intrattenimento a Parma. Cerca
informazioni sugli eventi artistici e musicali
organizzati per i turisti che vengono a
Parma.

academic.cengage.com/italian/parola

Alcuni emiliani e romagnoli famosi
Giuseppe Verdi: il grande dell'opera (1813–1901)

Giuseppe Verdi è certamente il più grande compositore dell'Ottocento italiano. Le sue opere, già apprezzate quando era ancora in vita, continuano ad essere molto popolari anche oggi. I più celebri teatri del mondo cercano di includerle nel loro repertorio, perché il pubblico rimane affascinato dalla loro intensa drammaticità musicale e dal loro stile unico. La popolarità delle opere verdiane è dovuta anche al fatto che sono state scritte per il popolo e non per una certa elite musicale. Quello che interessava a Verdi erano le passioni e i sentimenti portati fino all'estremo, che conducevano spesso i suoi personaggi ad una fine tragica. Anzi, la maggior parte delle sue opere composte in età matura,

Giuseppe Verdi

ad eccezione di *Falstaff* (1893), ha un contenuto serio e accentua proprio i momenti drammatici della vita dei protagonisti principali. Le arie delle sue opere, grazie alla loro melodiosità, vengono proposte anche da altri media come, per esempio, dai film e dalla televisione.

Verdi ha svolto un importante ruolo durante il Risorgimento. Dopo il successo del *Nabucco* (1842), le sue opere sono diventate il simbolo dell'indipendenza italiana, perché gli italiani si identificavano con la lotta degli ebrei contro i Babilonesi. Qualcuno ha anche il visto nel suo nome l'acronimo di Vittorio Emanuele Re D'Italia, il primo re dell'Italia unita. Durante i dibattiti sull'adozione dell'inno nazionale, è stata considerata anche l'aria "Va' pensiero, sull'ali dorate" dal *Nabucco*.

Verdi nacque a Le Roncole, paese vicino a Busseto (Parma) nel 1813. All'età di

tredici anni era già l'assistente del direttore dell'orchestra di Busseto e voleva iscriversi al Conservatorio di Milano, dal quale fu però respinto. Continuò a studiare prendendo lezioni private da Vincenzo Lavigna, compositore e maestro del Teatro alla Scala. Compiuti gli studi, ritornò a Busseto e diventò maestro della filarmonica locale. Alcuni anni dopo, si recò nuovamente a Milano dove continuò a comporre opere. La sua prima opera, *Conte di San Bonifacio* (1839) ebbe un modesto successo e la seconda, *Un giorno di regno* (1840), fu un fallimento totale. Il suo primo vero successo professionale fu il *Nabucco*, seguito da *I Lombardi alla prima Crociata* (1843) e l'*Ernani* (1844). *I due Foscari* (1844), *Il Corsaro* (1848), *La battaglia di Legnano* (1849) e *Luisa Miller* (1849) sono considerate le opere di un periodo di transizione. I capolavori di Verdi, perfetti esempi dello stile operistico italiano dell'Ottocento, sono *Rigoletto* (1851), *Il trovatore* (1853) e *La traviata* (1853). Le altre opere «di transizione» sono *Vespri siciliani* (1855), *Simon Boccanegra* (1857), *Un ballo in maschera* (1859), *La forza del destino* (1862) e *Don Carlos* (1867). Una delle più belle opere del gran compositore è l'*Aida*, la cui primière si svolse nel 1871. Bisogna anche menzionare *Macbeth* (1847), *Otello* (1887) e *Falstaff* (1893).

Verdi morì nel 1901 a Milano. Durante i suoi funerali il celebre direttore d'orchestra Arturo Toscanini diresse il coro che cantò "Va' Pensiero".

Parole nel contesto

Abbiniamo. Abbina le parole della colonna A alle definizioni della colonna B.

A

1. celebre
2. repertorio
3. elite
4. acronimo
5. paese
6. maestro
7. filarmonica
8. premiere

B

_____ complesso orchestrale

_____ insieme di lavori teatrali

_____ famoso

_____ prima rappresentazione

_____ direttore d'orchestra

_____ sigla

_____ gruppo ristretto di persone

_____ piccolo centro urbano o rurale

Comprensione del testo

Completiamo. Dopo aver letto il testo su Verdi completa le seguenti frasi.

1. Verdi è...

_____

2. Le sue opere sono popolari perché...

_____

3. Ciò che interessava il compositore...

_____

4. La maggior parte delle sue opere finisce...

_____

5. La sua opera *Nabucco* è il simbolo...

_____

6. I suoi capolavori sono considerati...

_____

7. Verdi muore...

_____

Attività comunicative

A. Un'esperienza musicale. Lavorate in coppie. Hai mai visto un'opera o uno spettacolo musicale? Racconta al tuo compagno/alla tua compagna il libretto o la trama dello spettacolo che hai visto.

Per cominciare:

STUDENTE 1: Ho visto l'*Aida* e mi è piaciuta...

STUDENTE 2: Io odio l'opera perché... , però ho visto...

B. La musica e i cantanti preferiti. In coppie, parlate dei vostri cantanti e dei generi di musica preferiti o meno preferiti. Includete anche quelli italiani.

Per cominciare:

STUDENTE 1: Mi piace… perché…

STUDENTE 2: Lei non mi piace per niente, adoro invece…

 *Sul web*

A. L'opera lirica. Trova il libretto di una delle opere di Verdi e raccontane il contenuto alla classe.

B. Il MET e La Scala. Individua i nomi dei cantanti d'opera, dei direttori d'orchestra e dei compositori affiliati al MET e al Teatro alla Scala.

academic.cengage.com/italian/parola

 Ascoltiamo! Visita il seguente sito per ascoltare il brano: academic.cengage.com/italian/parola

Arturo Toscanini. Ascolta il brano due volte e rispondi alle domande che seguono.

1. Quale talento particolare aveva il celebre direttore d'orchestra?

2. Che cosa ha studiato?

3. Dove ha diretto la sua prima opera? Quale opera era? Quanti anni aveva Toscanini?

4. Dove si è esibito nell'arco della sua carriera?

5. Dove e quando è morto?

Umberto Eco: scrittore, saggista, semiologo e critico di fama internazionale (1932–)

Umberto Eco è uno degli scrittori e critici contemporanei preminenti la cui fama si estende anche fuori dall'Italia. È nato ad Alessandria nel 1932, però la sua carriera professionale è legata all'università di Bologna dove è titolare della cattedra di semiologia dal 1971. Ha insegnato anche all'Università degli Studi di Firenze, alla Northwestern University a Chicago, alla Yale University e alla Columbia University a New York. Dal 1959 è consulente editoriale della casa editrice Bompiani ed è anche cofondatore delle riviste *Marcatré* (1961) e *Quindici* (1967). Eco ha partecipato al movimento d'avanguardia italiano negli anni '60 (Gruppo '63), il cui programma cercava di ridefinire il genere del romanzo. La sua produzione letteraria e saggistica è vastissima e gli argomenti delle sue discussioni e dei suoi studi variano dalla storia dell'estetica alla poetica avanguardista. Ciò che gli interessa in particolare è la comunicazione di massa e l'applicazione della semiotica all'interpretazione del linguaggio comunicativo. Eco cerca di esaminare anche la

Umberto Eco

cultura e l'arte in chiave semiotica. La semiotica è la scienza dei segni linguistici e non linguistici, attraverso cui avviene la comunicazione.

Eco raggiunge la fama internazionale con il suo romanzo *Il nome della rosa* (1980), un giallo gotico ambientato in un monastero medievale. Il romanzo è stato tradotto in 32 lingue ed è stato adattato per l'omonimo film diretto da Jean Jacques Annaud nel 1986, in cui hanno recitato Sean Connery e Cristian Slater. Segue un altro successo mondiale di critica e di pubblico con l'uscita del romanzo *Il pendolo di Focault* (1988). Tra le opere più recenti ricordiamo i romanzi *L'isola del giorno prima* (1994), *Baudolino* (2000) e *La misteriosa fiamma della regina Loana* (2004).

Eco ha ricevuto numerosi premi e onorificenze in Italia e nel mondo, tra cui si distinguono la *Légion d'Honneur* (1993), il prestigioso Premio Strega (1981), il Premio Bancarella (1989) e il Premio dell'University of Loyola di Chicago.

Comprensione del testo

Completiamo. Dopo aver letto il testo completa le seguenti frasi.

1. Umberto Eco è _____.

2. All'università di Bologna occupa il posto di _____.

3. Ha insegnato anche all' _____.

4. Il Gruppo '63 è _____.

5. Eco si interessa in particolare di _____.

6. Il romanzo con cui si è guadagnato la fama internazionale è intitolato

_____.

7. «Strega» è _____.

Attività comunicative

A. Associazioni. Lavorate in coppie. Trova alcune espressioni che si
possono associare alle seguenti parole.

    1. la poesia _____

    2. il romanzo _____

    3. il Medioevo _____

    4. Dante Alighieri _____

B. L'autobiografia. Lavorate in coppie. Scrivi un primo, breve paragrafo
della tua autobiografia e poi tu ed un tuo compagno/tua compagna
scambiatevi ciò che avete scritto. Fatevi delle domande a vicenda
riguardo gli anni che seguono questo periodo iniziale della vostra vita.

Per cominciare:

STUDENTE 1: Con chi giocavi alle elementari?

STUDENTE 2: Quasi sempre con mio fratello perché…

C. Un'intervista. In coppie, immaginate di trovarvi in compagnia di un
vostro autore preferito o di una vostra autrice preferita. Volete fargli/far-
le delle domande. Uno di voi assume il ruolo dell'autore/autrice.

Per cominciare:

STUDENTE: Non capisco perché l'argomento delle Sue opere sia sempre un
    crimine.

SCRITTORE: Leggo sempre la cronaca nera e vi trovo l'ispirazione…

D. I mass media. In gruppi, parlate dell'impatto dei mass media e dei computer sulla vostra vita. Riferite le vostre conclusioni alla classe.

Per cominciare:

STUDENTE 1: Non ho tempo di leggere il giornale, però guardo la TV ogni sera.

STUDENTE 2: I programmi che mi piacciono sono...

E. Quotidiani e settimanali. In gruppi, parlate dei giornali che leggete e spiegate quali articoli vi interessano e perché. Ci sono invece articoli che non leggete mai? Perché? Prestate attenzione al linguaggio giornalistico.

Per cominciare:

STUDENTE 1: Mi piace leggere notizie sulla vita delle stelle del cinema. E tu cosa leggi?

STUDENTE 2: Solo le pagine dello sport perché...

 Sul web

A. Il nome della rosa. Trova informazioni sul film tratto dal romanzo di Eco *Il nome della rosa*. Chi è il regista? Chi ha scritto le musica? Quando e dove ha luogo? Qual è la trama?

B. Gli studenti bolognesi. Prova a fare una ricerca sulla vita studentesca a Bologna e troverai dei risultati molto interessanti.

C. Il Medioevo. Quali mestieri dominano nel Medioevo in Italia? Come sono organizzati? Quali città sono le più prospere? Qual è il ruolo della Chiesa in questo periodo? Quali sono gli artisti più famosi del periodo?

academic.cengage.com/italian/parola

Federico Fellini: genio dell'arte cinematografica (1920–1993)

Fellini nasce a Rimini nel 1920 in una famiglia piccolo-borghese. Suo padre fa il rappresentante di generi alimentari, mentre la madre è una casalinga.

Al giovane Federico la scuola non è mai piaciuta troppo: presto comincia a lavorare come caricaturista e a 17 anni fonda la bottega «Febo», dove con un amico esegue caricature di villeggianti. Questa attività lo porta a collaborare con giornali e riviste, principalmente in qualità di vignettista.

Alla fine degli anni '30, Fellini si trasferisce a Roma, dove comincia a frequentare il mondo dell'avanspettacolo e della radio. Alla radio incontra Giulietta Masina che qualche mese più tardi diventa sua moglie. L'amore tra i due è leggendario: Giulietta è spesso protagonista dei suoi film e rimane la sua fedele compagna per tutta la vita. Lei si spegne pochi mesi dopo la morte del marito.

Fellini entra nel mondo del cinema collaborando a diverse sceneggiature, tra cui alcune delle opere più importanti del neorealismo. Con Roberto Rossellini, il celebre regista del neorealismo, scrive i capolavori *Roma città aperta* e *Paisà*.

Nel 1952, dirige da solo il suo primo film, *Lo sceicco bianco* e l'anno dopo, con *I vitelloni*, ottiene fama internazionale. In questo film, il regista ricorre ai ricordi dell'adolescenza riminese e ai personaggi un po' bizzarri del suo passato.

Federico Fellini

L'anno seguente conquista il suo primo Oscar con *La strada* (1954), e poi un altro con *Le notti di Cabiria* (1957). La protagonista di tutti e due i film è la sua amata moglie Giulietta il cui viso ha una carica espressiva unica, capace di trasmettere le emozioni più sottili e straordinarie.

Il successivo film di Fellini, *La dolce vita* (1959), vince la Palma d'oro a Cannes, l'approvazione del pubblico e la critica del Vaticano: gli si rimprovera di raccontare senza alcuna reticenza la caduta dei valori della società contemporanea. Infatti, *La dolce vita* rappresenta un distacco dai temi neorealistici dei primi film felliniani e dipinge la vita decadente dell'alta borghesia cittadina. Una delle scene più memorabili è il bagno seducente di Anita Ekberg nella fontana di Trevi.

Nel 1963, Fellini gira un altro film straordinario, 8½, che forse segna il momento più alto della sua carriera. Questo film, in cui il regista racconta le sue crisi di uomo e di autore in un'atmosfera onirica, si aggiudica due Oscar. Seguono *Giulietta degli spiriti* nel 1965 e *Fellini—Satyricon* nel 1969.

Il decennio seguente si apre con un altro Oscar e un ulteriore successo internazionale, *Amarcord* (1973), un nuovo ritorno alla Rimini dell'adolescenza e degli anni del liceo. Si susseguono *Il Casanova* (1976), *Prova d'orchestra* (1979), *La città delle donne* (1980), *Ginger e Fred* (1985) e il suo ultimo film, *La voce della Luna* (1990).

Qualche mese prima di morire, nella primavera del 1993, Fellini riceve il suo quinto Oscar, conferitogli alla carriera. Nonostante il grande successo internazionale, la sua città natia, Rimini, era rimasta per sempre nel cuore del grande regista. Infatti, egli ne aveva fatto la protagonista di due dei suoi film, *I vitelloni* e *Amarcord*. Il Maestro aveva persino chiesto di riposarvi per sempre, e così, nel cimitero della città, troviamo il monumento funebre realizzato per lui e Giulietta. Da parte sua, Rimini ha dedicato a Fellini un centro studi, un museo, la cineteca comunale - che custodisce i film, i video, i disegni ed i manifesti dei film del Maestro - ed un grande piazzale a Marina Centro.

Parole nel contesto

Completiamo. Completa le frasi con le espressioni giuste.

1. La città in cui uno è nato, è la città _____.

2. Il luogo in cui si seppelliscono i morti è il _____.

3. L'aggettivo che si riferisce alla morte e alla tomba è _____.

4. La _____ è un cinema artistico.

5. Una grande piazza è un _____.

6. La _____ è una donna che si occupa della casa.

7. La storia, la trama di un film si chiama _____.

8. Il _____ è il genere artistico nato in Italia dopo la seconda guerra mondiale.

9. L'aggettivo che si riferisce ai sogni è _____.

10. Questa classe sociale può essere piccola, media o alta: _____.

Comprensione del testo

Domande e risposte. Rispondi alle seguenti domande.

1. Quali sono state le prime professioni di Fellini?

2. Quali sono i suoi lavori di stampo neorealistico?

3. Quanti Oscar ha vinto Fellini e per quali film?

4. Perché Giulietta Masina è stata un'attrice così speciale?

5. Quale film si attira i rimproveri del Vaticano e perché?

6. In quali film è presente la provincia riminese?

Attività comunicative

A. Parliamo di cinema. Lavorate in coppie. Quale genere di film ti piace di più? Perché?

Per cominciare:

STUDENTE 1: Mi piacciono i film polizieschi perché…

STUDENTE 2: A me per niente! Adoro le commedie romantiche…

B. I film di qualità. Lavorate in gruppi. Con i tuoi compagni di classe analizza quegli elementi che concorrono a rendere un film eccezionale.

Per cominciare:

STUDENTE 1: Secondo me, la musica è essenziale perché…

STUDENTE 2: Macché! La sceneggiatura è più importante…

C. Una trama. Lavorate in gruppi. Descrivi la trama del tuo film preferito al tuo gruppo e poi chiedi ai compagni di indovinare di quale film parli e che cosa ne pensano.

Per cominciare:

STUDENTE 1: Il protagonista di questo film è cieco…

STUDENTE 2: Lo so! L'attore principale è Al Pacino, vero?

 Sul web

A. Il neorealismo. Fai una ricerca per trovare la definizione e/o la spiegazione del termine «neorealismo». Quali sono le sue caratteristiche principali?

B. I registi. Quali sono i più famosi registi del neorealismo oltre a quelli menzionati nel testo? Quali sono i titoli dei loro film? Di che cosa parlano?

C. Il cinema contemporaneo italiano. Uno dei migliori attori della nuova generazione del cinema italiano è senza dubbio Stefano Accorsi, un emiliano che fa impazzire le adolescenti. In quali film ha recitato? Quali premi ha vinto? Hai mai visto un film in cui recita Accorsi?

academic.cengage.com/italian/parola

 Ascoltiamo! Visita il seguente sito per ascoltare il brano: academic.cengage.com/italian/parola

Domande personali: io, buongustaio/a. Ascolta ogni domanda due volte e rispondi sia oralmente che in scritto.

1. _____

2. _____

3. _____

4. _____

5. _____

Sulla strada

Visita il seguente sito per guardare il video: academic.cengage. com/italian/parola

Che cosa mangiano gli italiani?

Guarda il video e completa le frasi.

1. Alla ragazza di Modena piacciono _____, specialmente _____.

2. Il ragazzo di Rimini preferisce

_____.

3. Il ragazzo palermitano mangia

_____.

4. Il piatto preferito dell'uomo con gli occhiali è

_____.

5. L'uomo con la barba ama mangiare

_____.

6. Alla signora piacciono di più _____, oppure

_____.

7. Marco finisce i pasti con un

_____.

Prova scritta

A. La gastronomia americana. Scegli una città americana che, secondo te, è conosciuta per la sua gastronomia. Spiegane le ragioni ed elenca alcune delle sue specialità più conosciute.

B. I magri e i grassi. Negli Stati Uniti ci sono tanti problemi associati all'alimentazione, dall'obesità all'anoressia. Quali potrebbero essere le ragioni?

C. Il suono che diletta. Spiega quale tipo di musica ti piace e perché. Se suoni uno strumento descrivi i sentimenti che ti suscita.

D. Il Neorealismo. Scrivi la recensione di un film neorealista. Quali elementi del film ti hanno fatto impressione e perché? In che senso questo film è diverso dai film d'oggi?

CAPITOLO 5

La Toscana

Profilo della regione

Città, cittadine e paesi

Firenze: la culla della cultura italiana

Siena: la città del Palio

Alcuni toscani famosi

Oriana Fallaci: la regina del giornalismo
italiano

Roberto Benigni: il mostro sacro del cinema
italiano

Appunti grammaticali

Per il ripassao del *si* impersonale e del
congiuntivo presente, riferirsi alla
pagina 345.

 academic.cengage.com/italian/parola

Sul web

Ascoltiamo

Sulla strada

Entriamo nell'argomento

Sapevi che…

…i marmi di Carrara si esportano in tutto il mondo, inclusi gli Stati Uniti?

…il Chianti è il vino più conosciuto del mondo?

…il pane toscano si prepara senza sale?

… il dialetto fiorentino è diventato l'italiano standard grazie a Dante, Petrarca e Boccaccio?

Prima di leggere

Prima di leggere il brano sulla Toscana, ti sarà utile il seguente vocabolario essenziale:

risalire	raggiungere	borgo	riconoscimento
marmo	abbigliamento	artigianato	sano
alimento	buttare	peccato	apprendere

Consulta il glossario e trova il significato di queste parole. Poi scegli sei vocaboli e scrivi delle frasi per illustrarne il significato.

1. _____

2. _____

3. _____

4. _____

5. _____

6. _____

Profilo della regione

Territorio: 22.990 km²
Capoluogo: Firenze
Province: Arezzo, Firenze, Grosseto, Livorno, Lucca, Massa-Carrara, Pisa, Pistoia, Prato (istituita nel 1992) e Siena

Popolazione: 3.500.000
Geografia: colline 67%; montagne 25%, basse coste bagnate dal mar Ligure e dal mar Tirreno
Clima: varia da zona a zona, dal continentale al mediterraneo

 Ascoltiamo! Visita il seguente sito per ascoltare il brano: academic.cengage.com/italian/parola

Quadro economico. Ascolta il brano tre volte: la prima volta per capire il significato generale e la seconda volta inserisci le parole che mancano. Ascolta il brano una terza volta per controllare il contenuto.

Le principali risorse economiche sono la _____ ___ _____, la _____ ____ _____, cereali, _____, ortaggi e frutta e l'_____ bovino e ovino. La cultura del vino in Toscana risale ai tempi degli _____, ma acquista la fama di cui gode ancora oggi durante l'Impero Romano. La _____ ___ _____ produce l'omonimo vino, probabilmente il più conosciuto nel mondo. È stato menzionato per la prima volta nel secolo _____. Si distinguono sette sottodenominazioni di Chianti, tra cui il più noto è _____ _____. Un altro vino che ha raggiunto lo status di mito è il _____ di Montalcino, prodotto nelle zone intorno al borgo medievale di Montalcino. L'unico vino bianco toscano che ha ottenuto il massimo riconoscimento del marchio D.O.C.G. è la _____ di San Gimignano. La produzione dell'olio d'oliva è sviluppata nella zona di Lucca.

Un po' di storia

	QUANDO?	CHI?	COSA?
a.C.	Pliocene (5–2 milioni di anni fa)		quasi tutto il territorio della regione si trova sott'acqua, coperto da grandi laghi e, lungo la costa, sommersa dal mare
	1000	gli Etruschi	si sviluppa nella zona la prima civiltà e la prima organizzazione politica; sono invasori, guerrieri, mercanti e imprenditori
	III sec.	i Romani	i Romani impongono il loro dominio nella zona allora chiamata *Etruria*
	I sec.	i Romani	sparisce la lingua etrusca e la zona è «romanizzata»
d.C.	III sec.	Diocleziano	la regione prende il nome *Tuscia* con l'ordinamento dell'imperatore romano Diocleziano
	V–VIII sec.	i Goti, i Longobardi, i Franchi	dopo il crollo dell'Impero Romano, la Toscana cade sotto il dominio dei Goti, dei Longobardi e dei Franchi
	IX–XVI sec.	diverse dinastie	la Toscana subisce numerosi cambiamenti politici, fra cui divisioni, guerre tra varie città-stato, il declino di alcuni centri e la fioritura di altri, ed il dominio di diverse dinastie
	'200	Firenze	Firenze diventa il centro dapprima commerciale e bancario e poi anche culturale ed artistico, non soltanto della zona ma anche a livello internazionale. Mentre si stabilisce il suo primato economico, le sue antiche rivali, Siena e Pisa, entrano in una fase di lento declino; nascono i germi della lingua e della nazione italiana
	'400–'500	I Medici	ascende al potere la famiglia dei Medici; governano con splendore, promuovendo il commercio, l'industria, l'architettura, le arti e le lettere; sotto il loro governo, Firenze diventa una capitale ricca e vivace ed un centro culturale ineguagliabile—uno dei più grandi centri del mondo—paragonabile all'odierna New York
	'600	Accademia della Crusca	il centro della cultura comincia a spostarsi a Roma, mentre a Firenze si sviluppa un nuovo ambiente, quello delle Accademie; la più nota è l'Accademia della Crusca che nel 1612 pubblica il primo vocabolario della lingua italiana
	'700	gli Austriaci, Napoleone	si estingue la dinastia medicea; Firenze perde la sua autonomia e diventa satellite dell'Impero Austriaco; il secolo finisce con l'occupazione della Toscana da parte delle truppe francesi di Napoleone

QUANDO?	CHI?	COSA?
'800	Firenze	l'occupazione napoleonica introduce i valori della libertà e dell'indipendenza nazionale; Firenze, sotto la spinta di queste idee, torna ad essere il centro intellettuale d'Italia e uno dei più importanti d'Europa
1865	Firenze	dal 1861 al 1865, Firenze diventa la seconda capitale del Regno d'Italia, dopo Torino. Grazie alle sue eccellenti università, Firenze rimane il vero centro intellettuale d'Italia
Seconda guerra mondiale	Livorno, Pisa, Firenze	le città toscane subiscono i bombardamenti degli Alleati, con danni notevoli specialmente a Livorno, Pisa e Firenze; la popolazione toscana dà un grande contributo alla Resistenza

Quadro economico

Le principali risorse economiche sono la produzione di vini, la coltivazione di olivi, cereali, tabacco, ortaggi e frutta e l'allevamento bovino e ovino. La cultura del vino in Toscana risale ai tempi degli Etruschi, ma acquista la fama di cui gode ancora oggi durante l'Impero Romano. La zona del Chianti produce l'omonimo vino, probabilmente il più conosciuto nel mondo. È stato menzionato per la prima volta nel secolo XIV. Si distinguono sette sottodenominazioni di Chianti, tra cui il più noto è il Chianti Classico. Un altro vino che ha raggiunto lo status di mito è il Brunello di Montalcino, prodotto nelle zone intorno al borgo medioevale di Montalcino. L'unico vino bianco toscano che ha ottenuto il massimo riconoscimento del marchio D.O.C.G. è la Vernaccia di San Gimignano. La produzione dell'olio d'oliva è sviluppata nella zona di Lucca.

Il sottosuolo toscano è ricco di minerali come per esempio le piriti di ferro, il mercurio, il rame, la lignite, la magnesite, il manganese, il piombo e lo zinco. Le cave di marmo si trovano nelle Alpi Apuane e quelle dell'alabastro vicino a Volterra. I marmi di Carrara si esportano, assieme a molti altri, in tutto il mondo. Le industrie che prevalgono in Toscana sono quella tessile, seguita dalle industrie chimica, alimentare, siderurgica, metallica, meccanica, farmaceutica, del vetro, del legno e dell'abbigliamento. L'artigianato include la lavorazione del ferro, della ceramica, dell'alabastro, del gesso, del legno, della paglia e del cuoio.

Il turismo è molto sviluppato a Firenze, ma anche a Pisa, Siena, Arezzo e Lucca. Le spiagge sul mar Tirreno e sulle isole dell'Arcipelago Toscano attirano tantissimi turisti. Negli ultimi anni, l'agriturismo è diventato molto popolare grazie all'intensa promozione delle bellezze naturali del pittoresco paesaggio toscano. Quelli che si interessano di enologia possono trascorrere vacanze rilassanti e all'insegna della cultura nelle zone del Chianti, e gustare qualche bicchierino ogni giorno.

Cucina

La Toscana vanta una cucina regionale molto varia ma allo stesso tempo semplicissima e sana. Si usa poca carne e prevalentemente quella degli animali da cortile. Queste caratteristiche sono legate ad una storia segnata dalla miseria che ha costretto la popolazione ad usare alimenti poveri. La cucina toscana fa uso di pochi grassi e di poco sale, una volta considerato un condimento di lusso. Anche oggi il pane, presente in tantissime forme, dal filone alla ruota, dai crostini alle focacce, si prepara senza sale. Il pane è veramente l'alimento principale della cucina toscana ed in passato, essendo fatto una sola volta alla settimana, si doveva risolvere il problema della sua conservazione. Dopo quattro o cinque giorni, il pane diventava o troppo spugnoso in inverno o duro e asciutto in estate. Per non buttarlo via, perché «buttare il pane è un peccato», si inventavano varie zuppe, popolarissime anche oggi. I cannellini (i fagioli bianchi) hanno un'importanza notevole nella cucina toscana. Tradizionalmente, la carne si faceva cuocere a lungo, come il famoso bollito, carne di manzo a cui vengono aggiunti pomodori, cipolle e patate per nasconderne la scarsità. Le origini della cucina toscana risalgono al tempo degli Etruschi, dai quali si è appreso il modo di cucinare le carni sulla brace e di condirle con l'olio ed il sale, come si fa ancora oggi in molte città toscane. Firenze, per esempio, è famosissima per la bistecca, la ribollita, la trippa, i bomboloni e, durante il Carnevale, i cenci. La cucina di Pisa è invece caratterizzata dai tartufi e dal pesce. In breve, la cucina toscana di oggi riflette la cucina tradizionale e contadina del passato.

In dialetto

Il dialetto toscano è alla base della lingua italiana moderna. Ogni italiano è in grado di parlare l'italiano standard: come lingua madre lo parlano solo circa 3.500.000 persone. Le più grandi differenze dialettali tra il dialetto toscano d'oggi e l'italiano standard riguardano il lessico. Notate gli esempi.

babbo	papà
chetarsi	stare zitto
desinare	pranzare
gota	guancia
granata	scopa
spengere	spegnere

Una delle particolarità del dialetto toscano è la cosiddetta «gorgia» toscana: la [k] spesso viene pronunciata come la [h]. Per esempio:

casa = /haza/
identificare = /identifihare/
coca-cola = /hoha hola/

Parole nel contesto

A. Sinonimi. Cerca nel testo i sinonimi delle seguenti espressioni.

   1. di bue _____.

   2. di pecora _____.

   3. ha lo stesso nome _____.

   4. famoso _____.

   5. secco _____.

B. Indovinelli. Spiega il possibile uso dei seguenti materiali tipici dell'artigianato toscano.

   1. l'alabastro _____.

   2. il gesso _____.

   3. il legno _____.

   4. la paglia _____.

   5. il cuoio _____.

Comprensione del testo

A. Parliamo di storia. Rispondi alle seguenti domande in modo completo.

   1. Qual è la prima civiltà presente nell'area toscana? Potresti descriverla?

   2. Qual è l'origine del nome della regione?

   3. Qual è il centro più importante della regione e in quale periodo storico diventa tale?

   4. Quale famiglia è senza dubbio la più importante per lo sviluppo della regione? Sai il nome di alcuni dei suoi membri?

   5. In quale periodo la regione riacquista il suo potere ed il suo primato intellettuale?

B. Vero o falso? Decidi se le seguenti frasi sono vere (V) o false (F) e per quelle false spiegane il motivo.

   V   F

   ____ ____ **1.** Il territorio toscano è prevalentemente pianeggiante.

   ____ ____ **2.** Gli Etruschi hanno introdotto la cultura del vino.

   ____ ____ **3.** Il vino più conosciuto è il Valpolicella.

   ____ ____ **4.** Non ci sono molti minerali nel sottosuolo toscano.

   ____ ____ **5.** Le località balneari sulla costa toscana attirano molti turisti.

C. Domande e risposte. Rispondi in modo completo alle domande che seguono.

1. Quali sono le caratteristiche principali della cucina toscana?

2. Quali condizioni storiche l'hanno influenzata?

3. Qual è il ruolo del pane?

4. Al pane toscano manca una cosa. Quale e perché non si usa?

5. In quali ricette si usa il pane e che ruolo ha svolto la storia nella loro ideazione?

6. Cosa sono i cannellini?

7. Come si preparava una volta la carne e perché?

8. Gli Etruschi la preparavano diversamente. Quale metodo usavano?

Cuciniamo insieme!

Essendo il re della cucina toscana, il pane è usato in molte ricette. La seguente ricetta è una delle più popolari. Leggila.

Pappa col pomodoro

Ingredienti: 1 kg. di pomodori maturi, 350 gr. di pane raffermo, 1,5 l di brodo leggero, 4 spicchi d'aglio, abbondante basilico, 100 gr. olio extravergine d'oliva, sale e pepe.

Preparazione: Lavare i pomodori, spezzettarli, privarli dei semi e cuocerli a fuoco moderato; quando sono cotti passarli con il passino. Tagliare a fettine il pane raffermo e farlo tostare in forno. Mettere a scaldare il brodo, aggiungere il passato di pomodori, le fettine di pane, l'olio, l'aglio tritato, il basilico intero, il sale e il pepe. Cuocere finché il liquido si sarà consumato quasi completamente, mescolando spesso affinché il pane si riduca come una «pappa». Questa minestra si serve sia calda che fredda, irrorata di buon olio.

Completa le frasi che seguono:

1. Prima i pomodori si _____.

2. Poi si _____.

3. Il pane raffermo si _____.

4. Il brodo si _____.

5. Nel brodo si aggiungono _____.

6. La minestra si serve _____.

Attività comunicative

A. Mangia, mangia! Lavorate in coppie. Intervista un compagno/una compagna per vedere se ha mai assaggiato i seguenti piatti: le lasagne, la bistecca fiorentina, lo spezzatino, la ribollita, il minestrone e il tiramisù. Descrivete i piatti che avete assaggiato e dite dove li avete mangiati, e se vi sono piaciuti o no.

Per cominciare:

STUDENTE 1: Hai mai mangiato le lasagne?
STUDENTE 2: Sì, le lasagne sono fatte con…

Un menu toscano	
Antipasti	
Coccoli con lo stracchino	5 euro
Antipasti toscani (per due persone)	12 euro
Prosciutto e melone	6 euro
Insalata caprese	6 euro
Primi	
Ribollita	5 euro
Pappardelle al cinghiale	9 euro
Ravioli con burro e salvia	8 euro
Risotto ai carciofi	8 euro
Secondi	
Bistecca alla fiorentina	23 euro
Coniglio fritto	16 euro
Spezzatino in umido	18 euro
Bocconcini di vitello al tartufo nero	22 euro
Contorni	
Insalate	4 euro
Verdure fritte	5 euro
Dolci	
Frutti di bosco	5 euro
Panna cotta	5 euro
Sorbetto di limone	3 euro
Torta al cioccolato	6 euro

B. Al ristorante. In coppie, guardate bene il menu. Uno di voi interpreta il cameriere e l'altro il cliente che non conosce la cucina toscana.

Per cominciare:

CAMERIERE: Desidera?
CLIENTE: Vorrei una zuppa. Quale mi consiglia?

C. Dove si mangia stasera?
In coppie, esprimete le vostre preferenze riguardo a dove mangiare. Per esempio, preferite mangiare a casa o in un ristorante? Spiegate le vostre scelte.

Per cominciare:

STUDENTE 1: A me piace mangiare nei fast food. Non ho tempo per cucinare.
STUDENTE 2: Io invece…

D. Al supermercato. In gruppi, parlate del modo in cui fate la spesa. Per esempio, quante volte alla settimana andate al supermercato? In quale reparto passate più tempo? Vi piace fare la spesa? Se non vi piace fare la spesa spiegatene il motivo.

Per cominciare:

STUDENTE 1: C'è un Trader Joe's vicino a casa mia. Ha di tutto e i prezzi…

STUDENTE 2: Io odio andare al supermercato perché…

 *Sul web*

A. I Medici. Fai una ricerca sulla famiglia dei Medici e cerca di ricostruirne l'albero genealogico. Chi sono i suoi maggiori esponenti? Quali sono state le circostanze della morte di alcuni di loro?

B. I piatti toscani. Trova tre ricette dei tipici piatti toscani e portale in classe.

academic.cengage.com/italian/parola

Curiosità!

Calcio: uno sport toscano?

Il calcio è conosciuto già al tempo degli antichi greci, e nel periodo romano prende il nome di «piede-palla», perché si gioca usando i piedi. Durante il Rinascimento è molto praticato nelle piazze di Firenze ed è chiamato calcio fiorentino, ma esistono molte testimonianze che ci attestano che si giocava anche a Bologna e a Padova. In alcune città era addirittura proibito perché si era trasformato in un gioco violento, sia per il comportamento dei giocatori che per quello dei tifosi. Questo antico gioco della palla è molto diverso dal calcio moderno: le sue caratteristiche sono piuttosto simili al rugby. Nella versione odierna, comincia a essere praticato in Inghilterra verso il 1700.

Il calcio storico si gioca ancora oggi in Piazza Santa Croce a Firenze.

Città, cittadine e paesi

Firenze: la culla della cultura italiana

Piazza della Signoria, una delle più belle piazze di Firenze.

Firenze è senza dubbio una delle città italiane e toscane più frequentate dai turisti. Di conseguenza, la sua economia si basa principalmente sul turismo. Il patrimonio artistico e culturale è tra i maggiori al mondo. Tra i suoi musei più celebri vi sono la Galleria degli Uffizi, il palazzo Pitti, il Bargello, il Museo Archeologico, il Museo dell'Accademia (dove si trova la famosissima scultura del David di Michelangelo) e il Museo dell'Arte Moderna. Questi musei custodiscono i più preziosi quadri e le sculture di diversi artisti europei e italiani, in particolare quelli del periodo rinascimentale, ed attirano così tanti visitatori che per entrarci si deve fare la coda perfino in bassa stagione. Ci sono anche tantissime chiese tra cui si distingue il magnifico duomo (Santa Maria del Fiore) con la sua famosa cupola costruita dal Brunelleschi ed il suo campanile ad opera di Giotto. Nella basilica di Santa Croce si trovano le tombe di Machiavelli, Michelangelo, Galileo, dei poeti Alfieri e Foscolo e del compositore Gioacchino Rossini.

Tra le opere architettoniche civili bisogna menzionare molti palazzi appartenenti alle rinomate famiglie fiorentine come i Medici, gli Strozzi, i Pitti e gli Uffizi. Il Ponte Vecchio, con la sua doppia fila di botteghe che ospitano 1.500 orafi, è il posto prediletto da quei turisti in cerca di un autentico gioiello fiorentino di altissima qualità artigianale. Quelli che vogliono godere del panorama di Firenze dall'alto possono passare un pomeriggio rilassante nel Piazzale Michelangelo o fare delle passeggiate sulle colline di Fiesole. Il Giardino di Boboli (uno dei giardini rinascimentali più ammirati) è un altro ritrovo molto popolare. Anche il Mercato della Paglia, pieno di vari oggetti fatti di paglia, è sempre ben frequentato.

La città non attira solo gli appassionati d'arte, ma anche gli studiosi e tantissimi studenti stranieri iscritti a vari programmi internazionali, organizzati sia dalle loro rispettive università che dalle istituzioni locali. Gli studenti arrivano a Firenze da tutti i continenti per studiare l'arte, l'architettura, la storia e la lingua e per imparare la cultura italiana. Molte università nordamericane offrono questo tipo di corsi nel corso di tutto l'anno accademico. Di conseguenza, c'è un numero notevole di professori e di studenti che risiedono permanentemente a Firenze. Anzi, una volta si discuteva di spostare l'ambasciata statunitense da Roma a Firenze per servire meglio i cittadini americani che ci abitano.

Firenze è situata sulle due rive del fiume Arno, che occasionalmente straripa causando alluvioni a volte di proporzioni catastrofiche. Per esempio, l'alluvione del 1966 ha danneggiato e distrutto una gran parte del patrimonio culturale della città. Tanti quadri, sculture, mosaici e manoscritti delle biblioteche sono stati sommersi sotto metri di acqua.

Un po' di storia

Gli antichi romani fondano Firenze nel secolo I vicino alla città etrusca Faesulae. Nella ricca storia fiorentina, i periodi di tumulto politico si alternano a tempi di pace e di prosperità. Dal 1215 comincia la lotta tra i guelfi (appoggiati dal ceto mercantile) ed i ghibellini (rappresentanti dei signori feudali contrari al rapido progresso del comune). Il conflitto si conclude con la vittoria dei guelfi. Nel 1300, si verifica la scissione tra i guelfi che si separano in due fazioni—Neri e Bianchi. Vincono i Neri, appoggiati dal papa Bonifacio VIII (protettore degli interessi della Chiesa). Nonostante l'instabilità politica, Firenze comincia la sua ascesa economica e diventa una delle città più influenti d'Italia. I banchieri fiorentini sono tra i più potenti d'Europa. Si costruiscono nuove chiese in stile gotico e poeti come Dante, Petrarca e Boccaccio assicurano al dialetto fiorentino il primato sopra gli altri dialetti italiani. Le opere dei pittori Cimabue, Giotto, Masaccio e Uccello incarnano l'estetica rinascimentale e gli scultori Donatello, Ghiberti e della Robbia seguono le loro orme. Gli architetti Brunelleschi e Alberti hanno contribuito alla gloria dell'architettura fiorentina.

I Medici

La storia di Firenze è inseparabile da quella della famiglia dei Medici. I Medici erano potenti bancari fiorentini che, quasi ininterrottamente, governarono la città per più di tre secoli senza detenere un titolo pubblico. Con le loro risorse finanziarie influenzarono la vita politica, economica e artistica della città. Nel 1469 l'ascesa al potere di Lorenzo il Magnifico (1449–1492) segnò l'apice dell'influenza medicea. Il loro lungo governare fu brevemente interrotto durante la repubblica teocratica del frate Girolamo Savonarola. Dopo la sua esecuzione al rogo nel 1498, i Medici ritornarono al potere e nel 1527, proclamarono la Repubblica Fiorentina. Con il loro ritorno, Firenze diventò, nei secoli XV e XVI, il centro della rinascita intellettuale e artistica che permeava a quel tempo l'intera Europa. La città fu anche capitale d'Italia tra il 1865 e il 1871. Molti quartieri fiorentini, inclusi quelli vicino al Ponte Vecchio, furono bombardati durante la seconda guerra mondiale, ma miracolosamente il famoso ponte ne uscì intatto.

La Firenze d'oggi

Firenze è nota anche per le moltissime gelaterie e bar che forniscono il giusto ristoro dopo una lunga giornata di giri turistici. La vita culturale e intensa e ben organizzata. Ci sono dei festival di musica, spettacoli operistici e varie mostre di arti figurative. Il passatempo preferito dei fiorentini è passeggiare dopo cena ed incontrare gli amici nei tanti posti di ritrovo situati un po' dappertutto. Come altre città italiane di vecchia data, Firenze si espande nei sobborghi, dove gli alloggi sono meno costosi ed il traffico non è intenso. Ci sono anche varie industrie che stanno spostando le loro sedi nella periferia della città. La struttura urbana della vecchia Firenze non può più contenere tutti quelli che vogliono abitarci.

Parole nel contesto

A. Un po' di storia. Dopo aver letto gli eventi più importanti della storia fiorentina, completa le frasi usando le seguenti parole.

scissione	lotta	risorse	tumulto	diffondersi

1. La storia di Firenze conosce periodi di intenso _____ politico.
2. La _____ tra i guelfi e i ghibellini è stata feroce.
3. La _____ fra i guelfi li ha divisi in due fazioni.
4. Il Rinascimento fiorentino _____ in tutta l'Europa.
5. I Medici usano le loro _____ finanziarie per influenzare la vita politica e culturale di Firenze.

B. Il femminile. Scrivi il genere femminile delle seguenti parole.

1. il pittore _____
2. lo scultore _____
3. il poeta _____
4. lo scrittore _____
5. il frate _____

Comprensione del testo

A. Abbiniamo. Abbina la colonna A alla colonna B.

A

B

1. 1215   _____ Firenze diventa repubblica
2. 1300   _____ Lorenzo de' Medici sale al potere
3. 1469   _____ Savonarola muore al rogo
4. 1498   _____ comincia la lotta tra i guelfi ed i ghibellini
5. 1527   _____ avviene la scissione tra i guelfi

B. Domande e risposte. Rispondi alle domande che seguono in modo completo.

1. Perché molti studenti stranieri studiano a Firenze?
2. Quale corrente dell'arte visiva nasce e si afferma in questa città?
3. Conosci i nomi dei pittori, degli scultori e degli architetti più importanti?
4. Chi sono i Medici e in che modo influenzano la vita politica e culturale della città?
5. Quali forme di artigianato si affermano a Firenze?
6. Cosa succede nel 1966?
7. Come potresti descrivere la Firenze moderna?

Attività comunicative

A. La luna di miele. Lavorate in coppie. Siete una giovane coppia in viaggio di nozze. Quello che vi interessa vedere a Firenze sono i posti romantici come, per esempio, i parchi e le piazze. Avete la cartina in mano e state decidendo dove andare.

Per cominciare:

PERSONA 1: Guarda, dall'altra riva dell'Arno c'è…
PERSONA 2: Bene, andiamoci! …

B. L'architettura fiorentina. Lavorate in gruppi. Immagina di essere un professore d'architettura che fa vedere ai suoi studenti gli esempi più interessanti dell'architettura fiorentina.

Per cominciare:

PROFESSORE: Cominciamo con le chiese…
STUDENTE 1: Ho sentito che molte sono in stile…
STUDENTE 2: Ho letto che…

C. Ti piace l'oro? Lavorate in coppie. Sei in una delle botteghe orafe sul Ponte Vecchio e vuoi comprare un gioiello. Non riesci proprio a deciderti. L'orafo cerca di aiutarti.

Per cominciare:

CLIENTE: Vorrei una collana, cosa mi suggerisce?
ORAFO: Ne ho tante, per che tipo di occasione Le serve?...

D. La lingua nazionale. Lavorate in gruppi. Il ruolo principale dell'Accademia della Crusca è la protezione della lingua nazionale. Che cosa pensi di questo concetto? È possibile proteggere la lingua contro gli influssi delle altre lingue? È importante proteggerla? Dividetevi in quattro gruppi: due difendono l'importanza della lingua nazionale e due affermano che non è possibile né importante proteggere la lingua.

Per cominciare:

STUDENTE 1: Secondo me, la lingua nazionale rappresenta...
STUDENTE 2: Non sono d'accordo, perché nel mondo globale di oggi...

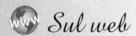 *Sul web*

A. Gli Uffizi. Trova le mostre attuali della galleria e fanne un elenco.

B. L'Accademia della Crusca. Che cosa è l'Accademia della Crusca? Esiste ancora oggi? Qual è il suo ruolo?

C. Francesco Petrarca. Scegli un sonetto del *Canzoniere* di Petrarca e leggilo alla classe. Poi rispondi alle domande che seguono.

1. Quando è stato scritto?
2. Qual è l'argomento del sonetto?
3. A chi è stato dedicato?
4. Come potresti descrivere l'atmosfera e lo stile della poesia?
5. Che cos'è «il sonetto»?

academic.cengage.com/italian/parola

Siena: la città del Palio

Nel cuore della Toscana nasce questa città, costruita
su una collina, che ancora oggi mantiene la sua
caratteristica apparenza medievale, con vicoli stretti e
palazzi nobiliari. Oggi Siena è una delle città più
artistiche d'Italia, visitata da migliaia di turisti ogni
anno. Ci sono quindici musei dove sono custodite
opere di grande importanza. Siena è anche sede
universitaria e zona di produzione del Chianti senese.
Come la maggior parte dei centri toscani, anche
Siena è di origini etrusche e una volta era chiamata
Sena. La città raggiunge la sua maggiore importanza
nel Medioevo, quando adotta una politica espansio-
nistica e diventa un'avversaria di Firenze. La guerra tra le due città dura con
varie vicissitudini, fino al 1555, quando la città è conquistata dai fiorentini
dopo un lungo assedio. Diventa così parte del Granducato di Toscana e perde
l'autonomia.

Il Palio ha luogo in Piazza del Campo che si trova
nel centro di Siena.

Il Palio

L'attrazione turistica più famosa, più bella e più profondamente sentita tra
le manifestazioni popolari italiane è il Palio delle Contrade che si svolge in
Piazza del Campo, una delle più incantevoli piazze medievali d'Italia. Lo
spettacolo ha luogo due volte all'anno: il 2 luglio (Palio in onore della Madonna
di Provenzano) e il 16 agosto (Palio dell'Assunta). È uno spettacolo affascinante
che presenta elementi religiosi, civili e medievali, riscontrabili ancora oggi nei
costumi dei partecipanti. Nella corsa prendono parte diciassette contrade,
cioè i diciassette rioni della città suddivisa secondo una delimitazione risalente
al '700. Ognuna delle contrade ha una propria sede, una propria chiesa ed
una propria identità. Esse si distinguono per i loro emblemi ed i loro colori. I
nomi sono altrettanto pittoreschi: Aquila, Bruco, Chiocciola, Civetta, Drago,
Giraffa, Istrice, Leocorno, Lupa, Nicchio, Oca, Onda, Pantera, Selva, Tartuca,
Torre e Valdimontone. Delle diciassette contrade alla corsa ne partecipano
solo dieci e la scelta avviene a sorte.

    La corsa stessa è brevissima: tre giri intorno alla piazza, e tutto finisce in
circa 90 secondi. I cavalli che partecipano alla corsa sono selezionati solo
quattro giorni prima della gara; essi vengono poi estratti a sorte ed assegnati
alle dieci contrade partecipanti, che solo allora cominciano a fare le prove.
Il giorno del Palio si svolge una bellissima sbandierata in costumi medievali,
accompagnata dal rullio di tamburi, durante la quale gli sbandieratori
esibiscono la loro destrezza nel maneggiare le bandiere delle contrade. Lo
scoppio del mortaretto dà il segnale per l'uscita dei cavalli. Tutti seguono con
silenzio le fasi di allineamento ai canapi (la linea di partenza). Al momento
dello scoppio, che segnala l'inizio della gara, tutta la piazza esplode in una
congerie di urla e grida che dura fino al momento della vittoria, quando il

fantino vincente riceve il «cencio», ovvero un drappellone di seta dipinto, che è l'unico premio conferito per la vincita. Il drappellone del Palio verrà poi esposto nel museo della contrada vincente. Segue una grande festa per le strade della città. Uno spettacolo da non perdere!

Curiosità!

La parola Palio viene dalla parola latina *pallium*, drappo di stoffa preziosa. Nel Medioevo, le corse di cavalli con palii si tenevano anche in molte altre città italiane. Le prime corse non si svolgevano in Piazza del Campo, ma attraverso le vie della città, con i cavalli «scossi», senza fantino. Se il fantino cade durante la corsa, si dice che il cavallo è «scosso», ma può vincere ugualmente. Per la corsa, Piazza del Campo viene ricoperta da uno strato di sabbia e argilla, mentre i muri delle due curve più pericolose, la curva di San Martino e la curva del Casato, vengono ricoperti di materassi per minimizzare i danni fisici ai cavalli e ai fantini quando cadono. È comune stringere diverse alleanze tra le contrade durante il Palio nel tentativo di influenzare l'esito della corsa; i metodi adoperati non sono sempre molto «puliti».

Parole nel contesto

A. Sinonimi. Trova i sinonimi delle seguenti parole del testo.

1. piccola via _____
2. più grande _____
3. destino _____
4. tenersi _____
5. quartiere _____
6. selezione _____
7. agilità _____
8. esplosione _____
9. risultato _____

B. Sei un *detective* linguistico? Cerca di trovare le risposte alle domande che seguono.

1. Quali parole derivano dal verbo «vincere»? Trovale tutte. Cosa significano?

2. Qual è il plurale della parola «palio»? Conosci altre parole che hanno un plurale simile?

3. Cosa significa la parola «migliaio»? Esistono parole simili per altri numeri? Quali?

4. Cosa vuol dire la parola «esso»? Quando si usa? Esiste anche per il genere femminile?

5. Come si coniuga il verbo «esibire»? Conosci altri verbi simili? Quali?

6. Cosa vogliono dire esattamente «spettacolo da non perdere» e «città tutta da scoprire»? Che significato ha la preposizione «da» in queste frasi?

Comprensione del testo

Domande e risposte. Rispondi alle domande in modo completo.

1. Descrivi la città di Siena.

2. Qual è il periodo di massimo splendore della città?

3. Che cos'è il Palio?

4. Perché si chiama così?

5. Quali sono le caratteristiche più interessanti o bizzarre di questo evento?

6. Cosa significano i nomi delle contrade di Siena?

Attività comunicative

A. Gare pazzesche. Lavorate in coppie. Con un compagno/una compagna parla di una manifestazione popolare simile al Palio. Dove si svolge? Quando? Chi vi partecipa?

Per cominciare:

STUDENTE 1: Secondo me, a New Orleans…
STUDENTE 2: Beh, è un po' diverso…

B. Di che cosa siamo orgogliosi? Lavorate in gruppi. Il Palio di Siena è un evento di massima importanza per l'orgoglio delle contrade. Ci sono in America degli eventi paragonabili al Palio in questo senso?

Per cominciare:

STUDENTE 1: Di sicuro è il Giorno dell'Indipendenza…
STUDENTE 2: Sono d'accordo. Nella mia città c'è anche…

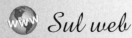 *Sul web*

Il Palio di Siena. Trova ulteriori informazioni sul Palio di Siena che non sono state riportate nel testo. Guarda i filmati del Palio. Che cosa ti colpisce di più?

academic.cengage.com/italian/parola

Ascoltiamo! Visita il seguente sito per ascoltare il brano: academic.cengage.com/italian/parola

Guccio Gucci. Ascolta il brano due volte e rispondi alle domande che seguono.

1. Quali settori della moda sono prominenti in Toscana?

2. Dove si vendono i prodotti di lusso firmati Gucci, Prada e Ferragamo?

3. Come comincia la carriera di Guccio Gucci?

4. Perché è importante l'anno 1921?

5. Come è cambiata l'azienda Gucci attraverso i decenni?

Alcuni toscani famosi

Oriana Fallaci: la regina del giornalismo italiano (1929–2006)

Giornalista e scrittrice di fama mondiale, Oriana Fallaci nasce a Firenze il 29 giugno 1929, in piena era fascista, fatto che profondamente influenza il suo sviluppo umano e intellettuale. A poco più di dieci anni ed al momento dell'entrata dell'Italia nella seconda guerra mondiale, si unisce al padre nella lotta a fianco della Resistenza italiana. Durante l'occupazione di Firenze, suo padre viene catturato, torturato ma poi rilasciato vivo. Alla fine della guerra, a soli 14 anni, la Fallaci riceve un riconoscimento d'onore dall'Esercito Italiano per il suo attivismo durante la guerra. Risale a poco dopo la decisione di diventare scrittrice.

Oriana Fallaci inizia la sua carriera di giornalista con un articolo di cronaca, ma ben presto le sue doti spiccano e comincia a ricevere incarichi importanti. Inizia a intervistare esponenti politici e a seguire eventi internazionali. Infatti, la sua scrittura giornalistica le regala la fama internazionale, ben meritata, perché la Fallaci ci ha lasciato memorabili reportages e interviste. Ha intervistato figure di grande calibro come il primo ministro pakistano Ali Bhutto; l'Ayatollah Khomeini, leader del regime teocratico dell'Iran; il direttore della CIA, William Colby; e il segretario di stato americano Henry Kissinger. Quest'ultima è una delle sue interviste più famose, una di quelle che le hanno valso la fama di reporter di una schiettezza inesorabile. Quando gli fu chiesto di spiegare la celebrità che Kissinger aveva raggiunto, lui risponde dicendo: «A volte mi vedo come un cowboy che guida la carovana da solo sul suo cavallo, un storia selvaggia del west se preferisce.» Per questa sola frase Kissinger è stato severamente

criticato per anni. Tra le altre interviste si possono ricordare quella al re Hussein di Giordania; ad Indira Gandhi, primo ministro dell'India; al premier israeliano Golda Meir; al leader palestinese Yassir Arafat; a Von Braun, ex soldato e scienziato del governo di Hitler; a Federico Fellini e a Sean Connery.

Oltre all'attività giornalistica, la Fallaci è anche una scrittrice proficua. Tra le sue opere più conosciute vi sono i romanzi *Niente e così sia* (1969), un libro sul Vietnam; *Lettera ad un bambino mai nato* (1975), scritto in occasione della perdita del bambino che aspettava; e *Un uomo* (1979), scritto in seguito alla morte

Oriana Fallaci

dell'amatissimo compagno Alekos Panagulis tragicamente scomparso. La tematica principale di questi romanzi è la morte, ovvero l'avversione della scrittrice per la morte e la sua battaglia per contrastarla. Tra la narrativa recente bisogna menzionare *La rabbia e l'orgoglio* (2001), scritto in risposta all'orrore dell'11 settembre 2001. Con questo libro, la Fallaci rompe un silenzio durato 10 anni e dà espressione ai suoi sentimenti; è uno sfogo viscerale che fa trapelare una rabbia incredibile rivolta all'estremismo e al fanatismo religioso dell'Islam. Il testo ha suscitato molte critiche e polemiche per la sua presa di posizione dura e severa.

I suoi libri sono stati tradotti in più di 30 lingue, ma quello che ha sempre contraddistinto la Fallaci è il suo modo di condurre le interviste e l'appassionata immediatezza delle sue emozioni e delle sue esperienze, che diventano parte integrante della sua narrativa.

La scrittrice è scomparsa a Firenze dopo una lunga malattia il 15 settembre 2006.

Parole nel contesto

A. Corrispettivi italiani. Trova nel testo il corrispettivo italiano delle seguenti parole inglesi.

1. *to distinguish* _____
2. *relentless* _____
3. *to break* _____
4. *to capture* _____
5. *rage* _____

B. Cosa vuol dire? Spiega cosa significano queste espressioni.

1. regime teocratico _____
2. scrittrice proficua _____
3. rompere il silenzio _____
4. dare espressione a _____
5. tragicamente scomparso _____

Comprensione del testo

Domande e risposte. Rispondi alle domande in modo completo.

1. Quali aggettivi sono usati per descrivere la personalità di Oriana Fallaci? Quale conclusione si può trarre da ciò?

2. Qual è stato il tema principale di molti dei suoi libri?

3. Come si è guadagnata la fama Oriana Fallaci?

4. Qual è il suo libro più controverso e perché?

5. Conosci altri giornalisti contemporanei che sono paragonabili alla Fallaci?

Attività comunicative

A. I giornalisti d'oggi. Lavorate in coppie. Cosa pensi del lavoro e del servizio che i giornalisti offrono alla società d'oggi? Riescono sempre ad essere imparziali? Quale dovrebbe essere il ruolo dei giornalisti? Parlane con il tuo compagno/la tua compagna.

Per cominciare:

STUDENTE 1: Secondo me, il lavoro dei giornalisti è importantissimo...

STUDENTE 2: Sì, solo che qualche volta...

B.I media. Lavorate in coppie. Come vedi il ruolo dei media nella società d'oggi? Quale medium pensi che sia il più importante e perché? Qual è il ruolo di Internet nella società contemporanea? Segui con interesse gli avvenimenti attuali? Perché sì e perché no?

Per cominciare:

STUDENTE 1: Secondo me, la televisione…
STUDENTE 2: Io invece leggo i giornali perché…

C. Terrorismo ed estremismo. Lavorate in gruppi. Il terrorismo è l'espressione estrema del fondamentalismo religioso e dell'estremismo politico. Quali organizzazioni terroristiche conoscete? Secondo voi, il terrorismo è prevenibile? È mai giustificabile? Quale dovrebbe essere il ruolo del governo nella battaglia contro il terrorismo? Parlatene in gruppi di tre o quattro persone e poi confrontatevi con altri gruppi.

Per cominciare:

STUDENTE 1: Il terrorismo è stato utilizzato anche nelle società occidentali, per esempio…
STUDENTE 2: Secondo me, il terrorismo non è prevenibile perché…

D. Fondamentalismi religiosi. Lavorate in gruppi. Quando si parla del fondamentalismo religioso, spesso si pensa all'Islam. Conoscete altri tipi di fondamentalismo religioso? Forse anche nella vostra società? Quale impatto hanno sulla vita e sulla società? Parlatene in gruppi di tre o quattro persone e poi confrontatevi con gli altri gruppi.

Per cominciare:

STUDENTE 1: Spesso si parla del fondamentalismo cristiano, ma…
STUDENTE 2: Secondo me, ogni tipo di fondamentalismo è pericoloso perché…

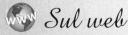 *Sul web*

La Fallaci. Trova delle citazioni tratte dai libri o dalle interviste ad Oriana Fallaci.

Leggile alla classe così da discuterne assieme.

academic.cengage.com/italian/parola

Roberto Benigni: il «mostro sacro» del cinema italiano (1952–)

Uno dei comici più amati in Italia è senza dubbio l'attore, regista, scrittore e produttore toscano Roberto Benigni. Nasce nel 1952 a Misericordia, vicino ad Arezzo. Già da piccolo, Roberto sente l'esigenza di far ridere le persone: comincia con le «rappresentazioni» private, per poi passare a quelle pubbliche. Si unisce a diversi gruppi teatrali, ma viene scoperto nella serie televisiva «Onda libera».

Benigni trascorre gli anni 70 lavorando in televisione, ma il comico non fa ancora esperienza dietro la cinepresa.
Il suo primo lavoro registico è il film *Tu mi turbi*, il titolo che apre la strada al suo grande successo popolare intitolato *Non ci resta che piangere*, interpretato da lui stesso in coppia con Massimo Troisi, il protagonista de *Il Postino*.
Il film offre una serie di gag indimenticabili e di tormentoni che sono ormai diventati parte del linguaggio comune d'oggi. Segue un'esperienza americana e la collaborazione con Jim Jarmusch e Tom Waits che continua fino ai nostri giorni. I seguenti film sono di solito rubricati come indipendenti e cult: *Daunbailò*, *Taxisti di notte* e *Coffee and Cigarettes*.

La filmografia di Roberto Benigni sfoggia quasi una trentina di titoli: di fama internazionale sono *Il piccolo diavolo*, *Johnny Stecchino*, *Il Mostro*, *La vita è bella* e *Pinocchio*.

Ne *Il piccolo diavolo*, Benigni interpreta il ruolo di un diavolo accanto al «mostro sacro» del cinema americano, Walter Matthau. Qualche anno dopo dirige *Johnny Stecchino*, che manda in tilt i cinema italiani: la gente fa la fila per comprare i biglietti e si accontenta di

Roberto Benigni

vederlo anche in piedi. Segue *Il Mostro*, non tanto apprezzato dalla critica, ma sempre amato dal pubblico. Nel 1998, arriva la vera e propria consacrazione internazionale con l'acclamatissimo *La vita è bella*. Il film presenta un argomento straziante, quello della deportazione degli ebrei durante la seconda guerra mondiale. L'ottica scelta dal regista è una miscela di tragicomico che contribuisce ad aumentare la commozione per la strage e la tragedia dell'Olocausto. Malgrado le critiche ed alcune interpretazioni erronee, il film trionfa agli Oscar del 1999 vincendo tre statuette nella categoria «miglior film straniero», «miglior attore protagonista» e «miglior colonna sonora». Nella mente di tutti coloro che hanno visto gli Oscar del 1999 rimarrà per sempre l'esplosione di gioia di Benigni all'annuncio del suo nome: balzò sui braccioli delle sedie per raggiungere il palcoscenico e accettare la statuetta. Il film si aggiudica anche il Gran Premio della Giuria al 51° Festival di Cannes, il Golden Globe ed il David di Donatello. Nel 2002, esce nelle sale *Pinocchio*, scritto, diretto e prodotto da Benigni, che detiene il record del film in assoluto più costoso nella storia del cinema italiano. Il film ottiene un buon successo, anche se la critica non è unanime nel valutare i suoi pregi artistici.

È importante menzionare che i film di Benigni sono impensabili senza la presenza di sua moglie, l'attrice Nicoletta Braschi. Per lei Benigni trova sempre un ruolo, spesso quello principale accanto a lui. I due sono sposati dal 2001, ma la loro collaborazione è cominciata già nel 1983.

Parole nel contesto

A. Il linguaggio del cinema. Trova nel testo le espressioni specifiche del linguaggio cinematografico e spiegane il significato.

Per cominciare:

Il regista: la persona che...

B. Che cosa vuol dire? Scegli il significato più adatto in base al testo appena letto.

1. Il comico non ha ancora fatto esperienza *dietro la cinepresa*.
   a. Il comico non ha mai diretto un film.
   b. Il comico non ha mai usato una cinepresa.
   c. Il comico non ha mai girato un documentario.

2. Benigni interpreta il ruolo di un diavolo accanto al *mostro sacro* del cinema americano, Walter Matthau.
   a. Walter Matthau è un attore brutto come un mostro.
   b. Walter Matthau è un grande attore, dotato di caratteristiche sia positive che negative.
   c. Walter Matthau è «intoccabile», uno dei più grandi attori di tutti i tempi.

3. *Johnny Stecchino manda in tilt* i cinema italiani.
   a. *Johnny Stecchino* è un fallimento enorme: causa la chiusura di molti cinema.
   b. *Johnny Stecchino* è una grande sorpresa: i cinema non riescono ad accogliere tutti gli spettatori.
   c. *Johnny Stecchino* è un successo enorme: i cinema sono assediati.

4. *L'ottica scelta* dal regista è una miscela di tragicomico.
   a. L'opinione del regista
   b. Il punto di vista
   c. Il metodo cinematografico

Attività comunicative

Aforismi. Lavorate in coppie. Seguono alcuni degli aforismi attribuiti a Roberto Benigni. Cercate di spiegarne il significato. Usate tutto quello che avete finora imparato sulla cultura e sulla politica italiane.

1. *Le mogli dei politici fanno tutte beneficenza. Per forza! Hanno il senso di colpa per quello che rubano ai mariti.*

2. *Chissà perché tutte le malattie mentali cominciano per PSI: psicopatico, psicotico...*

3. *Forza Italia è un bel nome, ma quando ai mondiali segnava Baggio io gridavo: «Forza nazione che stai sotto la Svizzera!».*

 *Sul web*

A. Ancora su Benigni. Trova la biografia di Roberto Benigni e cerca di rispondere alle seguenti domande:

1. Da dove ha preso l'idea per il film *La vita è bella*?

2. Racconta la storia d'amore di Roberto Benigni e Nicoletta Braschi.

3. Con quali registi ha collaborato?

4. Qual è stato il suo ultimo film e qual è il suo argomento?

B. Gli aforismi di Benigni. Trova altri aforismi attribuiti a Benigni. Porta in classe quelli che ti piacciono di più e spiega perché.

C. Non ci resta che piangere. Uno dei film più riusciti di Roberto Benigni e Massimo Troisi è senz'altro *Non ci resta che piangere*. Trova la trama del film. Di che cosa parla? Guarda i clip tratti dal film. Cosa ne pensi? Ricordi altri film che trattano un argomento simile? Quali?

academic.cengage.com/italian/parola

 Ascoltiamo! Visita il seguente sito per ascoltare il brano: academic.cengage.com/italian/parola

Domande personali: i miei media. Ascolta ogni domanda due volte e rispondi sia oralmente che in scritto.

1. _____

2. _____

3. _____

4. _____

5. _____

 *Sulla strada*

Visita il seguente sito per guardare il video: academic. cengage.com/ italian/parola

Così si lavora a Siena!

Guarda il video e rispondi alle seguenti domande.

1. Qual è l'orario di lavoro di...?

la fruttivendola

Aperto: _____ Chiuso: _____

la proprietaria del negozio di lampade

Aperto: _____ Chiuso: _____

2. Qual è il dolce tipico di Siena?

_____

3. Che cosa si vede alla fine del video?

_____

I fiorentini amano la loro città.

Guarda il video e rispondi alle seguenti domande:

1. I fiorentini amano molto la propria città. Quali sono, secondo i parlanti, le qualità uniche di Firenze?

2. Qual è la paura dell'ultima signora che parla?

Prova scritta

A. Una visita al museo. Ci sono quelli che amano l'arte sia moderna che classica e frequentano i musei e le gallerie per «assaporarla». Poi ci sono quelli a cui piacciono i musei di storia e delle scienze. A quale gruppo appartieni? Descrivi la tua visita a un museo.

B. Sei informato? Quale medium di informazioni preferisci? Quali sono, secondo te, i vantaggi e gli svantaggi della stampa, della televisione e di Internet? Spiega le tue preferenze e che tipo di informazioni ti interessano.

C. Non ci resta che piangere. Guarda *Non ci resta che piangere* di Benigni e scrivine una recensione. Attenzione! Il film non ha sottotitoli ed i suoi protagonisti parlano in dialetto. Non ti devi aspettare di capire tutto, ma cerca di comprendere le idee principali e le gag ormai leggendarie.

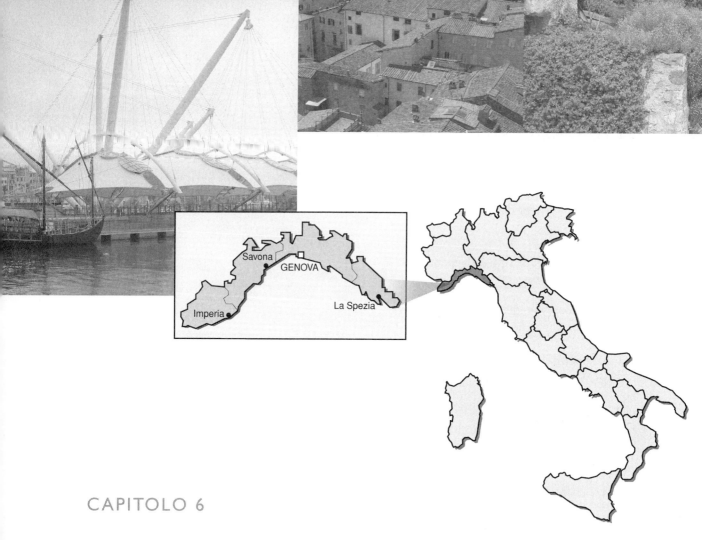

CAPITOLO 6

La Liguria

Appunti grammaticali
   Per il ripasso dell'imperativo, dell'indicativo, del
   congiuntivo presente e passato, riferirsi alla
   pagina 349.

 academic.cengage.com/italian/parola

Sul web
Ascoltiamo
Sulla strada

Entriamo nell'argomento

Sapevi che…

   …il pesto origina in Liguria?

   …Cristoforo Colombo nasce a Genova nel 1451, ma non si consi-
      derava genovese?

   …a Sanremo ha luogo il più famoso festival di musica in Italia

Prima di leggere

Prima di leggere il brano sulla Liguria, ti sarà utile il seguente vocabolario:

   dintorni   terziario   gamma   immutato
   calarsi   avvalersi   atavico

Trova nel glossario il significato di queste parole e finisci le frasi.

1. «I dintorni di una città» vuol dire _____.

2. «Il terziario» è _____.

3. «Un'usanza immutata» è _____.

4. «Una gamma di piatti» vuol dire _____.

5. «Calarsi» significa _____.

6. «Avvalersi» vuol dire _____.

7. «Un'abilità atavica» significa _____.

Profilo della regione

Territorio: con 5.410 km² è una delle più piccole regioni italiane
Capoluogo: Genova
Province: Genova, Imperia, La Spezia e Savona
Popolazione: 1.600.000

Geografia: 65% montagne, 35% colline. Non vi sono pianure e le coste sono a strapiombo sul mare.
Clima: mediterraneo

 Ascoltiamo! Visita il seguente sito per ascoltare il brano: academic.cengage.com/italian/parola

Cucina. Ascolta il brano tre volte: la prima volta per capire il significato generale e la seconda volta inserisci le parole che mancano. Ascolta il brano una terza volta per controllare il contenuto.

Il terreno ligure, non avendo molte _____ _____, non favorisce l'_____ ___ _____ e di conseguenza la cucina ligure fa scarso uso di carni suine e bovine. Ciò che si trova in abbondanza è una varietà di _____ _____ e _____ come ad esempio, il rosmarino, la maggiorana, il timo, la salvia, la borragine e un _____ eccezionale, dalle foglie larghe e profumate. Proprio da questo basilico prende origine una _____ _____ conosciuta in tutto il mondo—___ _____. Nel 1800, il pesto viene definito «la battuta o savore d'aglio», il che svela la sua composizione: uno spicchio d'_____, _____, _____ sardo e parmigiano grattugiati, pestati e mescolati insieme con l'_____ _____. Il pesto si usa in una vasta gamma di piatti, dalla pasta alla minestra di verdura.

Un po' di storia

	QUANDO?	CHI?	COSA?
a.C.	Paleolitico e Neolitico		il territorio ligure è occupato già nel Paleolitico; del Neolitico rimangono numerose vestigia
	IV–III sec.	I Liguri	i Liguri occupano l'Europa occidentale, incluso il delta del fiume Rodano fino al nord d'Italia; il loro nome deriva dalla parola *liga*, «palude» o «fango», dalla zona paludosa del delta
	II sec.	I Romani	la regione è conquistata dai Romani: assume il nome Liguria

QUANDO?	CHI?	COSA?
d.C. IV sec.	I barbari	la regione subisce una serie di incursioni barbariche: Visigoti, Ostrogoti, Goti, Unni, Vandali
558	Bisanzio	la Liguria diventa provincia bizantina
643	I Longobardi	i Longobardi occupano la regione
XI–XIV sec.	Genova	la città di Genova emerge come potenza marittima, specialmente durante le crociate, quando Genova riafferma la sua supremazia marittima
1815	Congresso di Vienna	il Congresso di Vienna decreta l'annessione della Repubblica Ligure al Regno di Sardegna, col nome di ducato di Genova
1861	Risorgimento	la regione contribuisce all'unificazione d'Italia con personaggi quali Mazzini, Mameli, Garibaldi e Bixio
Anni '50 e '60	Genova	la città vede nascere il «miracolo italiano» degli anni Sessanta, dopo la distruzione causata dalla guerra

Quadro economico

Le industrie sono concentrate a Genova e nei suoi dintorni, a Savona e sulle rive del Golfo di La Spezia. Le più importanti sono quella siderurgica, metallurgica, cantieristica, petrolchimica, elettrotecnica, tessile, alimentare e del cemento. A Genova e a La Spezia si trovano i maggiori cantieri navali della Liguria, il cui terziario assorbe un gran numero di lavoratori. Queste due città, insieme a Savona, sono i porti a più intensa attività nella regione. La Spezia ha anche un'importante base navale mentre Savona è nota per l'industria siderurgica. Il clima mite della zona costiera favorisce la crescita degli ortaggi, delle primizie, dell'uva, delle olive e la coltivazione dei fiori. Importanti sono anche la pesca, l'ostricoltura e la mitilicoltura. Il turismo è fiorente nelle zone balneari della Riviera Ligure mentre le Alpi Marittime sono frequentatissime dagli amanti degli sport invernali.

Cucina

Il terreno ligure, non avendo molte grandi pianure, non favorisce l'allevamento del bestiame e di conseguenza la cucina ligure fa scarso uso di carni suine e bovine. Ciò che si trova in abbondanza è una varietà di erbe domestiche e selvatiche come ad esempio, il rosmarino, la maggiorana, il timo, la salvia, la borragine e un basilico eccezionale, dalle foglie larghe e profumate. Proprio da questo basilico prende origine una salsa verde conosciuta in tutto il mondo—il pesto. Nel 1800, il pesto viene definito «la battuta o savore d'aglio», il che svela la sua composizione: uno spicchio d'aglio, basilico, formaggio sardo e parmigiano grattugiati, pestati e mescolati insieme con l'olio extravergine. Il pesto si usa in una vasta gamma di piatti, dalla pasta alla minestra di verdura. In generale, la gastronomia ligure si suddivide in ricette «di terra» e «di mare». Tutti e due i tipi di ricette, rimasti immutati attraverso i secoli, sono saporiti e semplici. Tra i piatti «di terra», i più conosciuti sono le trofie al pesto, la farinata (un prodotto povero ma nutriente, inventato dalle truppe romane, che consiste d'acqua e di farina di ceci) e la trippa alla genovese. Quelli «di mare» si realizzano con vari pesci, dalle acciughe ai bianchetti, ai pesci luna, ai saragli e ai branzini. La viticoltura in Liguria ha radici antichissime e risale ai Greci e Romani, persistendo nei secoli fino alla Repubblica Marinara di Genova. Notissimi sono i vigneti terrazzati a picco sul mare della zona delle Cinque Terre. In passato, per raggiungere le viti, i contadini locali dovevano calarsi dall'alto per mezzo di funi. Uno dei vini più popolari è lo Sciacchetrà, caratterizzato da un lungo invecchiamento. A causa della scarsità di terre coltivabili, la viticoltura non è tanto sviluppata quanto nelle altre regioni d'Italia. I vini che si producono sono per la maggior parte bianchi.

Società

Oggi la Liguria attraversa un periodo di difficoltà: i modelli che avevano sostenuto il suo sviluppo dopo la seconda guerra mondiale si trovano in crisi. Il turismo di massa ha lasciato varie tracce sulla costa ligure, e l'industria pesante è responsabile dell'inquinamento nelle vicinanze dei centri urbani. Il problema è reso ancora più grave dalle piccole dimensioni della regione, dall'età avanzata della sua popolazione e dal mancato uso delle risorse e dei capitali esistenti. La soluzione si può cercare nella sua straordinaria bellezza naturale, nel suo potenziale turistico e nelle sue ataviche abilità commerciali e mercantili.

Vernazza, uno dei pittoreschi villaggi delle Cinque Terre.

In dialetto

Il dialetto ligure è parlato non soltanto in Liguria, ma anche nel principato di Monaco e in Sardegna. La variante principale è spesso interscambiata con il genovese (*zeneize*), che si parla a Genova (*Zena*). Il ligure presenta una varietà di suoni e grafie che non sono presenti in italiano.

övu per «uovo»

a te piaxe a fygassa per «ti piace la focaccia»

go per «ho»

ghe per «hai»

gavieivu per «avevo»

tegnì per «avere»

Mi sun zeneise, rizû reû, strenzô i denti o parlô ceû = Sono genovese, rido poco e stringendo i denti dico ciò che penso (la «carta d'identità» del vero genovese!)

Me tastu se ghe sun = Mi tocco per vedere se sono vivo.

Parole nel contesto

A. Cosa vuol dire? Scegli l'espressione corretta.

1. il cantiere navale:
    a. il posto dove si costruiscono e riparano le navi
    b. il radar nautico

2. siderurgico:
    a. fatto di sidro   **b.** fatto di ferro

3. la primizia:
    a. la frutta e l'ortaggio maturi prima della stagione
    b. la prima persona in fila

4. l'ostricoltura:
    a. l'allevamento dell'ostricone, un fungo velenoso
    b. l'allevamento delle ostriche

5. il mitilo:
    a. un frutto di mare   **b.** un'erba aromatica

B. Completiamo. Abbina le due colonne in modo logico.

1. Il timo, la salvia, la borragine sono... _____ scendere per mezzo di una corda.

2. Il pesto è... _____ di vari livelli.

3. La farinata si fa... _____ erbe aromatiche.

4. La trippa è... _____ una salsa fatta di basilico.

5. Un terreno terrazzato consiste... _____ con l'acqua e con la farina di ceci.

6. «Calarsi a funi» vuol dire... _____ lo stomaco dei bovini macellati.

C. Traduciamo. Traduci i seguenti nomi di pesci liguri e prova ad indovinare se esistono nell'Atlantico e nel Pacifico:

1. l'acciuga _____

2. il bianchetto _____

3. il pesce luna _____

4. il sarago _____

5. il branzino _____

Comprensione del testo

A. Parliamo di storia. Abbina le due colonne in modo logico.

1. Il Neolitico   _____ i Liguri occupano l'Europa occidentale.

2. Nei secc. IV–III a.C. _____ lascia numerose tracce nella regione.

3. Nel sec. II a.C.   _____ la regione contribuisce al Risorgimento.

4. Nel sec. IV   _____ la regione acquista il suo nome sotto i Romani.

5. Nel sec. VII   _____ i Longobardi conquistano la regione.

6. Nei secc. XI–XIV   _____ la regione subisce invasioni barbariche.

7. Nel sec. XIX   _____ Genova diventa potenza marittima.

B. Completiamo. Dopo aver letto il profilo della regione, completa le seguenti frasi.

1. Le due parti della Riviera Ligure sono _____.

2. Il clima della regione è _____.

3. Le industrie più importanti sono _____.

4. Genova, Savona e La Spezia sono _____.

5. L'agricoltura produce _____.

6. Il turismo è fiorente _____.

7. Le difficoltà economiche sono causate da _____.

C. Domande e risposte. Rispondi alle domande in modo completo.

1. Che cosa scarseggia nella cucina ligure?

2. Cosa si trova in abbondanza?

3. Cosa succede nel 1800?

4. Com'è la viticoltura della Liguria?

5. Quali vini si producono e come si chiama il vino regionale più conosciuto?

6. Come si potrebbero migliorare le condizioni economiche della regione?

Attività comunicative

A. La vita sportiva. Lavorate in coppie. Gli sport estivi in Liguria sono molto popolari. Piacciono anche a voi? Quali? Svolgete un dialogo basato sugli sport. Il seguente vocabolario vi sarà utile:

giocare (a)	segnare un punto o una rete	il tifoso	la partita
la gara	la squadra	l'arbitro	la pallacanestro
pareggiare	la rete	il portiere	il beach volley
la corsa	lo sci acquatico	il nuoto	il windsurf

Per cominciare:

STUDENTE 1: Vado in palestra tre volte alla settimana, mi piace...

STUDENTE 2: Io no, sono troppo pigro/a...

B. I pericoli dello sport. Lavorate in gruppi. Con dei compagni, parla degli sport più pericolosi e di quelli che sono più costosi. Confrontatevi poi con gli altri gruppi.

Per cominciare:

STUDENTE 1: Secondo me, lo sport più pericoloso è...

STUDENTE 2: Sì, e forse anche...

C. Lo sport universitario. Lavorate in gruppi. Negli Stati Uniti molti studenti partecipano agli sport universitari durante lo studio. Parlate di come sono organizzate le attività sportive nella vostra università. Siete d'accordo con l'affermazione che certi sport portano tanti soldi all'università e perciò i migliori atleti sono privilegiati e non devono dedicarsi tanto alle materie accademiche?

Per cominciare:

STUDENTE 1: Io sono membro della squadra di lacrosse. Non sono d'accordo con l'affermazione perché...

STUDENTE 2: Non lo so, secondo me,...

 Sul web

A. Il pesto. La storia del pesto è molto interessante. Trovane le informazioni.

B. Facciamo il pesto! Trova una ricetta ligure fatta col basilico e anche una del pesto stesso. Quali sono i particolari della sua preparazione? Parlane alla classe.

C. Chi è Giuseppe Garibaldi? Scrivine una breve biografia.

academic.cengage.com/italian/parola

Città, cittadine e paesi

Genova: il porto del vecchio mondo

A che cosa ci fa pensare la città di Genova? Al grande navigatore Cristoforo Colombo che ci nasce nel 1451. Genova è il primo porto d'Italia e uno dei più grandi del Mediterraneo. Situata nel centro della Riviera Ligure, è il capoluogo vdell'omonima

Uno dei più grandi acquari d'Europa si trova a Genova.

provincia e della regione Liguria. Ha un clima mite mediterraneo con temperature estive attorno ai 28° C ed invernali attorno ai 4° C. Il simbolo della città è la Lanterna, una volta caserma dei pompieri, che si trova all'entrata del porto. Al centro della parte vecchia del porto c'è anche un ascensore panoramico chiamato il Bigio, punto d'interesse per i turisti.

Un po' di storia

La città è fondata dai Liguri nel secolo VI a.C., si allea con Roma nel secolo III a.C. e viene distrutta dai Cartaginesi nel 202. a.C. Dal secolo III è sede vescovile ed in seguito viene occupata dai Bizantini e dai Longobardi. Nei secoli successivi si scontra continuamente con Pisa e Venezia, le sue avversarie nella lotta per il predominio sul mar Mediterraneo. Avendo vinto la battaglia contro Pisa (1284) e contro Venezia (1298), ottiene l'assoluto dominio nel mar Tirreno. Nel secolo XII diventa repubblica, però a poco a poco perde tutto il potere ed è così controllata dai Visconti, dagli Sforza, dalla Francia, dalla Spagna e dall'Austria fino al 1861, quando diventa parte dell'Italia unita. All'inizio del secolo XX, Genova è uno dei più importanti porti d'Italia e continua a svilupparsi fino a raggiungere il primato che detiene oggi.

Quadro economico

Tra le industrie domina la costruzione navale, fortemente legata alla tradizione. Seguono le industrie metalmeccanica, chimica, tessile, cartaria, alimentare, del legno, dell'acciaio, del cemento e dei concimi. Genova è il maggior centro commerciale e finanziario della zona. Il reddito della città deve la sua prosperità ad un intenso traffico di navi passeggeri e di navi cargo che transitano giornalmente nel suo porto. Si importano il carbone, l'olio crudo ed il grano e si esportano principalmente il cotone e i tessuti di seta, l'olio d'oliva e il vino. Nella provincia di Genova, il turismo e la floricoltura sono notevoli. La parte turistica di Genova si chiama Nervi. La città è ben collegata alle maggiori città italiane, francesi e svizzere tramite i treni e le autostrade e ha anche un aeroporto internazionale, che porta il nome del suo cittadino più famoso: Cristoforo Colombo.

Genova è nota per molti esempi di architettura medioevale, rinascimentale, barocca e gotica. Il Palazzo Ducale, la cattedrale di San Lorenzo e il Palazzo di San Giorgio sono tra i monumenti storici più importanti. Il Palazzo Bianco e il Palazzo Rosso sono le più grandi gallerie d'arte.

Il Museo d'Arte Orientale «Edoardo Chiossone» e il Tesoro della Cattedrale hanno una ricca collezione medioevale. L'Acquario di Genova è il più grande d'Europa. L'università di Genova, le varie facoltà di commercio e la scuola navigatoria sono molto conosciute.

Parole nel contesto

Scriviamo. Cerca le seguenti espressioni nel glossario e usale in una frase completa.

1. l'avversario _____.

2. l'olio crudo _____.

3. il concime _____.

4. il reddito _____.

Comprensione del testo

A. Domande e risposte. Rispondi alle seguenti domande in modo completo.

1. Che tipo di clima ha Genova?

2. Chi sono i primi abitanti della città?

3. Quali popoli la dominano attraverso i secoli?

4. Quale industria prevale oggi e perché?

5. Quali prodotti vengono esportati dal porto genovese?

6. Ricordi qualche monumento d'interesse storico e artistico?

Cuciniamo insieme!

Una delle ricette tipiche della regione è la focaccia dolce genovese. Leggila.

Focaccia dolce genovese

Ingredienti: 1 kg. di farina bianca, 350 gr. di uvetta, 7 uova 100 gr. di pinoli, 100 gr. di canditi, un cucchiaino di finocchietto, la buccia di un limone grattugiata, un bicchierino di liquore (cognac o whisky), 125 gr. di burro, 350 gr. di zucchero, un pizzico di sale e 50 gr. di lievito di birra.

Preparazione: Impastare 5 etti di farina bianca con un cubetto di lievito di birra diluito con un poco di acqua tiepida; quindi attendere la lievitazione. Aggiungere quanto resta di farina e lievito, il burro, le uova, lo zucchero, l'uvetta, il finocchietto, i pinoli, i canditi, la buccia di limone grattugiata, il bicchierino di liquore e un pizzico di sale. Impastare con cura, lasciare lievitare e in seguito versare il composto in un tegame circolare (precedentemente imburrato e spolverato con farina bianca); reimpastare ancora per un poco, lasciare riposare per 15 minuti e far cuocere nel forno a 150° C per un'ora.

Con l'aiuto del glossario, traduci in inglese le parole elencate subito dopo le indicazioni per la preparazione.

1. l'uvetta _____

2. il candito _____

3. il finocchietto _____

4. la buccia _____

5. il lievito di birra _____

B. Traduciamo. Traduci in inglese i seguenti verbi e trova i nomi nelle loro radici.

1. impastare   _____   _____

2. lievitare   _____   _____

3. imburrare   _____   _____

4. spolverare   _____   _____

Attività comunicative

A. L'emigrazione. Lavorate in coppie. Genova è sempre stata un porto frequentato da un gran numero di passeggeri in partenza e in arrivo. Tra quelli che partivano, molti erano emigranti che lasciavano l'Italia per trovare una vita migliore in un altro paese. Tanti sono emigrati nell'America del Sud, negli Stati Uniti e in Canada. Ricordate i nomi di alcuni personaggi famosi in America i cui antenati siano nati in Italia? Pensate ai politici, agli artisti, agli sportivi e ad altri che vi vengono in mente.

Per cominciare:

STUDENTE 1: Hai mai sentito parlare di Joe di Maggio?
STUDENTE 2: Sì, certo, è...

B. Pronto! Lavorate in coppie. Nel passato la comunicazione tra la gente che viveva in continenti diversi non era facile. Il metodo più usato era la posta. Oggi, per contattare una persona è sufficiente mettersi di fronte al computer o tirare fuori il proprio cellulare. Il contatto si stabilisce istantaneamente. Parlate del vostro uso (o abuso) del cellulare e di come e dove lo si dovrebbe usare. Avete avuto qualche esperienza imbarazzante? Le seguenti parole sono utili per svolgere la conversazione: il telefonino, il cellulare, la dimensione, la batteria, scarico, il caricabatteria, la segreteria telefonica, la bolletta, il prefisso, il numero, chiacchierare.

Per cominciare:

STUDENTE 1: Io porto il mio cellulare dappertutto.
STUDENTE 2: Io non potrei viverne senza...

C. L'acquario e lo zoo. Lavorate in gruppi. Preferisci visitare un acquario pieno di pesci esotici oppure uno zoo? Perché? Ce n'è uno nella tua città? Sei mai stato/a in un acquario o in uno zoo famoso degli Stati Uniti? Scambia le tue opinioni con quelle dei compagni.

Per cominciare:

STUDENTE 1: A Seaworld, a Orlando, ho visto...
STUDENTE 2: Io a San Diego ho visitato...

 *Sul web*

L'Acquario di Genova. Fai una lista degli animali che ci vivono. Chi è Splaffy?

Guarda i filmati degli animali: qual è il più carino?

academic.cengage.com/italian/parola

Sanremo: la città della canzone italiana

Una delle bellissime ville di Sanremo, circondata dalle palme.

La Sanremo moderna è molto lontana dal villaggio peschereccio del suo passato: è un elegante centro turistico di fama internazionale. Oltre al turismo, deve una gran parte del suo benessere e della sua ricchezza alla floricoltura. La città si trova sull'assolata costiera ligure in un clima mite, tra il mare, il sole, il profumo dei fiori e il verde dei boschi sui pendii.

Un po' di storia

La città sorge nell'età romana, sotto il nome di Matuzia. Il cuore antico della Sanremo medievale è costruito su una collina ad anelli concentrici, per renderlo inaccessibile agli attacchi dei pirati. Nella città oggi rimangono i monumenti del suo passato romano, medioevale, romanico, gotico e barocco. La chiesa più importante di Sanremo è senza dubbio la concattedrale di San Siro, costruita nel secolo XII in stile romanico-gotico, sui ruderi di una primitiva chiesa paleocristiana.

Una delle chiese più interessanti di Sanremo è la chiesa ortodossa russa sul Corso Imperatrice, dedicato alla zarina Maria Aleksandrovna, moglie di Alessandro II. Fu lei a introdurre la consuetudine dei soggiorni in riviera dei russi, e a regalare alla città le palme che ancora oggi adornano il viale. Sull'esempio della zarina, comincia a trascorrere gli inverni a Sanremo l'aristocrazia russa, ma anche molti russi malati di tubercolosi, per usufruire del suo clima mite e salubre. Così in città sorgono una stazione balneare, un forno e una farmacia russi. A Sanremo trascorse il suo ultimo inverno lo scrittore A.K. Tolstoj, parente di Leone Tolstoj.

Circondato da palmeti, uliveti, agavi, cactus e banani, su una collina si eleva il magnifico edificio del castello Devachan, il cui nome significa «secondo cielo del paradiso dell'anima», in lingua indiana. L'espressione indica un luogo di riposo dei buddisti in cammino verso il Nirvana, uno stato di pace e di beatitudine perfetta. Sembra un nome adatto per un luogo di riposo in un incantevole ambiente mediterraneo.

Quadro economico

Nonostante tutte le sue bellezze naturali e architettoniche, Sanremo è meglio conosciuta per una cosa: il leggendario Festival della canzone italiana che si svolge ogni anno, a marzo. Tenutosi per la prima volta nel 1951 davanti a un pubblico che mangiava e beveva seduto a tavolini, si proponeva di lanciare canzoni nuove da aggiungere al repertorio della Radio Italiana. Tutte le canzoni erano inedite, e lo sono ancora oggi. L'evento si protrae per cinque serate durante le quali si esibiscono i cantanti già conosciuti nella categoria dei «big», nonché quelli sconosciuti nella categoria dei «giovani». Il Festival di Sanremo ha lanciato innumerevoli star della canzone italiana, e sono sempre presenti anche ospiti importanti e celebrità italiane e internazionali. Esso comunque non è esente da polemiche; gli italiani lo amano o lo odiano, e sui numerosi siti web dedicati a questa popolare manifestazione canora si possono addirittura sentire anche i «plagi», cioè le canzoni rubate da altri musicisti che le presentano al festival come «nuove». Tuttavia, il fatto sta che durante le cinque serate del festival, milioni di spettatori restano incollati ai loro televisori per questo evento di fama internazionale. Noi quindi lasciamo il giudizio a voi.

Comprensione del testo

Domande e risposte. Rispondi in modo completo.

1. Quali sono le fonti del benessere di Sanremo?
2. Perché Sanremo viene definita un centro turistico internazionale?
3. Perché ci sono degli edifici russi in città? Quali sono i più famosi?
4. Avevi mai sentito parlare della città di Sanremo prima d'ora? In quale contesto?

Attività comunicative

A. La canzone italiana. Lavorate in coppie. Con un compagno/una compagna parla della canzone italiana. Che tipo di musica è? L'hai mai sentita prima? Conosci cantanti americani che cantano un tipo di musica simile? Quali? Quale pubblico li segue?

Per cominciare:

STUDENTE A 1: In classe abbiamo ascoltato Nek. Mi piace perché...
STUDENTE 2: Io conosco Irene Grandi, è bravissima...

B. Una rosa per te. Lavorate in gruppi. Ti piace regalare o ricevere dei fiori? Perché e in quali occasioni? Secondo te, regalare fiori è un'usanza antiquata? Scambia le tue opinioni con quelle dei compagni del gruppo.

Per cominciare:

STUDENTESSA 1: Non ho mai ricevuto un fiore dal mio ragazzo!
STUDENTE 2: Te lo regalo io! Secondo me,...

Sul web

A. Il Festival di Sanremo. Chi sono i cantanti che hanno partecipato al Festival negli ultimi cinque anni? Li conosci? Conosci qualche loro canzone? Puoi trovare qualche ospite straniero? Quali celebrità americane vi hanno partecipato?

B. I plagi. Ascolta alcuni «plagi» e decidi se sono veramente uguali. Quali sono i più ovvi?

C. Ancora sul Festival. Guarda alcuni filmati delle canzoni del Festival di Sanremo. Che ne pensi? Ci sono festival simili in America?

academic.cengage.com/italian/parola

 Ascoltiamo! Visita il seguente sito per ascoltare il brano: academic.cengage.com/italian/parola

Cinque Terre. Ascolta il brano due volte e rispondi alle domande che seguono.

1. Dove si trovano le Cinque Terre?
2. Come sono costruite le abitazioni dei cinque villaggi?
3. Quale pericolo affrontavano nel passato?
4. Su che cosa si basa l'economia delle Cinque Terre?
5. Secondo la dichiarazione dell'UNESCO, a che cosa appartengono le Cinque Terre?

Alcuni liguri famosi

Cristoforo Colombo: lo scopritore delle nuove terre (1451–1506)

Con la scoperta dell'America, Cristoforo Colombo acquista la fama di uno dei maggiori scopritori della storia, colui che scoprì il Nuovo Mondo. Nonostante sia nato a Genova (1451), Colombo non si considera genovese, almeno nessuno dei suoi scritti lo afferma; anzi in una battaglia navale si schiera dalla parte del Portogallo e combatte contro la sua città natia. Una volta lasciata Genova non ci farà più ritorno. Un altro tratto curioso della sua personalità è che nei suoi diari, appunti ed altri testi non usa mai l'italiano. Scrive invece in spagnolo ancora tre anni prima di viaggiare in Spagna, firmandosi come Colombo, Colomo, Colom e Colòn (quest'ultimo, il suo modo preferito).

Cristoforo Colombo

Il famoso navigatore considera la sua grande scoperta dell'America un evento più profetico che dovuto alla logica, alla matematica e alla consultazione delle mappe. Dopo essersi salvato dal naufragio e ritrovatosi nel Portogallo, Colombo comincia a vedere sé stesso come l'uomo predestinato a scoprire nuove terre. In quel periodo, Lisbona è il luogo di ritrovo dei navigatori pronti a lanciarsi in spericolate avventure. È la città in cui si fanno progetti e si ottengono i mezzi finanziari per i futuri viaggi. Inoltre, Lisbona è anche il centro delle arti e delle scienze, particolarmente famosa per l'astronomia e la cosmografia. Tale clima culturale ispira Colombo, il quale decide di intraprendere il primo dei suoi quattro viaggi di scoperta. Ci vuole una decade per trovare finalmente i patroni della sua spedizione—il re Ferdinando e la regina Isabella di Spagna. In segno di gratitudine per il loro patronato, Colombo promette di portargli l'oro, le spezie e la seta dall'Oriente e di diffondere il Cristianesimo. In cambio chiede il titolo ereditario di comandante e la carica di governatore dei nuovi territori.

Primo viaggio (1492–1493). Come gli altri uomini dotti del suo tempo, lui sa che la terra è rotonda e decide di navigare verso ovest per raggiungere l'est. Parte da Palos, in Spagna, con una flotta di tre caravelle: la *Niña*, la *Pinta* e la *Santa Maria*. Dopo un viaggio avventuroso, convinto di aver raggiunto le Indie Orientali, sbarca nell'isola che denomina San Salvador (attuale Watling, nelle Bahamas). Proseguendo il suo viaggio raggiunge Cuba e Haiti che chiama Hispaniola. Durante il viaggio Colombo si orienta con l'aiuto della bussola e delle mappe geografiche, fatto che egli nega una volta ritornato in Spagna.

Secondo viaggio (1493–1496). Parte di nuovo dall'ovest, dirigendosi verso est. Lo scopo di questa spedizione è di sancire l'appartenenza di queste colonie alla corona di Spagna e di ritornare con le ricchezze. Scopre le isole Puerto Rico, Dominica, Antigua, Guadalupa e Giamaica e fonda Isabella, la prima città europea nel Nuovo Mondo.

Terzo viaggio (1498–1500). Questa volta invece scopre il nuovo continente: l'America del Sud. Il suo talento di navigatore è leggendario, però le sue capacità amministrative nelle colonie da lui fondate non sono all'altezza della situazione. Durante questo viaggio, deve ritornare in Hispaniola perché agli abitanti mancano le provviste e si ribellano. Queste brutte notizie raggiungono la corte e, quando ritorna in Spagna, Colombo viene arrestato. Pian piano si conquista il perdono, ma rimane umiliato dall'accaduto.

Quarto viaggio (1502–1504). Colombo comincia questo viaggio disobbedendo agli ordini del re. Il suo scopo è di ridar lustro al proprio nome e di scoprire le ricchezze dell'Estremo Oriente. Naviga nei mari dell'America Centrale. Durante il viaggio è già malato e deluso di non aver trovato delle vie d'accesso all'Oriente. Al suo ritorno si sistema a Siviglia dove aspetta inutilmente l'udienza a corte. Colombo muore nel 1506, dimenticato da tutti e ignaro di aver scoperto un nuovo continente, anziché l'Asia, come crede fino alla sua morte. Ancor'oggi c'è dubbio sul luogo di sepoltura di Colombo, ma secondo alcuni esperti è stato sepolto ad Hispaniola, dopo essere stato esumato dalla tomba di Siviglia.

Colombo non fu il primo europeo a scoprire l'America. Prima di lui ci sono stati i Vichinghi e gli indigeni, ma lui fu il primo a trovare la via di collegamento tra il Vecchio e il Nuovo Mondo e ciò ha cambiato per sempre la vita su tutti e due i versanti dell'Atlantico.

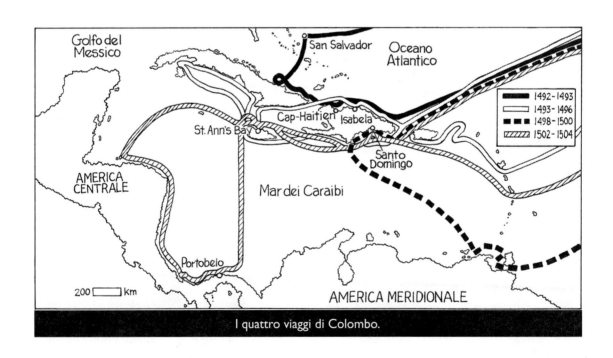

I quattro viaggi di Colombo.

Parole nel contesto

A. Associazioni. Leggi il testo e trova delle parole che si possono associare alle seguenti espressioni.

1. scoprire:

a. _____   b. _____   c. _____

2. navigare:

a. _____   b. _____   c. _____

3. il patronato:

a. _____   b. _____   c. _____

4. la caravella:

a. _____   b. _____   c. _____

B. Completiamo. Scrivi l'espressione adatta.

| battaglie | firmarsi | diffondere | la flotta |
| le provviste | le spedizioni | all'altezza | la bussola |

1. In passato molte scrittrici erano costrette a _____con nomi da uomo.

2. _____ al Polo Nord sono piene di rischi.

3. Per orientarsi in un posto che non si conosce, bisogna avere _____.

4. Lo scopo delle Crociate era di _____ il Cristianesimo.

5. Mi dispiace dirlo, ma credo proprio che Bruno non sia _____ del suo nuovo lavoro!

6. _____ di Genova vince molte _____ navali.

7. L'acqua e il cibo sono _____ di base.

Comprensione del testo

A. Vero o falso? Verifica se le seguenti frasi sono vere (V) o false (F) e correggi quelle false.

	V	F
1. Colombo si considera genovese.	—	—
2. La sua firma preferita è Colòn.	—	—
3. Ha fatto due viaggi di scoperta.	—	—
4. Nel primo viaggio usa tre caravelle.	—	—
5. Nel terzo viaggio scopre l'America del Sud.	—	—
6. Muore celebrato da tutti.	—	—

B. Completiamo. Completa le seguenti frasi basandoti sulle informazioni ottenute dal testo.

1. _____ finanziano i viaggi di Colombo.

2. Colombo promette di portare dai nuovi territori _____.

3. Durante il primo viaggio sbarca _____.

4. Lo scopo della seconda spedizione è_____.

5. Durante il terzo viaggio _____.

6. Nel quarto viaggio naviga _____.

7. Colombo è sepolto _____.

Attività comunicative

Sul web

A. I viaggi di Colombo.
Cerca altre informazioni sui quattro viaggi di Colombo. Poi parlane ai tuoi compagni.

B. Gli scritti di Colombo.
Trova un testo di Colombo e rispondi alle domande.

1. Che tipo di testo è?

2. Quando è stato scritto?

3. È indirizzato a una persona specifica?

4. Di che cosa parla?

academic.cengage.com/
italian/parola

A. Le Scoperte. Lavorate in coppie. Il ventesimo secolo è stato segnato da grandi scoperte. Secondo te, quali erano le più importanti e che impatto hanno avuto in generale e sulla tua vita.

Per cominciare:

STUDENTE 1: Nella medicina, secondo me,...
STUDENTE 2: Ma anche in tecnologia ci sono state...

B. In vacanza ai Caraibi? Lavorate in coppie. Nel corso del suo secondo viaggio Colombo scopre, tra le altre isole, anche Puerto Rico, Antigua e Giamaica. Queste isole sono alcune tra le destinazioni oggi più frequentate dai turisti. Ci siete mai stati? Conoscete qualcuno che vi ha trascorso le vacanze? Se la vostra risposta è no, cercate di indovinare quali potrebbero essere alcune delle attrazioni principali. Parlatene insieme.

Per cominciare:

STUDENTE 1: L'inverno scorso sono andato/a...
STUDENTE 2: Anch'io ci sono stato/a. Il cibo era...

C. Il Giorno di Colombo. Lavorate in gruppi. Quand'è il giorno di Colombo? Che cosa si celebra? Recentemente, il giorno di Colombo è stato oggetto di varie controversie e critiche. Perché? Cosa ne pensi tu? Discutine con i compagni di gruppo.

Per cominciare:

STUDENTE 1: Non mi ricordo il giorno esatto, ma so che...
STUDENTE 2: Mia nonna, che è italiana, dice che...

Renzo Piano: il maestro dell'architettura contemporanea (1937–)

Le opere di Renzo Piano si possono trovare in ogni angolo del mondo: dal Giappone all'Australia, dalla Francia all'America. Piano nasce nel 1937 a Genova da una famiglia di imprenditori edili. Si laurea al Politecnico di Milano nel 1964, e per qualche anno lavora a Milano effettuando frequenti spostamenti a Londra e negli Stati Uniti. Nel 1971, a Londra, comincia la collaborazione con il noto architetto inglese Richard Rogers, e nel 1977, con l'eminente ingegnere civile irlandese Peter Rice: è il periodo del Centro Georges Pompidou a Parigi (1971–1977), uno dei progetti più discussi degli ultimi decenni. Piano mira all'uso di materiali e tecnologie d'avanguardia: nel 1981 istituisce il Renzo Piano Building Workshop, con sede a Parigi e a Genova, in cui lavorano circa 100 architetti, ingegneri e vari specialisti. L'idea di *workshop* ovvero «bottega», è per Piano un concetto chiave che gli permette di abbinare l'innovazione tecnologica alla quaità del lavoro artigianale. In questa chiave realizza edifici e complessi urbani in tutto il mondo: il famosissimo terminal dell'aeroporto internazionale del Kansai, a Osaka, in Giappone (1988–1994); la Cité Internationale di Lione, in Francia (1986–presente); il Museo della Scienza e della Tecnica di Amsterdam, in Olanda

Renzo Piano

(1992–1997); la riprogettazione della Postdamer Platz a Berlino, in Germania (1992–2000), la ristrutturazione del Porto Antico di Genova (1985–1992); la conversione della Fabbrica FIAT Lingotto, in Italia (1983–2003); il Centro Culturale Jean-Marie Tjibaou a Nouméa, in Nuova Caledonia (1991–1998); la Maison Hermès a Tokyo, in Giappone (1998–2001); il Museo per la Collezione Menil (1982–1986) e la Galleria Cy Twombly (1992–1995), a Houston, in Texas; l'Aurora Place a Sidney, in Australia (1996–2000) e numerosi altri progetti.

I seguenti sono alcuni dei suoi progetti in corso: la ristrutturazione e l'ampliamento degli Harvard University Art Museum a Cambridge; l'ampliamento dell'Art Institute of Chicago; l'ampliamento del Woodruff Arts Center ad Atlanta; il Museo d'arte contemporanea a Sarajevo, in Bosnia; l'ampliamento della California Academy of Science a San Francisco; la London Bridge Tower a Londra, in Gran Bretagna; la Nuova sede del *New York Times*, a New York; l'ampliamento della facoltà di legge dell'Università del Michigan ad Ann Arbor, in Michigan; il Campus Plan della Columbia University a New York; la Clinique de l'Orangerie a Strasburgo, in Francia.

Comprensione del testo

Completiamo. Finiamo insieme le frasi.

1. L'innovazione di Renzo Piano consiste in _____ .

2. Il concetto di «workshop» rappresenta _____ .

3. Alcuni dei suoi progetti in corso vicino al ô fiel mio stato oeno

_____ .

4. Piano ha lavorato nei seguenti paesi: _____ .

Attività comunicative

A. Le creazioni di Renzo Piano. Lavorate in coppie. Che cosa rappresentano le foto? Guarda le foto e cerca di indovinare quali opere del Renzo Piano Building Workshop raffigurano. Cosa ne pensi?

_____ la fabbrica Lingotto a Torino   _____ il Centro Georges Pompidou

_____ l'aeroporto internazionale Kansai   _____ il Centro di Cultura Jean-Marie Tjibaou

1.

2.

3.

4.

B. Parliamo di architettura. Lavorate in gruppi. Conoscete altri architetti famosi? Di che nazionalità sono e che cosa hanno costruito? Quale stile architettonico vi piace? Secondo voi, l'architettura è un'arte? Paragonate le vostre risposte a quelle degli altri gruppi.

Per cominciare:

STUDENTE 1: Io conosco Frank Lloyd Wright, un architetto americano. Secondo me, è un artista perché...

STUDENTE 2: Io conosco un architetto spagnolo, si chiama...

 Sul web

A. Il workshop. Trova le foto di altre opere del Renzo Piano Building Workshop. Che cosa ne pensi? Quale ti piace di più? Perché?

B. Lingotto. Trova le informazioni sulla conversione della fabbrica Fiat Lingotto. In che senso è «conversione»? Che cosa ha creato Renzo Piano?

academic.cengage.com/italian/parola

Niccolò Paganini: il grande virtuoso del violino (1782–1840)

Su una cosa gli studiosi si trovano d'accordo: Paganini ha portato la tecnica violinistica italiana a livelli mai raggiunti prima. È considerato il padre della moderna tecnica violinistica, che grazie a zilui si è arricchita di innovazioni fondamentali. Descrivere la persona di Niccolò Paganini è più difficile, visto che non era soltanto un grande violinista, ma anche un compositore e direttore d'orchestra. Nella vita privata era noto per le sue conquiste amorose e il suo temperamento irrequieto e appassionato.

Paganini nasce nel 1782 a Genova. Da piccolo inizia a suonare il mandolino e la chitarra e più tardi si dedica al violino. Appena tredicenne, comincia a tenere concerti in diverse chiese di Genova, e poi si reca a Parma per proseguire gli studi. Negli anni che seguono, si esibisce in varie città fino al 1805, quando entra al servizio della Principessa Elisa Baciocchi (sorella di Napoleone Bonaparte) alla corte di Lucca. Qui impartisce lezioni, suona e dirige l'orchestra della corte, ma il suo sguardo è rivolto principalmente alle attività musicali della città.

Dopo cinque anni lascia la corte per dedicarsi all'attività concertistica. Nel 1813, è a Milano e si esibisce al Teatro alla Scala. Un anno dopo inizia una relazione amorosa con una minorenne, con cui fugge a Parma. Poco dopo la ragazza rimane incinta e il padre di lei denuncia Paganini per sequestro e seduzione di minori. Niccolò è condannato e brevemente incarcerato. Uscito dal carcere continua un'intensa attività concertistica. Continuano anche le sue conquiste amorose, fino al 1822 quando, affetto da sifilide, si trasferisce a Milano e viene curato da un celebre medico. Malgrado le sue condizioni, comincia la relazione con la cantante Antonia Bianchi con la quale convive per alcuni anni e da cui ha l'unico figlio, Achille.

Nel 1827, a Roma, riceve l'onorificenza dell'Ordine dello Speron d'Oro conferitagli dal papa Leone XII. L'anno dopo parte per Vienna, dove viene acclamato dal pubblico in un modo mai visto prima: l'imperatore lo definisce «virtuoso da camera». A Vienna si separa legalmente dalla Bianchi e in seguito si reca a Praga, in Polonia e in Germania. Conosce Chopin, Goethe e Schumann; il re di Prussia lo nomina «Maestro di Cappella» di Corte. Prosegue a Parigi e infine in Inghilterra, per una prima tournèe. Li conosce Charlotte Watson, figlia del suo accompagnatore al piano, e se ne innamora; continua a incontrarsi segretamente con lei finché non viene scoperto da suo padre. Scoppia uno scandalo e Paganini torna in Italia, dove tiene concerti anche in veste di direttore d'orchestra. Viene nominato sovrintendente dalla Corte, ma presto deve lasciare l'incarico a causa di intrighi e ostacoli alla realizzazione dei suoi progetti. Ben presto cominciano a peggiorare le sue condizioni di salute e Paganini si sottopone, senza successo, a diverse terapie. Dopo qualche anno è gravemente malato e afflitto da completa afonia, dovuta a tisi laringea di origine sifilitica, che lo costringe a comunicare tramite biglietti e appunti. Muore il 27 maggio 1840 a Nizza.

Ma la storia non finisce qui: il morente Niccolò si rifiuta di confessarsi, per cui viene dichiarato empio dal vescovo di Nizza e quindi non riceve né funerali né sepoltura in terra consacrata. Viene infatti imbalsamato e rimane per due mesi nella casa di Nizza in attesa di una sistemazione. La sua salma viene spostata varie volte finché non viene finalmente sepolta nel cimitero di Parma, 36 anni dopo la sua morte.

Il violino di Paganini è un Guarnieri fabbricato 40 anni prima della nascita del violinista genovese. Paganini lo chiamava affettuosamente «il mio cannone» per il suo suono robusto. Il violino ha avuto una vita avventurosa: in particolare, un giorno Antonia Bianchi, in preda ad un attacco di gelosia, lo afferra con violenza e lo scaraventa a terra. Lo strumento viene salvato dal cameriere, che lo strappa dalle mani della signora; viene poi riparato dai liutai napoletani e il musicista continua a suonarlo. Per lui il violino era una «longa manus», quasi un essere umano, e Paganini lo considerava capace di un vero e proprio comportamento umano. Alla sua morte, Paganini lo lascia al figlio Achille—insieme ad una ricca collezione di altri strumenti ad arco—ma dopo varie vicende e complicazioni, il violino viene consegnato al Comune di Genova, dove si può ammirare ancora oggi in una sala di Palazzo Tursi, sede del Municipio di Genova.

Paganini è uno dei virtuosi più celebri della storia: è perciò strano che non ci siano pervenuti suoi ritratti. In realtà non era un uomo bello. Era magro e pallido e, quando rideva, si notava che gli mancavano alcuni denti. Aveva i capelli lunghi e neri, sempre spettinati, e si vestiva sempre di nero. Aveva una figura scheletrica e delle lunghe braccia che quasi toccavano a terra mentre si inchinava davanti al pubblico. A causa del suo aspetto e del suo comportamento un po' demoniaco, era accusato di esser sceso a patti col diavolo per favorire la sua arte, come se il suo incredibile virtuosismo non potesse essere spiegato in altro modo.

Ai posteri, Paganini lascia i suoi 24 Capricci per solo violino, sei Concerti per violino e orchestra, tre Quartetti per archi e quindici per archi e chitarra, numerose Sonate per violino e chitarra e molta musica da camera.

Parole nel contesto

A. Contrari. Abbina le seguenti espressioni ai loro contrari.

1 arricchire	_____ tornare da
2. irrequieto	_____ che vive
3. recarsi	_____ uomo vivo
4. minorenne	_____ tranquillo
5. condannare	_____ capacità di parlare
6. incarcerare	_____ rendere povero
7. afonia	_____ lasciar andare
8. morente	_____ maggiorenne
9. salma	_____ liberare
10. afferrare	_____ assolvere

B. Verbi dinamici. Lavorate in coppie. Scrivi un'altra storia con le seguenti espressioni dinamiche e sia creativo!
afferrare, scaraventare, correre, salvare, girarsi, strappare, fuggire

Per cominciare:

«Un giorno andavo a scuola quando...»

C. Cosa vuol dire? Spiega il significato delle seguenti espressioni.

1. liutaio _____

2. impartire _____

3. sorvegliare _____

4. in veste di _____

Comprensione del testo

Vero o falso? In base al testo letto, decidi se le seguenti affermazioni sono vere (V) o false (F). Se sono false spiega il perché.

		V	F
1.	Paganini è l'innovatore della musica violinistica.	___	___
2.	Egli è il prototipo dell'artista povero e sottovalutato.	___	___
3.	Paganini ha imparato a suonare il violino in carcere.	___	___
4.	Ha dedicato la sua vita all'attività concertistica.	___	___
5.	Le sue composizioni non sono particolarmente importanti.	___	___
6.	Le sue conquiste amorose sono responsabili della sua afonia.	___	___
7.	Il «cannone» di Paganini è il suo amatissimo figlio.	___	___
8.	Tutti gli strumenti di Paganini oggi si trovano in possesso della sua famiglia.	___	___
9.	Paganini viene sepolto in terra consacrata solo 40 anni dopo la morte.	___	___
10.	La gente pensava che lui avesse fatto patti col diavolo, perché suonava in modo mai udito prima.	___	___

Attività comunicative

A. Gli artisti famosi. Lavorate in gruppi. Nel campo della musica, una persona dotata di straordinarie qualità di interpretazione si chiama «virtuoso». Nelle altre arti, quali artisti hanno raggiunto l'apice della fama?

Per cominciare:

STUDENTE 1: Secondo me, Salvador Dalì è uno dei migliori pittori del mondo...

STUDENTE 2: A me non piace, preferisco...

B. I virtuosi. Lavorate in gruppi. Il concetto di virtuosità si può applicare anche ad altre professioni. Conoscete dei professionisti che hanno raggiunto il massimo nel campo della loro attività? Compilate una lista di almeno dieci nomi.

Per cominciare:

STUDENTE 1: Secondo me, il virtuoso del basket è...

STUDENTE 2: Io conosco...

Ascoltiamo!

Visita il seguente sito per ascoltare il brano: academic.cengage.com/italian/parola

Domande personali: amo la musica. Ascolta ogni domanda due volte e rispondi sia oralmente che per iscritto.

1. _____

2. _____

3. _____

4. _____

5. _____

Sulla strada

Visita il seguente sito per guardare il video: academic.cengage. com/italian/parola

Dal farmacista

Guarda il video e rispondi alle domande che seguono.

1. Quali sintomi ha Marco?
2. Cosa gli chiede il farmacista?
3. Quali prodotti gli dà il farmacista e perché?
4. Secondo il farmacista, quali sono le differenze tra un farmacista americano e uno italiano?

Prova scritta

A. Sei un esploratore? Immagina di essere un esploratore. Descrivi un viaggio di scoperta che ti piacerebbe fare.

B. I pirati. La pirateria è un fenomeno che da secoli ispira varie opere d'arte, da quelle visive a quelle letterarie. Una volta più presente che oggi, stuzzica ancora la nostra immaginazione. Il concetto della pirateria è intrigante proprio perché evoca avventure, terre esotiche, conflitti di ogni genere e spesso anche l'amore. I registi dei film ne sono particolarmente affascinati. Scrivi di un film o di un romanzo basato su una storia di pirati.

C. L'incrocio di civilizzazioni. Quando Colombo «ha scoperto» l'America, il continente era popolato dalle popolazioni indigene. Qual è stato l'effetto dell'incontro di queste due civilizzazioni? Quali ne sono conseguenze oggi?

Il Lazio

 academic.cengage.com/italian/parola

Sul web
Ascoltiamo
Sulla strada

Entriamo nell'argomento

Sapevi che…

> …il Vaticano fa parte del tessuto urbano di Roma ed è il più piccolo stato indipendente del mondo?
>
> …gli aeroporti di Fiumicino e Ciampino sono tra i più frequentati d'Europa?
>
> …un vino laziale si chiama Est! Est!! Est!!! di Montefiascone?

Prima di leggere

Prima di leggere il brano sul Lazio, ti sarà utile il seguente vocabolario essenziale. Consulta il glossario e trova il significato di queste parole.

elargire	suscitare	fulcro	fungere da
scoppiare	concussione	tangente	appalto
inchiesta	papalino		

Adesso completa le seguenti frasi inserendo la forma corretta di questi vocaboli.

1. Nel 1993, _____ una bomba al World Trade Center di New York.

2. Un esempio della _____ è quando i politici prendono le _____.

3. Il Vaticano è lo Stato _____.

4. Le catacombe romane _____ l'interesse di molti turisti.

5. I pomodori _____ da base per molte salse che si mangiano nella zona.

6. Dopo il reato, la polizia ha lanciato un'_____.

7. Mio padre è molto contento perché la sua azienda ha vinto l'_____ per costruire la nuova scuola.

8. March of Dimes è l'organizzazione che _____ soldi agli ospedali per i bambini.

9. Ecco il _____ della questione: il calo delle nascite e i cambiamenti nella famiglia italiana.

Profilo della regione

Territorio: 17.200 km²
Capoluogo: Roma
Province: Roma, Frosinone, Latina, Viterbo e Rieti
Popolazione: 5.270.000
Geografia: 54% colline, 26% monti, 20% pianure. Ci sono quattro vecchi vulcani. Fino a poco più di un secolo fa, le pianure costiere erano paludose e malariche.
Clima: mediterraneo

 Ascoltiamo! Visita il seguente sito per ascoltare il brano: academic.cengage.com/italian/parola

Politica. Ascolta il brano tre volte: la prima volta per capire il significato generale e la seconda volta inserisci le parole che mancano. Ascolta il brano una terza volta per controllare il contenuto.

Roma è il centro della vita politica del Paese: il Palazzo del _____ è la sede del Governo italiano dal 1948, mentre la Camera dei Deputati si trova nel Palazzo di _____ dal 1871. Il primo ministro risiede nel _____ _____ mentre il Palazzo Madama ospita il _____ _____ _____. L'Italia è diventata una repubblica democratica nel 1946; il presidente è eletto dal Parlamento per un _____ di sette anni. Il _____ _____ è però concentrato nella persona del primo ministro, il quale è il Presidente del _____ _____ _____, l'equivalente del Cabinet statunitense. Il _____ _____ è in mano al Parlamento, che è composto da due Camere: la _____ _____ _____ e il Senato della Repubblica. La prima è formata da 630 deputati e la seconda da 315 senatori, più cinque _____ ___ _____. Il Parlamento si riunisce in _____ _____ in rare occasioni, ad esempio per l'elezione del Presidente della Repubblica, per l'elezione dei cinque membri della Corte costituzionale, o per la messa in _____ _____ _____ del Presidente della Repubblica nel caso di _____ _____. La Camera dei Deputati è eletta a _____ _____ e diretto; possono votare tutti i cittadini di _____ _____ di età. Tutti i parlamentari sono eletti per un mandato di cinque anni, ma per i senatori possono votare solo i cittadini di _____ _____ di età.

Un po' di storia

	QUANDO?	CHI?	COSA?
a.C.	IX sec.	i Latini	i progenitori dei Romani si chiamano Latini, dal latino *latus* che significa «largo»
	753 a.C.	Romolo e Remo	secondo la leggenda, i due gemelli, figli di Rea Silvia e di Dio Marte, fondano la città di Roma
	I sec.	Augusto	Augusto è il primo imperatore romano, dopo un lungo periodo repubblicano
d.C.	V sec.	Impero d'Oriente	la sovranità sul Lazio passa all'Impero d'Oriente dopo la caduta dell'Impero d'Occidente
	VIII sec.	la Chiesa	la Chiesa rafforza il suo potere politico territoriale nella regione
	XI sec.	i papi	molti papi tentano di rafforzare il loro potere territoriale
	'300		cresce l'opposizione al potere ecclesiastico grazie alla lontananza del papa da Roma (il papato aveva sede ad Avignone, in Francia)
	'400	Stato della Chiesa	lo Stato della Chiesa si consolida fino a costituire un territorio politicamente omogeneo sotto la sovranità del pontefice
	'700	Napoleone I	la Repubblica Romana viene annessa alla Francia ad opera di Napoleone I; in seguito, il Lazio torna nuovamente a far parte dello Stato Pontificio
	1870	il generale Cadorna	la regione è annessa al Regno d'Italia dopo l'abbandono di Roma da parte delle truppe francesi; il generale italiano Cadorna entra in territorio pontificio e occupa Roma il 20 settembre 1870
	1946		Roma diventa capitale d'Italia

Quadro economico

L'industria del Lazio è modesta ma in continua crescita. Lo sviluppo industriale deve i suoi inizi agli aiuti elargiti dalla Cassa per il Mezzogiorno, il fondo statale destinato allo sviluppo del Sud. Le industrie che prevalgono sono quella tessile, edile, petrolchimica, metalmeccanica, chimico-farmaceutica, alimentare, del legno, del vetro, dell'abbigliamento e cinematografica (Cinecittà).

I prodotti agricoli sono i cereali, le patate, gli ortaggi, le olive, l'uva da vino, gli agrumi e gli alberi da frutto. L'allevamento ovino è concentrato in montagna e quello bovino nelle pianure costiere. La pesca (il tonno, le sardine e le ostriche) è limitata ai mercati locali.

Il contributo del turismo al benessere economico del Lazio è enorme. Roma e il Vaticano sono una vera Mecca turistica, però anche le spiagge del litorale e gli Appennini suscitano l'interesse dei turisti sia italiani che stranieri. Il porto principale è Civitavecchia. Roma è il fulcro del trasporto ferroviario, stradale e aereo della regione. Gli aeroporti di Fiumicino e Ciampino sono tra i più frequentati d'Europa. Dato che la maggior parte del successo economico del Lazio dipende dal turismo, si presta molta attenzione a proteggere l'ambiente naturale. Per esempio i Parchi Nazionali d'Abruzzo, Lazio e Molise sono famosi come modelli per la conservazione della natura e la difesa dell'ambiente.

Società

Quando si parla del Lazio, inevitabilmente si pensa alla città di Roma, dove risiede la maggioranza della popolazione laziale. La presenza della Chiesa cattolica e del Vaticano è vivamente sentita nella città e nella regione: si pensi con quale intensità i romani e gli italiani in genere hanno seguito la recente elezione del nuovo papa. Il cattolicesimo esercita ancora una forte influenza sulla vita degli Italiani, malgrado la liberalizzazione della società e il crescente dissenso tra la Chiesa e la popolazione su certi dogmi ecclesiastici. Allo stesso tempo Roma è all'avanguardia in diverse iniziative sociali. A Roma ha sede l'organizzazione chiamata Circolo di cultura omosessuale Mario Mieli, che insieme ad un'altra associazione gay nazionale, l'Arcigay, e ad altre organizzazioni glbt (gay, lesbiche, bisessuali, trans/gender), organizzano varie manifestazioni per promuovere i diritti della popolazione glbt. Il Circolo Mario Mieli funge da interlocutore politico con diverse istituzioni nazionali e internazionali.

Roma è il centro della vita politica del Paese, seguita con interesse e passione dagli italiani. La storia politica del Bel Paese è turbolenta e piena di controversie. Il periodo decisivo nella storia recente è stato quello degli anni 1992 e 1993, quando è scoppiato il più grande scandalo del dopoguerra, soprannominato Tangentopoli. Il termine si riferisce a «Mani pulite», la clamorosa inchiesta per corruzione, concussione e finanziamento illecito dei partiti politici. Nell'arco di pochi mesi l'inchiesta ha coinvolto centinaia di esponenti politici e imprenditori. I primi richiedevano e accettavano il denaro che i secondi offrivano o accettavano di pagare, le cosiddette tangenti. In tal modo gli imprenditori si assicuravano i favori dei politici che avevano il potere di assegnare lavori e appalti. L'inchiesta comincia a Milano, città nominata da un giornale «la città delle tangenti», ovvero Tangentopoli, per poi coinvolgere Roma, provocando così la caduta del governo, lo scioglimento di alcuni partiti politici e il suicidio di alcuni politici e uomini d'affari coinvolti nello scandalo. L'inchiesta ha avuto un impatto così forte che il periodo del dopoguerra spesso viene diviso nella Prima e nella Seconda Repubblica, cioè prima e dopo il 1992. Certi partiti politici hanno perso per sempre il loro primato nella vita politica del paese, come ad esempio la Democrazia cristiana e il Partito socialista italiano, mentre gli altri hanno guadagnato terreno.

Cucina

La cucina laziale è rappresentata in gran parte da quella romana, la quale a sua volta comprende le tradizionali specialità culinarie caratteristiche dell'intera regione. La gastronomia romana abbina ricette tradizionali a quelle di più recente ideazione, ma riflette anche lo splendore della cucina papalina e aristocratica dei secoli passati. Naturalmente, il popolo poteva gustare questi piatti solo in occasioni speciali perché venivano preparati per le classi sociali più alte. Da questo fatto derivano molti proverbi, rimasti popolari ancora oggi, come per esempio: «Chi se vò imparà a magnà, da li preti bisogna che va» e «Lo Spirito Santo nun abbotta» (non riempie la pancia).

Pur essendo la culla della civiltà romana, che ha dato tanto alla cultura e alla diffusione del vino nel mondo, il Lazio non occupa un posto di primato nel panorama enologico d'Italia. La zona vinicola più importante è quella dei Castelli Romani, area che dai tempi dell'Impero Romano è la meta di villeggiatura prediletta dagli abitanti della capitale. I vini di questa zona sono quelli che registrano il più alto consumo. Prevalgono i bianchi, che prendono il nome delle località da cui traggono origine: Frascati, Marino, Colli Albini, per nominarne solo alcuni. Un'altra zona vinicola si trova nella provincia di Viterbo. I terreni che circondano il lago di Bolsena sono di origine vulcanica e proprio qui nasce il vino che porta il curioso nome latino: Est! Est!! Est!!! di Montefiascone. Secondo una leggenda del secolo XII, un giovane incaricato da un alto prelato di scegliere il vino migliore fa più volte il giro della cantina, mettendo la parola «est» (è) su ogni bottiglia che ritiene di alta qualità. Assaggiando il vino di Montefiascone, lo considera superiore agli altri e ci scrive tre volte la parola, e così nasce il nome usato ancora oggi.

Parole nel contesto

A. Nomi. Scrivi i nomi corrispondenti ai seguenti aggettivi.

1. costiero _____

2. stradale _____

3. aereo _____

4. sociale _____

5. aggiornato _____

6. papalino _____

7. aristocratico _____

8. turbolento _____

9. enologico _____

10. clamoroso _____

B. Parole composte. Le seguenti parole sono composte. Individua le parole che le compongono.

1. il benessere _____ _____

2. la ferrovia _____ _____

3. l'aeroporto _____ _____

4. l'agricoltura _____ _____

5. la petrolchimica _____ _____

6. la metalmeccanica _____ _____

7. Tangentopoli _____ _____

Comprensione del testo

A. Parliamo di storia. Abbina le colonne in modo logico.

1. il generale Cadorna _____ annessione del Lazio alla Francia

2. i Latini _____ annessione del Lazio al Regno d'Italia

3. Napoleone I _____ popolazione del Latium

4. Augusto _____ fondazione di Roma

5. i papi _____ rafforzamento dello stato pontificio

Adesso scrivi l'ordine cronologico degli eventi:

_____

_____

B. Completiamo. Spiega i seguenti termini completando la colonna A con la colonna B.

A	B
1. Frosinone e Latina	_____ ha un clima mediterraneo.
2. L'imprenditore	___ è un uomo d'affari.
3. Mani pulite	_____ è un fondo statale per aiutare il Sud.
4. Il Lazio	_____ è il porto principale del Lazio.
5. La Cassa per il Mezzogiorno	_____ sono due province del Lazio.
6. Civitavecchia	_____ sono gli aeroporti di Roma.
7. Fiumicino e Ciampino	_____ è un inchiesta poliziesca.

C. Vero o falso? Verifica se le seguenti frasi sono vere (V) o false (F). Per quelle false dà la risposta corretta.

	V	F
1. Roma, essendo la capitale d'Italia, è un centro industriale.	___	___
2. L'industria cinematografica romana è famosa nel mondo.	___	___
3. La pesca è sviluppatissima.	___	___
4. Roma e il Vaticano attirano milioni di turisti.	___	___
5. La regione protegge l'ambiente naturale.	___	___
6. Tangentopoli è il soprannome di Roma.	___	___
7. Il Lazio detiene il primato nazionale nella produzione del vino.	___	___
8. La Mario Mieli è un'organizzazione politica.	___	___

Cuciniamo insieme!

Leggi la seguente ricetta del noto piatto regionale chiamato «spaghetti alla carbonara».

Spaghetti alla carbonara

Ingredienti: 400 gr. di spaghetti, 120 gr. di pancetta, 3 uova, pecorino romano grattugiato, parmigiano grattugiato, cipolla, olio d'oliva, sale e pepe

Preparazione: Tagliare a dadini la pancetta e farla soffriggere assieme alla cipolla affettata finemente, in un tegame con l'olio d'oliva a fuoco lento, fino a quando risulta rosolata. Sbattere le uova intere in un piatto e lessare gli spaghetti in acqua bollente salata. Scolarli al dente e versarli nel tegame della pancetta; togliere il recipiente dal fuoco, aggiungere le uova, una cucchiaiata di parmigiano e una di pecorino e pepe in abbondanza. Mescolare bene, unire quindi ancora due cucchiaiate di parmigiano e due di pecorino, mescolare e servire in piatti caldi.

Adesso completa le seguenti frasi:

1. La pancetta è _____.

2. «Tagliare a dadini» vuol dire _____.

3. Il tegame è _____.

4. «Lessare» significa _____.

5. «Scolare al dente» vuol dire _____.

6. Si versa l'acqua, _____.

Attività comunicative

A. I film americani. Lavorate in coppie. Molti pensano che i film americani siano molto commerciali. C'è tanta violenza e i dialoghi contengono spesso un vocabolario volgare. Parlate insieme di questo fenomeno.

Per cominciare:

STUDENTE 1: Ho visto... Non mi è piaciuto per niente perché...
STUDENTE 2: Anch'io l'ho visto e non mi sembrava tanto...

B. I miei attori preferiti. In coppie, portate la foto della vostra attrice preferita o del vostro attore preferito in classe. Parlate dei film in cui hanno recitato e dite se questi tipi di film sono proprio quelli che vi piacciono. Spiegate alla classe il perché!

Per cominciare:

STUDENTE 1: Mi piace tanto Brad Pitt!!
STUDENTE 2: Anche a me, non è solo così bello, ma...

C. Parliamo di Tangentopoli. Lavorate in coppie. Ci sono stati scandali politici simili in America? Quali sono state le più famose inchieste sull'operato di importanti politici americani?

Per cominciare:

STUDENTE 1: Sicuramente uno è Watergate negli anni Settanta.
STUDENTE 2: Sì, ma nella storia più recente...

 Sul web

A. Ha ragione il critico? Trova la recensione di un film recente sia italiano che americano. Leggi la recensione e spiega se sei d'accordo con il critico e perché.

B. La cucina laziale. Cerca una ricetta tipica del Lazio. Portala in classe.

C. Forza, Lazio!!! Il Lazio ha un'omonima squadra di calcio. Trova delle informazioni sui suoi più famosi giocatori.

D. Il Circolo Mario Mieli. Visita il sito del Circolo Mario Mieli e cerca di ricostruire le scioccanti vicende riguardanti il suo fondatore. Presentale brevemente alla classe.

E. La politica, che confusione! Trova la lista dei partiti politici in Italia. Quanti ce ne sono? Qual è il loro orientamento? Quali prevalgono?

academic.cengage.com/italian/parola

Città, cittadine e paesi

Roma, Caput Mundi

L'atmosfera spirituale all'interno della Basilica di San Pietro.

Urbe, Caput Mundi (Città, capo del mondo); «Roma, città eterna»; «Roma, la città a cui portano tutte le strade» —abbondano i nomi poetici per designare la capitale d'Italia. Questa città unica davvero merita i superlativi che spesso le sono attribuiti. Con due milioni e mezzo di abitanti, è una delle metropoli più grandi e, senza dubbio, più affascinanti d'Europa. I sette colli su cui è costruita, le rovine romane, il fiume Tevere, le ville ed i castelli, i palazzi classici e moderni, le sue piazze e fontane, un traffico pazzesco e la vivace vita notturna: tutto ciò costituisce il fascino di questa città accattivante.

Un po' di storia

La leggenda vuole che Roma sia stata fondata da Romolo e Remo il 21 aprile 753 a.C. È probabilmente più corretta l'ipotesi che Roma sia nata nel secolo VIII a.C. dall'unione dei villaggi che si trovavano in cima ai sette colli Palatino, Aventino, Campidoglio, Quirinale, Viminale, Esquilino e Celi. Romolo sarebbe stato il primo re di Roma, seguito da altri sei, di cui tre di origine etrusca. Dopo l'ultimo re viene fondata la Repubblica Romana che perdura fino alla seconda metà del secolo I a.C. In questo periodo, Roma si scontra in battaglia con le diverse popolazioni celtiche e greche, ed espande il suo dominio in Spagna, in Africa e in Grecia così da diventare la superpotenza incontrastata dell'antichità. All'apice della sua potenza l'Impero Romano comprende i vasti territori dalla Britannia all'Asia Minore.

Al cristianesimo viene riconosciuta la libertà di culto con l'imperatore Costantino nel secolo III, dopo due secoli di persecuzione dei cristiani. La Repubblica affronta enormi problemi dovuti alla sua grandezza, alle continue guerre in patria e all'estero e alla decadenza della comunità romana. Nel secolo V, l'impero d'Oriente e quello d'Occidente sono ormai definitivamente divisi: Roma subisce il saccheggio dei Visigoti e dei Vandali. Nel 476, il re barbaro Odoacre depone l'imperatore Romolo Augustolo, segnando così la fine dell'Impero Romano d'Occidente.

Monumenti e attrazioni turistiche

Roma ospita una quantità incredibile di monumenti, rovine, piazze, fontane, ville, parchi, musei ed altri tesori archeologici ed artistici. Del periodo di massima espansione permangono i resti della rete viaria romana, che sbalordisce

ancora oggi: da 80.000–100.000 chilometri, ripartiti in 29 strade che si
irradiavano da Roma verso tutte le località d'Italia e in tutti i territori
dell'Impero, dalla Britannia alla Mesopotamia. Le strade più conosciute sono
la Via Appia, la Via Flaminia, la Via Aurelia, la Via Portuense, la Via Ostiense,
la Via Tiburtina, la Via Popilia, la Via Flavia e molte altre. Queste strade
servivano per il trasporto dell'esercito e delle merci. Lungo di esse erano
disposte le pietre «miliari» che indicavano le miglia percorse e le «tabernae»,
ovvero locande per l'alloggio e per il cambio dei cavalli. Le strade erano
costruite a strati (di ghiaia, sabbia e pietre) e a causa di questa stratificazione
venivano chiamate *via strata*, da cui l'italiano *strada* e l'inglese *street*.

Del periodo romano ci sono pervenuti il Foro Romano (centro politico,
economico e religioso della Roma antica), le catacombe cristiane (antichi
cimiteri sotterranei usati dalle comunità cristiane ed ebraiche), le Terme di
Caracalla (le più belle di Roma, adibite ad impianti idrici che ospitavano fino
a 1600 persone), il Colosseo (anfiteatro Flavio, dove si svolgevano combattimenti tra gladiatori e animali feroci), i Mercati di Traiano ed il Foro di
Traiano (un'ingegnosa costruzione con più livelli di edifici, sorta per sostenere il colle Quirinale), Domus Aurea (le rovine della villa costruita per Nerone
dopo l'incendio del 64 d.C.), il ben preservato Pantheon (il tempio di tutti gli
dei, uno dei più grandiosi edifici romani), il Circo Massimo (una costruzione
ovale che serviva per le corse dei carri), l'Arco di Tito (costruito dal Senato
in memoria dell'imperatore Tito dopo la sua morte), Ostia Antica (i resti
dell'antico porto romano), i ponti sul Tevere e gli acquedotti, per nominare
solo alcuni dei resti più famosi.

A partire da Costantino, comincia la costruzione delle prime grandi
chiese cristiane: San Giovanni in Laterano, Santa Croce in Gerusalemme,
San Pietro in Vaticano e Santa Maria Maggiore. Famosissime sono anche le
fontane romane, ad esempio la Fontana di Trevi, la Fontana del Tritone e
la Fontana dei Quattro Fiumi. Tra le piazze
più conosciute vi sono Largo Argentina,
Piazza Colonna, Piazza di Spagna, Piazza
del Popolo, Piazza del Campidoglio, Piazza
Navona, Piazza San Pietro e Piazza Venezia.
I musei romani sono numerosissimi: il turista può scegliere tra musei di tutti i generi
d'arte, fra cui i più frequentati sono i Musei
Capitolini e i Musei del Vaticano, seguiti dai
musei scientifici, dai musei archeologici e
dalle pinacoteche.

Le escursioni archeologiche e culturali non
sono l'unica cosa che si possa fare a Roma:
la città abbonda di ristoranti rinomati e di
svariatissimi eventi culturali. La scalinata di
Piazza di Spagna a luglio diventa un palcoscenico sul quale si svolge la sfilata di moda

Gli scavi archeologici in corso hanno rivelato un complesso
di mosaici, di origine sconosciuta, sotto il Foro Romano.

«Donna sotto le stelle», nel corso della quale i più famosi stilisti italiani e internazionali presentano le loro nuove collezioni. La Via dei Condotti è nota in tutto il mondo per i suoi negozi di lusso. Di sera si può scegliere tra le visite ai monumenti romani, i concerti di ogni tipo di musica immaginabile, la vita notturna sulle spiagge di Ostia (una località balneare a mezz'ora da Roma) oppure i balli nelle discoteche che abbondano in Via Galvani o in Via del Monte Testaccio.

Politica

Roma è il centro della vita politica del Paese: il Palazzo del Quirinale è la sede del Governo italiano dal 1948, mentre la Camera dei Deputati si trova nel Palazzo di Montecitorio dal 1871. Il primo ministro risiede nel Palazzo Chigi mentre il Palazzo Madama ospita il Senato della Repubblica. L'Italia è diventata una repubblica democratica nel 1946; il presidente è eletto dal parlamento per un mandato di sette anni. Il potere esecutivo è però concentrato nella persona del primo ministro, il quale è il Presidente del Consiglio dei Ministri, l'equivalente del Cabinet statunitense. Il potere legislativo è in mano al parlamento, che è composto da due camere: la Camera dei Deputati e il Senato della Repubblica. La prima è formata da 630 deputati e la seconda da 315 senatori, più cinque senatori a vita. Il parlamento si riunisce in seduta comune in rare occasioni, ad esempio per l'elezione del presidente della repubblica, per l'elezione dei cinque membri della Corte costituzionale, o per la messa in stato di accusa del presidente della repubblica nel caso di alto tradimento. La Camera dei Deputati è eletta a suffragio universale e diretto; possono votare tutti i cittadini di diciotto anni di età. Tutti i parlamentari sono eletti per un mandato di cinque anni, ma per i senatori possono votare solo i cittadini di 25 anni di età. L'età minima per essere eletti deputato è 25 anni, per senatore è 40 anni, mentre per diventare presidente della repubblica è necessario avere compiuto il cinquantesimo anno d'età.

Sulla scena politica del Paese oggi è presente una moltitudine di partiti politici, troppi, in effetti, per influenzare individualmente le sorti del potere. Per questo motivo, i partiti formano coalizioni che più facilmente riescono ad ottenere la maggioranza nel parlamento. Uno dei partiti che nasce e si afferma nei turbolenti anni degli scandali politici è la Lega Nord. Questo controverso partito politico si costituisce nel 1991, quale unione politica fra le diverse leghe del Nord Italia, tra cui la Liga veneta e la Lega lombarda, quest'ultima guidata da Umberto Bossi. La Lega promuove l'autonomia politica ed economica —in altre parole la separazione— della zona da essa definita «Padania», territorio comprendente le regioni settentrionali del Paese, dov'è concentrata la maggior parte dell'attività industriale e commerciale. A detta della Lega, la sua lotta politica non è uno scontro tra le classi sociali, ma un conflitto tra lo stato centralista e il popolo, che desidera avere la possibilità dell'autodeterminazione. Pur essendo etichettata da molti come un movimento neofascista, la Lega Nord è un partito politico legittimo.

I seggi del Parlamento italiano sono spartiti tra le diverse coalizioni che cambiano praticamente con ogni elezione. Al momento la coalizione di maggioranza è l'Unione, una coalizione di centrosinistra capeggiata dal primo ministro Romano Prodi, il cui partito, l'Ulivo, è uno degli attori principali della coalizione. L'Unione è formata da nove partiti politici della sinistra. L'altra coalizione importante è la coalizione di centrodestra di Silvio Berlusconi, la Casa delle libertà, fondata nel 2000 per l'iniziativa dell'exprimo ministro Berlusconi. Il partito principale nella coalizione è Forza Italia.

Parole nel contesto

A. Attributi. Trova nel testo tutti gli attributi della città di Roma o dell'Impero Romano. Fanne un elenco e trova i sinonimi per ciascun attributo.

Per cominciare:

eterna = duratura, che dura per sempre

B. Il linguaggio della politica. Completa il brano con le forme corrette delle parole elencate qui sotto.

costituire	mandato	seduta
elezione	suffragio	repubblica
partito	parlamentare	voto

Il sistema politico italiano è simile al sistema americano. Una differenza è che il presidente della _____ non è eletto a _____ universale, ma dal parlamento, durante una _____ comune delle due camere. I _____ che hanno guadagnato la maggioranza dei _____ nelle _____, possono _____ il governo. I _____ sono eletti per un _____ di cinque anni.

Comprensione del testo

Vero o falso? Decidi se le seguenti affermazioni sono vere (V) o false (F). Se sono false, spiega il perché.

	V	F
1. Roma è stata fondata su cinque colli.	___	___
2. Prima di essere una repubblica, Roma era una monarchia.	___	___
3. L'Impero Romano è caduto a causa delle invasioni barbariche.	___	___
4. Le famose strade romane venivano usate per il trasporto delle merci.	___	___
5. Il Foro Romano fu il centro della vita politica di Roma.	___	___
6. Il Colosseo è il monumento meglio conservato di Roma.	___	___
7. Roma è il centro della moda italiana.	___	___
8. Il Palazzo Chigi è la sede del Parlamento italiano.	___	___
9. La Casa delle libertà è una coalizione liberale.	___	___
10. Romano Prodi è il primo ministro d'Italia.	___	___

Attività comunicative

A. Un itinerario turistico. Lavorate in gruppi. Sei una guida turistica a Roma e stai organizzando un itinerario per una giovane coppia americana. Quali località suggerirai di visitare e perché?

Per cominciare:

GUIDA: Io comincerei dal Foro Romano perché...
COPPIA: Ah, sì? E il Colosseo?

B. Far spese a Roma. Lavorate in coppie. Immagina di essere in vacanza a Roma. Dopo aver visitato i monumenti e i musei, vuoi far spese nei negozi romani. Dove vai e che cosa compri?

Per cominciare:

STUDENTE 1: Io voglio comprare dei souvenir, per esempio, la lupa capitolina.
STUDENTE 2: Io invece voglio vedere i negozi di Prada, Gucci...

C. Un'analisi politica. Lavorate in coppie. Rileggi la parte del testo che spiega il sistema politico italiano. Paragonalo al sistema politico americano.

Per cominciare:

STUDENTE 1: Vedo molte differenze. Il presidente...
STUDENTE 2: In America non ci sono coalizioni...

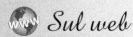 *Sul web*

A. Cartina di Roma. Trova la piantina interattiva di Roma. Adesso immagina di andare in vacanza a Roma e organizza un itinerario turistico di tre giorni. Presenta brevemente l'itinerario alla classe.

B. Costituzione italiana. Scorri il testo della Costituzione italiana. Quali differenze si notano subito paragonandola a quella americana? Secondo te, che cosa significa questo?

C. Simboli dello Stato italiano. Quali sono i simboli dello Stato italiano? Che cosa significano?

D. I due poli. Visita i siti della Casa delle libertà e dell'Unione. Che tipo di coalizioni sono? Qual è il loro allineamento politico? Come definiresti con una singola frase ciascuna di queste coalizioni? Ci noti qualcosa di strano?

E. Separatismi ed autonomismi. Sul sito della Lega Nord trova alcuni dei suoi manifesti e scegli quelli che ti sembrano più interessanti. Che cosa dicono? Secondo i manifesti, qual è l'ideologia della Lega Nord? Esistono movimenti politici simili in America?

academic.cengage.com/italian/parola

Il simbolo di Roma è la lupa capitolina. Secondo la leggenda, i romani sono discendenti dell'eroe greco Enea, fuggito nel Lazio da Troia. Alcune generazioni dopo, in una delle città fondate dalla sua stirpe, Albalonga, regnava il buon re Numitore, usurpato dal fratello malvagio Amulio, che uccise tutti i suoi figli maschi e costrinse sua figlia, Rea Silvia, a farsi vestale. Della ragazza, però, si innamorò il Dio Marte, e dalla loro unione nacquero i gemelli Romolo e Remo, i futuri fondatori di Roma. Venuto a conoscenza del fatto, Amulio fece uccidere Rea Silvia e incaricò un servo di uccidere anche i gemelli. Il servo, non potendo commettere un delitto così grave, pose invece i fratelli in una cesta nel fiume Tevere. I bambini nella cesta piangevano così tanto che li sentì una lupa, la quale li salvò dalle acque del Tevere e li allattò, prima che fossero trovati dal pastore Faustolo, che li allevò come figli propri. Sai come finisce la leggenda?

In dialetto

Romanesco o romanaccio?

Il dialetto romano o romanesco, è una parlata romana usata quotidianamente dai romani all'interno della loro città. Appena si esce fuori dalla città, il romanesco viene sostituito dalle parlate laziali. Il romanesco è una lingua popolare, ricca di espressioni e di modi di dire, caratterizzata da molte particolarità fonetiche. Secondo molti, però, oggi si va via via trasformando in un linguaggio volgare, chiamato «romanaccio». Vediamo, allora, quali sono alcune delle caratteristiche fonetiche del romanesco, che a volte permeano anche il modo in cui i romani parlano l'italiano.

- la trasformazione della /l/ in /r/ quando è seguita da consonante (dolce = /dorce/)
- la trasformazione del suono della «c» in /sh/ quando è tra vocali (pace = /pa:she/)
- la trasformazione del suono della «s» preceduta da consonante in «z» con il suono /ts/ (persona = /pertsona/)
- la trasformazione del suono /nd/ in /nn/ (quando = /quanno/)
- la trasformazione della doppia «rr» in «r» (verrebbe = /verebbe/)
- la trasformazione del dittongo «uo» in «o» (buono = /bono/)
- la trasformazione di «gli» in «j», o la sua scomparsa totale (maglia = /maja/, figlio = /fio/)

A. Come si pronuncia? Fai finta di essere romano e pronuncia le seguenti parole in romanesco.

mondo	famiglia	voce	milione	scrittrice	difficile
vagabondo	forse	figlia	azzurro	uomo	dice
suono	perso	fori	folto	penso	forbici

Adesso cerca di pronunciare questa strana frase in romanesco: *Penso che quel suono sia il battito del suo cuore, come dice lui, è bello quando si può sognare...*

B. Proverbi. Leggi i seguenti proverbi che contengono il nome di Roma e trova i loro equivalenti in inglese.

1. Tutte le strade portano a Roma.

2. A Roma, comportati come i romani.

3. Roma non fu costruita in un giorno.

Qual è il significato di questi proverbi? Spiega.

E cosa vuol dire questo proverbio pittoresco? *Roma è 'na città devota, ogni strada un convento, ogni casa «'na mignotta».*

Il Vaticano, la Santa Sede

La Città del Vaticano (Status Civitatis Vaticano), inserita nel tessuto urbano di Roma, è il più piccolo stato indipendente del mondo per numero di abitanti ed estensione territoriale. Occupa un territorio di 0,44 km² e ha 921 abitanti di cui la maggior parte vive fuori delle mura vaticane. La popolazione permanente è prevalentemente maschile, però ci sono due ordini di monache che vi risiedono. I cittadini vaticani sono per la maggior parte i religiosi, cioè i preti e le monache, 100 membri delle Guardie Svizzere e i volontari delle forze militari. La lingua ufficiale è il latino e il tedesco svizzero delle Guardie Svizzere. La città ha un suo proprio sistema telefonico, una stazione ferroviaria, un ufficio postale, una stazione radiofonica (la Radio Vaticano è una delle più

La Piazza di San Pietro, luogo di raduno dei cattolici del mondo.

influenti d'Europa), canali televisivi propri, un sito web ufficiale, il proprio sistema bancario, negozi, una farmacia, la casa editrice e il giornale *L'Osservatore Romano* pubblicato, oltre che in italiano, anche in molte altre lingue. La valuta ufficiale è l'euro. Gli abitanti non pagano le tasse e non ci sono delle restrizioni per l'esportazione e l'importazione dei vari prodotti. I suoi Palazzi Vaticani sono la residenza ufficiale del Papa. Il neo pontefice si chiama papa Benedetto XVI. Il Vaticano viene spesso chiamato Santa Sede, cioè l'autorità principale della Chiesa cattolica romana. Nel 2004, la Santa Sede diventa membro delle Nazioni Unite, però senza il diritto di voto.

Il cuore della Città del Vaticano è la Piazza San Pietro con l'omonima basilica, nota per il suo cupolone affascinante. Questa basilica simboleggia il centro della cristianità e custodisce le opere di Bernini, Bramante e il capolavoro di Michelangelo: la scultura Pietà. Lo Stato Vaticano è cinto da mura medievali e rinascimentali, ad eccezione della Piazza di San Pietro, e vi si trovano il Palazzo del Governatorato e i Giardini Vaticani. I Palazzi Vaticani, costituiti da un insieme di edifici con oltre mille stanze, hanno un grande valore storico ed artistico. Tra gli edifici degni di nota vi sono i Musei e la Biblioteca Apostolica Vaticana; quest'ultima contiene una grande collezione di antichi manoscritti e oltre un milione di volumi rilegati. I Musei Vaticani ospitano il Museo Gregoriano di Arte Egizia e di Arte Etrusca, il Museo Pio Clementino, il Museo Chiaramonti e la Pinacoteca Vaticana. La meta preferita dei pellegrini e dei turisti è senza dubbio la Cappella Sistina con gli affreschi di Michelangelo. Ci ha lavorato anche il Botticelli. Nei Palazzi Vaticani si trovano le stanze e le logge vaticane, nonché gli appartamenti papali, in ambienti affrescati da Raffaello. I dipinti delle sei stanze dell'Appartamento Borgia sono opera del Pinturicchio, un altro grande artista.

Un po' di storia

La Città del Vaticano viene riconosciuta formalmente dal Governo italiano l'11 febbraio 1929 con la stipula dei Patti Lateranesi che pongono fine al conflitto tra la Chiesa e lo Stato, cominciato con l'annessione dello Stato Pontificio al nuovo Regno d'Italia nel 1870. Da quel periodo in poi il papa avrà l'assoluto potere esecutivo, legislativo e giudiziario all'interno della città.

Quadro economico

Il reddito del Vaticano è di 252 milioni di dollari americani e le spese sono di 264 milioni. L'economia non è di stampo commerciale e si basa sui contributi dei cattolici di tutto il mondo, sulla vendita dei francobolli, dei souvenir turistici e sulle pubblicazioni, nonché sulla vendita dei biglietti d'ingresso ai musei e sulla produzione di mosaici e delle divise per gli impiegati. I tantissimi pellegrini e turisti che visitano Roma e la Città del Vaticano sono una fonte importante di reddito per lo Stato. Il Papa celebra le messe settimanali ed è presente durante le feste religiose come, ad esempio, per la Pasqua. Il Vaticano esercita un'enorme influenza sul mondo cattolico ed è uno degli stati il cui impatto sugli altri supera la sua estensione territoriale.

Parole nel contesto

A. Sinonimi. Trova nel testo i sinonimi delle seguenti parole.

1. la suora _____
2. il sacerdote _____
3. la moneta _____
4. l'esercito _____
5. il Papa _____
6. il balcone _____
7. la rendita _____
8. il contratto _____

B. Associazioni. Scrivi tutte le espressioni che ti vengono in mente da poter associare alle seguenti parole.

1. egizio _____
2. etrusco _____
3. affrescato _____
4. giudiziario _____

Comprensione del testo

A. Completiamo. Completa le frasi che seguono.

1. La Città del Vaticano si trova _____.
2. Per estensione territoriale e numero di abitanti è _____.
3. La popolazione vaticana comprende _____.
4. Le lingue ufficiali sono _____.
5. Le Guardie Svizzere sono _____.
6. La Santa Sede è _____.
7. La Città del Vaticano viene riconosciuta _____.

B. Domande e risposte. Rispondi in modo completo alle seguenti domande.

1. In che senso il Vaticano è uno stato indipendente? Quali servizi ha?
2. Come si chiama il giornale del Vaticano e perché è importante?
3. Quale obbligo non hanno i cittadini vaticani, a differenza degli italiani?
4. Dove risiede il Papa e che funzioni svolge?
5. Quali sono le attrazioni turistiche più importanti?
6. Quali artisti contribuirono alla gloria artistica del Vaticano?
7. Su che cosa si basa l'economia vaticana?
8. Qual è l'importanza del Vaticano nel mondo?

Attività comunicative

A. I dogmi religiosi. In coppie, parlate di alcuni dogmi della vostra religione che accettate, o di quelli che non condividete, e spiegate perché (il matrimonio, il divorzio, l'uso di anticoncezionali e così via). Confrontatevi poi con la classe.

Per cominciare:

STUDENTE 1: Io sono cattolico/a però non mi piace...
STUDENTE 2: Io invece sono protestante...

B. Fenomeni paranormali. Lavorate in coppie. A molti di noi è capitato nell'arco della vita di avere un'esperienza strana che non siamo riusciti a spiegare in modo logico. È mai successo a voi? Uno/a di voi è una persona molto logica e razionale, l'altro/a crede ai fenomeni paranormali. Cercate di convincervi a vicenda del vostro punto di vista. Usate la vostra immaginazione.

Per cominciare:

STUDENTE 1: Una volta ho visto un'apparizione sulla parete...
STUDENTE 2: Secondo me è stato solo un effetto ottico...

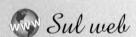 *Sul web*

A. Il Vaticano, la città dei misteri. Sul sito del Vaticano, trova delle informazioni interessanti sulla città. Riferisci ciò che hai trovato alla classe.

B. *L'Osservatore Romano.* Trova il sito del giornale *L'Osservatore Romano* ed analizza il suo contenuto. Di che cosa tratta? Parlane alla classe.

C. La religione in Italia. Una volta l'Italia era prevalentemente cattolica. Oggi, in seguito ai cambiamenti demografici, sono sempre più presenti altre religioni. Cerca delle informazioni in merito.

academic.cengage.com/italian/parola

Alcuni laziali famosi

Alberto Moravia: il grande narratore (1907–1990)

Uno dei narratori più grandi e più popolari del Novecento italiano, Alberto Moravia, nasce Alberto Pincherle a Roma, nel 1907, da una famiglia bene-stante. Dopo aver passato l'infanzia e l'adolescenza a curare la tubercolosi ossea che lo affliggeva, nel 1925 è definitivamente guarito e comincia a scrivere il suo primo romanzo, *Gli indifferenti*. Le caratte-ristiche principali del suo modo di scrivere sono la concisione delle strutture narrative e una sintassi che richia-ma lo stile giornalistico: precisa e allo stesso tempo semplice da seguire. Le tematiche delle sue opere, d'altro canto, sono complesse e puntano sui problemi che affliggono l'uomo moderno: la com-ponente morale e immorale di una società in disfacimento, la noia, l'indifferenza, la solitudine, la sessualità adolescente e adulta, l'alienazione, il ruolo della donna e della madre, le relazioni complesse e difficili tra uomo e donna e l'incapacità di agire.

Gli indifferenti esce a spese del padre di Moravia nel 1929 perché il giovane scrittore non riesce a trovare un editore. Quest'opera, da molti considerata il primo romanzo esistenzia-lista, ha un grande successo presso il pubblico e la critica, segnando così l'inizio della carriera di Moravia. La trama del romanzo è incentrata

Il grande scrittore con la sua compagna Elsa Morante.

sulle relazioni personali all'interno di una famiglia borghese impoverita, che per preser-vare lo status sociale lascia che la figlia sposi l'amante della madre, senza che il fratello di lei, persona passiva ed inetta, faccia niente per evitarlo. Tra le opere pubblicate negli anni '30 e '40 bisogna menzionare le rac-colte di racconti *La bella vita* (1935) e *L'imbroglio* (1937); i romanzi *Le ambizioni sbagliate* (1935) e *Agostino* (1945), quest'ultimo dedicato alla psicologia degli adole-scenti e alla crisi di un giovane che affronta la propria ses-sualità per la prima volta. Con questo romanzo l'autore vince il premio del Corriere Lombardo, il primo premio letterario del dopoguerra. Nel 1941, esce il testo teatrale *La mascherata*. Nel 1937, Moravia conosce la giovane scrittrice Elsa Morante che sposa nel 1941.

Dopo la guerra, egli intensifica la sua produzione letteraria e pubblica uno dei suoi più celebrati romanzi, *La romana* (1947). Segue *Il conformista* (1951), il cui perso-naggio principale è un tipico rappresentante del mondo moraviano: debole, perverso, incline al crimine, a proprio agio solo den-tro il sistema fascista. Non tutti i romanzi di Moravia hanno lo stesso successo, ma il narratore continua con la sua prolifica scrittura. Escono le opere *La disubbidienza* (1948), *L'amore coniugale* (1949) e *Il di-sprezzo* (1954). Particolarmente riuscite sono le raccolte *Racconti romani* (1954) e *Nuovi racconti romani* (1959), che descrivono la vita nel secondo dopoguerra. Il romanzo *La ciociara* (1957) richiama la tematica neorealista, raccontando il dramma di una donna della Ciociaria (una regione a sud di Roma) e di sua figlia, tutte e due violentate dai soldati marocchini durante la guerra. *La noia* (1960) tratta, per l'appunto, del problema della noia, che viene analizzata da un punto di vista metafisico e vista come l'alienazione dell'uomo, il suo senso dell'assurdità e l'incapacità di comunicare. Con questo romanzo Moravia vince il Premio Viareggio.

Nel 1962, si separa dalla Morante e va a vivere con la giovane scrittrice Dacia Maraini. Seguono altre raccolte, romanzi e opere teatrali. Negli anni Ottanta dedica una raccolta di racconti alla sua nuova compagna Carmen Llera, di 47 anni più giovane di lui.

Durante la sua vita Moravia viaggia in tutto il mondo, fatto che si riflette anche nelle sue opere. Oltre a pubblicare le opere narrative e teatrali, egli scrive anche per giornali e riviste come per esempio *La Stampa*, *Il Mondo*, *L'Europeo*, il *Corriere della Sera*, *L'Espresso* e *Nuovi Argomenti*. Da alcuni suoi romanzi sono stati tratti dei film come, per esempio, *La ciociara* (con Sofia Loren nel ruolo della madre) e *Il conformista*, diretto dal famoso Bernardo Bertolucci. Le opere di Moravia sono tradotte in molte lingue e la sua fama internazionale è ormai leggendaria. Lo scrittore vince vari premi letterari, tra cui il Premio Strega e il Premio Marzotto. Muore il 26 settembre 1990 nella sua casa romana.

Parole nel contesto

A. Verbi. Scrivi i verbi che corrispondono ai seguenti aggettivi.

1. ammalato _____

2. guarito _____

3. narrativo _____

4. preciso _____

5. impoverito _____

6. dedicato _____

7. incline _____

8. violentato _____

B. Associazioni. Scrivi ciò che ti viene in mente leggendo le seguenti parole. Attingi dalle tue esperienze personali.

1. l'infanzia _____

_____

2. l'adolescenza _____

_____

3. l'età adulta _____

_____

C. Contrari. Trova nel testo i contrari delle seguenti espressioni.

1. sano _____

2. secondario _____

3. semplice _____

4. integrazione _____

5. evitare _____

6. affluente _____

Comprensione del testo

Domande e risposte. Rispondi alle seguenti domande in modo completo.

1. Quale è il nome anagrafico di Alberto Moravia?
2. Di che cosa soffre da piccolo?
3. Con quale romanzo comincia la sua carriera?
4. Com'è la sua scrittura?
5. Quali sono i temi principali delle sue opere?
6. Che cosa pubblica prima e durante la guerra?
7. Che cosa è *La romana* e di che cosa parla?
8. Perché è importante il romanzo *Il conformista*?
9. Quali premi letterari vince Moravia?
10. Hai mai visto un film basato su uno dei suoi romanzi?

Attività comunicative

A. I temi moraviani. In coppie, compilate una lista di temi e di soggetti trattati nelle opere di Moravia. Quali autori americani sono simili a Moravia e per quali aspetti?

Per cominciare:

STUDENTE 1: Per lo stile giornalistico direi che...
STUDENTE 2: Sì, ma per il tema dell'alienazione...

B. Cosa leggi? In coppie, parlate dell'ultimo libro che avete letto. Può darsi che abbiate letto una raccolta di poesie o di racconti. Raccontatevi a vicenda il contenuto del libro e spiegate perché vi è piaciuto o no.

Per cominciare:

STUDENTE 1: Non ho finito di leggere l'ultimo libro che ho iniziato perché...
STUDENTE 2: Peccato, anch'io l'ho letto e...

C. I romanzi nei film. Lavorate in coppie. Quasi tutti hanno letto i libri e visto i film basati sulla serie di romanzi di Harry Potter, *Il Signore degli anelli* o qualche altro romanzo trasformato in un film. Paragonate le due versioni, letteraria e cinematografica, e dite quale pensate sia meno riuscita.

Per cominciare:

Studente 1: Il primo film mi è veramente piaciuto perché...
Studente 2: Anche a me, però...

 *Sul web*

A. La vita di Moravia. Trova altre informazioni interessanti sulla vita di Moravia e riferiscile alla classe.

B. Cosa ne pensi? Leggi i commenti dei lettori a varie opere dello scrittore. Per trovarli, va' fino in fondo alla pagina.

C. Le citazioni di Moravia. Leggi i detti dello scrittore. Quali ti piacciono di più?

Con quali non sei d'accordo? Perché? Qual è il loro significato?

D. Le compagne di Moravia. Fai una ricerca e trova ulteriori informazioni sulle compagne del grande scrittore: Elsa Morante, Dacia Maraini e Carmen Llera.

academic.cengage.com/italian/parola

 Ascoltiamo! Visita il seguente sito per ascoltare il brano: academic.cengage.com/italian/parola

Elsa Morante. Ascolta il brano due volte e rispondi alle domande che seguono.

1. Quali sono le caratteristiche della narrativa di Elsa Morante?

2. Come ha iniziato la sua carriera da scrittrice?

3. Quali premi letterari ha vinto?

4. Quali due rapporti personali sono stati importanti nella sua vita?

5. Quando e dove muore?

Eros Ramazzotti: la star dei due mondi
(1963–)

Come descrivere la voce di Eros Ramazzotti? Rauca, nasale, unica. Forse non piace a tutti, ma quando si parla della canzone italiana, è impossibile tralasciare questo cantante romano. Nato nel 1963 a Cinecittà, Roma, Eros trascorre la sua infanzia nell'ambiente cinematografico. Dopo le scuole medie cerca di iscriversi al Conservatorio, ma viene bocciato all'esame d'ammissione! Così si iscrive a ragioneria, ma non era destinato alla vita in compagnia dei numeri. La sua carriera musicale comincia nel 1984 con il trionfo al Festival di Sanremo, nella categoria dei giovani. La canzone in questione si chiama «Terra promessa» e diventa famosa in tutta Europa. Sin dal primo disco, le sue canzoni vengono tradotte in spagnolo per il piazzamento sul mercato sudamericano. Solo due anni dopo, Eros vince nuovamente il Festival di Sanremo con la canzone «Adesso tu».

Eros Ramazzotti

La consacrazione di Eros come artista internazionale arriva nel 1990 quando giornalisti provenienti da ben quindici paesi partecipano alla sua conferenza stampa per la presentazione del suo quinto album: Eros viene invitato a tenere un concerto al Radio City Music Hall di New York, ed è il primo artista italiano a esibirsi in questo prestigioso teatro. I biglietti vanno subito a ruba. Nel 1993, l'album *Tutte storie* vende 6 milioni di copie. Il videoclip del primo singolo, «Cose della vita», è diretto da Spike Lee, che non aveva mai girato prima un video per un artista di razza bianca. Negli anni che seguono, Eros si esibisce con Rod Stewart, Elton John, Joe Cocker, Tina Turner, Cher, Andrea Bocelli e Luciano Pavarotti.

Nell'arco della sua carriera Eros ha venduto oltre 30 milioni di dischi. Nel 2006, il Presidente della Repubblica gli ha conferito l'altissima onorificenza di Commendatore della Repubblica.

Parole nel contesto

Parafrasi. Riscrivi le frasi usando parole diverse, ma mantenendo il significato della frase.

1. Eros trascorre la sua infanzia nell'ambiente cinematografico.

   _____

2. Non era destinato alla vita in compagnia dei numeri.

   _____

3. La consacrazione di Eros come artista internazionale arriva nel 1990.

   _____

4. Nell'arco della sua carriera Eros ha venduto oltre 30 milioni di dischi.

   _____

Attività comunicative

Musica, musica. Lavorate in coppie. Parla dei cantanti più famosi in questo momento, sia americani che internazionali. Chi è in testa alle classifiche? Adesso esprimi la tua opinione su questi cantanti. Meritano di essere così popolari? Perché?

Per cominciare:

Studente 1: Oggi sono molto popolari gli Outcast. Penso che siano un gruppo molto originale...

Studente 2: Originale, sì, ma mi fanno innervosire. A me invece piace...

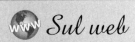 *Sul web*

Ti piace Eros? Trova gli album di Eros e ascolta parti di alcune sue canzoni. Cosa ne pensi? Ti piace la sua voce? E la sua musica?

Che tipo di musica è? Ci sono cantanti simili in America? Quali?

academic.cengage.com/italian/parola

Vittorio De Sica: la leggenda del neorealismo italiano (1901–1974)

Ci sono poche persone che non hanno mai sentito parlare del leggendario padre del neorealismo cinematografico, Vittorio De Sica, e del suo capolavoro *I ladri di biciclette*, ormai considerato un classico in Italia e nel mondo. De Sica ha girato i suoi film per un pubblico vasto e oggi molte scuole di film includono le sue opere nei loro programmi di studio.

De Sica nasce nel 1901, a Sora, in provincia di Frosinone, da una famiglia piccolo-borghese ormai impoverita. Cresce però a Napoli dove già da giovanissimo si diletta in recitazione. La sua carriera da attore è legata prima al teatro e poi, negli anni 30, diventa un divo del cinema. Questo è il periodo in cui conosce l'attrice Giuditta Rissone che sposa nel 1937. Uno dei film che gli apre la strada al successo è *Gli uomini, che mascalzoni!* del 1932. Nel 1939, De Sica debutta dietro la macchina da presa con *Rose scarlatte* e continua come regista nel 1943 con il film *I bambini ci guardano*. Questo film segna l'inizio del periodo neorealista e l'incipit della sua collaborazione con Cesare Zavattini, noto sceneggiatore cinematografico. Dal loro lavoro nascono i film *Sciuscià* (1946) e *I ladri di biciclette* (1948). Entrambi vincono l'Oscar per migliori film stranieri, entrando così a far parte della storia del cinema mondiale. Seguono gli altri grandi film come per esempio *Miracolo a Milano* (1951), *Umberto D.* (1952), *L'oro di Napoli* (1954) e *La ciociara* (1960) il cui copione è basato sull'omonimo romanzo di Moravia e per cui Sofia Loren vince l'Oscar. *Ieri, oggi* e *domani* (1963) e *Il giardino dei*

Vittorio De Sica

Finzi-Contini (1971), un quadro lirico della popolazione ebraica a Ferrara prima della guerra, gli portano altri due Oscar. Altri film importanti sono *Matrimonio all'italiana* (1964), *Una breve vacanza* (1973) e *Il viaggio* (1974). In alcuni di questi film De Sica appare anche come attore protagonista. Il grande maestro muore, a seguito di un'operazione ai polmoni, a Neuilly (Francia) il 13 novembre 1974.

L'arte cinematografica di De Sica è in gran parte improntata al neorealismo, movimento che mette in luce i temi sociali come per esempio la guerra, la povertà del periodo postbellico, la disoccupazione, specialmente della popolazione urbana e la Resistenza. La problematica dei suoi film è complessa ma ciò che li unisce è la visione unica del regista, che trova sempre un linguaggio comune tra se stesso e i protagonisti dei suoi film. Per mantenere l'autenticità della recitazione, soprattutto nei suoi film neorealisti, De Sica spesso affida i ruoli importanti a gente trovata per strada, tecnica che attribuisce ai suoi film un carattere documentaristico. D'altro canto la sua collaborazione con Sofia Loren e Gina Lollobrigida, attrici già affermate, suscita un grande successo presso il pubblico e i critici. Tutte queste caratteristiche differiscono dalla maniera in cui si fanno i film a Hollywood in quel periodo. La storia del cinema mondiale è impensabile senza l'enorme contributo del grande maestro dell'arte cinematografica— Vittorio De Sica.

Parole nel contesto

A. Cosa vuol dire? Le seguenti parole si riferiscono al cinema. Traducile in italiano. Alcune si trovano nel testo, per le altre utilizza il dizionario.

I. *movie script* _____

2. *director* _____

3. *movie camera* _____

4. *soundtrack* _____

5. *to act* _____

6. *movie star* _____

B. Abbiniamo. Abbina la colonna A alla colonna B.

A	B
I. «Dilettarsi in recitazione» vuol dire	_____ l'inizio.
2. «Un mascalzone» è	_____ passare il tempo a recitare.
3. «L'incipit» vuol dire	_____ è uno stile cinematografico.
4. «Il neorealismo»	_____ una persona che crea guai.

Comprensione del testo

Domande e risposte. Rispondi in modo completo.

I. Dove e quando nasce Vittorio De Sica?

2. Cosa fa all'inizio della sua carriera?

3. Quando comincia a dirigere i film?

4. Di che cosa trattano i film neorealisti?

5. In che senso sono diversi da quelli girati a Hollywood?

6. Quando e dove muore il grande maestro?

Attività comunicative

A. I film impegnati. Lavorate in coppie. Ci sono certi registi americani che parlano delle problematiche sociali. Scrivi il nome di alcuni di loro e poi tu ed il tuo compagno/la tua compagna parlate dei loro film e dei problemi di cui trattano.

Por cominciare:

STUDENTE 1: Ron Howard ha diretto...
STUDENTE 2: Secondo me, Spike Lee...

B. Il film hollywoodiano. Lavorate in coppie. Secondo voi, i film che si producono oggi a Hollywood hanno un grande valore artistico o no? Quali tipi di film piacciono al pubblico e di conseguenza garantiscono un notevole profitto alle società di produzione cinematografica? Esprimete le vostre opinioni.

Per cominciare:

STUDENTE 1: Penso che i film che si fanno oggi a Hollywood siano troppo commerciali...
STUDENTE 2: Si dovrebbero produrre...

C. L'influsso del cinema. In coppie, pensate che il cinema odierno abbia un impatto negativo sui giovani? In che senso? Dopo averne parlato con il vostro compagno/la vostra compagna, riferite le vostre opinioni alla classe.

Per cominciare:

STUDENTE 1: Io non credo che i film possano...
STUDENTE 2: Io sono contrario/a. Credo che...

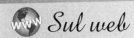 *Sul web*

A. La vita di De Sica. La vita privata di De Sica è molto interessante e ha influito sulla sua produzione artistica. Trova ulteriori informazioni a proposito.

B. I film di De Sica. Cerca delle informazioni sui film *I ladri di biciclette* e *Il giardino dei Finzi-Contini*. Per esempio: dove e quando sono stati girati, chi sono gli attori e le attrici principali, ecc.

C. Chi sono Cesare Zavattini e la Lollo? Trova delle informazioni su Cesare Zavattini e Gina Lollobrigida e spiega alla classe chi sono.

academic.cengage.com/italian/parola

Ascoltiamo! Visita il seguente sito per ascoltare il brano:
academic.cengage.com/italian/parola

Domande personali: io e la politica. Ascolta ogni domanda due volte e
poi rispondi sia oralmente che in scritto.

1. _____

2. _____

3. _____

4. _____

5. _____

Visita il seguente sito
per guardare il video:
academic.cengage.
com/italian/parola

 *Sulla strada*

Come spostarsi in Italia? Guarda il videoclip e completa la seguente
tabella, e poi rispondi alle domande.

Secondo Marco, quali sono i vantaggi e gli svantaggi dei seguenti mezzi
di trasporto?

	Vantaggi	Svantaggi
Macchina		
Aereo		
Treno		
Moto		

1. Quale mezzo di trasporto preferisce Marco?

_____.

2. Parlante 1 preferisce _____.

3. Parlante 2 ha un Maggiolone_____.

4. Parlante 3 guida_____.

5. Parlante 4 preferisce _____, perché _____

_____.

Prova scritta

A. Il multiculturalismo. La popolazione italiana diventa sempre più multietnica e multiculturale. Questo fenomeno è presente da secoli negli Stati Uniti. Tenendo presente la situazione americana, come vedi il futuro di una società multiculturale italiana? Spiega il tuo punto di vista.

B. «Finché amboduc vivreLe»! La valenza del matrimonio è cambiata moltissimo negli ultimi anni, mutamento che ha comportato il sorgere di famiglie diverse da quelle tradizionali di una volta. Cosa vogliono dire i termini «famiglia» e «matrimonio» per te?

C. La politica italiana e statunitense a confronto. Fai un'analisi comparativa dei sistemi politici in Italia e negli Stati Uniti. Quali sono i vantaggi e gli svantaggi dei due sistemi?

D. Una novella. Leggi un racconto di Moravia e scrivine un'analisi tematica e stilistica.

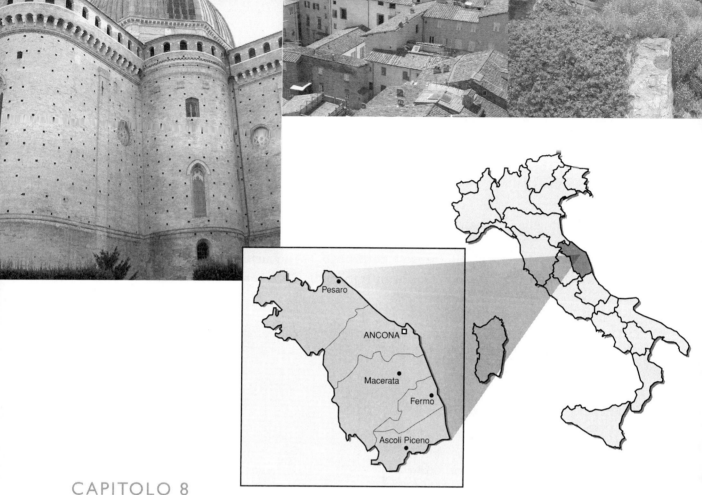

Le Marche

Appunti grammaticali

   Per il ripasso del futuro anteriore, del
   condizionale presente e passato, riferirsi
   alla pagina 356.

 academic.cengage.com/italian/parola

Sul web
Ascoltiamo
Sulla strada

Entriamo nell'argomento

Sapevi che…

…per le sue bellezze naturali, le Marche sono soprannominate «la seconda Toscana»?

…la ricostruzione della regione dopo il disastroso terremoto del 1997 dura ancora oggi?

…la bottiglia del famoso vino marchigiano, il Verdicchio, ha la forma di anfora?

Prima di leggere

Prima di leggere il brano sulle Marche, ti sarà utile il seguente vocabolario essenziale. Consulta il glossario e trova il significato di queste parole.

terziario	cantieristico	girasole	soprannominare
divieto	capeggiare	sindacalista	scossa
avvalersi	succoso	porchetta	

Adesso abbina queste parole con le loro definizioni.

1. il funzionario di un'organizzazione sindacale _____

2. che si riferisce all'impianto per la realizzazione di diverse opere

_____

3. un movimento o un sussulto improvviso _____

4. settore dei servizi _____

5. il maiale cotto allo spiedo _____

6. pianta di origine americana dai cui semi si ricava l'olio

_____

7. che ha molto succo _____

8. proibizione, di solito imposta dalla legge _____

9. guidare, stare a capo di qualcosa _____

10. dare a qualcuno un nome scherzoso o familiare _____

11. usare, servirsi _____

Profilo della regione

Territorio: 9.700 km²
Capoluogo: Ancona
Province: Ancona, Ascoli Piceno, Fermo (di recente istituzione), Macerata, Pesaro e Urbino
Popolazione: 1.500.000

Geografia: 69% collinare, 31% montuoso. I fiumi principali sono il Tronto e il Metauro.
Clima: Nelle zone collinari il clima è mite, mentre nelle zone montuose è continentale.

 Ascoltiamo! Visita il seguente sito per ascoltare il brano: academic.cengage.com/italian/parola

Curiosità. Ascolta il brano tre volte: la prima volta per capire il significato generale e la seconda volta inserisci le parole che mancano. Ascolta il brano una terza volta per controllare il contenuto.

«Meglio ___ _____ ___ _____ che ___ _____ _____ _____».

Questo _____ si può trovare in molte regioni d'Italia e risale ai tempi in cui esisteva lo _____ _____, cioè l'insieme delle terre che erano sotto il controllo del papa fino al 1870. Al papa si pagava la _____, e come ai tempi nostri, così anche allora nessuno amava _____ ___ _____. A quanto pare, gli _____ delle tasse pontificie erano tutti marchigiani, notoriamente _____, _____ e _____. Quando arrivavano alla casa del _____, non se ne andavano via fino a quando il debito non era stato _____ fino all'ultimo soldo. Ancora oggi i marchigiani hanno la fama di essere _____, _____ e _____. La regione è pienissima di piccole _____ _____ e molti marchigiani preferiscono gestire un propria attività che lavorare alle dipendenze dello Stato.

Un po' di storia

	QUANDO?	CHI?	COSA?
a.C.	IX–III sec.	i Piceni, i Galli Senoni, i Greci, gli Umbri	la zona è abitata sin dal Paleolitico; nell'età preromana è popolata prevalentemente dai Piceni, con la presenza dei Galli, dei Greci e degli Umbri
	III sec.	i Romani	i Romani prendono progressivamente controllo della regione; rimane indipendente solo Ancona, città greca, e Asculum

QUANDO?		CHI?	COSA?
d.C.	I–II sec.	età imperiale	Ancona assume importanza strategica, economica e militare, e il suo porto viene ampliato
	III sec.	i barbari	dopo la suddivisione del territorio marchigiano da parte dell'imperatore Diocleziano, cominciano le invasioni barbariche
	V sec.	i Goti	Alarico riesce a guidare i suoi Goti verso Roma senza incontrare alcuna resistenza
	VI–VII sec.	i Longobardi	la popolazione marchigiana si sposta sulle colline, che erano più facili da difendere; i Longobardi penetrano nella regione
	VIII sec.	la Chiesa	comincia il dominio della Chiesa sulle Marche
	XII sec.	Ancona	si ripopolano le città sulla costa e nelle valli; cominciano a costituirsi i liberi Comuni, soprattutto Ancona, che sviluppa un fiorente commercio marittimo con l'Oriente
	'200–'300	i Montefeltro, i Malatesta, i Varano	si formano Principati e Signorie; i Montefeltro governano a Urbino e Gubbio, i Malatesta a Pesaro e Ancona, i Varano a Camerino
	'400	Urbino	il maggiore centro artistico e letterario rinascimentale è Urbino, che diventa una delle capitali del Rinascimento italiano
	'600	Roma	inizia una profonda recessione in tutta Europa; lo Stato Pontificio riunisce tutta la regione sotto il suo dominio, ma le condizioni di vita forzano la popolazione ad emigrare verso la Maremma
	'700	i Francesi	dopo la rivoluzione francese le truppe francesi occupano una parte del territorio, e viene proclamata la Repubblica di Ancona
	'800	gli Austriaci	le Marche sono annesse al Regno d'Italia; la regione è teatro di fermenti risorgimentali; nel 1849, le Marche vengono occupate dagli austriaci, sotto i quali restano fino al 1857
	'800–'900		a cavallo dei secoli inizia una forte emigrazione, in particolare verso le Americhe; durante la seconda guerra mondiale, Ancona subisce violentissimi bombardamenti da parte degli Alleati e diventa teatro di feroci battaglie; dopo la guerra si gettano le basi per lo sviluppo economico della regione, con il sorgere di tante attività artigianali e industriali su scala familiare

Quadro economico

L'economia marchigiana è per la maggior parte agricola grazie alle fertili valli e al clima prevalentemente mite a cui si alternano gli stagionali periodi di freddo. Si coltivano il frumento, gli ortaggi, la frutta, le olive, l'uva da vino e le barbabietole da zucchero. L'allevamento del bestiame e la pesca sono ben sviluppati, e negli ultimi decenni l'industria e il terziario hanno fatto notevoli progressi. Le industrie più prominenti sono quella cantieristica, chimica, meccanica, tessile, alimentare e cartaria. Si producono anche gli strumenti musicali e gli oggetti ceramici. Il turismo è avviato nelle zone balneari e nelle città di Ancona, Pesaro e Urbino. Infatti, negli ultimi anni il turismo marchigiano ha fatto enormi passi avanti, specie nel settore agrituristico. I bellissimi paesaggi rurali, con le colline ondulate ed i pittoreschi campi di girasoli, insieme ai numerosissimi castelli e alle spiagge di sabbia sulla costa, attraggono numeri sempre più consistenti di turisti, tanto che oggi le Marche sono soprannominate «la seconda Toscana».

Società

A cavallo dei secoli XIX e XX, i contadini marchigiani cominciarono a cercare fortuna all'estero, in particolare nelle Americhe. Nel 1914, le Marche furono il centro della *settimana rossa,* un'insurrezione popolare scoppiata in seguito al divieto governativo di tenere manifestazioni antimilitariste ad Ancona. Gli scontri fra i dimostranti e l'esercito erano capeggiati dall'anarchico Errico Malatesta, da Benito Mussolini, allora socialista, dal sindacalista rivoluzionario Filippo Corridoni e dal socialista Pietro Nenni. Dopo i difficili anni della seconda guerra mondiale, quando le Marche furono devastate sia dai bombardamenti degli Alleati sia dalle battaglie che vi avevano luogo, la regione dimostrò un'ammirevole capacità di recupero economico e sociale. Oggi la regione Marche è conosciuta per il suo crescente turismo, per l'arte e il divertimento, nonché per la sua vivacità culturale e le sue glorie sportive.

Nel 1997, la regione fu colpita da una serie di terremoti che causarono enormi danni alle abitazioni. La prima scossa arrivò il 26 settembre e la sua magnitudine fu di 5.6. Nell'arco dei successivi sei mesi, si verificarono circa 100 scosse al giorno nel territorio dell'Appennino umbro-marchigiano. Ancora oggi sono in atto i lavori per la ricostruzione delle abitazioni residenziali nonché degli innumerevoli edifici storici danneggiati.

Cucina

La gastronomia marchigiana varia a seconda del territorio suddiviso in zone costiere, campagna e montagne. La cucina della costa si avvale del pesce freschissimo tra cui sono specialmente pregiati il pesce azzurro, i crostacei e i frutti di mare. Il piatto simbolo è il brodetto di mare. Tipiche della zona sono le grosse e succose olive con cui si prepara uno dei più famosi piatti della regione—le olive all'ascolana. Le ricette della cucina campagnola fanno uso soprattutto del tartufo e delle carni bovine e suine. L'autentica specialità di questa zona è la famosa porchetta preparata secondo le antiche tradizioni. La cucina della montagna acquista i suoi straordinari sapori dai tartufi tra i quali i più ricercati sono quelli che crescono nei vecchi boschi di querce. Per riassumere, i prodotti tipici marchigiani sono i tartufi sia bianchi che neri, i salumi (soprattutto il famoso «ciavuscolo», salame da spalmare) e i formaggi di latte vaccino, ovino, caprino e di latte misto (la caciotta di Urbino e il pecorino sono i più noti). Le Marche sono anche la terra del famoso vino Verdicchio, conservato nella caratteristica bottiglia a forma di anfora. Ci sono comunque altri ottimi vini perché nelle Marche la coltura della vite è una tradizione che risale ai tempi dell'Impero Romano.

In dialetto

È difficile dire cosa sia il dialetto marchigiano, visto che questa zona relativamente piccola presenta una sorprendente varietà di dialetti: romagnolo, umbro, toscano, laziale, abruzzese, un antico dialetto di Camerino e, sulla costa, persino alcune forme venete.

Alcune caratteristiche fonetiche e morfologiche sono:

- la caduta di alcune vocali, come in «stimana» per settimana
- l'inversione della consonante tonica, come in «arpià» per «ripigliare», «arcudà» per «ricordare»
- il cambiamento della vocale sorda, come in «segondu» per «secondo»
- l'assimilazione delle lettere, come in «callo» per «caldo», «granne» per «grande», «quanno» per «quando»
- la conservazione della «u» finale dal latino, come in «lu monnu» per «il mondo»

Vocaboli:

frighì, monè	bambino
n'velle	da nessuna parte
a resce	in fretta
magnà	mangiare
na muchia	molto
nun ze po'	non si può
nigò	ogni cosa
arpurtà	riportare
montà	salire
calà giù	scendere

Cosa significano i seguenti proverbi marchigiani?

marchigiano	italiano
Meglio puzza' de vi' che d'ojo santo.	
Significato:	
Lo pocu è tantu per chi ha pocu.	
Significato:	
Chi non fatica tutti li dì, in miseria ha da finì.	
Significato:	

Curiosità

Il mistero della Madonna Nera a Loreto

All'interno della basilica del Santuario di Loreto si trova un'antichissima struttura, chiamata Santa Casa, che accoglie la statua della Madonna Nera. La Santa Casa vi sarebbe pervenuta nel Duecento, e sarebbe formata da tre pareti originali della casa in cui dimorò la Vergine Maria a Nazareth e in cui secondo la tradizione devozionale ricevette l'Annunciazione. Gli studi delle pietre confermerebbero le loro origini palestinesi e le tre pareti si inseriscono perfettamente nel luogo originale della casa, custodito a Nazareth. Il colore della statua della Madonna Nera era dovuto al fumo delle lampade e delle candele, ma l'originale del Trecento è stato distrutto in un incendio. La statua che vi si trova oggi è una replica del 1922. Oggi, la Santa Casa è un luogo di riflessione, di preghiera, di silenzio e di mistero, visitato da migliaia di pellegrini ogni anno.

La basilica del Santuario di Loreto che accoglie la Santa Casa.

Parole nel contesto

A. Le radici. Cerca la parola da cui derivano i seguenti vocaboli.

1. allargare _____
2. stagionale _____
3. succoso _____
4. campagnolo _____
5. ripopolare _____
6. fiorente _____

B. Quale delle due? Scegli il significato corretto delle seguenti parole. Usa il dizionario se necessario.

1. il crostaceo

  a. il pesce   **b.** l'aragosta e il gambero

2. frutti di mare

  a. la frutta che cresce vicino al mare   **b.** piccoli molluschi marini

3. la quercia

   a. l'albero   **b.** un tipo di tartufo

4. la porchetta

   a. il porco che si mangia con la forchetta   **b.** l'arrosto di maiale

Comprensione del testo

A. Parliamo di storia. Rispondi alle domande con frasi complete.

   1. Quale popolo antico si è insediato nella maggior parte della regione?

   2. In quale periodo Ancona acquista la sua importanza e come?

   3. Perché la popolazione marchigiana a un certo punto abbandona la costa e le valli?

   4. Quali erano le famiglie che governavano la regione?

   5. Qual era il centro della vita culturale nel Rinascimento?

   6. Quali erano le condizioni di vita nel Seicento?

   7. Quali potenze straniere dominavano la regione?

B. Vero o falso? Indica se le seguenti informazioni sono vere (V) o false (F) e correggi quelle false.

	V	**F**
1. Le Marche hanno molti laghi.	___	___
2. L'industria marchigiana è sviluppatissima.	___	___
3. Il turismo balneare è importante.	___	___
4. Il simbolo della cucina di mare è la porchetta.	___	___
5. Le Marche hanno tartufi in abbondanza.	___	___
6. Il vino più conosciuto è il Verdicchio.	___	___

Cuciniamo insieme!

Leggi la seguente ricetta tipica delle Marche e completa gli esercizi che seguono.

Brodetto all'anconetana

Ingredienti: 1 kg. di pesce misto (tradizionalmente di 13 varietà tra cui lo scorfano, le gallinelle, le anguille, le canocchie e le triglie), 1 cipolla, 1 spicchio di aglio, mezzo bicchiere di aceto, 300 gr. di pomodori.

Preparazione: Rosolare l'aglio, l'olio e la cipolla e aggiungervi l'aceto fino a che non sfuma. Unire i pomodori e lasciare cuocere, quindi aggiungere il pesce un po' alla volta. Far cuocere il tutto e servire con pane raffermo.

A. Cerca le seguenti parole nel dizionario e traducile in inglese.

1. lo scorfano _____
2. la gallinella _____
3. l'anguilla _____
4. la canocchia _____
5. la triglia _____

B. Scrivi le parole che stanno alla base delle seguenti espressioni.

1. rosolare _____
2. sfumare _____
3. brodetto _____

Attività comunicative

A. Ti piace il pesce? Lavorate in coppie. A molti non piace mangiare il pesce, anzi ne odiano l'odore. Parlate dei vostri gusti riguardo a questo alimento.

Per cominciare:

STUDENTE 1: Non mi è mai piaciuto l'odore disgustoso del pesce in cucina...
STUDENTE 2: Io preferisco i gamberetti...

B. Mangia, bambino! Lavorate in coppie. Quand'eravate bambini, i vostri genitori vi facevano mangiare le cose che non vi piacevano affatto? Parlatene!

Per cominciare:

STUDENTE 1: Mia madre mi faceva mangiare gli asparagi...
STUDENTE 2: Io trovavo disgustoso il fegato...

C. Calamità naturali. Lavorate in coppie. Ci sono luoghi negli Stati Uniti dove l'uomo coabita con il pericolo del verificarsi di calamità naturali. Lo sai quali e dove sono? Secondo te perché la gente continua ad abitare in quelle zone? Cosa ne pensi tu?

Per cominciare:

STUDENTE 1: Io non abiterei mai in «Tornado Valley» perché...
STUDENTE 2: Ma il Texas offre tante cose...

D. I luoghi sacri. Lavorate in gruppi. Avete mai visitato un luogo sacro? Conoscete qualcuno che l'ha fatto? Che tipo di esperienza è stata? Secondo voi, perché tante persone fanno viaggi di pellegrinaggio?

Per cominciare:

STUDENTE 1: Mio zio è andato a Gerusalemme...
STUDENTE 2: Anche i miei ci sono stati...
STUDENTE 3: Io non capisco perché la gente...

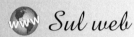

Sul web

A. La cultura nelle Marche. Cerca informazioni sulle offerte culturali delle Marche e riferiscile alla classe.

B. Facciamo la porchetta. Trova la ricetta della famosa porchetta e portala in classe.

academic.cengage.com/italian/parola

Curiosità

«Meglio un morto in casa che un marchigiano alla porta».

Questo proverbio si può trovare in molte regioni d'Italia e risale ai tempi in cui esisteva lo Stato Pontificio, cioè l'insieme delle terre che erano sotto il controllo del papa fino al 1870. Al papa si pagava la decima e, come ai tempi nostri, così anche allora nessuno amava pagare le tasse. A quanto pare, gli esattori delle tasse pontificie erano tutti marchigiani, notoriamente onesti, lavoratori e persistenti. Quando arrivavano alla casa del debitore, non se ne andavano via fino a quando il debito non era stato riscosso fino all'ultimo soldo. Ancor'oggi i marchigiani hanno la fama di essere diligenti, laboriosi e intraprendenti. La regione è pienissima di piccole aziende familiari e molti marchigiani preferiscono gestire un'attività propria piuttosto che lavorare alle dipendenze dello Stato.

Città, cittadine e paesi

Ancona: una porta sull'Adriatico

Veduta panoramica del porto di Ancona.

Approdando al porto di Ancona, il viaggiatore rimane sbalordito dalla grandezza del suo porto e dalla bellezza della città costruita sul pendio della collina. Subito si nota un acquedotto romano che attraversa la città. Anche questa, come tante altre città italiane, presenta un'affascinante fusione di moderno e antico. Ancona, il capoluogo delle Marche e dell'omonima provincia, prende il nome dal greco *angkon*, il gomito, perché la forma del suo bacino portale è proprio quella del gomito. La città è il principale porto marchigiano sull'Adriatico e offre collegamenti giornalieri con la Croazia, l'Albania e la Grecia tramite traghetti e velocissimi aliscafi. Ancona è anche un importante centro industriale e commerciale. Le maggiori industrie sono la costruzione di navi, l'industria farmaceutica, alimentare, dei mobili, del cemento, dell'abbigliamento e della pesca. Oltre alle comunicazioni stradali, ferroviarie e navali, l'aeroporto Raffaello Sanzio collega la città di Ancona con il resto d'Italia.

Un po' di storia

Ancona fu una colonia dei Siracusani dal 400 a.C. fino a quando venne conquistata dai Romani, nel secondo secolo a.C. Assediata dai Goti, Lombardi e Saraceni, ebbe un periodo di declino ma si riprese durante il Medioevo. Con l'età comunale intrattenne prosperi commerci navali con l'Oriente, tuttavia fu solo alla metà del Quattrocento che raggiunse la massima espansione territoriale e il prestigio nel campo della navigazione. Il Seicento vide la decadenza di Ancona che si risollevò però con l'istituzione del porto franco nel 1732. Restò brevemente in mano ai Francesi e agli Austriaci ma, restituita alla Chiesa, rimase sotto il dominio papale fino al 1860 quando fu annessa all'Italia unita. Durante il Risorgimento svolse un ruolo importante nei moti per l'unificazione del Paese. Nel corso delle due guerre mondiali, Ancona subì ingenti danni in seguito ai pesanti bombardamenti.

La città vecchia è ricca di monumenti romani (l'Arco di Traiano fatto in marmo) e medievali (il duomo di Ciriaco, le chiese di Santa Maria della Piazza e di San Domenico, la Loggia dei Mercanti). Ancona ospita molti palazzi gotici e custodisce il Museo Nazionale delle Marche, con le preziose collezioni archeologiche e la galleria d'arte. La presenza di questi monumenti storici rende Ancona uno dei centri turistici più interessanti della regione.

Parole nel contesto

A. Completiamo. Completa le frasi usando le forme corrette del seguente vocabolario.

gomito	bacino	collegamento	traghetto

1. La forma del _____ portale di Ancona è unica.
2. La città deve i suoi _____ con il resto d'Italia anche all'aeroporto Raffaello Sanzio.
3. Sciando sono caduto/a e mi sono rotto/a il _____.
4. _____ è un mezzo di trasporto su acqua.

B. Sinonimi. Scrivi i sinonimi delle seguenti parole.

1. decadenza _____
2. ampliato _____
3. collegare _____
4. svolgere _____

Comprensione del testo

Domande e risposte. Rispondi in modo completo alle domande che seguono.

1. Con quali paesi è collegata ogni giorno Ancona?
2. Perché Ancona è considerata la città più industrializzata delle Marche?
3. In quale secolo raggiunge la sua massima prosperità?
4. Che ruolo ebbe nel Risorgimento?
5. Quali stili artistici prevalgono nella vecchia Ancona?

Attività comunicative

A. Piccoli incidenti. Lavorate in coppie. Ti sei mai fatto/a male al gomito? Racconta ad un compagno/una compagna delle ferite che ti sei procurato/a facendo sport o qualche altra attività. Quanto tempo ci è voluto per guarire completamente? Hai dovuto fare anche degli esercizi fisici prescritti dal dottore oppure della fisioterapia?

Per cominciare:

STUDENTE 1: Una volta mi sono rotto/a la gamba...
STUDENTE 2: Anch'io, e ho dovuto...

B. Città-porti. In gruppi, conoscete qualche città-porto simile ad Ancona? Spiegate in che modo la vita della città è influenzata dalla presenza del porto. Quali ne sono i vantaggi e quali problemi ne nascono? Che tipi di attività si svolgono nel porto?

Per cominciare:

STUDENTE 1: Una volta sono stata/a a Miami e ho visto...
STUDENTE 2: Io sono di New York, e il suo porto...

 *Sul web*

A. I musei marchigiani. Fai una visita virtuale dei musei marchigiani. Descrivi alla classe cosa ci hai trovato di interessante.

B. Le ultime notizie. Trova delle notizie locali delle Marche e di Ancona e riferiscile alla classe. Che tempo fa oggi nelle Marche? Quali sono le ultime notizie? Succede qualcosa di interessante?

C. Guardiamo il TG-R. Guarda il telegiornale delle Marche. Quali sono le notizie del giorno?

D. Lo sport nelle Marche. Cerca delle informazioni sugli eventi sportivi nelle Marche.

academic.cengage.com/italian/parola

Urbino: il gioiello del Rinascimento italiano

Il centro storico di Urbino.

Uno dei gioielli del Rinascimento italiano è senz'altro la cittadina di Urbino, che vide il suo massimo splendore proprio nel periodo rinascimentale quando la città ospitò i più illustri artisti dell'epoca. Per i suoi magnifici palazzi ed edifici storici, il centro storico di Urbino è stato proclamato patrimonio dell'umanità dall'UNESCO.

La Urbino moderna si estende fuori dalle mura della vecchia città, la quale però è riuscita a conservare la struttura urbanistica rinascimentale, con le strade ripide ma larghe. La Urbino d'oggi è un centro commerciale, turistico e culturale. La sua università fu fondata già nel 1506. Le industrie importanti sono quella tessile, poligrafica, delle materie plastiche e dei mobili. L'artigianato, in particolare la tradizione delle maioliche, nasce nel Seicento ma è florido anche oggi. L'arte della maiolica fu segnata da due stili dominanti—«istoriato» e «grottesco». Caratteristiche del primo erano le decorazioni su piatti, vassoi e altri recipienti che raffiguravano scene narrative tratte dalla Bibbia, dalla mitologia classica, dalla storia e dalla poesia. I colori dominanti erano il giallo, l'arancione e il marrone. La nascita dello stile grottesco, che più tardi ha rimpiazzato quello «istoriato», è dovuta all'adozione di motivi ispirati ai quadri di Raffaello, il famoso pittore dell'Alto Rinascimento, nato a Urbino nel 1483. I pittori della maiolica più riconosciuti furono Nicola Pellipario («istoriato») e Guido Fontana («grottesco»). Bisogna menzionare anche la lavorazione artistica del legno e del ferro battuto.

Un po' di storia

La città fu fondata dagli Umbri, un popolo antico d'Italia. Gli Etruschi, i Celti e i Galli la dominarono fino alla conquista romana. Nel XII secolo se ne impadronì la famiglia Montefeltro che nel 1443 ottenne il titolo ducale. Sotto l'egida di Federico II, Urbino divenne uno dei centri più fiorenti del Rinascimento. Il ducato passò poi ai Della Rovere, un'altra potente famiglia. In seguito fece parte dello Stato Papale fino al momento dell'annessione all'Italia (1860).

I monumenti più importanti di Urbino sono il Palazzo Ducale (oggi la Galleria Nazionale delle Marche), la cui costruzione iniziò sotto il signore rinascimentale della città, Federico da Montefeltro; la chiesa di San Domenico; l'oratorio di San Giovanni Battista; la casa natale di Raffaello e il Duomo. Da vedere è anche il mausoleo di San Bernardino che si trova fuori dalla città. Le bellezze dei monumenti storici ed artistici di Urbino sono stupende. Infatti, per ridirla con il critico letterario Carlo Bo, rettore dell'università di Urbino per 50 anni, «Chi arrivi a Urbino ignaro della sua storia e della sua importanza si trova di fronte a una sorpresa straordinaria, anzi a un miracolo».

Parole nel contesto

A. Sinonimi. Trova nel testo i sinonimi delle seguenti espressioni.

I. bizzarro _____

2. ampio _____

3. sostituire _____

4. conquistare _____

5. citare _____

B. Spieghiamo. Spiega il significato delle parole che seguono.

I. La maiolica è _____.

2. Il grottesco è _____.

3. Il vassoio è _____.

4. Il recipiente è _____.

Comprensione del testo

Completiamo. Dopo aver letto il testo ancora, completa le frasi in modo logico.

1. Urbino ha una struttura urbanistica…

_____.

2. L'università fu fondata nel…

_____.

3. Fra gli artigianati il più conosciuto è…

_____.

4. Il più famoso pittore urbinate è…

_____.

5. I Montefeltro furono…

_____.

6. La Galleria Nazionale delle Marche si trova nel…

_____.

Attività comunicative

A. L'arte a scuola. Lavorate in coppie. Alle scuole elementari e medie negli Stati Uniti, i ragazzi spesso creano degli oggetti artistici. Avete mai fatto qualcosa di creativo a scuola? Pensate che sviluppare abilità artistiche sin da bambini sia una cosa positiva? Spiegate perché.

Per cominciare:

STUDENTE 1: Una volta ho fatto un portacenere…
STUDENTE 2: A me piaceva sempre disegnare. Non ero bravo/a, ma…

B. Ti piace l'arte? Lavorate in gruppi. Ci sono quelli che amano l'arte visiva, ma molti non se ne interessano affatto. Spiegate le ragioni per cui vi sentite di appartenere al primo o al secondo gruppo. Parlate anche degli stili che preferite o non gradite e dei vostri pittori e scultori preferiti.

Per cominciare:

STUDENTE 1: Mi piace l'arte di Andy Warhol perché…
STUDENTE 2: Io preferisco artisti più tradizionali, come per esempio…

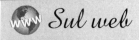
Sul web

A. Andiamo a Urbino! Trova lo stradario di Urbino e individua le strade o le piazze più grandi.

B. La cultura a Urbino. Leggi l'offerta culturale di Urbino e compila un elenco di eventi.

academic.cengage.com/italian/parola

Ascoltiamo!
Visita il seguente sito per ascoltare il brano:
academic.cengage.com/italian/parola

Ascoli Piceno. Ascolta il brano due volte e poi rispondi alle domande che seguono.

1. A quale periodo artistico risale la città di Ascoli Piceno?

2. Qual è stato il materiale principale usato nella costruzione della città?

3. Elenca almeno tre artigianati tradizionali di Ascoli Piceno.

4. Perché è importante il Caffè Meletti?

5. Dove si trova?

Alcuni marchigiani famosi

Giacomo Leopardi: il grande poeta del Romanticismo
(1798–1837)

Il più grande poeta del Romanticismo italiano nasce a Recanati nel 1798 in una famiglia aristocratica e molto conservatrice. Suo padre, uomo austero e reazionario, è il suo primo insegnante ma questo suo ruolo non dura a lungo. Il giovane Leopardi, dotato di un'eccezionale sensibilità e intelligenza, col tempo non tollera più la freddezza parentale e si rifugia nella ricchissima biblioteca paterna dove passa gli anni imparando le lingue classiche e moderne nonché l'ebraico. Fenomenale autodidatta, si dedica appassionatamente allo studio della storia, della filosofia, della filologia e delle scienze naturali e allo stesso tempo legge i testi letterari. Questi anni trascorsi in solitudine e segnati dal duro lavoro intellettuale contribuiscono al suo degrado fisico: la deformazione della colonna vertebrale che lo accompagna fino alla morte e la perdita della vista ad un occhio hanno un enorme impatto sul suo stato psicologico. Il continuo senso di disperazione, di sofferenza fisica e mentale e una serie di amori tragici intensificano la maturazione letteraria e umana di Leopardi. Il poeta cerca varie volte di scappare dall'ambiente opprimente della casa paterna ma per la mancanza di mezzi finanziari vi fa sempre ritorno. Durante le sue molteplici fughe da Recanati abita a Milano, Bologna, Firenze, Pisa e Roma e vi compone alcune delle sue migliori poesie.

Le caratteristiche principali della poesia leopardiana emergono nella sua raccolta *Canti*

Giacomo Leopardi

(1816–1836), costituita da 41 poesie. Le migliori sono gli idilli, cioè le liriche confessioni del poeta alienato dal mondo, cosciente dell'assurdità della vita e delle proprie illusioni schiacciate dalla crudele realtà. Le poesie più famose sono «*Le ricordanze*» (i cui temi principali sono la giovinezza perduta e la futilità dell'esistenza umana), «*A Silvia*» (dedicata a un amore perduto), «*L'infinito*» (sul senso dell'infinità temporale e spaziale), «*La sera del dì di festa*» (che evoca il paesaggio di Recanati), «*Il sabato del villaggio*», «*La quiete dopo la tempesta*» e «*Il passero solitario*». Bisogna ricordare anche la canzone patriottica «*All'Italia*» e «*La ginestra*», un appello agli uomini ad unirsi nelle sofferenze comuni. Nonostante il suo persistente rivolgersi alla natura, Leopardi la vede come una forza negativa—la «natura matrigna», un concetto che si oppone all'idea della «natura consolatrice» tipica del Romanticismo europeo.

Leopardi compone anche opere narrative tra cui bisogna menzionare *Operette morali* (1827), scritte in forma di dialogo. Questo testo rappresenta una sintesi del discorso poetico ed erudito, immaginario e reale, emozionante e filosofico. Per capire meglio il poeta si deve anche prendere in considerazione la raccolta *Pensieri* (1845), che contiene stralci tratti dalla sua grande collezione di annotazioni.

La morte, considerata da Leopardi l'unica salvezza dalla sofferenza umana, lo raggiunge a Napoli nel 1837 durante un'epidemia di colera.

Parole nel contesto

A. Sinonimi. Trova nel testo i sinonimi delle parole che seguono.

1. rigido _____

2. provveduto _____

3. fuggire _____

4. insopportabile _____

5. allontanato _____

6. rovinato _____

7. colto _____

B. Definiamo. Definisci il significato delle seguenti espressioni.

1. L'autodidatta è _____.

2. La storia è _____.

3. La filosofia è _____.

4. La filologia è _____.

5. Le scienze naturali sono _____.

Comprensione del testo

Vero o falso? Indica se le seguenti informazioni sono vere (V) o false (F) e correggi quelle false.

	V	F
1. Leopardi nasce in una famiglia povera.	___	___
2. Suo padre era molto severo.	___	___
3. Il poeta passa la gioventù all'università.	___	___
4. Soffre di varie malattie.	___	___
5. I *Canti* sono una collezione di racconti.	___	___
6. Leopardi scrive anche opere di narrativa.	___	___
7. Muore a Recanati.	___	___

Attività comunicative

A. La vita da adolescenti. Lavorate in coppie. Molti adolescenti non hanno buoni rapporti con i loro genitori. A casa ci sono continui conflitti che di solito spariscono una volta che l'adolescente raggiunge l'età adulta. Parlate dei rapporti con i vostri genitori quando eravate adolescenti. Per quali cose litigavate di più? Come si risolvevano queste situazioni potenzialmente «esplosive»? Fatevi delle domande a vicenda.

Per cominciare:

STUDENTE 1: Quando dovevi ritornare a casa di sera?

STUDENTE 2: Beh, alle undici, e se tardavo non mi lasciavano uscire per tutta la settimana.

B. Ah, i nostri genitori. Lavorate in coppie. Com'è il rapporto con i tuoi genitori oggi? Ci sono ancora delle cose che ti danno fastidio nel modo in cui comunicano con te? Con chi hai rapporti migliori, con tuo padre o con tua madre? Parlatene!

Per cominciare:

STUDENTE 1: Vado d'accordo con i miei, però certe volte...

STUDENTE 2: Io per niente! Litighiamo sempre per le stesse stupidaggini...

C. La violenza nella società. Lavorate in gruppi. Uno dei problemi che affliggono gli Stati Uniti negli ultimi anni è l'estrema rabbia degli adolescenti che spesso degenera in un'orribile violenza. Pensate agli episodi di violenza avvenuti in vari licei in cui gli alunni hanno sparato agli insegnanti e ai propri compagni di classe. Di solito si tratta di giovani di buona famiglia. Secondo voi quali sono le radici di questo problema? Come si potrebbe combatterlo? Fornite delle possibili soluzioni.

Per cominciare:

STUDENTE 1: Penso che la televisione, i film e la musica glorifichino e promuovano la violenza.

STUDENTE 2: Mi pare che il problema principale sia...

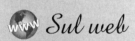 *Sul web*

A. Il Romanticismo. Leggi una delle più famose poesie di Leopardi e, dopo averla letta, rispondi alle domande in modo completo.

1. Qual è il titolo della poesia?
2. Quante strofe ha?
3. C'è la rima?
4. Qual è il tema principale?
5. Com'è il tono generale?
6. Ti piace la poesia?

B. Leopardi in inglese. Trova una breve poesia di Leopardi e traducila in inglese. Fai del tuo meglio! Adesso trova la traduzione della stessa poesia e paragonala con la tua versione.

C. La vita di Leopardi. Cerca altre informazioni interessanti sulla vita di Giacomo Leopardi e riferiscile alla classe.

academic.cengage.com/italian/parola

Maria Montessori: la madre della pedagogia moderna
(1870–1952)

Chi non ha mai sentito il nome Maria Montessori? Nata nel 1870 a Chiaravalle, vicino ad Ancona, è stata una delle più influenti pedagogiste del Novecento. Il sistema educativo da lei ideato e che porta il suo nome è conosciuto in tutto il mondo. Il sistema Montessori si basa sull'idea che ogni bambino abbia delle potenzialità creative, il desiderio di imparare e il diritto di essere trattato da individuo. Dopo essersi laureata alla facoltà di medicina (la prima donna in Italia a farlo dopo l'unificazione), la Montessori lavora presso

Maria Montessori

la clinica psichiatrica dell'università di Roma, occupandosi dei problemi educativi dei bambini ritardati.

Nel 1907, apre a Roma la prima Casa dei Bambini, i cui alunni sono bambini provenienti dai quartieri poveri della città. È questa la prima volta in cui la Montessori applica i suoi metodi pedagogici ai bambini di intelligenza media. La scuola ha avuto un grande successo e in seguito ne sono state aperte altre basate sul modello Montessori in molti paesi, inclusi gli Stati Uniti. Secondo la filosofia di queste scuole, l'automotivazione e l'autoistruzione costituiscono i principi dell'apprendimento scolastico. In questo senso, Maria Montessori ha anticipato i tempi e ha rivoluzionato i metodi pedagogici dell'insegnamento che si applicano anche oggi con lo stesso successo. I suoi libri più importanti sono: *Antropologia pedagogica* (1910), *L'autoeducazione nelle scuole elementari* (1916) e *Manuale di pedagogia scientifica* (1930). La Montessori muore nel 1952 in Olanda, l'ultima tappa europea della dottoressa, che aveva lasciato l'Italia durante il governo fascista.

Oltre alla sua attività pedagogica, Maria Montessori ha contribuito al movimento dell'emancipazione femminile partecipando a vari convegni femministi. A causa della sua opposizione al fascismo, i suoi libri vengono bruciati a Berlino e a Vienna. In seguito ella si reca in vari paesi, disseminandovi le sue teorie pedagogiche e i suoi metodi di istruzione. Oggi esistono migliaia di scuole Montessori nel mondo.

Comprensione del testo

Domande e risposte. Rispondi alle domande in modo completo.

1. Chi è Maria Montessori?
2. Su quali idee si basa il suo sistema pedagogico?
3. Che importanza ha il fatto che si sia laureata alla facoltà di medicina?
4. Perché è stata importante la Casa dei Bambini aperta a Roma?
5. Quali sono i principi del metodo Montessori?
6. Dove e quando muore la Montessori?

Attività comunicative

A. Le scuole Montessori. Lavorate in coppie. Da bambini avete mai frequentato un asilo? Che tipo di asilo era? Qualcuno di voi ha frequentato una scuola Montessori? Ricordate alcune attività che avete svolto in classe? Parlatene!

Per cominciare:

STUDENTE 1: Da piccolo/a frequentavo una scuola Montessori.
STUDENTE 2: Anch'io, non dimenticherò mai...

B. Parli lingue straniere? Lavorate in coppie. Molti giovani americani cominciano ad imparare una lingua straniera troppo tardi, quando sono già al liceo o addirittura all'università. È stato scientificamente dimostrato che la lingua straniera si impara meglio da bambini; anzi fino all'età di sei anni, i bambini sono capaci di imparare tre lingue simultaneamente senza rendersi conto delle loro differenze, parlandole cioè con una fluenza da madrelingua. Quando avete cominciato a studiare un'altra lingua? Quali difficoltà avete incontrato?

Per cominciare:

STUDENTE 1: Io sono proprio negato/a per le lingue...
STUDENTE 2: Neanch'io, sono portato/a però...

C. Che lingua studiare? Lavorate in coppie. Lo spagnolo è la lingua più studiata negli Stati Uniti. Spiegate le ragioni di questo fenomeno. Secondo voi, è importante sapere un'altra lingua? Perché? Parlatene un po'!

Per cominciare:

STUDENTE 1: Al liceo l'unica lingua straniera offerta era lo spagnolo; avrei preferito...
STUDENTE 2: A me piace lo spagnolo, il suono delle parole è bello e...

Valentino Rossi: il centauro marchigiano (1979–)

A soli 21 anni questo giovanissimo pilota motociclistico diventa il primo italiano e solo il terzo pilota del mondo a vincere il mondiale in tre diverse categorie, nelle classi 125, 250 e 500. Questo campione bambino, ormai cresciuto, è nato nel 1979 a Urbino, ed è figlio di Graziano Rossi (arrivato terzo nei Mondiali del '79, Classe 250). A soli 11 anni debutta nel Campionato Italiano Sport Production, nella categoria 125, e a 18 anni diventa campione mondiale classe 125,

Valentino Rossi

con l'Aprilia. A 20 anni vince il Motomondiale Classe 250 e a 21 anni entra a far parte della rosa dei piloti leggendari assieme a Phil Read e Mike «the bike» Hailwood, gli unici a vincere i Mondiali in tre categorie. Nessuno però ha mai vinto tanti Gran Premi prima dei 23 anni: 37! Va anche menzionato che Rossi ha disputato un numero incredibile di Gran Premi, arrivando a vincerne circa la metà e conquistando un numero altrettanto grande di pole position.

Non deve sorprenderci il successo del giovanissimo Valentino visto che ha imparato a stare in equilibrio su due ruote ancor prima di camminare. Rossi non possiede solo uno straordinario talento motociclistico, ma anche una capacità di conquistare il pubblico con i suoi modi di festeggiare le sue vittorie. Spiritoso? Altroché! Travestimenti, prese in giro, scherzi; i fans di Rossi aspettano sempre la sua prossima «trovata».

Leggiamo insieme alcuni dei suoi detti.

Sulla velocità: «Fare il pilota vuol dire avere la capacità di calcolare e di essere assolutamente razionali. Un pilota non corre per correre ma per arrivare davanti agli altri e dunque la velocità non è un fine, ma uno strumento pericoloso che va dosato.»

Sulle cadute: «Ti arrabbi ma nella tua testolina ti domandi: "Perché sono caduto?" E la risposta è semplice: "Perché sono un somaro, tiravo troppo".»

Sulla paura: «Certo, ogni tanto uno "spaghetto" te lo prendi. Ma non è quello il punto. Io dico che la paura vera è quella fuori dalla gara, nella vita. È lì che bisogna dimostrare di essere grandi!»

Sugli amici: «Alla mia età non c'è nulla di più importante. Con gli amici ti diverti da matti, qualsiasi stupidata va bene: per ridere, ma anche per litigare. Ed è bello passare la serata a parlare di niente. A volte capita che non ti diverti ma stai bene lo stesso!»

Sui giornalisti: «Con loro bisogna stare attenti. Lo impari subito! Certo, alcuni giornalisti che pensano solo a fare scandalo o che riportano cose stravolte, li ammazzerei. Mi danno fastidio quelli che ti stanno addosso per qualsiasi cosa fai… Ma il problema maggiore è forse quando alcuni giornalisti, non tutti, fanno gli amici quando vai forte e ti voltano le spalle appena cominci ad andare male.»

Sulle ragazze: «Non sono mai stato un gran playboy e prima di cominciare a vincere non avevo avuto molto successo con le ragazze. Questo mestiere ti aiuta molto: ricevi molte telefonate, lettere e anche nell'approccio sei avvantaggiato. Comunque non bisogna dedicarci troppo tempo, perché ho paura che le donne siano come i giornalisti!»

Il consiglio ai giovani: «Per favore non imitatemi sulla strada. Non vorrei che qualcuno dicesse che sono un cattivo esempio per i giovani. Quello che io faccio in pista, come le pieghe e le impennate, per strada diventa pericolosissimo. Tutte le mie esultanze dopo una vittoria sono semplici celebrazioni per ricordare le imprese di gara.»

Parole nel contesto

A. Vocabolario del motociclismo. Traduci in inglese le seguenti espressioni.

1. pilota _____
2. due ruote _____
3. gara _____
4. pista _____
5. piega _____
6. impennata _____

B. Colloquialismi. Nell'ultima parte del testo, Rossi si esprime con un linguaggio colloquiale, informale. Spiega cosa significano le seguenti espressioni colloquiali.

1. «sono un somaro»:

   _____

2. «tiravo troppo»:

   _____

3. «uno 'spaghetto' te lo prendi»:

   _____

4. «essere grandi»:

   _____

5. «ti diverti da matti»:

   _____

6. «qualsiasi stupidata»:

   _____

7. «a volte capita»:

   _____

8. «quelli che ti stanno addosso»:

   _____

9. «ti voltano le spalle»:

   _____

Comprensione del testo

Domande e risposte. Rispondi in modo completo.

1. Perché è così speciale Valentino Rossi?

2. Qual è il suo successo più significativo?

3. Ti sembra un giovane con la testa a posto? Perché sì o perché no?

4. Cosa dice sulla paura? Sei d'accordo con lui?

5. Spiega la sua strategia di vittoria nelle gare motociclistiche.

6. Cosa pensi del suo consiglio rivolto ai giovani?

7. Spiega a parole tue la sua opinione sulle donne: cosa ne pensi?

Attività comunicative

A. I paparazzi. Lavorate in coppie. Rileggi l'opinione di Valentino Rossi sui giornalisti e parlane con un compagno/una compagna. Ha ragione lui? Come dovrebbero comportarsi i giornalisti? Come si comportano i giornalisti in America quando inseguono le celebrità? Cosa ne pensi?

Per cominciare:

STUDENTE 1: Secondo me, i paparazzi usano dei metodi troppo invadenti e pericolosi...

STUDENTE 2: Sì, però le celebrità hanno scelto quel tipo di vita...

B. Passatempi. Lavorate in coppie. Secondo Rossi, passare il tempo con gli amici è la cosa più importante per i giovani della sua età. Sei d'accordo? Quali altre cose sono importanti nella vita dei giovani? E tu, come passi il tuo tempo? Che cosa fai quando esci con gli amici?

Per cominciare:

STUDENTE 1: Secondo me, la famiglia è più importante degli amici...

STUDENTE 2: Alla nostra età si passa più tempo con gli amici...

C. (Moto)ciclismo. Lavorate in coppie. Segui il motociclismo o il ciclismo? Quali sono i tuoi atleti preferiti? Sono molto seguiti in America questi due sport? Perché? Ci sono delle gare ciclistiche e motociclistiche importanti in America? Quali sono le marche di motociclette più conosciute?

Per cominciare:

STUDENTE 1: Io non seguo il motociclismo ma...

STUDENTE 2: Io seguivo le vittorie di Lance Armstrong...

D. Per strada. Lavorate in coppie. Alla fine del brano, Rossi dà un consiglio ai giovani su come comportarsi sulla strada. Hai visto qualche motociclista comportarsi in modo pericoloso in mezzo al traffico? Ci sono più motociclisti in America o in Italia? Hai mai sperimentato di persona il traffico italiano? Come guidano gli italiani? E gli americani? Il seguente vocabolario ti sarà utile:

autista, corsia, autostrada, semaforo, incrocio, precedenza, vigile, multa, sorpassare, limite di velocità, incidente stradale

Per cominciare:

STUDENTE 1: Non ho mai guidato in Italia, ma ho sentito che...
STUDENTE 2: In Italia il traffico fa paura perché le motociclette...

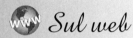 *Sul web*

A. Segnali stradali. Dai un'occhiata ai segnali stradali italiani. Cosa indicano? In che modo differiscono da quelli americani?

B. Motociclismo. Quali sono le ultime notizie dal motociclismo italiano? Chi vince? Quali sono le motociclette più forti? Ci sono notizie su Valentino Rossi?

academic.cengage.com/italian/parola

 Ascoltiamo! Visita il seguente sito per ascoltare il brano: academic.cengage.com/italian/parola

Domande personali: io, studente. Ascolta ogni domanda due volte e poi rispondi sia oralmente che in scritto.

1. _____

2. _____

3. _____

4. _____

5. _____

 *Sulla strada*

Visita il seguente sito per guardare il video: academic.cengage. com/italian/parola

Lo sport. Guarda il video e compila una lista di tutti gli sport menzionati. Riesci a identificarli tutti (ce ne sono undici)? Poi traducili in inglese.

italiano	inglese	italiano	inglese

Prova scritta

A. La pop culture. La *pop culture* ci bombarda ogni giorno attraverso tutti i mezzi comunicativi possibili. Secondo te, quale impatto ha sui giovani degli Stati Uniti?

B. Che tipo di genitore sarai? Immagina che un giorno vorrai avere dei figli. Sarai molto diverso dai tuoi genitori? Cosa permetterai di fare ai tuoi figli e cosa gli proibirai?

C. Padre o madre? I genitori hanno molto influsso sulle vedute dei propri figli. Chi dei tuoi genitori ha influenzato di più le tue idee politiche e religiose? In che modo differiscono i tuoi genitori e in quali sfere della tua vita hanno avuto il maggior impatto?

D. Ti piace leggere poesie? Hai un poeta preferito? Scrivi la recensione di una sua poesia. Puoi scegliere fra tutti i poeti, non solo quelli italiani.

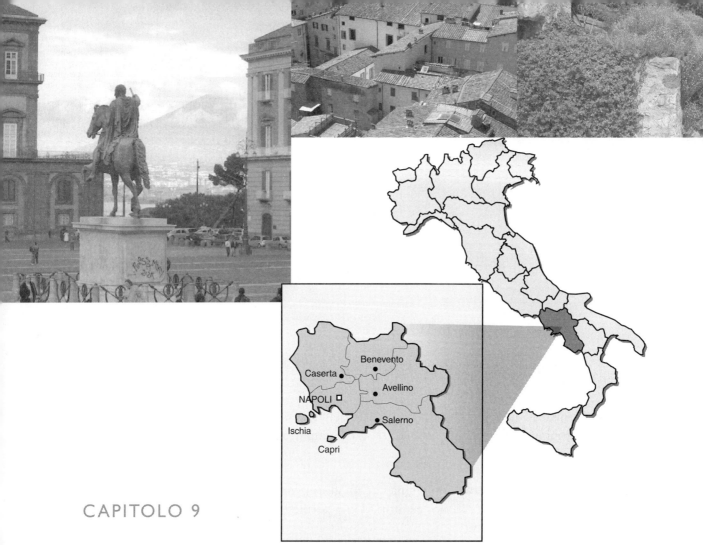

CAPITOLO 9

La Campania

 academic.cengage.com/italian/parola

Sul web
Ascoltiamo
Sulla strada

Entriamo nell'argomento

Sapevi che...

> ...la Campania è la seconda regione più popolata d'Italia e la prima per densità di popolazione?
>
> ...Napoli è la terza città italiana per grandezza?
>
> ...a Napoli si trova il più vecchio Conservatorio di Musica del mondo occidentale (1537)?
>
> ...un reddito notevole della regione viene dal turismo delle piccole isole di Capri e Ischia?

Prima di leggere

Prima di leggere il brano sulla Campania, ti sarà utile il seguente vocabolario essenziale. Consulta il glossario e trova il significato di queste parole.

pastificio	conservificio	entroterra	pendice
indebolimento	sfruttare	ondata	manodopera
biscazziere	stupefacente	giro d'affari	

Adesso con parole tue, spiega il significato di questi vocaboli.

1. _____

2. _____

3. _____

4. _____

5. _____

6. _____

7. _____

8. _____

9. _____

10. _____

11. _____

Profilo della regione

Territorio: 13.600 km²
Capoluogo: Napoli
Province: Napoli, Salerno, Avellino, Benevento e Caserta
Popolazione: 5.700.000

Geografia: 50% colline, 35% montagne, 15% pianure. Quattro vulcani, tra cui il più noto è il Vesuvio, in stato di quiescenza.
Clima: mediterraneo

 Ascoltiamo! Visita il seguente sito per ascoltare il brano: academic.cengage.com/italian/parola

Società. Ascolta il brano tre volte: la prima volta per capire il significato generale e la seconda volta inserisci le parole che mancano. Ascolta il brano una terza volta per controllare il contenuto.

Il meridione in generale, e la Campania in particolare, _____ _____ _____ i problemi economici. L'_____ del Sud ha le sue radici nel susseguirsi storico di diverse _____ _____ le quali spesso _____ la regione, noncuranti delle conseguenze delle loro azioni sulle popolazioni della regione. Anche se la Campania ha dimostrato la sua _____ __ _____ e la vivacità del suo spirito meridionale, la regione tuttavia _____ gravi problemi economici e sociali. La _____ campana è molto più alta della media nazionale (il 26,95% contro l'11,58%); si pensi al fatto che la disoccupazione lombarda, ad esempio, si aggira intorno al _____ _____. Per questa e altre ragioni, la Campania ha conosciuto due grandi ondate migratorie verso l'estero, la cosiddetta «_____ _____» a cavallo dei secoli XIX e XX, e l'emigrazione del _____ _____, stimolata dalla domanda di _____ nei paesi latinoamericani. Negli anni Cinquanta cambia la direzionalità dell'emigrazione campana, che sempre di più si dirige verso l'Europa _____.

Un po' di storia

QUANDO?		CHI?	COSA?
a.C.	VIII sec.	gli Aurunci e gli Opici	la Campania è centro della colonizzazione greca
	VI sec.	gli Etruschi	cade sotto il dominio etrusco; il nome Campania deriva dagli abitanti di Capua

	IV sec.	i Romani	comincia la romanizzazione della zona, ma Napoli conserva ancora a lungo caratteri ellenici
d.C.	476	gli Ostrogoti e i Bizantini; i Longobardi	dopo la caduta dell'Impero Romano la regione rimane unita sotto gli Ostrogoti e i Bizantini; con l'arrivo dei Longobardi cominciano le lotte interne
	XII sec.	i Normanni	la Campania così divisa è facile da conquistare per i Normanni; da allora la storia della Campania si confonde con quella della Sicilia, di cui diventa parte integrante
	'200	Carlo I d'Angiò	dopo l'avvento di Carlo I d'Angiò, Napoli diventa centro predominante; la Sicilia proclama la sua indipendenza (i cosiddetti Vespri Siciliani); nasce il Regno di Napoli
	'300	Roberto d'Angiò	il periodo di massimo splendore della Campania
	'500–'700	la Francia e la Spagna	la zona è contesa fra la Francia e la Spagna che alla fine se ne impadronisce; la regione diventa un vicereame spagnolo governato dai vicerè, e perde non solo la sua autonomia politica, ma anche ogni prosperità economica
	1647	Masaniello	un semplice figlio del popolo organizza un tumulto popolare, ma la vicenda ha una fine tragica
	1806	Giuseppe Bonaparte	costituisce un regno indipendente
	1860	Giuseppe Garibaldi	sotto il re Francesco II, la Campania cessa di esistere come stato autonomo ed entra a far parte del Regno d'Italia; la regione sin dall'inizio dimostra notevoli difficoltà di inserimento nel quadro politico, economico, finanziario e culturale del regno, dando vita alla «questione meridionale»

Quadro economico

La Campania è l'unica regione del Sud italiano che abbia un'industria ben sviluppata, specialmente intorno a Napoli. Le industrie tradizionali sono i pastifici e i conservifici mentre maggiore importanza economica hanno l'industria siderurgica, meccanica e tessile. Ci sono anche le industrie del legno, dell'abbigliamento, del cemento e quelle chimiche. Lungo la costiera hanno luogo le maggiori coltivazioni di ortaggi, frutta, uva e olive. Nell'entroterra invece si coltivano i cereali. Nella baia di Napoli, dove si trova uno dei più importanti porti italiani, è molto sviluppata anche la pesca. Notevole è l'allevamento dei bufali e la raccolta dei coralli, i quali forniscono la base dell'artigianato di gioielli a Napoli.

La viticoltura della Campania ha antiche tradizioni la cui continuità è stata preservata quasi intatta. I vini riconosciuti in tutta l'Italia sono il Lacrima Cristi, dalle pendici del Vesuvio, l'Epomeo dall'isola di Ischia e i vini della penisola di Sorrento. Il turismo ha un importantissimo ruolo nell'economia della regione, grazie alle bellezze naturali e ai pregi artistici della costiera napoletana. Un reddito notevole viene dal turismo delle isole di Capri e Ischia, le destinazioni favorite dai turisti domestici e stranieri.

Società

Tuttavia, il meridione in generale, e la Campania in particolare, ha sempre combattuto i problemi economici. L'indebolimento del Sud ha le sue radici nel susseguirsi storico di diverse dominazioni straniere le quali spesso sfruttavano la regione, noncuranti delle conseguenze delle loro azioni sulle popolazioni della regione. Anche se la Campania ha dimostrato la sua capacità di ripresa e la vivacità del suo spirito meridionale, la regione tuttavia affronta gravi problemi economici e sociali. La disoccupazione campana è molto più alta della media nazionale (il 26,95% contro l'11,58%); si pensi al fatto che la disoccupazione lombarda, ad esempio, si aggira intorno al 5%. Per questa ed altre ragioni, la Campania ha conosciuto due grandi ondate migratorie verso l'estero, la cosiddetta «grande emigrazione» a cavallo dei secoli XIX e XX, e l'emigrazione del secondo dopoguerra, stimolata dalla domanda di manodopera nei paesi latinoamericani. Negli anni 50 cambia la direzionalità dell'emigrazione campana, che sempre di più si dirige verso l'Europa settentrionale.

Uno degli infelici residui del dominio spagnolo in Campania è anche la «camorra», l'organizzazione criminale campana affine alla «Cosa nostra» siciliana. L'origine della parola non è stata ancora determinata con assoluta certezza, ma è possibile che derivi da una giacca corta indossata da banditi spagnoli detta *gamurri,* oppure sarebbe connessa a «morra» che significa «raggruppamento di malfattori». La parola si riferisce anche ad una «tassa sul gioco d'azzardo» che bisognava pagare a chi proteggeva i locali, ed è con questo significato che appare in un documento ufficiale del Regno di Napoli nel 1735.

A differenza di «Cosa nostra», la «camorra» si sviluppa principalmente nei quartieri popolosi della città di Napoli e non in campagna. All'inizio si occupa principalmente della riscossione di percentuali dai numerosi biscazzieri presenti nelle strade di Napoli, ma ben presto le estorsioni si espandono fino ad includere quasi tutti i commercianti. Nonostante la sua violenza ed i crimini perpetrati, i camorristi godono della benevolenza del popolo perché offrono l'apparenza di un minimo di giustizia nell'indifferenza totale dei governatori. Oltre a controllare il traffico di stupefacenti e del contrabbando, a partire degli anni '70, la «camorra», che è organizzata in «famiglie» su basi territoriali, ha esteso il suo potere criminale nel settore delle costruzioni edilizie e degli appalti pubblici, arrivando a controllare l'economia e anche la pubblica amministrazione di vaste aree della Campania. Questa piaga del sud d'Italia è allo stesso tempo causa ed effetto di gran parte dei problemi socioeconomici della regione. Negli anni '90, il Governo italiano ha eseguito l'operazione «Partenope» nella quale 500 soldati dell'esercito italiano sono stati mandati a Napoli a seguito dei numerosi omicidi verificatisi nella guerra fra clan rivali. L'operazione ha avuto risvolti positivi, ma non è riuscita a debellare il fenomeno camorristico. Sui guadagni della «camorra», oggi esistono addirittura dei modelli elaborati dall'Eurispes (Istituto di studi politici, economici e sociali): sembra che la «camorra» guadagni ben 7.230 milioni di euro l'anno dal traffico di droga, 2.582 milioni da crimini legati all'imprenditoria (appalti truccati, riciclaggio del denaro sporco, ecc.), 258 milioni dalla prostituzione, 2.066 milioni dal traffico di armi e 362 milioni dall'estorsione e dall'usura. Il giro d'affari complessivo sarebbe di circa 12 miliardi e mezzo di euro all'anno.

Cucina

La cucina napoletana rappresenta grosso modo l'intera gastronomia della Campania. Il suo vero successo è la pizza che è un'invenzione molto antica. I prodotti tipici della zona che fanno parte della sua tradizione culinaria sono la mozzarella di bufala, il pomodoro San Marzano (arrivato a Napoli dalla Spagna nel XVI secolo) e i limoni di Sorrento con cui si fa il famoso liquore chiamato Limoncello.

Parole nel contesto

A. Sinonimi. Cerca nel testo i sinonimi delle seguenti parole.

1. il Sud _____

2. un grave male _____

3. il golfo _____

4. i lavoratori _____

5. i guadagni _____

6. la droga _____

7. vincere _____

8. l'importazione illegale _____

Comprensione del testo

A. Parliamo di storia. Rispondi alle domande.

1. Quale popolo esercitò il più grande influsso sulla regione nell'antichità?

2. Da dove deriva il nome «Campania»?

3. Perché i Normanni poterono conquistare facilmente la regione?

4. La Campania per secoli seguì il destino di un'altra regione italiana. Quale?

5. Cosa furono i Vespri Siciliani?

6. Quali due nazioni lottarono per la Campania?

7. Chi fu Masaniello?

8. Dove affondano le radici storiche della «questione meridionale»?

B. Completiamo. Dopo aver letto il testo ancora, completa le frasi che seguono.

1. Il capoluogo della Campania è _____.

2. Le province della regione sono _____.

3. Le industrie importanti sono _____.

4. I notevoli prodotti agricoli sono _____.

5. A Napoli è specialmente sviluppato _____.

6. I vini più riconosciuti sono _____.

7. Il prodotto più famoso della cucina napoletana è _____.

8. Il limoncello è _____.

9. La «camorra» è _____.

10. La loro principale fonte di reddito è _____.

Cuciniamo insieme!

Leggi la ricetta e completa l'esercizio che segue.

Vermicelli alla vesuviana

Ingredienti: 1 kg. di pomodori pelati, 2 spicchi d'aglio, 1 peperoncino forte, 150 gr. di olive verdi, 50 gr. di capperi, ½ misurino d'olio, prezzemolo tritato, 400 gr. di vermicelli

Preparazione: Fare rosolare l'aglio nell'olio, unire i pomodori pelati e far cuocere per circa 15 minuti a fuoco lento. Aggiungere i capperi, le olive verdi, snocciolate e tagliuzzate, e il peperoncino, lasciando cuocere per altri 15 minuti. Con questo sugo condire i vermicelli lessati al dente, aggiungendo il prezzemolo tritato finemente.

Scrivi i contrari delle seguenti parole.

1. spelato _____

2. debole _____

3. tagliato a grossi pezzi _____

4. separare _____

5. veloce _____

6. con nocciole _____

Attività comunicative

A. Pizza, pizza! Lavorate in coppie. La pizza è l'invenzione più nota della cucina napoletana, ma la sua popolarità si diffonde in tutto il mondo, inclusi gli Stati Uniti. Parlate delle pizze americane e delle occasioni in cui la gente le mangia. Descrivete le vostre pizze preferite.

Per cominciare:

STUDENTE 1: Io preferisco la pizza con le acciughe, e tu?
STUDENTE 2: Non dirmelo, io le odio...

B. Ordiniamo una pizza. In gruppi, vi trovate in una pizzeria. Uno studente/Una studentessa è il cameriere/la cameriera e gli altri decidono che tipo di pizza vogliono. Il cameriere/La cameriera si irrita perché voi cambiate idea in continuazione.

Per cominciare:

STUDENTE 1: Ho fame e voglio una pizza grande!
STUDENTE 2: Perché non ne ordiniamo due grandi?...

C. La questione del Sud. Lavorate in coppie. Il sud d'Italia è spesso considerato sottosviluppato. Quali stati negli Stati Uniti hanno seguito un simile percorso? Quali, secondo voi, sono le ragioni dei loro problemi economici?

Per cominciare:

STUDENTE 1: Una volta ho viaggiato in Virginia e mi pare che...
STUDENTE 2: Io sono della Giorgia e da noi...

D. Criminalità organizzata. Lavorate in coppie. Le origini della «camorra» sono storiche, ma l'organizzazione è ancora molto forte oggi. Secondo voi, perché è impossibile sradicarla e quali sono le ragioni del suo continuo successo?

Per cominciare:

STUDENTE 1: Secondo me, la ribellione contro le autorità...
STUDENTE 2: Mi sorprende che il popolo l'appoggi...

Curiosità

Sai cosa vuol dire l'espressione «al dente»? La pasta cotta al dente è ancora un po' resistente al morso, ma il suo centro è cotto. La pasta fatta in questo modo è più facilmente digeribile ed è il modo preferito di cottura degli italiani.

Sul web

A. La pizza: da dove viene e a quando risale? Cerca delle informazioni sulle origini della pizza. Scambia le informazioni trovate con quelle degli altri.

B. La mozzarella. Come si fa la vera mozzarella di bufala e in quali piatti si usa?

Ci sono altri tipi di mozzarella? Quali? Fai una ricerca su Internet e informa la classe di quello che hai trovato.

C. La ricetta tradizionale. Trova una ricetta tradizionale della Campania e presentala alla classe.

academic.cengage.com/italian/parola

Città, cittadine e paesi

Napoli: la metropoli del Sud

La splendida vista del golfo di Napoli.

Il nome della città origina dall'antica Neapolis (Nuova Città) che una volta fu la capitale del Regno delle due Sicilie. Napoli oggi è la più importante metropoli del Mezzogiorno italiano e il suo centro bancario e intellettuale. La città è fortemente legata alla tradizione, riguardo alla sua vita artistica e culturale, alla gastronomia e ai costumi, ma allo stesso tempo riflette tutti i cambiamenti avvenuti con i tempi moderni. La parte più antica di Napoli si trova a Est, vicino alla baia e il Castello Sant'Elmo, situato sul colle del Vomero che domina il panorama della città. Nel centro storico si trovano i cosiddetti «vicoli», stradine strette, piene di botteghe che rappresentano tantissimi mestieri (tra cui l'artigianato della lavorazione del corallo e della tartaruga) e anche gli ambulanti. Ciò che si nota subito è un continuo e vivace movimento di gente e di merci. Napoli ha un clima mite e costante che, assieme alle sue bellezze naturali e ai tesori artistici, ne fa una delle città più affascinanti d'Italia.

Un po' di storia

Similmente a molte altre città italiane, Napoli fu sotto il dominio straniero per vari secoli; fu dominata dagli Spagnoli, dagli Austriaci e dai Francesi. Nel 1820 e nel 1848, la città fu il centro di moti liberali e nel 1860 entrò a far parte dell'Italia libera. Nella storia recente, l'anno 1943 fu importante perché i napoletani riuscirono, dopo quattro giorni di feroci combattimenti, a cacciare gli invasori tedeschi dalla loro città. Nello stesso anno a Napoli entrarono gli Alleati angloamericani.

Quadro economico

Le industrie più importanti sono quella siderurgica, meccanica (navale e ferroviaria), elettrica, alimentare (la pasta, le conserve, l'olio) e delle raffinerie di petrolio. Napoli è anche un porto commerciale e passeggero e un tempo fu il luogo di partenza per migliaia di poveri emigrati meridionali. La città è ricca di palazzi, castelli e chiese tra cui i più famosi sono il palazzo di Capodimonte, il Castel Nuovo e il Duomo. Nel secolo XVII e XVIII, l'arte barocca trova a Napoli un ambiente assai accogliente. Ci sono anche delle ricche biblioteche e dei musei come il Museo Nazionale, il Museo di Capodimonte e il Museo di San Martino. L'università di Napoli fu fondata nel lontano 1224 e il Conservatorio di musica (il più antico del mondo occidentale) nel 1537. Vale la pena di notare che il famoso tenore napoletano Enrico Caruso debuttò al Teatro Bellini nel 1894. Alla ricca tradizione musicale di Napoli si aggiunge anche la «tarantella», considerata una forma di danza distinta dalle altre per la sua forma ritmica e gioiosa. Questo ballo, secondo le credenze popolari, serve a liberarsi dal veleno del morso della tarantola e da ciò deriva il suo nome. Il teatro napoletano gode di una lunga tradizione dalla quale sono sorti famosissimi attori come il comico Totò e la famiglia de Filippo di cui fanno parte tre fratelli, tutti attori e autori del teatro dialettale napoletano.

Cucina

È interessante il fatto che il primo libro italiano di cucina sia stato scritto a Napoli all'inizio del Trecento. Si tratta di un ricettario in latino. La gastronomia napoletana subisce grossi cambiamenti con l'arrivo dall'America di prodotti come pomodori, patate, melanzane, peperoni, fagioli, cacao e tacchino. Alla ricca tradizione culinaria di verdura si aggiungono altri piatti creati con ingredienti portati dal nuovo continente. I dolci di Napoli sono indimenticabili e le persone che li assaggiano per la prima volta rimangono stupite dalla ricchezza e dalla raffinatezza dei loro sapori.

Parole nel contesto

A. Scegliamo. Scegli il significato corretto delle seguenti espressioni.

1. la bottega
   a. il negozio   b. la bottiglia

2. il mestiere
   a. un lavoro manuale   b. la professione

3. l'ambulante
   a. il commesso   b. il venditore che si sposta

4. il moto
   a. la motocicletta   b. il movimento

5. cacciare
   a. andare a caccia   b. buttare fuori

B. I verbi. Scrivi i verbi che hanno la stessa radice di queste parole.

1. il combattimento _____

2. accogliente _____

3. distinto _____

4. la credenza _____

5. il veleno _____

6. il morso _____

Comprensione del testo

Domande e risposte. Rispondi alle domande che seguono in modo completo.

1. Da dove origina il nome di Napoli?

2. Cos'è il Vomero?

3. Come si chiamano le vie nella zona storica della città?

4. Quale artigianato è molto popolare?

5. Quali sono le industrie più importanti?

6. Quale stile artistico domina nella città?

7. Cos'è la «tarantella»?

8. Quali prodotti alimentari arrivano dall'America?

Cuciniamo insieme!

Tanti piatti napoletani contengono i fagioli. Leggi la ricetta e completa gli esercizi che seguono.

Fagioli alla paesana

Ingredienti: 500 gr. di fagioli, 200 gr. di cipolline, ½ litro di brodo, 1 spicchio d'aglio, 50 gr. di burro, 30 gr. di farina, ½ tazza di salsa, erbe aromatiche, sale, pepe

Ricetta: Cuocere i fagioli in un tegame di terracotta con le erbe aromatiche. Tritare le cipolle e farle rosolare nel burro caldo; cospargere con farina, bagnare con il brodo e dopo un po' unire il tutto con la salsa di pomodoro e una puntina d'aglio, sale, pepe, lasciando ridurre il liquido a metà. Quando i fagioli saranno cotti, colarli e passarli al setaccio, unirli alla salsetta e servire.

Le seguenti parole sono nella loro forma diminutiva. Mettile nella forma originale.

1. la cipollina _____

2. la puntina _____

3. la salsetta _____

Scrivi tutti i nomi che derivano dai seguenti verbi.

1. cuocere _____

2. bagnare _____

3. unire _____

4. ridurre _____

Attività comunicative

A. La musica in America. Lavorate in coppie. Napoli è considerata una città molto musicale. Parlate di una città statunitense nota per una vivace vita musicale. Avete mai visto uno spettacolo in questa città? Raccontate le vostre impressioni.

Per cominciare:

STUDENTE 1: Ho visto il concerto di Madonna a New York...
STUDENTE 2: Io invece sono stata a New Orleans e ho ascoltato...

B. La musica folk. Lavorate in coppie. La musica folk è molto popolare negli Stati Uniti. Nashville rappresenta la Mecca per i cantanti che vogliono diventare delle star. Vi piace questo tipo di musica? Parlatene.

Per cominciare:

STUDENTE 1: Non mi piace per niente...
STUDENTE 2: A me però alcuni cantanti piacciono, come per esempio...

C. Andiamo a Ellis Island! Lavorate in coppie. New York era il porto principale per gli immigrati da tutto il mondo, inclusi gli italiani. Cosa sapete di Ellis Island? Forse qualcuno della vostra famiglia ci è passato? Parlatene.

Per cominciare:

STUDENTE 1: Mio nonno è arrivato a New York nel...
STUDENTE 2: I miei sono la terza generazione nata negli Stati Uniti...

Curiosità

La Napoli sotterranea

Nel centro storico di Napoli, un visitatore curioso può trovare dei piccoli negozi familiari, molti dei quali risalgono al Medioevo. I negozi, cosiddetti «bassi», consistono in una sola stanza che funge da negozio e da casa familiare. Da alcuni di questi «bassi» si può scendere nel vasto complesso di canali sotterranei greco-romani. Lunga circa un centinaio di chilometri, questa vera e propria città sotterranea è nel passato servita come una sorgente d'acqua per la città. Durante la seconda guerra mondiale, i canali erano per settimane, o addirittura per mesi, occupati da gente che vi si rifugiava dai bombardamenti degli Alleati. Però, siccome si tratta di un ambiente malsano, qualche decennio fa il governo li ha ufficialmente chiusi e adesso non sono più aperti al pubblico.

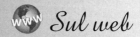 **Sul web**

A. La musica napoletana. Quali sono le sue origini? Quali sono le canzoni più popolari? Conosci qualche musicista napoletano? Riferisci quello che hai trovato alla classe.

B. La musica in dialetto. Trova dei testi di canzoni napoletane. Scegline uno e cerca di tradurlo in italiano standard. Infine, portalo in classe per una discussione sulle caratteristiche del dialetto napoletano.

C. L'artigianato. L'artigianato in Campania è molto sviluppato. Visita i siti di diverse aziende per conoscerne meglio l'offerta. Quale gamma di prodotti offrono?

academic.cengage.com/italian/parola

In dialetto

Secondo molti linguisti, il napoletano è una lingua derivata dal latino, piuttosto che un dialetto. Nel corso della storia ha subito molte influenze e prestiti stranieri da popoli che attraverso i vari secoli dominarono il territorio della regione, tra cui greci, bizantini, normanni, francesi e spagnoli.

Alcune caratteristiche fonetiche interessanti sono:

- il frequente troncamento dell'ultima sillaba: «Gennaro» diventa «Gennà»
- il suono delle vocali non accentate è pressapoco uguale, simile al suono /ə/ nella parola inglese «stir»: «casa» diventa «casə»
- la «s» seguita da consonante è spesso pronunciata /ʃ/ come in «shoe»: «sposarsi» diventa «ʃposarsi», «aspettare» diventa «aʃpetà»
- la «d» intervocalica spesso diventa «r»: «Madonna» diventa «Maronə»
- in posizione iniziale, la «g» nei gruppi «gua» e «gue» è quasi silenziosa: «guasto» diventa «uasto»

Cosa significano i seguenti proverbi napoletani?

1. *Vide Napule e po' muore.* _____

2. *'A mugliera 'e ll'ate è sempe cchiu' bella.* _____

3. *Nisciuno è nato 'mparato.* _____

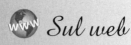 **Sul web**

Comici napoletani. Guarda i video clip di comici napoletani come Massimo Troisi e i membri del gruppo La smorfia. Riesci a capire cosa dicono? Ti fanno ridere?

academic.cengage.com/italian/parola

Pompei ed Ercolano: i resti di un mondo perduto

Pompei ed Ercolano sono tra le maggiori attrazioni della Campania. Pompei si trova a 23 chilometri da Napoli, alle falde sudorientali del vulcano Vesuvio mentre Ercolano è a 9 chilometri da Napoli. Ciò che attira i turisti, gli storici, gli archeologi e gli scienziati sono le rovine rimaste dopo la cataclismica eruzione del Vesuvio (79 d.C.) che, oltre a Pompei, distrusse anche le città di Ercolano e Stabia.

Vista panoramica del foro di Pompei con il Vesuvio in fondo.

Un po' di storia

L'antica città di Pompei fu fortemente influenzata dalla cultura greca e dal secolo VI al V cadde sotto l'egemonia etrusca. Il dominio degli Etruschi finì con la vittoria dei Greci nel 474 a.C. I Sanniti, una tribù italica, ampliarono e abbellirono la città che più tardi diventò colonia romana. L'antica Ercolano (Heracleia) era di origine greca e secondo la leggenda fu fondata dall'eroe Ercole. In seguito, entrò anch'essa nell'orbita romana (Hercolaneum).

Il corso della storia di tutte e due le città fu per sempre alterato dalla violenta eruzione vesuviana che le distrusse in meno di 24 ore, coprendole di cenere e bruciando con le piogge acide la fertilissima campagna che le circondava. Si formò una gigantesca nube di ceneri, pomice e blocchi di gas a forma di pino, che raggiungeva circa 17 chilometri di altezza. Gli strati di pomice seppellirono completamente Pompei, Ercolano e le zone vicino al Vesuvio. Questa prima eruzione fu seguita da un terremoto che di nuovo sconvolse il Vesuvio. Un'altra valanga di gas, frammenti magmatici e materiale solido seppellirono Ercolano sotto un fango spesso da 15 a 25 metri. Entro tre giorni la furia del vulcano fece 2.000 vittime.

Nei secoli seguenti, il Vesuvio rimase sempre attivo, con l'eccezione del periodo che va dal 1500 al 1631 quando restò relativamente inattivo. Però i danni dell'eruzione vulcanica del 1631 furono di gran lunga superiori a quelli del 79 d.C. Le lave, insieme a ceneri e lapilli, raggiunsero in due ore di nuovo Pompei, Ercolano e le zone circostanti. Questa volta si contarono 4.000 persone e oltre 6.000 animali morti, con 40.000 fuggiaschi. Dopo quest'eruzione il Vesuvio entrò in una fase di attività persistente che sarebbe durata fino al 1944.

Il panorama dei ruderi di Ercolano.

L'eruzione più forte del XX secolo avvenne nel 1906. Il Vesuvio è senza dubbio il vulcano più famoso della terra, l'unico vulcano continentale attivo ed anche uno dei più pericolosi. Durante i tre periodi cronologici della sua attività vulcanica, il vulcano e il paesaggio circostante hanno subito delle trasformazioni geomorfologiche, topografiche, florofaunistiche e antropiche.

Le rovine di Pompei vennero scoperte per la prima volta dall'architetto Domenico Fontana. Gli scavi cominciarono prima a Ercolano e nel 1748 a Pompei. Si portarono alla luce le rovine di templi, terme, palestre, la casa dei Vettii, degli Amorini, del Menardo, del Fauno e la villa dei Misteri. Le decorazioni murali delle case pompeiane sono un documento importante per l'analisi dello sviluppo della pittura romana. Gli scavi delle due città scoprono non solo le strutture urbanistiche e le creazioni artistiche ma offrono anche delle informazioni sulla vita giornaliera dei loro abitanti.

Quadro economico

Oggi, nonostante le continue minacce del Vesuvio, le sue falde sono fittamente abitate e intensamente coltivate perché il suolo lavico è ricco di minerali, il terreno ha un ottimo drenaggio e il clima della zona è mediterraneo. Alla base si trovano i campi orticoli, più in alto si coltivano la vite e la frutta e a oltre 700 metri di altezza si trovano boschi di pini, castagni e perfino le ginestre. A Pompei sono sviluppate le industrie alimentare, cartaria e poligrafica nonché il turismo. L'attuale Ercolano, che fino al 1969 si chiamava Resina, è un importantissimo centro archeologico. Vi si producono anche oggetti di pelle e di vetro e il vino chiamato Lacrima Cristi. Nel 1995, nasce il Parco Nazionale del Vesuvio, ricco di flora e fauna specifiche del terreno vulcanico, il che contribuisce allo sviluppo del turismo locale.

Parole nel contesto

A. Completiamo. Completa le frasi con le parole che seguono.

i frammenti magmatici   le ceneri   bruciano   alle falde   sconvolge

1. Pompei si trova _____ del Vesuvio

2. Dopo l'eruzione _____ coprono Pompei ed Ercolano.

3. Le piogge acide _____ la campagna.

4. Il terremoto _____ di nuovo il Vesuvio.

5. _____ seppelliscono Ercolano.

B. Sinonimi. Dopo aver letto il testo ancora, trova i sinonimi delle seguenti parole.

1. estendere _____

2. rendere bello _____

3. la nuvola _____

4. alto _____

5. le piccole pietre _____

6. il posto dove si fa ginnastica _____

C. Applicazioni. Scrivi delle frasi complete con le seguenti espressioni.

| la valanga | il fango | essere di gran lunga |
| portare alla luce | le ginestre | lo strato |

1. _____

2. _____

3. _____

4. _____

5. _____

6. _____

D. Derivativi. Le seguenti parole originano da altre parole. Scrivi le loro parole base.

1. i fuggiaschi _____

2. murale _____

3. fittamente _____

4. orticolo _____

E. Nomi composti. Scrivi le parole che compongono i seguenti nomi.

1. geomorfologico _____ _____

2. topografico _____ _____

3. florofaunistico _____ _____

Comprensione del testo

Domande e risposte. Rispondi alle domande in modo completo.

1. Quando avviene la prima grande eruzione del Vesuvio?

2. Quali città sono distrutte?

3. Quante persone sono morte?

4. In che senso l'eruzione del 1631 è la più catastrofica?

5. Il Vesuvio è ancora attivo?

6. Quando viene registrata l'ultima eruzione?

7. Quando cominciano gli scavi a Pompei e cosa viene scoperto?

8. Come sono oggi Pompei ed Ercolano?

9. Perché suscitano un grande interesse?

Attività comunicative

A. Catastrofi naturali. Lavorate in coppie. Nonostante tutta la tecnologia oggi a disposizione dell'uomo per prevedere le catastrofi naturali, spesso restiamo ancora vittime del furore della natura. Ricordate i maremoti recenti che hanno ucciso migliaia di persone. Parlate delle conseguenze di un tale evento tragico: come viene sconvolta la vita della gente, quali cambiamenti subisce l'ambiente, e così via.

Per cominciare:

STUDENTE 1: Ho letto che...
STUDENTE 2: C'erano tanti bambini spariti...

B. Archeologia. Lavorate in coppie. Da sempre vi interessano gli scavi archeologici, e ci sono delle località storiche che vi piacerebbe vedere. Spiegate l'uno/a all'altro/a cosa vi affascina di esse.

Per cominciare:

STUDENTE 1: Io penso che le piramidi egiziane siano meravigliose...
STUDENTE 2: Mi interessano di più gli animali preistorici...

C. Il volontariato. Lavorate in gruppi. Dopo ogni catastrofe naturale, si sveglia lo spirito di compassione della gente. Avete mai fatto un lavoro come volontario/a? Parlate dell'esperienza che avete fatto e perché. Spiegate perché il volontariato è tanto sviluppato negli Stati Uniti. Scambiate le vostre opinioni e conclusioni con gli altri gruppi.

Per cominciare:

STUDENTE 1: Due volte alla settimana, vado alla casa rifugio per le donne maltrattate...

STUDENTE 2: Io leggo ai bambini...

 Sul web

A. Conosciamo Pompei. Trova la mappa dell'antica Pompei e identifica i luoghi più importanti. Fai un tour virtuale fra le rovine di Pompei e informa la classe delle tue scoperte.

B. Pompei ed Ercolano. Trova delle informazioni sugli scavi più recenti sia ad Ercolano che a Pompei. Informane la classe.

C. Gli scavi archeologici. Trova delle informazioni sulle recenti scoperte archeologiche o antropologiche in Campania.

academic.cengage.com/italian/parola

 Ascoltiamo! Visita il seguente sito per ascoltare il brano: academic.cengage.com/italian/parola

L'isola di Capri. Ascolta il brano due volte e rispondi alle domande che seguono.

1. Perché è famosa l'isola di Capri?
2. Come sono la flora e la fauna?
3. Come si chiama una delle maggiori attrazioni turistiche dell'isola?
4. Perché attira tanti turisti?

Alcuni campani famosi
Giordano Bruno: il difensore del libero pensiero
(1548–1600)

Giordano Bruno, noto anche come Bruno Nolano o Bruno da Nola, nacque nel 1548 a Nola, in Campania. Fu sacerdote domenicano a Napoli dove conseguì la laurea in teologia. Ben presto arrivò la prima accusa di eresia, per cui Bruno fuggì a Roma, poi in Liguria e in seguito a Parigi. Cominciò così il suo peregrinare in tutta Europa: Svizzera, Francia, Germania, Inghilterra e Repubblica Ceca. Ovunque andasse, veniva dapprima accolto con calore perché si ammirava il suo spirito libero, la sua cultura, la sua eloquenza e la sua padronanza dell'arte della memoria, molto apprezzata in quell'epoca. Ma le sue dottrine inevitabilmente finivano per urtare con le credenze dei suoi ospiti e perciò Bruno si rendeva indesiderato in ogni ambiente in cui si rifugiava.

Giordano Bruno

Mentre si trovava in esilio, lasciò l'ordine domenicano e diventò calvinista per poi essere scomunicato. Stanco dell'esilio, giunse infine a Venezia su invito del patrizio veneziano Giovanni Mocenigo che da lui voleva imparare la mnemotecnica e la geometria. L'anno successivo, però, fu denunciato dallo stesso Mocenigo, quindi arrestato e processato per eresia. Estradato a Roma, subì un processo che durò ben 8 anni. Lo scopo del Tribunale dell'Inquisizione era quello di estirpare l'eresia con ogni mezzo, di scovare l'eretico e portarlo all'abiura e al pentimento. Del processo a Bruno ci pervengono le minute dei lunghi interrogatori, dalle quali si può constatare come inizialmente egli fosse a disconoscere alcuni dei suoi scritti, ma il successivo approfondimento degli interrogatori rivelò che il fulcro della teoria di Bruno risiedeva nella sua concezione di un universo infinito. Egli fu quindi condannato a morte, portato in Campo dei Fiori a Roma, denudato, legato al palo e bruciato vivo il 17 febbraio del 1600.

Giordano Bruno non era né la prima né l'ultima vittima dell'Inquisizione, ma lui fu molto più di un semplice eretico. Per la prima volta la Chiesa cattolica eliminava il fautore di una teoria scientifica allora nuova in Europa. Nella sua opera *Cena de le ceneri*, Bruno difese l'eliocentrismo di Copernico, e negli scritti *De la causa, principio et uno* e *De l'infinito, universo e mondi*, sostenne che le stelle che vediamo di notte sono simili al nostro sole, che l'universo è infinito e contiene un numero infinito di mondi, e che tutti questi mondi sarebbero abitati da esseri intelligenti. Le sue idee sull'universo hanno anche delle implicazioni teologiche perché, secondo Bruno, la vera eucarestia è la comunione con la divinità attraverso la contemplazione dell'universo. Ciò comunque mette in dubbio il dogma della Trinità e la Redenzione tramite il Cristo, in quanto la rende non più necessaria.

Nel 1603, tutte le opere di Bruno furono messe all'Indice dei libri proibiti (*Index librorum prohibitorum*), che fu soppresso solo nel 1965! Insieme alla successiva abiura di Galileo Galilei, l'esecuzione di Giordano Bruno segna uno dei momenti più bui dell'Inquisizione cattolica.

Solo 400 anni dopo, papa Giovanni Paolo II ha espresso ufficialmente il dolore per la condanna a morte di Bruno, ammettendo l'errore commesso. Tuttavia, non è mai stato tolto dal catalogo dei santi l'inquisitore di Bruno, il Cardinale Roberto Bellarmino.

Sebbene sia difficile determinare l'influenza intellettuale di Giordano Bruno sui fondatori dell'astronomia moderna (Copernico, Galileo, Keplero, Newton), fermo resta il fatto che egli ha svolto un ruolo di grande rilevanza nella storia dell'evoluzione del pensiero scientifico.

Parole nel contesto

A. Concetti difficili. Abbina i concetti della colonna A con le definizioni della colonna B. Poi dai la definizione dell'ultimo concetto.

A	B
1. mnemotecnica	_____ il sacramento del Cristianesimo, il memoriale della passione e della morte del Signore
2. eliocentrismo	_____ il sistema teologico-dottrinale che segue il concetto della doppia predestinazione
3. calvinismo	_____ la ritrattazione solenne di una religione o dottrina religiosa riconosciuta come erronea
4. inquisizione	_____ _____
5. eresia	_____ il tribunale ecclesiastico per reprimere l'eresia
6. abiura	_____ arte dell'esercizio razionale della memoria
7. teologia	_____ la teoria astronomica che pone il sole al centro del moto di rivoluzione dei pianeti
8. eucaristia	_____ la dottrina che nega una verità rivelata da Dio

B. Cosa vuol dire? Dopo aver letto il testo ancora, scegli la spiegazione che meglio descrive il significato della frase in corsivo.

1. Le dottrine di Bruno inevitabilmente *urtano le credenze* dei suoi ospiti.
   a. Si scontrano con le loro idee.
   b. Concordano con le loro idee.
   c. Negano le loro idee.

2. Bruno *si rendeva indesiderato* in ogni ambiente in cui si rifugiava.
   a. I sentimenti verso di lui cambiavano.
   b. Lui stesso creava la situazione in cui doveva di nuovo partire.
   c. Lui cominciava a sentire disprezzo per l'ambiente in cui si trovava.

3. Bruno diventò calvinista per poi *essere scomunicato*.
   a. Con lui non volevano più comunicare le autorità ecclesiastiche.
   b. Fu escluso dalla comunione dei fedeli.
   c. Non gli fu permesso di entrare nelle chiese.

4. Estradato a Roma, *subì un processo* che durò ben 8 anni.
   a. La burocrazia ecclesiastica è molto lenta: ci vollero 8 anni per estradarlo.
   b. Dopo 8 anni cominciò il suo processo in tribunale.
   c. Fu sottoposto agli interrogatori dei giudici per 8 anni.

5. Lo scopo del Tribunale dell'Inquisizione era di estirpare l'eresia e *di scovare l'eretico*.
   a. Lo scopo era di far uscire all'aperto il sospettato eretico.
   b. Lo scopo era di spaventare il sospettato eretico.
   c. Lo scopo era di maltrattare il sospettato eretico.

6. Inizialmente Bruno fu pronto a *disconoscere alcuni dei suoi scritti*.
   a. Acconsentì a cambiare alcune delle dottrine nei suoi scritti.
   b. Mostrò l'intenzione di rinunciare alle dottrine esposte nei suoi scritti.
   c. Volle spiegare meglio le idee contenute nei suoi scritti.

7. *Fermo resta il fatto* che Bruno ha svolto un ruolo di grande rilevanza nella storia.
   a. Molti sono convinti che Bruno sia un pensatore importante.
   b. È indiscutibile che Bruno è un pensatore importante.
   c. Bisogna ancora verificare il fatto che Bruno sia un pensatore importante.

Comprensione del testo

Domande e risposte. Rispondi alle domande in modo completo.

1. Che cosa simboleggia Giordano Bruno e perché?

2. Perché Bruno doveva costantemente fuggire da un paese all'altro?

3. Che cosa è l'Indice dei libri proibiti?

4. È mai stato rivendicato Bruno?

5. Cosa pensi dello scontro tra la Chiesa e il nuovo pensiero scientifico? È una cosa del passato oppure no?

Attività comunicative

A. La libertà di pensiero. Lavorate in coppie. Oggi le società democratiche cercano di proteggere la libertà di pensiero. Con quali risultati? Siete a favore dell'assoluta libertà di pensiero e di espressione? Perché sì o perché no?

Per cominciare:

STUDENTE 1: Secondo me, ci sono i limiti...
STUDENTE 2: Non sono d'accordo perché...

B. La censura. Lavorate in coppie. La censura è una cosa del passato oppure esiste ancora? In che forma e dove? Se tu fossi genitore, «censureresti» il materiale che leggono o guardano i tuoi figli? Perché?

Per cominciare:

STUDENTE 1: Secondo me, la censura esiste ancora, specialmente...
STUDENTE 2: Sono d'accordo, ma non è sempre una cosa negativa...

C. Il pensiero scientifico. Lavorate in gruppi. Negli ultimi 50 anni abbiamo visto un fenomenale progresso della scienza e della tecnologia. In quali campi si è verificato lo sviluppo più straordinario? Quali oggetti o procedure considerati comuni oggi erano impensabili 50 anni fa? Paragonate i risultati delle vostre ricerche con quelli degli altri gruppi.

Per cominciare:

STUDENTE 1: La medicina è uno dei campi...
STUDENTE 2: Pensa al computer, per esempio, oggi presente in quasi tutte le case...

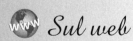 *Sul web*

Index librorum prohibitorum. Fai una ricerca e spiega che cosa è questo indice. Qual è la sua storia? Quando è stato redatto l'ultima volta? Quali opere e scrittori si trovavano nell'indice? Hai letto alcuni di loro?

academic.cengage.com/italian/parola

Edoardo Bennato: il napoletano vero (1949–)

Edoardo Bennato è un cantautore napoletano, da molti considerato il Bob Dylan italiano perché la sua musica esprime la critica sociale e il tono che la domina è spesso sarcastico e allegorico. I principali oggetti della sua critica sono i potenti e i problemi che affronta l'uomo medio nell'Italia contemporanea. In più, in una sua canzone si riferisce in tono poco rispettoso anche a papa Paolo VI. Proprio per questo suo stile impegnato e originale, Bennato occupa un posto speciale sulla scena musicale italiana. La sua musica varia dal rock al blues, dall'opera alle canzoni popolari. Lui mescola anche vari ritmi, per esempio, i ritmi mediterranei e tradizionali con quelli moderni e i suoni etnici con le melodie classiche. Lo strumento che preferisce è la chitarra, che accompagna sempre le sue canzoni. Ed è suonando a Londra che comincia la sua carriera da «uomo-orchestra» (chitarra, armonica e tamburello).

Bennato nasce nel 1949 nella periferia di Napoli e durante il corso della sua carriera non trascura mai le proprie radici.

Edoardo Bennato

Incoraggiato dalla madre, comincia fin da piccolo a prendere lezioni di musica. Più tardi si mette a girare il mondo finché non inizia a studiare architettura a Milano. Durante i suoi viaggi è esposto alla musica straniera, in particolare al jazz, e questo fatto influenza il suo stile unico. Il primo successo commerciale arriva nel 1977 con l'album *Burattino senza fili*, ispirato alla favola di Pinocchio. Alcuni anni dopo Bennato ritorna di nuovo alla favola e così esce *Sono solo canzonette*, l'album basato sulla storia di Peter Pan. Questo album rimane in testa alle classifiche italiane per 4 mesi. A partire dagli anni '80 la sua produzione commerciale varia, però realizza un altro successo con *Viva la mamma* nel 1989. Nel 1990, assieme a Gianna Nannini canta la canzone «Un'estate italiana», dedicata al campionato mondiale di calcio giocato in Italia.

Negli anni '90 pubblica *Sbandato* oltre a due raccolte di canzoni, e scrive le colonne sonore di alcune pubblicità televisive e quella per il film *Il principe e il pirata*.

Parole nel contesto

A. Completiamo. Completa le frasi con le seguenti espressioni.

le colonne sonore	rimane in testa	impegnato
il tamburello	trascura	

1. Lo stile di Bennato è _____.

2. A Londra suona la chitarra, l'armonica e _____.

3. Nato a Napoli, Bennato non _____ le sue radici.

4. Un suo album _____ alle classifiche italiane per 4 mesi.

5. In aggiunta agli album scrive anche _____.

B. Scriviamo. Componi due frasi in italiano—una sarcastica e l'altra allegorica.

1. _____.

2. _____.

Comprensione del testo

Completiamo. Dopo aver letto il testo, finisci le seguenti frasi.

1. Edoardo Bennato è paragonato a _____.

2. Nelle sue canzoni critica _____.

3. La sua musica mescola i ritmi di _____.

4. È particolarmente influenzato da _____.

5. Il suo primo grande successo rappresenta _____.

6. Negli anni '80 realizza un altro successo con l'album _____.

Attività comunicative

A. Le favole. Lavorate in coppie. Avete mai letto *Pinocchio e Peter Pan*? Raccontate la trama di queste due favole facendovi le domande a vicenda.

Per cominciare:

STUDENTE 1: Chi ha scritto *Pinocchio*?
STUDENTE 2: È…

B. La canzone impegnata. Lavorate in coppie. Conoscete le canzoni di Bob Dylan? Di che cosa parlano? Considerate Dylan un cantante impegnato? Spiegate! Se conoscete un altro cantante americano che espone i problemi e le controversie della società includetelo nella vostra discussione.

Per cominciare:

STUDENTE 1: Bob Dylan piace un sacco ai miei genitori!
STUDENTE 2: Anche ai miei, ma io veramente…

C. La musica popolare in America. Lavorate in gruppi. La musica contemporanea in America sembra farsi sempre più aggressiva e volgare. I cantanti e i cantautori usano tante parolacce e i temi delle loro canzoni hanno a che fare con la violenza urbana e la violenza contro le donne. Secondo voi, cosa cercano di realizzare gli autori di questo tipo di musica? Parlatene!

Per cominciare:

STUDENTE 1: Mi piace il rap perché…
STUDENTE 2: Io lo trovo offensivo a volte…

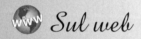 *Sul web*

A. Ascoltiamo la musica di Bennato. Ascolta una canzone di Edoardo Bennato. Di che cosa parla? Ti piace il suo ritmo? Puoi descriverlo alla classe?

B. Altri cantautori. Trova delle informazioni su un altro cantautore italiano popolarissimo oggi. Come si chiama? Come differisce la sua musica da quella di Bennato?

C. Gli album recenti. Cerca la recensione di un album americano appena uscito. Sei d'accordo con ciò che dice? Informane la classe e dà la tua opinione.

academic.cengage.com/italian/parola

 Ascoltiamo! Visita il seguente sito per ascoltare il brano: academic.cengage.com/italian/parola

Domande personali: l'emigrazione. Ascolta ogni domanda due volte e poi rispondi sia oralmente che in scritto.

1. _____
2. _____
3. _____
4. _____
5. _____

 *Sulla strada*

Visita il seguente sito
per guardare il video:
academic.cengage.
com/italian/parola

Le feste. Guarda il video e poi completa la seguente tabella. Quali sono le feste preferite dei parlanti e come le festeggiano?

	FESTA	COME SI FESTEGGIA?
Zio Jerry		
Parlante 1: il primo giovane		
Parlante 2: la signora		
Parlante 3: il ragazzo		
Parlante 4: la signora bionda		
Parlante 5: la ragazza		

Prova scritta

A. La censura. La censura è una cosa del passato? Esiste nei media d'oggi? Credi che sia giustificata? Spiega il tuo punto di vista illustrandolo con degli esempi.

B. Ti interessa la storia? Secondo te, quali sono le ragioni per cui è importante studiarla? Sostieni i tuoi argomenti con gli esempi dalla storia americana.

C. La Chiesa e il pensiero scientifico. Storicamente, le dottrine ecclesiastiche spesso si scontravano con il pensiero scientifico. Quali ne sono le ragioni? Qual è la situazione nella società contemporanea? Spiega il tuo punto di vista illustrandolo con degli esempi.

D. La cultura popolare. Secondo te, la cultura pop è influenzata in modo notevole dalla musica contemporanea? Spiega l'impatto che ha sulla gente giovane, dagli adolescenti ai giovani adulti. Molti musicisti conducono una vita segnata dall'alcol, dalla droga e da altri vizi di cui parlano anche nelle loro canzoni. Come vedi il loro ruolo nella società?

La Calabria

Appunti grammaticali
    Per il ripasso del periodo ipotetico, riferirsi
    alla pagina 365.

 academic.cengage.com/italian/parola

Sul web
Ascoltiamo
Sulla strada

Entriamo nell'argomento

Sapevi che…

…la Calabria è la regione con il più basso reddito pro capite?

…in passato la regione era minacciata dalla malaria e dai pirati?

…la mafia calabrese è una delle più potenti in Europa?

Prima di leggere

Prima di leggere il brano sulla Calabria, ti sarà utile il seguente vocabolario essenziale. Consulta il glossario e trova il significato di queste parole.

antenato	latifondo	fuga	altura
sorgere	sciogliersi	brigantaggio	malavita
pattugliamento	rastrellamento	cosca	asprezza

Adesso completa le seguenti frasi inserendo la forma corretta di questi vocaboli.

1. Il _____ e il _____ sono metodi usati per combattere il _____ e la _____.

2. In America, la maggior parte di terre coltivabili è detenuta da grandi _____.

3. Un fenomeno ricorrente in Italia è lo _____ di diverse coalizioni politiche.

4. Una _____ è una banda, una cricca.

5. A causa della malaria, la regione ha visto una _____ di gente all'estero.

6. Molte piccole città _____ sulle colline e sulle _____, lontano dalla costa.

7. Di quale origine sono i tuoi _____? I miei sono tedeschi.

8. L'_____ del terreno ha causato la scarsità di terra coltivabile.

Profilo della regione

Territorio: 15.000 km²
Capoluogo: Catanzaro
Province: Catanzaro, Cosenza, Reggio Calabria, Crotone e Vibo Valentia
Popolazione: 2.000.000

Geografia: 49% colline, 42% montagne, 9% pianure
Clima: mediterraneo sulla costa, continentale sulle montagne

 Ascoltiamo! Visita il seguente sito per ascoltare il brano: academic.cengage.com/italian/parola

La 'ndrangheta. Ascolta il brano tre volte: la prima volta per capire il significato generale e la seconda volta inserisci le parole che mancano. Ascolta il brano una terza volta per controllare il contenuto.

Dopo l'_____ ___ _____, la Calabria vede lo _____ delle speranze di un _____ delle condizioni economiche nella regione. La miseria _____ la popolazione ad emigrare, e quelli che rimangono cadono vittima della piaga del _____. Nasce così la «'ndrangheta», una tra le più forti e pericolose _____ _____ di tipo mafioso italiane. Gli _____ a questa organizzazione sono circa 6.000 divisi in 155 _____. Il loro potere si estende ben oltre i confini della Calabria. Il termine stesso sarebbe nato dalla contrazione di due termini greci che significano «_____ _____», oppure sarebbe derivato dal termine greco *andragathía*, che significa «_____» o «_____». Secondo molti, la «'ndrangheta» è oggi la più potente mafia in Italia e in Europa, almeno per quanto riguarda il _____ _____ _____, specialmente di cocaina.

Un po' di storia

	QUANDO?	CHI?	COSA?
a.C.	700.000	Homo Erectus	Homo Erectus lasciò tracce di un'industria litica, ma con l'arrivo della glaciazione venne estinta ogni forma di vita
	10.000	Bos Primigenius	nella Grotta del Romito l'uomo antico realizzò una figura di toro incisa nella roccia chiamata «Bos Primigenius»

QUANDO?	CHI?	COSA?
1500–800	i Greci	i Greci sbarcarono in massa in Calabria e fondarono le colonie che ben presto divennero tanto ricche e potenti da meritare il nome Magna Grecia; la prima colonia fu Reggio Calabria; la regione cominciò ad essere denominata Saturnia, Ausonia, Enotria, Tirrenia, Esperia ed infine Italia
42	Augusto	sotto l'imperatore Augusto, il nome Italia si estende fino a comprendere tutta la penisola calabrese; il periodo romano, però, fu ben diverso dallo splendore della Magna Grecia: lo sviluppo sociale ed economico si arresta per lungo tempo
d.C. 476–1000	i Bizantini, gli Arabi ed i Longobardi, i Normanni	la regione rimase per secoli sotto la dominazione di Bisanzio, mentre gli Arabi ed i Longobardi cercavano invano di conquistarla; intorno all'anno 1000 arrivarono i Normanni e crearono il Regno del Sud
'200	Federico II	creò il famoso Regno del Sole nelle regioni del Sud, luogo di incontro di culture e civiltà diverse: l'occidentale, l'islamica e la greco-ortodossa
'200–'500	gli Angioini, gli Aragonesi, gli Spagnoli, gli Austriaci, i Borboni	dopo la morte del re Federico II, nella zona cominciò il susseguirsi di diverse dinastie; durante questo periodo la popolazione cominciò a ritirarsi sui monti per sfuggire alla malaria e alle incursioni dei pirati sulla costa; questo fenomeno è alla base dell'isolamento dei centri abitati in Calabria, che si protrasse per secoli
'700	Murat	cominciò l'età delle rivoluzioni, come quella del 1799 quando Murat, cognato di Napoleone Bonaparte e re di Napoli, venne giustiziato e fucilato a Pizzo Calabro
1860	Garibaldi	con il Regno d'Italia, la regione vide il fallimento delle speranze di cambiamento e di una vita migliore per la popolazione; la miseria provocò l'emigrazione di massa e il fenomeno del brigantaggio
Oggi		dopo un secolo di emigrazione massiccia e il dimezzarsi della popolazione della Calabria, oggi si cerca di recuperare il grande patrimonio culturale della regione e di favorire il rientro dei calabresi sparsi per il mondo

Quadro economico

Alla base dell'economia calabrese vi è l'agricoltura, nonostante la scarsa terra disponibile per la coltivazione. Una volta i poderi erano latifondi che la riforma agraria del 1951 divise in piccole fattorie. All'inizio l'agricoltura era basata sulla produzione dei cereali, delle olive e dell'allevamento pecorino e caprino. Più tardi, si introdussero i fichi e i marroni. Oggi, in aggiunta ai prodotti agricoli già menzionati, si coltivano gli ortaggi, le patate, le barbabietole da zucchero, l'uva da vino e gli agrumi. Notevoli sono le risorse forestali, mentre la pesca e l'allevamento di bestiame sono di scarso rilievo.

L'industrializzazione non è notevole. I settori attivi sono quello alimentare, enologico, oleario, chimico, metalmeccanico e cartario. Il porto con il maggior traffico di merci è Gioia Tauro. Il turismo si sta sviluppando grazie alle bellezze naturali della regione, in particolare quelle delle zone costiere. Il progresso economico della Calabria è gravemente impedito dalla configurazione geografica del suo terreno, il quale è asciutto dalla mancanza d'acqua nell'entroterra, dai frequenti terremoti e dalla scarsità di infrastrutture.

Società

Le precarie condizioni economiche dovute alla mancanza di risorse hanno costretto i calabresi a lasciare la terra dei loro antenati. La regione è nota per la forte emigrazione, sia verso il Settentrione che all'estero, che è durata fino agli anni '70. Anche oggi la Calabria è la regione con il più basso reddito pro capite. Ma quali sono, esattamente, le cause primarie di questo triste fenomeno? In passato, lo sviluppo economico della regione fu ostacolato da diversi fattori, tra cui la fuga delle popolazioni sui monti e sulle colline per sfuggire alla malaria che si propagava nelle pianure. Oltre alla malaria, le coste erano minacciate anche dalle incursioni dei pirati saraceni e turchi. Di conseguenza, sulle alture sorsero centri abitati che non erano collegati tra di loro. Infatti, al momento dell'Unità d'Italia, nel 1861, le vie di comunicazione in Calabria erano ancora di stampo medievale: una sola strada collegava il Nord con il Sud della regione, la ferrovia era inesistente e il 90% dei comuni era senza strade! Il governo fascista cercò di rompere questo isolamento e oggi, grazie anche al turismo, molti centri abitati sono sorti lungo la costa e superano di importanza i vecchi centri collinari.

Dopo l'unificazione d'Italia, la Calabria vede lo sciogliersi delle speranze di un miglioramento delle condizioni economiche nella regione. La miseria spinge la popolazione ad emigrare, e quelli che rimangono cadono vittima della piaga del brigantaggio. Nasce così la «'ndrangheta», una tra le più forti e pericolose organizzazioni criminali italiane di tipo mafioso. Gli affiliati a questa organizzazione sono circa 6.000 divisi in 155 cosche. Il loro potere si estende ben oltre i confini della Calabria. Il termine stesso sarebbe nato dalla contrazione di due termini greci che significano «uomo bello», oppure sarebbe derivato dal termine greco *andragathía*, che significa «virilità» o «coraggio». Secondo molti, la «'ndrangheta» è oggi la più potente mafia in Italia e in Europa, almeno per quanto riguarda il traffico degli stupefacenti, specialmente di cocaina.

Come in altre occasioni, a combattere la malavita viene mandato l'esercito italiano. L'ultima grande operazione iniziò nel febbraio 1994 e finì nel dicembre 1995: furono impiegati 1.350 uomini che effettuarono un numero incredibile di blocchi e controlli stradali, pattugliamenti, controlli di autoveicoli ed edifici, identificazioni di persona, perquisizioni individuali, rastrellamenti e cinturazioni. Risultato? È ancora da determinare.

La struttura della «'ndrangheta» è alquanto simile a quella di «Cosa nostra» in Sicilia, con una differenza: ogni cosca poggia sui membri di un nucleo familiare legati tra loro da vincoli di sangue. Per questo motivo è difficile trovare «pentiti», poiché questi andrebbero contro i loro stessi parenti. Ogni famiglia ha pieni poteri sul territorio che le appartiene, in cui gestisce il monopolio di ogni attività di sua scelta, lecita o illecita. La posizione di ogni singolo membro della famiglia è governata da un ferreo codice; esiste persino un «tribunale» per processare i trasgressori. Solo dopo la sanguinosa guerra del 1985, avvenuta all'interno della «'ndrangheta», è nato un organismo chiamato «Santa» di cui fanno parte i rappresentanti delle famiglie più importanti. Non è una commissione come quella di «Cosa nostra», ma un tentativo di poter risolvere i contrasti che scoppiano tra le varie cosche, ovvero le «faide».

Le attività criminali della «'ndrangheta» sono il traffico delle armi, i sequestri di persona, il traffico internazionale di droga, l'estorsione, il riciclaggio di denaro sporco e la prostituzione. Il suo giro d'affari totale nel 2006 sarebbe stato di 36 miliardi di euro. La «'ndrangheta» lavora a stretto contatto con «Cosa nostra», con la «Camorra», con la «Sacra Corona Unita» pugliese e con «Stidda», una nuova organizzazione criminale siciliana sorta negli anni Ottanta.

Cucina

La gastronomia calabrese è influenzata dall'asprezza del terreno che richiede una cucina semplice basata sulla conservazione dei cibi. Essa è tuttavia varia e saporita. I prodotti tipici calabresi sono: i salumi, tra cui il più celebre è la *soppressata*, le salsicce, i *capicolli*, i magri prosciutti e la *nduja*, un salume morbido, spalmabile e piccantissimo della zona di Catanzaro. Vi sono inoltre gli oli aromatizzati, il formaggio *caciocavallo* silano (prodotto nella Sila, un altopiano noto per l'allevamento del bestiame), e lo stocco di mammola, un merluzzo di media grandezza essiccato in un prodotto duro e secco che poi viene trasformato, mediante cottura, in un alimento di gran pregio. La protagonista indimenticabile della gastronomia calabrese è la pasta e una delle sue forme caratteristiche sono i fusilli. Si dice che la Calabria produca i vini più antichi d'Europa. Purtroppo questa gloriosa tradizione fu interrotta dalla fillossera alla fine dell'Ottocento. Il parassita ha distrutto molti vigneti che non sono mai stati ripiantati a causa della mancanza di mano d'opera determinata dalla massiccia emigrazione. Recentemente la Calabria ha cercato di ritornare alla produzione di vini di qualità. Dominano i vini rossi, tra cui il più riconosciuto è il Cirò.

Parole nel contesto

A. Derivati. I seguenti aggettivi derivano da sostantivi o verbi. Trovali!

1. forestale _____

2. oleario _____

3. spalmabile _____

4. impedito _____

5. collinare _____

B. Scriviamo. Scrivi delle frasi complete usando le seguenti parole:

| il latifondo | il podere | l'altopiano | il merluzzo |
| il tribunale | il brigantaggio | la fattoria | |

1. _____

2. _____

3. _____

4. _____

5. _____

6. _____

7. _____

C. Sinonimi. Trova nel testo i sinonimi delle parole che seguono.

1. la povertà del terreno _____

2. prosciugato _____

3. il cuocere _____

4. il socio _____

5. legale/ illegale _____

6. giustiziare _____

D. La malavita. Trova nel testo tutte le espressioni che si riferiscono alla malavita e alle loro attività nonché alle operazioni poliziesche mirate a combatterla, e poi traducile in inglese.

Per cominciare:

I. brigantaggio: *banditry, highway robbery*

Comprensione del testo

A. Parliamo di storia. Rispondi alle domande in modo completo.

1. A quando risale la regione Calabria?
2. Che cosa indica il termine Magna Grecia?
3. Quali sono stati i principali problemi della regione in passato?
4. Quali culture hanno influenzato maggiormente la regione?
5. Perché oggi milioni di Calabresi vivono sparsi per il mondo?

B. Completiamo. Dopo aver letto il testo, completa le frasi.

1. La massiccia emigrazione dalla Calabria è dovuta…

2. Oggi il reddito della regione è…

3. L'economia si basa principalmente…

4. Il progresso economico è impedito…

5. Le radici dell'isolamento nella regione…

6. La «'ndrangheta» è…

7. Le principali differenze tra la «'ndrangheta» e «Cosa nostra» sono…

8. Tra le attività criminali della «'ndrangheta» vi sono…

9. I tipici prodotti calabresi sono…

10. La tradizione vinicola fu interrotta…

Cuciniamo insieme!

L'allevamento pecorino e caprino ha una lunga tradizione in Calabria. È proprio questa tradizione che ha fornito molte ricette usate ancora oggi. La seguente è molto popolare. Leggila e completa l'esercizio che segue. Usa il dizionario se necessario.

Crapiettu ara silana (Capretto alla silana)

Ingredienti: Carne di capretto, cipolle, patate, pomodori pelati, pecorino grattugiato, sale, pepe nero, origano, olio d'oliva

Preparazione: Tagliare a pezzi il capretto e metterlo in un tegame di coccio con le cipolle tritate, le patate a spicchi, i pomodori pelati. Aggiungere il pecorino, sale, pepe, origano ed olio d'oliva. Cuocere in forno.

---

1. Sai che animale è il capretto?

2. Cos'è un «tegame di coccio»?

3. Che vuol dire «le patate a spicchi»?

Attività comunicative

A. Andiamo nel deserto! Lavorate in coppie. Il quadro geografico degli Stati Uniti comprende anche dei deserti. Come si chiamano e dove si trovano? Sapete qualcosa della flora e della fauna dei deserti? Del loro clima? Siete mai stati in un deserto? Che avete fatto? Secondo voi, il deserto ha qualcosa di misterioso? Parlatene un po'!

Per cominciare:

STUDENTE 1: Qualche anno fa, ho fatto un viaggio con i miei genitori nella Death Valley...

STUDENTE 2: Che ci hai visto?

B. L'agricoltura. Lavorate in gruppi. L'agricoltura e l'allevamento del bestiame negli Stati Uniti sono sviluppatissimi. Inoltre, gli Stati Uniti esportano molti prodotti in altri paesi. In quali stati si coltiva la maggior parte del terreno e quali prodotti vi crescono? Che tipo di allevamento contribuisce al benessere economico di questi stati? Parlatene!

Per cominciare:

STUDENTE 1: Una volta ho attraversato il Nebraska in macchina e ho visto l'allevamento dei maiali...

STUDENTE 2: Ma che dici, veramente puzzava?

C. Un ritorno possibile. Lavorate in gruppi. Il governo italiano cerca di stimolare il ritorno degli emigrati calabresi. Secondo te, quali programmi dovrebbe istituire il governo per attrarre gli emigrati?

Per cominciare:

STUDENTE 1: Il governo dovrebbe offrire…
STUDENTE 2: Io invece penso che…

In dialetto

Il dialetto calabrese (*u ddjalèttu calabbrìsi*) è di tipo siciliano nella parte meridionale della regione e di tipo napoletano nella zona settentrionale. È uno dei dialetti che suscita l'attenzione degli studiosi per le sue peculiarità e per le sue radici latine e greche. I seguenti esempi illustrano bene le differenze dialettali tra la Calabria meridionale e la Calabria settentrionale.

calabrese meridionale	calabrese settentrionale	italiano
rumàni	*crai*	domani
asciatàntu	*interimme*	frattanto
sbadigghjàri	*alare*	sbadigliare
'nnàca	*nàke*	culla
purtuàllu	*portokàlos*	arancia

Cosa vuol dire? Riesci a indovinare cosa significano le seguenti frasi?

Voghhju 'u mangiu.

_____

Pòzzu dòrmiri.

_____

Sul web

A. Il dialetto calabrese. Il dialetto calabrese è molto particolare e difficile da capire. Trova dei proverbi calabresi, specialmente quelli che si riferiscono all'amore e al benessere, e scrivi il loro possibile equivalente in inglese.

B. I giochi calabresi. Ci sono tanti giochi popolari in Calabria. Scegli quelli che si potrebbero giocare in classe. Portane uno a lezione e spiega le regole alla classe.

C. Il telegiornale. Guarda il TG-R locale e racconta alla classe gli ultimi avvenimenti della regione.

academic.cengage.com/italian/parola

Curiosità

Pitagora era calabrese?

Secondo alcuni studiosi, tra cui G. Tommaso d'Aquino, il famoso filosofo e matematico greco nacque in Calabria. Secondo altri, nacque a Semo, in Magna Grecia. Visse tra il 580 e il 500 a.C. A 40 anni si trasferì a Crotone, in Calabria, dove fondò una scuola di pensiero che fungeva anche da associazione religiosa e politica nota per la cultura e per le doti atletiche dei suoi membri. Per i Pitagorici i numeri erano il principio di tutte le cose. L'eredità che ci hanno lasciato è grande: il teorema del quadrato e dell'ipotenusa, il calcolo decimale, la tavola pitagorica, ecc.

Il teorema di Pitagora:

In ogni triangolo rettangolo, il quadrato costruito sull'ipotenusa è equivalente alla somma dei quadrati costruiti sui due cateti.

Dato un triangolo rettangolo BAC, con l'angolo retto in A, allora:

$$BC^2 = AB^2 + AC^2$$

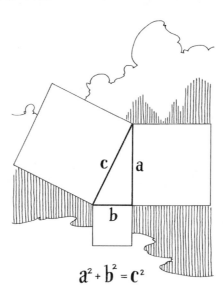

$$a^2 + b^2 = c^2$$

In realtà, questo teorema era noto agli Egiziani e ai Babilonesi, probabilmente già 1.000 anni prima di Pitagora, ma viene comunque attribuito al matematico greco.

Adesso rispondi alle seguenti domande:

1. Puoi illustrare questo teorema?
2. Sai cos'è la tavola pitagorica?

Città, cittadine e paesi

Reggio Calabria: la città-fenice

Reggio Calabria è situata sulla costa orientale dello stretto di Messina. La città fu completamente distrutta dal terremoto nel 1908. Fu ricostruita su pianta regolare, con le vie larghe e gli edifici rafforzati con il cemento, come precauzione nell'eventualità di futuri terremoti. Oggi Reggio Calabria è collegata con Messina per mezzo di traghetti e con il resto del Paese da ferrovie e aeroplani.

Una veduta del Lungomare Falcomatà a Reggio Calabria.

Un po' di storia

Reggio Calabria fu fondata nel secolo VIII a.C., vide il periodo di maggiore prosperità nel secolo V, ma soffrì sotto i Mamaretini (i mercenari della Campania). In seguito diventò municipio romano e dopo la caduta dell'Impero Romano fu occupata successivamente da Visigoti, Goti, Bizantini, Saraceni e Normanni. Divenne un fiorente centro nel periodo del dominio bizantino e fu sede del metropolita dell'Italia meridionale oltre che residenza del duca di Calabria. Nel 1443, passò sotto il dominio aragonese e conobbe la maggior decadenza. Nel 1860, fu liberata da Garibaldi e annessa all'Italia unita. Tutta la storia della città è segnata dall'alternarsi di periodi di rinascita e di decadenza dovuti alle invasioni straniere e ai terremoti.

Quadro economico

Reggio Calabria è il porto che fornisce alle industrie del profumo e a quelle farmaceutiche il bergamotto e il gelsomino. Altre industrie di notevole importanza sono quella alimentare, chimica, del legno, metalmeccanica, mobiliare e della follatura della seta. Si trovano in abbondanza prodotti come gli agrumi, i vini, l'olio e gli ortaggi. Il turismo è sviluppato grazie alla bellezza del mare e ai monumenti antichi. La cattedrale della città fu ricostruita in stile romanico-bizantino. Vi si trovano anche delle rovine greche e romane e il Museo della Magna Grecia che custodisce le splendide collezioni archeologiche.

Parole nel contesto

Quale dei due? Scegli il significato corretto delle seguenti parole secondo il contesto del testo appena letto.

1. la pianta
   a. a plant
   b. a map

2. rafforzato
   a. forced to do something
   b. strengthened

3. il crollo
   a. a ruin
   b. a collapse

4. il metropolita
   a. a subway
   b. an archbishop

5. la follatura
   a. a milling
   b. a foliage

Comprensione del testo

Domande e risposte. Rispondi alle domande in modo completo.

1. Cosa è successo a Reggio Calabria nel 1908?

2. Quando fu fondata la città e da chi?

3. Quali periodi conobbe durante la sua lunga storia?

4. Com'è l'industria della città?

5. Quale altro settore ha una notevole importanza per la sua economia?

6. Perché il Museo della Magna Grecia attira i turisti?

Attività comunicative

A. I fiori. Lavorate in coppie. In molti paesi, inclusi l'Italia e gli Stati Uniti, si usa regalare dei fiori nelle occasioni speciali. I colori e il numero dei fiori regalati hanno anche un significato simbolico. Sapete, per esempio cosa simboleggia il rosso di una rosa? Quando regalate i fiori e a chi? Che tipo di fiori preferite? Avete mai mandato i fiori a qualcuno? Se non i fiori, che cosa vi piace regalare e perché? È un'usanza antiquata? Parlatene un po'!

Per cominciare:

STUDENTE 1: Mi piace portare qualche volta i fiori alla mia ragazza…

STUDENTESSA 2: Ma io come donna…

B. La bellezza non è tutto. Lavorate in coppie. Il culto della bellezza e della giovanezza pervade oggi tutte le classi sociali ed è presente dappertutto. Le pubblicità televisive e la stampa ci bombardano di prodotti che promettono di renderci in poco tempo belli, snelli e giovani. Qual è per te l'importanza della bellezza fisica? Secondo te, le persone considerate belle hanno più successo nella società? Spiega! Discutine con i compagni di gruppo.

Per cominciare:

STUDENTE 1: Nella società d'oggi la bellezza…

STUDENTE 2: A me non importa la bellezza fisica…

C. Che profumo ti piace? Lavorate in gruppi. Una volta, portare il profumo e vari altri prodotti cosmetici era considerata una prerogativa femminile. Oggi anche gli uomini non esitano a comprarli. Secondo voi, qual è la ragione di questo cambiamento? Parlatene facendovi delle domande a vicenda.

Per cominciare:

STUDENTE 1: Ho visto mio padre usare…

STUDENTE 2: Anch'io lo uso perché…

 Sul web

A. Le tarantelle. Cosa sono le tarantelle calabresi? Come le descriveresti a qualcuno che non ne ha mai sentito parlare? Hai mai sentito qualcosa di simile in America?

B. Cosa succede a Reggio Calabria? Trova gli eventi che hanno luogo ogni anno a Reggio Calabria. Quali ti sembrano interessanti o strani? Riferiscilo alla classe.

C. Scilla e Cariddi. Tra la provincia di Reggio Calabria e la Sicilia si trova lo stretto di Messina, detto anche stretto di Scilla e Cariddi. Conosci la leggenda di questo luogo? Trovala e raccontala alla classe.

academic.cengage.com/italian/parola

Catanzaro: la linea di difesa della Calabria

Catanzaro, capoluogo della Calabria e dell'omonima provincia dal 1971, è situata a 343 metri al di sopra del golfo di Squillace sulla costa ionica. Proprio su questa costa si è sviluppato il centro abitato di Marina di Catanzaro, un centro di turismo nautico.

Il centro storico di Catanzaro.

Un po' di storia

I Bizantini fondarono la città alla fine del secolo IX come linea di difesa della Calabria. In seguito, fu conquistata dai Normanni i quali assieme agli altri invasori, dai Saraceni agli Svizzeri, si resero conto dell'importanza strategica e militare di Catanzaro. La città ebbe anche un ruolo importante durante le guerre napoleoniche e nel Risorgimento. Catanzaro fu vittima di terremoti nel 1783, 1905 e 1907, e fu bombardata dagli Alleati durante la seconda guerra mondiale.

Quadro economico

Catanzaro si distingue per la produzione dell'olio d'oliva e delle manifatture dei concimi. Nella zona ci sono molti mulini, pastifici e distillerie. Nei secoli XVII e XVIII, la città era nota nel mondo per la tessitura della seta. Oggi Catanzaro è soprattutto un centro agricolo. Fra i monumenti della città bisogna menzionare il museo locale, che contiene le collezioni degli oggetti antichi e vari quadri, nonché la chiesa barocca di San Domenico, che custodisce la Madonna del Rosario (proveniente dalla scuola napoletana del XVII secolo).

Curiosità

Conosci l'origine della parola *paparazzo*? Proviene dal nome di un personaggio del film *La dolce vita* di Federico Fellini, ed è legata alla città di Catanzaro. Fellini scelse il nome di Coriolano Paparazzo per il personaggio del fotografo ne *La dolce vita*: Coriolano Paparazzo era il nome del proprietario di un palazzo a Catanzaro, che un tempo ospitò lo scrittore inglese George Gissing durante i suoi viaggi in Italia. A quanto pare, Fellini lesse il libro di Gissing, *On the Ionian Sea*, durante le riprese del suo film.

Parole nel contesto

Sinonimi. Trova nel testo i sinonimi delle seguenti parole.

1. il fertilizzante _____
2. il modo di fare una stoffa _____
3. come anche _____
4. derivare _____
5. accogliere _____

Comprensione del testo

Completiamo. Dopo aver letto il testo, completa le seguenti frasi.

1. Catanzaro è _____.

2. Si trova a _____.

3. Fu fondata da _____ nel _____ secolo.

4. Ebbe un'importanza _____ e _____.

5. Nei secoli XVII e XVIII, era nota _____.

6. Catanzaro è oggi _____.

Cuciniamo insieme!

Il seguente dolce calabrese si prepara il 13 dicembre, il giorno di Santa Lucia. Leggi la ricetta e completa l'esercizio che segue.

Cuccià

Ingredienti: ½ kg. di grano, ¼ kg. di miele di fichi, buccia d'arancia secca, noci

Preparazione: Pulire e lavare il grano; metterlo a bagno in acqua fredda per 24 ore, quindi cuocerlo in abbondante acqua. Lasciarlo raffreddare nel liquido di cottura; scolarlo e rimetterlo sul fuoco aggiungendo il miele di fichi. Completare con la buccia d'arancia grattugiata e alcuni gherigli di noce a pezzetti. Un'altra versione vuole il grano condito con latte, buccia d'arancia secca, cannella, chiodi di garofano, uva passa, noci e cioccolato grattugiato.

Traduciamo. Traduci in inglese le seguenti espressioni.

1. tenere a bagno _____

2. scolare _____

3. il gheriglio di noce _____

4. la cannella _____

5. il chiodo di garofano _____

Attività comunicativa

Il turismo nautico. Lavorate in coppie. Sei mai stato/a in una città statunitense che abbia una grande marina? Quali stati potrebbero avere il turismo nautico ben avviato? Quali servizi offre una marina? Quale effetto ????????? avere sull'ambiente il turismo nautico? Ti piace questo stile di vacanza? Ti piacerebbe un giorno possedere una barca tua? Perché?

Per cominciare:

STUDENTE 1: Un mio zio ha un motoscafo velocissimo…
STUDENTE 2: Una volta i miei hanno noleggiato…

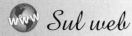 *Sul web*

A. Cosa succede a Catanzaro? Trova l'evento che ti sembra più interessante e descrivilo alla classe.

B. Chi è Giangurgolo? Racconta alla classe cos'hai trovato.

C. Chi è il santo patrono di Catanzaro? Raccontane la storia.

academic.cengage.com/italian/parola

 Ascoltiamo! Visita il seguente sito per ascoltare il brano: academic.cengage.com/italian/parola

Corrado Alvaro. Ascolta il brano due volte e poi rispondi alle domande che seguono.

1. Quale fu l'esperienza di guerra di Corrado Alvaro?

2. Perché fu costretto a rifugiarsi a Berlino?

3. Qual è il titolo della sua opera più importante?

4. Come è raffigurata la Calabria nella sua narrativa?

5. Quali premi vinse?

Alcuni calabresi famosi

Gianni Versace e l'arte nella moda (1946–1997)

Questo stilista non ha bisogno di particolari presentazioni; è uno dei più grandi nomi della moda italiana nel mondo. Tragicamente scomparso a Miami, Versace nasce a Reggio Calabria il 2 dicembre 1946. A 25 anni si trasferisce a Milano per lavorare come disegnatore di abiti e disegna le sue prime collezioni per le case Genny, Complice e Callaghan. Nel 1978, presenta la sua prima collezione donna, firmata con il suo nome, al Palazzo della Permanente a Milano. L'anno seguente comincia una fortunata e proficua collaborazione con il fotografo americano Richard Avedon, rapporto importantissimo per la sua immagine.

Gianni Versace

Nel 1982, Versace riceve il Premio «L'occhio d'oro» come miglior stilista 1982/83 Collezione autunno/inverno donna: è il primo di una lunghissima serie di riconoscimenti e premi che coroneranno la sua carriera. Nello stesso anno inizia la collaborazione con il Teatro alla Scala di Milano. È forse poco noto che Versace disegnò i costumi per numerosissime opere e che il suo lavoro teatrale fu di enorme importanza per la sua carriera. Lo stilista si ispirava al teatro e alla musica nonché alla pittura e all'architettura per creare i suoi abiti originali e innovativi.

Nel 1986, il presidente della Repubblica Francesco Cossiga conferisce a Gianni Versace il titolo di Commendatore della Repubblica italiana. Il Field Museum di Chicago presenta una mostra retrospettiva sul lavoro di Versace; a Parigi, durante una mostra che illustra i risultati della collaborazione tra Versace e molti famosi fotografi internazionali, il capo di stato francese Jacques Chirac gli assegna l'onorificenza «Grande Medaille de Vermeil de la Ville de Paris». Nel 1991, nasce il profumo «Versus» e nel 1993, il Consiglio degli stilisti d'America gli assegna l'Oscar americano per la moda. Nel 1995, «Versus», la linea giovane di casa Versace, debutta a New York. Va ricordato che Gianni Versace collaborò con Elton John per aiutare la Fondazione per la Ricerca sull'Aids.

Il 15 luglio 1997, avviene la tragedia che scuote il mondo intero: Gianni Versace viene assassinato sugli scalini della sua abitazione di Miami Beach dal serial killer Andrew Cunanan. Quest'atto insensato ha privato il mondo di uno degli stilisti più creativi, innovativi e ricchi d'ispirazione del ventesimo secolo.

Il lavoro di Versace è tanto metaforico ed esuberante, quanto vero e proprio vestiario, grazie all'attenzione prestata alla comodità di chi lo deve indossare. La moda di Versace è molto sensuale nel suo uso della pelle e del tessuto che avvolgono il corpo o lo rivelano in modo drammatico. Versace era soprattutto un enciclopedista della tradizione classica e uno studioso della pittura e dell'arte da cui traeva idee per le sue creazioni. Egli trovava l'ispirazione per i suoi abiti anche durante i suoi viaggi in posti esotici, appartati e insoliti, che per lui erano una passione e necessità.

Versace era molto più di uno stravagante stilista per i divi; come diceva lui stesso, amava lavorare per le persone interessanti con le quali riusciva a stringere anche rapporti di amicizia. E con quelli che ordinavano i suoi vestiti senza dimostrare alcun apprezzamento né comprensione della moda, si vendicava facendoglieli strapagare.

Parole nel contesto

A. Contrari. Scrivi i contrari delle seguenti parole presenti nel testo.

1. scomparire _____

2. fortunato _____

3. originale _____

4. assegnare _____

5. debuttare _____

6. privare _____

7. esuberante _____

8. appartato _____

9. metaforico _____

10. stringere _____

B. Cosa vuol dire? Scegli l'espressione equivalente alle parole in corsivo.

1. Riconoscimenti e premi *coronano la sua carriera*.
   a. Versace riceve i premi alla fine della sua carriera.
   b. I premi confermano la qualità del suo lavoro.

2. Il lavoro di Versace è *tanto metaforico ed esuberante, quanto vero e proprio vestiario.*
   a. Versace non dimentica mai l'importanza della funzionalità dei suoi abiti.
   b. Gli abiti di Versace possono essere indossati anche fuori dalle sfilate di moda perché sono fatti bene.

3. Versace è soprattutto *un enciclopedista della tradizione classica*.
   a. La maggior parte degli abiti di Versace sono tradizionali e classici.
   b. Versace conosceva bene la tradizione classica della moda.

4. Con quelli che ordinavano i suoi vestiti senza apprezzarli si vendicava *facendoglieli strapagare*.
   a. Gli faceva pagare i suoi vestiti in anticipo senza dare una garanzia su come sarebbero riusciti.
   b. Gli faceva pagare un occhio della testa per i suoi vestiti.

Comprensione del testo

Completiamo. Completa le seguenti frasi in base al testo appena letto.

1. La prima collezione Versace firmata con il suo nome è _____.

2. Per uno stilista è importante avere un rapporto con _____.

3. Probabilmente i due riconoscimenti più importanti _____.

4. Versace si ispira a _____.

5. La linea Versace per i giovani _____.

6. Quello che meglio descrive il lavoro di Versace è _____.

Attività comunicativa

Le belle arti. Lavorate in gruppi. Versace si ispirava alla pittura e alle altre arti visive. Secondo te, in quale modo? Come possono influenzarsi le arti visive fra loro? Pensa ai modi in cui l'arte può influenzare un mestiere o una professione.

Per cominciare:

STUDENTE 1: Secondo me, la pittura ha un grande impatto su…
STUDENTE 2: Anche gli arredatori…

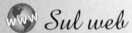 *Sul web*

A. La moda e la fotografia. Versace collaborò per molti anni con il celebre fotografo americano Richard Avedon, nonché con altri fotografi. Fai una ricerca su Internet e trova le foto artistiche delle creazioni di Versace e di altri stilisti. Portale in classe, e poi a gruppi cercate di analizzare e di descrivere le foto.

B. Emporio Versace oggi. Trova delle informazioni sull'emporio Versace oggi, dopo la sua morte. Chi lo gestisce? In quanti paesi è presente? Come sono i loro prodotti? Cosa ti piace di più?

academic.cengage.com/italian/parola

Renato Dulbecco e le frontiere della genetica
(1914–)

La genetica è attualmente oggetto di assidue ricerche e svolge un ruolo di primo piano negli sforzi che l'umanità compie per vincere molte delle malattie che ci affliggono. Uno dei maggiori scienziati di calibro mondiale nel campo della ricerca genetica è senza dubbio Renato Dulbecco.

Nato a Catanzaro nel 1914, a soli sedici anni si iscrive alla facoltà di medicina dell'università di Torino. Si laurea nel 1936, prima di partire per il servizio militare nel 1938. Un anno dopo viene richiamato e inviato prima sul fronte francese e quindi in Russia, dove nel 1942, rischia di morire e rimane per sei mesi in ospedale. Rimandato in Italia al momento del passaggio del paese sotto il controllo tedesco, si unisce alla Resistenza, sempre come medico. Alla fine della guerra si iscrive alla facoltà di fisica che frequenta per due anni, prima di lasciare l'Italia per gli Stati Uniti.

Renato Dulbecco

Dapprima svolge attività di ricerca alla University of Indiana a Bloomington, e poi si trasferisce al California Institute of Technology. Nel 1955, riesce ad isolare il primo mutante del virus della poliomielite, che servirà al dott. Albert Sabin per la preparazione del vaccino. Nel 1958, comincia a lavorare nel campo della ricerca oncologica, studiando virus animali che provocano forme di alterazione nelle cellule. La sua scoperta più importante è l'aver dimostrato che il DNA del virus viene incorporato nel materiale genetico cellulare, così da alterare in maniera permanente la cellula ospite. Nel 1962, Dulbecco lascia Caltech, trasferendosi al Salk Institute a La Jolla e nel 1972, all'Imperial Cancer Research Fund Laboratories a Londra, per poter lavorare nel campo dello studio del cancro umano.

Nel 1975, Dulbecco vince il Premio Nobel per la medicina, insieme a David Baltimore e Howard Temin, per le ricerche effettuate sull'interazione tra i virus tumorali e il materiale genetico della cellula. Una delle sue scoperte fondamentali è che il DNA del virus, una volta entrato nella cellula, si appoggia al materiale genetico della stessa. A questo punto, il virus non si moltiplica, ma apporta dei cambiamenti nella cellula. L'altra cosa importante da lui dimostrata è che questo meccanismo è rilevabile solo in alcuni geni del virus, non in tutto il virus. In questo modo si è potuto associare questa proprietà a un'alterazione cancerosa e all'azione di questi geni. Nel 1986, lo scienziato lancia l'importantissimo Progetto Genoma Umano con l'obiettivo di decifrare il patrimonio genetico dell'uomo. Questo progetto mira a raggiungere la conoscenza completa dei nostri geni e dei geni di qualunque specie. Il problema principale consiste nel riuscire a decifrare il messaggio contenuto nella molecola di DNA.

Nel 1993, Dulbecco rientra in Italia, e attualmente lavora presso l'Istituto di Tecnologie Biomediche del Consiglio

Nazionale delle Ricerche di Milano. Egli è membro di diversi organismi scientifici internazionali, tra cui l'Accademia dei Lincei, la National Academy of Sciences (USA) e la Royal Society (UK).

Ma che cos'è esattamente il Progetto Genoma? Quali sono i potenziali benefici di questa ricerca? Il genoma è l'insieme dei geni di un essere qualunque, sia questo un virus, una mela, un elefante o un uomo. Il nostro genoma contiene qualcosa come 100.000 geni. Si studiano i geni di molte specie diverse: l'uomo, il topo, la drosofila, il lievito, il riso per scopi agricoli, ecc. Si può vedere che i geni non sono poi così diversi in organismi molto differenti tra di loro: i geni che regolano la moltiplicazione delle cellule nel nostro corpo sono quasi esattamente uguali a quelli che governano la moltiplicazione nel lievito.

Questo, secondo Dulbecco, è dovuto al fatto che l'evoluzione di tutti gli organismi viventi ha avuto un'origine comune, da cui si è poi diramata e arricchita. Ora la sfida consiste nella scoperta dei geni e nella caratterizzazione delle loro funzioni. Oggi sono stati isolati i cosiddetti «messaggeri». Il gene, allo stato di normale funzionamento, ordina alla cellula di produrre una proteina, la molecola «tuttofare» nel nostro corpo. I geni sono le informazioni necessarie per la produzione delle proteine. Per fare questo, il gene costruisce il «messaggero», composto da RNA. È possibile isolare questo «messaggero» che rappresenta un gene; quindi se si prendono «messaggeri» diversi, si ottiene il profilo di geni diversi.

Questo è un lavoro molto lento e difficile, ma ormai si sta procedendo a grandi passi. Al giorno d'oggi si scoprono probabilmente un migliaio di nuovi geni all'anno. L'importanza di questa ricerca risiede nella conoscenza dell'essere umano, ma essa ci permette anche di applicare ampiamente le conoscenze acquisite in campo medico. Importanti esempi sono la diagnosi prenatale e la cura delle malattie ereditarie, delle malattie presenti in certe popolazioni (per esempio la talassemia nelle popolazioni mediterranee), e di tumori come il cancro. Se ad esempio due persone sono portatori di un gene ammalato, è molto probabile che il loro figlio nascerà con la malattia. Da qui scaturisce l'idea di effettuare la fecondazione in vitro; quando l'embrione raggiunge il livello di otto cellule, è possibile prelevare una cellula ed esaminarla. Se essa contiene il gene ammalato, l'embrione non verrà impiantato; se invece il gene è normale, allora viene immesso nell'utero della madre. Così anche i portatori delle malattie ereditarie potrebbero con tutta tranquillità avere un figlio normale. Si sviluppano anche i metodi della terapia genica: se un individuo nasce con la deficienza di un gene, si cerca di introdurre una copia del gene normale in quelle cellule. Questo finora non è stato possibile per tutte le cellule. Nel caso, per esempio, dell'immunodeficienza dei bambini, è possibile immettere il gene normale nelle cellule del sangue, ma non nelle cellule del cervello e di altri organi. Adesso si sta lavorando anche sul cancro umano, cercando di definire le alterazioni di molti geni responsabili dell'insorgenza dei tumori maligni. Questo campo di ricerca offre molte speranze, ma le difficoltà tecnologiche da superare sono enormi. E rimane sempre anche la questione etica e delle eventuali manipolazioni, per cui gli scienziati devono procedere con molta cautela.

In questo campo di ricerche genetiche il contributo di Renato Dulbecco è senza dubbio importantissimo.

Parole nel contesto

A. Completiamo. Completa le seguenti frasi con le forme corrette dei verbi elencati qui sotto.

affliggere	unirsi	svolgere	subire
inserirsi	mirare	diramarsi	raggiungere

I. La strada _____ dopo 12 chilometri: una va a Camerino, l'altra a Sefro.

2. Il nostro progetto originale _____ molte modificazioni e adesso è pronto per la realizzazione.

3. Il dott. Leonardi _____ al gruppo di ricerca oncologica dell'ospedale di Torino.

4. Questo povero giovane è _____ da emicranie frequenti.

5. Mi hanno chiesto di _____ un compito difficile: gestire il nostro dipartimento internazionale.

6. Sarà difficile _____ il nostro obiettivo perché ci è rimasto poco tempo.

7. La sua ragazza _____ nella conversazione al momento più inopportuno; è stata molto scortese.

8. Questa riforma _____ a riformare il sistema scolastico americano.

B. Sinonimi. Queste parole si trovano nel testo. Scrivine i sinonimi.

I. procedere _____

2. l'alterazione _____

3. provocare _____

4. la deficienza _____

5. immettere _____

6. risiedere _____

7. regolare _____

Comprensione del testo

A. Vero o falso? Decidi se le risposte sono vere (V) o false (F) e correggi quelle false.

	V	F
1. L'esperienza di Dulbecco durante la guerra non è stata molto traumatica.	——	——
2. Dulbecco ha conseguito anche la laurea in fisica.	——	——
3. Il suo primo grande successo è stato nel campo della poliomielite.	——	——
4. Fin dagli albori della sua carriera, Dulbecco comincia a lavorare nel campo dell'oncologia.	——	——
5. Dulbecco ha vinto il Premio Nobel per il suo lavoro sul genoma.	——	——
6. Il Progetto Genoma mira a decifrare il patrimonio genetico umano.	——	——

B. Domande e risposte. Rispondi alle domande in modo completo.

1. Qual è stata una delle scoperte più importanti di Dulbecco negli anni Settanta?

2. Che cos'è il genoma?

3. Qual è un ulteriore scopo del Progetto Genoma?

4. Come si arriva alla descrizione di un gene?

5. Quali sono le potenziali applicazioni delle conoscenze acquisite?

6. Come si possono evitare le malattie ereditarie?

Attività comunicative

A. Genetica. Lavorate in gruppi. Quali pensate siano le potenziali applicazioni delle ricerche genetiche? Dove vedete la loro maggiore utilità? In quali modi potrebbero essere manipolate, secondo voi, le informazioni ottenute tramite le ricerche genetiche?

Per cominciare:

Studente 1: Io ho paura che nel campo dell'assicurazione medica…

Studente 2: Sì, ma i vantaggi di queste ricerche…

B. Clonazione. Lavorate in gruppi. Di questo si parla da decenni: la possibilità di clonare esseri umani. Ma quali sono le vere implicazioni di questo procedimento? Quali le questioni etiche? Pensi che sia giusto procedere nella ricerca della clonazione? Cosa pensi della clonazione di animali domestici? E dei singoli organi?

Per cominciare:

STUDENTE 1: Mi piacerebbe clonare il mio cane perché…

STUDENTE 2: Ma il pericolo di abusi è troppo grande…

 Sul web

A. Il dott. Dulbecco. Fai una ricerca sul dott. Dulbecco e trova i premi e i riconoscimenti che ha conseguito nel corso della sua carriera. Quali trovi più interessanti?

B. Il Progetto Genoma. Trova ulteriori informazioni sul Progetto Genoma. In quale fase si trova?

C. Le cellule staminali e il sangue ombelicale a confronto. Trova delle informazioni sulla terapia che prevede l'inoculazione di sangue prelevato dal cordone ombelicale e sulla terapia con cellule staminali. Quali malattie dichiarano di curare? Quali sono i vantaggi e gli svantaggi di ciascuna terapia? Perché la terapia delle cellule staminali è controversa?

academic.cengage.com/italian/parola

 Ascoltiamo! Visita il seguente sito per ascoltare il brano: academic.cengage.com/italian/parola

Domande personali: la moda. Ascolta ogni domanda due volte e poi rispondi sia oralmente che in scritto.

1. _____

2. _____

3. _____

4. _____

5. _____

Visita il seguente sito
per guardare il video:
academic.cengage.
com/italian/parola

Sulla strada

I problemi del Sud. Completa il brano con le parole che mancano.

«Sì, prima di tutto, da un _____ _____ _____ economico perché il Sud è schiacciato da _____ _____ tra cui anche la _____, e questo si sa benissimo. Però, insomma, comunque è un paese che si trova in uno stato di _____ _____, quindi è molto difficile riuscire a farlo appunto riprendere da questa situazione. E poi credo anche una _____ _____ _____, appunto, che sicuramente deriva dai _____ _____ che hanno investito il Sud. Però, comunque poi si riversa anche nel loro modo di essere e quindi forse anche questo gli _____ di riprendersi da un punto di vista economico, insomma.»

Prova scritta

A.I problemi del Sud. La Calabria è un esempio dei problemi che affliggono molte regioni meridionali in diversi paesi del mondo. Quali potrebbero essere le ragioni che causano il degrado e l'arretramento economico di queste regioni? Potresti fare un paragone tra la situazione in Italia e la situazione in America?

B. Vita da emigrato. Immagina di essere nato in una regione povera. Cosa faresti: lasceresti la terra dei tuoi antenati, oppure cercheresti di assicurarti un futuro migliore nel tuo paese? Come immagini la vita di un emigrato? Quali difficoltà affronta in un paese straniero? Potresti mai farlo tu?

C.Sani e centenari grazie alla genetica. Secondo te, quali sono i vantaggi e i pericoli delle ricerche genetiche e di procedure come la clonazione? Spiega il tuo punto di vista e cerca di illustrarlo con qualche esempio.

CAPITOLO 11

La Sicilia

Appunti grammaticali
  Per il ripasso del passivo, riferirsi alla
    pagina 367.

 academic.cengage.com/italian/parola

Sul web
Ascoltiamo
Sulla strada

Entriamo nell'argomento

Sapevi che …

…all'inizio della sua esistenza, la parola 'mafia' significava giustizia popolare, autonomia ed onore?

…Mussolini quasi riuscì a sradicare la mafia?

…in Sicilia si trovano le radici della poesia italiana?

Prima di leggere

Prima di leggere il brano sulla Sicilia, ti sarà utile il seguente vocabolario
essenziale. Consulta il glossario e trova il significato di queste parole.

recare   clero   avverso   omertà
sradicare   sconfiggere   stupefacente   profugo
contraffazione   esecrabile   pupo

Adesso abbina queste parole con i loro sinonimi.

1. falsificazione _____

2. indegno   _____

3. silenzio   _____

4. sacerdoti   _____

5. marionetta   _____

6. vincere   _____

7. contrario   _____

8. portare   _____

9. rifugiato   _____

10. eliminare   _____

11. droga   _____

Profilo della regione

Territorio: 25 700 km²
Capoluogo: Palermo
Province: Agrigento, Caltanissetta, Catania, Enna, Messina, Palermo, Ragusa, Siracusa e Trapani
Popolazione: 5.000.000
Geografia: terreno prevalentemente montuoso, con delle zone desertificate all'interno. Bagnata dal mar Mediterraneo, dal Tirreno e dallo Ionio. I vulcani più importanti sono Etna, Stromboli e Vulcano.
Clima: mediterraneo, con inverni miti e piovosi ed estati calde e asciutte

 Ascoltiamo! Visita il seguente sito per ascoltare il brano:
academic.cengage.com/italian/parola

Vita culturale. Ascolta il brano tre volte: la prima volta per capire il significato generale e la seconda volta inserisci le parole che mancano. Ascolta il brano una terza volta per controllare il contenuto.

La Sicilia ha dato enormi contributi alla letteratura e all'arte italiana. I poeti della _____ _____ presso la corte di Federico II (secolo XIII), tra cui i più noti Jacopo da Lentini (a cui si attribuisce l'_____ ___ _____), Pier delle Vigne e Guido delle Colonne, svilupparono la _____ _____ scritta nel vernacolo i cui _____ _____ più tardi ispirarono il Dolce Stilnovo toscano. Nel _____ _____ si trovano rappresentati diversi stili, dai _____ (Agrigento e Selinunte) e _____ greci agli esempi dell'architettura _____, _____ e _____, fino ai palazzi medievali.

Gli scrittori siciliani, come per esempio _____ _____, Giuseppe Tomasi di Lampedusa, _____ _____ (Premio Nobel nel 1934) e il poeta _____ _____ (Premio Nobel nel 1959) hanno profondamente influenzato non solo la letteratura contemporanea italiana, ma anche quella mondiale. Infatti le loro opere sono _____ ___ _____ _____. A questo illustre gruppo di autori bisogna aggiungere anche _____ _____ la cui narrativa rispecchia i problemi della _____ _____.

Un po' di storia

	QUANDO?	CHI?	COSA?
a.C.	10.000		i primi insediamenti umani in Sicilia
	XIII–VIII sec.	i Siculi, i Sicani, gli Elimi, i Fenici	prima dell'arrivo dei Greci in Sicilia, l'isola fu abitata da altri popoli
	c. 734	i Greci	comincia l'occupazione della parte orientale dell'isola; vengono fondate le prime colonie e i primi centri commerciali
	241	i Romani	la Sicilia acquista una notevole importanza economica e diventa un luogo di villeggiatura degli aristocratici romani
d.C.	II sec.		nell'isola si diffonde il Cristianesimo
	652	gli Arabi	cominciano le prime incursioni arabe nell'isola; l'arrivo degli Arabi provoca uno scisma nella vita politica ed economica della Sicilia; coesistono le culture cristiana, araba e greca; fiorisce la vita culturale nell'isola
	1061	i Normanni	i Normanni sbarcano in Sicilia e impiegano un trentennio per scacciare gli Arabi dall'isola; si pongono le basi del sistema feudale
	1198	Federico II	il grande sovrano, conosciuto come *stupor mundi et novator mirabilis*, viene incoronato, ancora bambino, re di Sicilia; nel 1231, il re dà vita a uno stato ben organizzato e centralizzato tramite la Costituzione di Melfi
	1266	Carlo I d'Angiò	dopo la morte di Federico II, la corona passa a Manfredi e poi a Carlo d'Angiò, il cui rapace governo verrà rovesciato con i Vespri Siciliani nel 1282
	1458		il Regno di Sicilia si separa dal Regno di Napoli e passa in mano alla Spagna
	1718–1738	i Savoia, gli Austriaci, i Borboni	la Sicilia passa dal domino dei Savoia a quello degli Austriaci ed infine ai Borboni
	1816	il Regno delle Due Sicilie	il Regno di Sicilia si unisce al Regno di Napoli per formare il Regno delle Due Sicilie
	1860	il Regno d'Italia	la Sicilia viene annessa al Regno d'Italia
	1946		le esigenze autonomiste della regione vengono soddisfatte con la creazione dello statuto speciale che permette alla regione un certo grado di decentramento amministrativo e di autonomia

Quadro economico

Visitare la Sicilia è veramente un'esperienza unica e memorabile. Le sue ricchezze artistiche, partendo dai ben preservati templi e anfiteatri antichi (come ad esempio quelli situati a Selinunte, Segesta e Siracusa) fino all'architettura urbana di Ernesto Basile, i suoi paesaggi incantevoli, la sua gastronomia, che riflette le tradizioni di tutti i popoli che attraverso i secoli l'hanno dominata, e la lingua e i dialetti spesso non comprensibili ai non siciliani, rendono la Sicilia una delle località più affascinanti d'Italia.

Il contributo dell'industria al reddito economico della Sicilia è relativamente recente. Le industrie che prevalgono sono quella alimentare, chimica, farmaceutica, tessile (il 78% della produzione nazionale di cotone), cantieristica, del vetro, del cuoio, del tabacco, delle essenze, dei mobili, dell'edilizia e dei materiali da costruzione. Recentemente sono stati scoperti il petrolio e il metano, il che ha portato alla costruzione di raffinerie e di altre industrie ad esse legate. Notevole è anche la produzione del sale. L'artigianato del legno, delle ceramiche, delle terrecotte e delle filigrane è molto sviluppato. Tuttavia, la maggior parte dell'isola è ancora legata all'agricoltura, alla produzione di frumento, di agrumi, di ortaggi, di mandorle, di olive e d'uva. La pesca è ben sviluppata, soprattutto quella del tonno e del pesce spada. Le risorse turistiche non sono pienamente sfruttate, nonostante tutte le ricchezze culturali e artistiche che la Sicilia offre; si sono fatti però grandi passi avanti, specialmente nelle zone balneari.

Società

Nota tanto per le sue bellezze naturali quanto per la ricchezza della sua storia, la Sicilia reca comunque lo stigma di essere la culla della mafia. «Cosa nostra» è nata intorno al 1820, periodo nel quale il popolo viveva in condizioni misere e soffriva la fame, mentre i nobili e il clero si godevano la «dolce vita». Intanto il governo favoriva gli investimenti nel Nord e trascurava il Sud. Come se non bastasse, il governo sabaudo ordinò lo scioglimento dei monasteri e la confisca delle proprietà ecclesiastiche. Nell'isola nacque presto «l'antipiemontesimo», un sentimento avverso alla cultura settentrionale, che si rifletteva nell'ostilità verso il governo e nel brigantaggio. Nelle campagne siciliane cominciarono a formarsi delle bande organizzate appoggiate dal clero, che in pochi anni affermarono il loro potere. All'inizio della sua esistenza, la parola «mafia» stava a significare giustizia popolare, autonomia ed onore, mentre i metodi adoperati, come la vendetta, l'omertà, l'intimidazione e il banditismo, erano quelli di un'organizzazione criminale. Verso il 1860, la mafia acquistò decisamente un carattere criminale e violento. Il termine stesso si diffuse con il dramma *I mafiusi di la Vicaria* (1863), di Giuseppe Rizzotto e Gaetano Mosca, che tradotto poi anche in italiano ebbe grande successo.

I primi attacchi al potere di «Cosa nostra» furono inferti da Mussolini, il quale nel 1925, inviò in Sicilia le truppe di Cesare Mori con l'incarico di sradicare la mafia con qualsiasi mezzo. Mori impiegò metodi brutali e non sempre legali per eliminare centinaia di mafiosi. La risposta della mafia fu di emigrare negli USA o di infiltrarsi nel partito fascista. Anche se alla fine Mori non riuscì a sradicare la mafia, egli fu il primo investigatore italiano a dimostrare che la mafia può essere sconfitta soltanto con una lotta senza quartiere.

Durante la seconda guerra mondiale furono gli americani e la CIA a riportare la mafia al potere. Furono contattati i boss italo-americani come Lucky Luciano e Vito Genovese, nonché molti boss italiani, per assicurare agli Alleati il controllo dell'isola.

Oggi «Cosa nostra» trae profitti enormi da attività criminali come il traffico d'armi, di stupefacenti e di profughi clandestini, la contraffazione, la prostituzione, i sequestri di persona, il «pizzo» (racket delle estorsioni) e l'usura. La lotta contro la mafia continua senza tregua anche oggigiorno ma, purtroppo, perdurano anche gli esecrabili assassinii dei giudici e dei politici che hanno avuto il coraggio di opporsi a «Cosa nostra».

Vita culturale

La Sicilia ha dato enormi contributi alla letteratura e all'arte italiana. I poeti della Scuola Siciliana presso la corte di Federico II (secolo XIII), tra cui i più noti furono Jacopo da Lentini (a cui si attribuisce l'invenzione del sonetto), Pier delle Vigne e Guido delle Colonne, svilupparono la poesia lirica scritta in vernacolo, i cui temi amorosi più tardi ispirarono il Dolce Stilnovo toscano. Nel campo architettonico si trovano rappresentati diversi stili, dai templi (Agrigento e Selinunte) e anfiteatri greci agli esempi di architettura romana, bizantina e normanna, fino ai palazzi medievali.

Gli scrittori siciliani, come per esempio Giovanni Verga, Giuseppe Tomasi di Lampedusa, Luigi Pirandello (Premio Nobel nel 1934) e il poeta Salvatore Quasimodo (Premio Nobel nel 1959) hanno profondamente influenzato non solo la letteratura contemporanea italiana, ma anche quella mondiale. Infatti, le loro opere sono tradotte in molte lingue. A questo illustre gruppo di autori bisogna aggiungere anche Leonardo Sciascia la cui narrativa rispecchia i problemi della Sicilia novecentesca. La Sicilia ha «regalato» all'Italia anche il famoso compositore d'opera Vincenzo Bellini ed è inoltre nota per le canzoni popolari italiane. Ci sono tantissime tradizioni popolari siciliane, come ad esempio le favole e le leggende regionali. Basti pensare al teatro popolare delle marionette o dei «pupi» e ai carretti siciliani, entrambi delicatamente decorati con colori vivaci e sfolgoranti.

Cucina

La cucina siciliana vanta 3.000 anni di storia, 4.000 piatti, diversi tipi di cucina (rustica, barocca, popolare e da strada) e numerosi influssi di altri popoli che hanno dominato l'isola attraverso i secoli: dai Fenici-Cartaginesi ai Greci, dai Romani ai Babilonesi, dagli Arabi ai Normanni, fino ai Borboni. Della dominazione greca sono rimaste le olive bianche e nere, la ricotta salata, il miele, l'agnello e il vino. Questa cucina non era molto elaborata, si basava su pesci e varie carni insaporite con aglio ed erbe aromatiche e servite con verdure crude o cotte. La pasticceria invece era molto raffinata, a base di miele e mandorle. Anche oggi la pasticceria siciliana è considerata una delle più rinomate d'Italia. Della cucina araba ci sono pervenuti vari dolci, l'agrodolce, l'uvetta, il couscous, lo zafferano e altre spezie. I francesi lasciarono le salse, i gateaux e la raffinatezza nella preparazione dei piatti mentre agli spagnoli si devono le insalate e le frittate. Accanto alla tradizione colta bisogna menzionare la cucina popolare, anch'essa molto ricca e vivace. La gastronomia da marciapiede è quella consumata direttamente davanti ai banchetti disposti nelle strade dei quartieri popolari e consiste di cibi appunto popolari.

La produzione dei vini in Sicilia è di vecchia data e oggi l'isola è la regione italiana che produce più vino. Oltre alla produzione di massa, ci sono delle zone che producono dei vini famosissimi come per esempio il Marsala, di origine romana, lo Zibibbo, di origine araba, il raro Moscato Passito, la Malvasia e il Cerasuolo.

Parole nel contesto

A. Contrari. Trova nel testo i contrari delle seguenti espressioni.

1. violento _____

2. separare _____

3. accogliere _____

4. trascurare _____

5. instaurare _____

6. non utilizzare _____

7. l'amicizia _____

8. il perdono _____

B. Come si dice? Completa le frasi seguenti.

1. La sostanza odorosa estratta dalle piante si chiama _____.

2. L'industria della costruzione è _____.

3. _____ è una lavorazione sofisticata dei gioielli, sia d'oro che d'argento.

4. Le nocciole comuni in Sicilia sono _____.

5. _____ siciliano è un piccolo carro decorato con colori vivaci.

6. _____ è una battaglia all'ultimo sangue.

7. _____ è l'uva secca.

C. Definiamo. Definisci le seguenti parole.

1. «Sfolgorante» vuol dire _____.

2. «Insaporire» significa _____.

3. «Esigenze autonomistiche» significa _____.

4. «Sradicare» significa _____.

5. «Un sequestro di persona» è_____.

6. «Un profugo» è _____.

7. «La contraffazione» significa _____.

8. «L'usura» vuol dire _____.

Comprensione del testo

A. Parliamo di storia. Scegli la risposta corretta.

I. I primi a fondare le colonie nell'isola sono
    a. i Normanni   **b.** i Siculi   **c.** i Greci

2. Durante il dominio romano si diffonde
    a. la corruzione   **b.** il Cristianesimo   **c.** l'autonomismo

3. Nel secolo VII cominciano
    a. gli sbarchi dei Normanni   **b.** le lotte feudali   **c.** le incursioni arabe

4. La vita culturale in Sicilia fiorisce grazie a
    a. la coesistenza di diverse culture   **b.** il dominio arabo
    c. la sua posizione geografica

5. La figura più importante del Medioevo siciliano fu
    a. il papa   **b.** Federico II   **c.** Carlo I d'Angiò

6. Lo statuto speciale garantisce alla Sicilia un certo grado di
    a. autonomia finanziaria   **b.** autonomia culturale
    c. decentramento governativo

B. Domande e risposte. Rispondi alle domande in modo completo.

I. Che cosa differenzia la Sicilia dalle altre regioni italiane?

2. Che tipo di economia prevale in Sicilia?

3. Perché la corte di Federico II fu importante?

4. Quali nazioni dominavano la Sicilia?

5. Quali stili architettonici esistono nella regione?

6. Quali sono le origini della mafia?

7. Chi fu il primo a lanciare una lotta organizzata contro «Cosa nostra» e perché?

8. A chi si deve il ritorno al potere della mafia nella storia recente?

9. Come si chiamano gli scrittori siciliani che hanno vinto il Premio Nobel?

10. Che tipo di teatro si è sviluppato in Sicilia?

C. Completiamo. Completa le frasi seguenti.

1. La cucina siciliana ha dietro di sé _____ di storia e _____

_____ di diversi piatti.

2. Si riconoscono vari tipi di cucina:

_____.

3. I Greci hanno lasciato...

_____.

4. Della cucina araba sono rimasti...

_____.

5. I francesi e gli spagnoli hanno contribuito con...

_____.

6. La gastronomia da strada è...

_____.

7. La pasticceria siciliana è considerata...

_____.

8. Il vino più conosciuto della Sicilia è...

_____.

Cuciniamo insieme!

La cucina siciliana gode della reputazione di avere i migliori dolci del Paese. La seguente ricetta è tradizionale. Leggila e completa gli esercizi che seguono.

Cassata siciliana

Ingredienti: 500 gr. di ricotta, 300 gr. di zucchero a velo, 150 gr. di frutta candita mista, 150 gr. di pan di Spagna, 100 gr. di cioccolata fondente, vaniglia, rum

Preparazione: Affettare il pan di Spagna e disporre le fette sul fondo e sui lati di una teglia. Amalgamare, dopo averla passata al setaccio, la ricotta con lo zucchero e la vaniglia. Unire ½ bicchierino di rum, la cioccolata tagliuzzata e la frutta candita a pezzetti. Versare il composto nella teglia e livellare con un coltello, coprendo il tutto con altre fette di pan di Spagna. Mettere in frigo per un'ora, poi rovesciare la cassata su un piatto, cospargendo la superficie con lo zucchero a velo.

A. Traduciamo. Traduci le seguenti parole in inglese.

1. lo zucchero a velo _____

2. passare al setaccio _____

3. il pan di Spagna _____

B. Sinonimi. Trova i sinonimi delle seguenti espressioni nel testo.

1. tagliare a fette _____

2. la parte inferiore di qualcosa _____

3. la parte destra o sinistra di qualcosa _____

4. un recipiente di metallo per cuocere i dolci nel forno _____

5. legare insieme _____

6. capovolgere _____

7. gettare qua e là _____

Attività comunicative

A. L'isola. Lavorate in coppie. Dopo aver letto il testo sulla Sicilia, parla dei seguenti argomenti con un compagno/una compagna: in che senso è unica questa regione e perché i Siciliani a volte non si considerano Italiani?

Per cominciare:

STUDENTE 1: Mi pare che a causa dell'isolamento...
STUDENTE 2: Sono d'accordo, perché...

B. La mafia nel cinema. Lavorate in coppie. Ci sono tanti film e programmi televisivi americani che dipingono un'immagine idealizzata dei mafiosi. Basti pensare alla trilogia del *Padrino* di Francis Ford Coppola o alla serie *I Soprano* che hanno contribuito alla diffusione di un mito positivo dei criminali. Secondo voi, perché prevale questa falsa immagine? Perché il pubblico non reagisce alla violenza mostrata in questi film e programmi televisivi? Parlatene!

Per cominciare:

STUDENTE 1: Secondo me, i mafiosi sono presentati...
STUDENTE 2: È perché nella nostra cultura...

C. I film storici. Lavorate in coppie. Molti di voi avranno visto dei film storici come *Spartaco, Alessandro Magno, Il gladiatore, Troia, Le Crociate (Kingdom of Heaven)* e altri. Spiegate il successo di questi film basati sulla vita degli eroi dell'antichità.

Per cominciare:

STUDENTE 1: Ho visto *Troia*, e mi ha proprio colpito...
STUDENTE 2: Io adoro i film storici perché...

Sul web

A. Un attimo di poesia. Trova la celebre poesia di Salvatore Quasimodo intitolata *Ed è subito sera*, stampala e portala in classe. Qual è il significato di questa poesia, secondo te? Parlane con i compagni e con l'insegnante.

B. Le feste siciliane. Trova informazioni sulle feste religiose e tradizionali della Sicilia e riferiscile alla classe.

C. Il teatro dei pupi. Cerca le informazioni sul teatro di marionette e sui carretti siciliani. Qual è la storia dei pupi? Di che cosa sono fatti? Quali rappresentazioni eseguono?

D. Il TG siciliano. Guarda i programmi della Sicilia: il TG di Sicilia, il meteo, i filmati che ti interessano. Scegline uno e racconta ciò che hai visto alla classe.

E. La mafia. Qual è l'etimologia della parola «mafia»? Qual è la struttura di «Cosa nostra»? Quali altre mafie esistono in Italia?

academic.cengage.com/italian/parola

In dialetto

Leggi la seguente poesia in dialetto siciliano e cerca di tradurla prima in italiano e poi in inglese.

'N jornu ca Diu Patri era cuntenti

e passiava 'n celu cu li Santi,

a lu munnu pinsau fari un prisenti

e da curuna si scippau 'n domanti;

cci addutau tutti li setti elementi,

lu pusau a mari 'n facci a lu livanti:

lu chiamarunu «Sicilia» li genti,

ma di l'Eternu Patri è lu diamanti.

(*anonimo siciliano*)

Città, cittadine e paesi

Palermo: la città dei contrasti

Palermo, il capoluogo dell'omonima provincia e della regione Sicilia, è il massimo centro commerciale dell'isola e il porto più importante, già dai tempi antichi. La città fu conquistata e dominata per secoli da vari popoli che ne determinarono sia la sua prosperità che il suo degrado, ambedue oggi visibili nelle sue strutture urbanistiche. Palermo è una città dai forti contrasti tra i quartieri nobili e benestanti e quelli poveri. Il porto, da cui partono e arrivano navi passeggeri e navi mercantili collega l'isola a Napoli, all'Africa del Nord e ad altri paesi mediterranei.

La Cattedrale di Palermo, antica basilica trasformata in moschea dagli Arabi e poi riconsegnata alla religione cristiana dai Normanni.

Un po' di storia

Palermo fu fondata dai Fenici nell'ottavo secolo a.C. per passare poi nelle mani dei Cartaginesi e dei Romani, sotto il cui dominio subì un declino. Si riprese sotto Bisanzio, e durante la dominazione araba diventò il centro principale del traffico con l'Africa del Nord. Il periodo più prospero di Palermo si ebbe con i Normanni (1072–1194). La città passò quindi agli Svevi e sotto Federico II divenne il centro culturale e il punto d'incrocio della cultura araba e latina. In seguito, arrivarono i Tedeschi e i Francesi e nei secoli XVI e XVII, gli Spagnoli incentivarono la ricostruzione della città. Seguì un breve periodo di dominazione da parte degli Asburgo. Dopo le guerre napoleoniche, la Sicilia fu ceduta ai Borboni spagnoli. Garibaldi liberò Palermo nel 1860, l'anno in cui venne annessa al Regno d'Italia. La città subì forti bombardamenti nel 1943, quando fu liberata dalle forze alleate.

Quadro economico

Le industrie principali sono quella siderurgica, cantieristica, chimica, tessile, conserviera, del vetro, del cemento e del legno. I principali prodotti d'esportazione sono la frutta, i cereali, il pesce e i prodotti chimici. Palermo ha due aeroporti, uno militare a Boccadifalto e l'altro a Punta Raisi. La sua università ha un'ottima reputazione. Il turismo è intenso e costituisce una fonte importante di reddito per la città grazie ai molti monumenti storici. Tra i più famosi vi sono il Palazzo Reale con la Cappella Palatina (del periodo arabo-normanno); la cattedrale dello stesso periodo; le chiese di San Giovanni degli Eremiti, della Mortorana e di San Cataldo; la Zisa, insigne

monumento arabo-normanno e il Teatro Massimo. A Palermo si trova
anche la Pietra di Palermo, custodita al Museo Archeologico della città,
che contiene informazioni basilari sulla cronologia e sulla storia culturale
dell'Egitto durante le prime cinque dinastie (c. 3100–c. 2345 a.C.). La città
custodisce la pietra dal 1877. Altri frammenti dello stesso documento si
trovano al Museo del Cairo. Un'altra attrazione per i visitatori è il Museo
di Zoologia fondato nella seconda metà dell'800.

Parole nel contesto

A. Sinonimi. Dopo aver letto il testo, scrivi i sinonimi delle seguenti
espressioni.

1. ricco _____

2. il luogo d'incontro _____

3. famoso _____

4. il pezzo _____

B. Un po' di storia. Collega la colonna A alla colonna B in modo logico.

A	B
1. Palermo fu fondata	_____ da Garibaldi nel 1860.
2. Sotto i Romani	_____ Palermo fu il centro culturale.
3. Si riprese	_____ si ebbe con i Normanni.
4. Il periodo più prospero	_____ dai Fenici nell'VIII secolo a.C.
5. Sotto il re Federico II	_____ la città fu in declino.
6. Palermo fu liberata	_____ sotto la dominazione di Bisanzio.

Comprensione del testo

Vero o falso? Verifica se le seguenti frasi sono vere (V) o false (F) e correggi
quelle false.

	V	F
1. Palermo è una città piena di contrasti.	——	——
2. L'industria è sviluppata.	——	——
3. Si esporta il petrolio.	——	——
4. Il turismo è importante.	——	——
5. La Pietra di Palermo narra la storia della città.	——	——
6. Il Museo di Zoologia fu fondato nel 1900.	——	——

Attività comunicative

A. I dolci siciliani. Lavorate in coppie. I dolci della Sicilia sono ottimi e raffinati. Vi piace mangiare i dolci? Avete mai assaggiato un dolce italiano? Ci sono delle ricette tradizionali di dolci preparati nella vostra famiglia? In quali occasioni si preparano? Parlatene facendovi delle domande, a vicenda!

Per cominciare:

STUDENTE 1: Quale è il tuo dolce preferito?
STUDENTE 2: La crostata di mele. E il tuo?

B. Siamo obesi? Lavorate in coppie. Abbiamo visto che la Sicilia vanta un'abbondanza gastronomica, specialmente una grande varietà dei dolci. Perché, secondo te, i siciliani non sono obesi?

Per cominciare:

STUDENTE 1: Secondo me, la ragione principale dell'obesità è la mancanza di attività fisica...
STUDENTE 2: Sì, e i siciliani, come tutti gli italiani...

C. La Palermo multiculturale. Lavorate in gruppi. Palermo è il punto di incrocio di diverse culture. Secondo te, quali sono i vantaggi e gli svantaggi di un tale ambiente multiculturale?

Per cominciare:

STUDENTE 1: In una città multiculturale si può...
STUDENTE 2: A me piace in particolare...

 *Sul web*

A. La musica folk. Trova informazioni sulla musica folk siciliana originale e moderna. Parla alla classe della canzone che ti è piaciuta di più e perché.

B. Teatro Massimo. Vedi un po' il repertorio del Teatro Massimo a Palermo. Informa la classe.

C. I musei palermitani. Fai una visita virtuale dei musei di Palermo e della zona circostante. Cosa ci hai trovato di interessante?

D. La vita notturna. Trova le migliori discoteche e i locali notturni di Palermo. Come sono? Che musica fanno ascoltare? Quali DJ vi lavorano?

academic.cengage.com/italian/parola

Siracusa: il gioiello della civiltà greca

Siracusa, forse più di qualsiasi altra città italiana, porta le vestigia del suo illustre passato greco. Fondata dai coloni corinzi nel sec. VIII a.C. diventò più tardi una delle più grandi potenze del Mediterraneo, pari ad Atene e Cartagine.

Un po' di storia

I primi insediamenti umani si riscontrano nel secolo XIV a.C. nell'isolotto di Ortigia («isola delle quaglie» in greco), oggi il centro storico della città. Il nome Siracusa deriva dal greco *sirako*, che significa palude. La città conosce un periodo di splendore sotto i Corinzi, ma nel secolo III viene conquistata dai Romani. Durante il saccheggio della città, un soldato romano uccide Archimede, siracusano illustre e uno dei maggiori scienziati dell'antichità. Nel Medioevo, comincia il periodo di lenta decadenza di Siracusa, soprattutto durante la dominazione araba. Il periodo svevo (dal 1194 al 1268) è contrasse-

Un anfiteatro greco a Siracusa.

gnato dalla forte presenza ecclesiastica e da un notevole benessere economico e culturale. La prosperità di Siracusa continua anche sotto gli Aragonesi fino al 1500, quando Carlo V impone delle pesanti imposte alla popolazione, il che ne impedisce lo sviluppo economico. Nel 1693, un terribile terremoto colpisce la città, causando 4.000 morti, e fa sì che i palazzi già esistenti vengano ristrutturati secondo lo stile barocco. Il risultato è un'armonia di stili a Ortigia che ne fa un luogo assolutamente unico.

Monumenti e luoghi da vedere

Uno dei monumenti greci più importanti non soltanto a Siracusa, ma in tutta l'Europa, è il Teatro Greco, dove ancora oggi si tiene un'importantissima manifestazione culturale annuale: le rappresentazioni delle tragedie classiche. Altrettanto imponente è il Castello di Federico II, poi detto Maniace, costruito tra il 1232 e il 1240, più tardi diventato un punto nodale della cinta muraria. Sempre a Ortigia si trova Piazza Duomo, che con la sua forma semicircolare è uno dei luoghi più splendidi della città. Vi si trovano il Duomo e il Palazzo Arcivescovile. Il Duomo è frutto di un'affascinante sovrapposizione di stili avvenuta nel corso dei secoli. Uno dei punti di riferimento visivi della città è anche il santuario della Madonna delle Lacrime, completato nel 1994. Il culto della Madonna a Siracusa nacque nel 1953, quando in una casa modesta un'effigie di gesso della madonnina cominciò a sgorgare lacrime. Oggi il santuario della Madonna delle Lacrime è uno dei più importanti per il culto di Maria nel mondo.

Il più misterioso monumento siracusano è l'Orecchio di Dionigi. È una grotta artificiale altissima e molto profonda dove, secondo Caravaggio, il tiranno Dionigi rinchiudeva i prigionieri politici per ascoltare i loro discorsi da una cavità posta nella parte superiore della grotta. Infatti, la singolare forma a imbuto conferisce alla grotta eccezionali proprietà acustiche tali da amplificare notevolmente i suoni. Le catacombe siracusane sono le più vaste d'Italia, seconde solo a quelle romane. Nel 1872, nell'interno di una catacomba fu trovato un sarcofago romano di straordinaria bellezza, sui cui lati si vedono le scene e i personaggi biblici in bassorilievo. Nelle adiacenze della catacomba, seppellita alcuni metri sotto il livello stradale, si trova la cripta di S. Marciano (primo vescovo di Siracusa) la quale, secondo la tradizione cristiana, rappresenta il primo luogo di culto cristiano in Occidente ed è anche il luogo dove si fermò l'apostolo Paolo.

Il turismo è la principale fonte di reddito della città e l'artigianato di maggior rilievo consiste nella produzione e lavorazione dei fogli di carta di papiro e nella riproduzione in metalli preziosi delle antiche monete siracusane.

Parole nel contesto

A. Cosa vuol dire? Scegli il significato corretto delle parole in corsivo. In certi casi, è possibile più di una risposta.

1. Siracusa porta *le vestigia* del suo illustre passato greco.

   a. le vesti   **b.** le tracce   **c.** le ferite

2. Diventò una delle più grandi potenze del Mediterraneo, *pari ad* Atene e Cartagine.

   a. uguale a   **b.** più grande di   **c.** paragonabile solo a

3. I primi insediamenti umani *si riscontrano* nel secolo XIV a.C.

   a. si registrano   **b.** si incontrano   **c.** si scoprono

4. Il periodo svevo *è contrassegnato* dalla forte presenza ecclesiastica.

   a. si riconosce   **b.** è ricordato   **c.** è caratterizzato

5. Il castello Maniace diventa *un punto nodale* della cinta muraria.

   a. un cardine   **b.** un elemento cruciale   **c.** un punto di partenza

6. In una casa modesta *un'effigie* di gesso della Madonnina cominciò a sgorgare lacrime.

   a. figura   **b.** immagine   **c.** scultura

B. Che plurali strani! Alcuni sostantivi in italiano hanno il singolare maschile, e il plurale femminile, come *il vestigio, le vestigia*. Conosci altri sostantivi simili? Elencali.

Per cominciare: il labbro, le labbra, ecc.

C. Un nome, due significati. Alcuni sostantivi hanno due plurali, uno maschile, uno femminile, con significato diverso. Trova nel dizionario i significati di questi plurali.

1. il ciglio: i cigli   _____   le ciglia   _____

2. il muro: i muri   _____   le mura   _____

3. il calcagno: i calcagni   _____   le calcagna   _____

4. il fondamento: i fondamenti   _____   le fondamenta _____

5. il braccio: i bracci   _____   le braccia   _____

6. il labbro: i labbri   _____   le labbra   _____

7. l'osso: gli ossi   _____   le ossa   _____

Comprensione del testo

Domande e risposte. Rispondi in modo completo.

1. Quali sono le maggiori attrazioni di Siracusa?
2. Chi è uno dei suoi figli più illustri?
3. Chi è stato responsabile del declino della città?
4. Che cos'è Ortigia?
5. Quale parte di Siracusa ti piacerebbe visitare e perché?

Attività comunicative

A. Il culto di Maria. Lavorate in coppie. Sai spiegare di che cosa si tratta? Conosci altri tipi di culto, come quelli dei santi, ad esempio? Perché nascono? Cosa ne pensi? Hai mai fatto un pellegrinaggio in uno dei luoghi ritenuti «santi»?

Per cominciare:

STUDENTE 1: Ho sentito che molti vanno a Lourdes perché...
STUDENTE 2: Io non ci andrei mai perché...

B. I tele-evangelisti. Lavorate in gruppi. I nostri canali televisivi sono «invasi» da tele-evangelisti, da Jimmy Swaggart e Billy Graham, a Pat Robertson, Jerry Falwell e Benny Hinn. Pensi che ci siano differenze tra di loro? Cosa pensi della «modernizzazione» della religione in questo modo? La televisione è il luogo adatto alla diffusione della religione?

Per cominciare:

STUDENTE 1: Secondo me, la religione dovrebbe rimanere in chiesa...
STUDENTE 2: Sì, ma la televisione aiuta a...

C. Il teatro. Lavorate in gruppi. Hai mai assistito a una rappresentazione teatrale? Quale? Ti piacerebbe vederne altre? Quali scrittori teatrali conosci? Che tipo di rappresentazione teatrale ti piace di più?

Per cominciare:

STUDENTE 1: Ho visto *Amleto* di Shakespeare...
STUDENTE 2: Io preferisco i musical...

 *Sul web*

A. Eureka! Qual è il principio di Archimede? Quali sono le sue applicazioni? Trova delle informazioni sulla vita di Archimede.

B. Siracusa in foto. Osserva le foto e scegline alcune che ti piacciono di più. Portale in classe e spiega ai tuoi compagni che cosa rappresentano.

C. Teatro Greco di Siracusa. Quando è stato costruito? Quanto è grande? Quali sono le sue parti principali?

D. Ortigia, il centro storico di Siracusa. Guarda le foto dei monumenti più importanti a Ortigia. Scegline una, portala in classe e descrivi brevemente il monumento.

academic.cengage.com/italian/parola

 Ascoltiamo! Visita il seguente sito per ascoltare il brano: academic.cengage.com/italian/parola

Messina, la città di Scilla e Cariddi. Ascolta il brano due volte e rispondi alle domande che seguono.

1. In quale stile è costruita la città di Messina e perché?
2. Com'è collegata Messina con gli altri centri vicini?
3. Perché è famoso lo Stretto di Messina?
4. Descrivi il progetto per costruire il ponte di Messina.
5. Qual è stata la reazione al progetto?

Curiosità

Il ponte sullo Stretto di Messina.
È in corso il progetto di collegare la Sicilia con la Calabria tramite il più lungo ponte sospeso a campata unica nel mondo: 3,3 km. Il progetto è fonte di numerose controversie che hanno ostacolato l'inizio dei lavori di costruzione. Vari gruppi si sono opposti alla realizzazione del progetto citando la corruzione, l'irresponsabilità sociale delle imprese coinvolte e l'impatto del ponte sull'ambiente.

Alcuni siciliani famosi

Giovanni Falcone e Paolo Borsellino: i martiri della lotta contro la mafia

Alla storia della Sicilia non mancano uomini coraggiosi che hanno dedicato la loro vita alla lotta contro la mafia. Dai giudici ai politici, è lunga la lista di eroi che hanno rischiato e spesso sacrificato la propria vita per liberare la società da questo cancro. Ne fanno parte anche due giudici che detengono un posto speciale nell'immaginario collettivo italiano e la cui fine tragica ha colpito tutto il popolo: Giovanni Falcone e Paolo Borsellino. Erano uniti in vita, accomunati da una missione: quella di liberare la società dall'oppressione e dal terrore della mafia. La loro morte orribile, a meno di due mesi l'una dall'altra, li ha legati per sempre nella memoria degli Italiani. Dopo l'attentato a Falcone, Borsellino capisce che non gli resta molto tempo e dice: «Devo fare in fretta, perché adesso tocca a me».

Giovanni Falcone e Paolo Borsellino

* * *

GIOVANNI FALCONE (1939–1992)
Falcone nasce a Palermo nel 1939 e consegue la laurea in giurisprudenza all'università di Palermo. Capisce già dagli albori della sua carriera che nel perseguire i reati e le attività criminali della mafia occorre condurre anche indagini patrimoniali e bancarie, persino oltreoceano, al fine di ricavare una visione completa della rete di connessioni mafiose. Negli anni Ottanta si costituisce il cosiddetto «pool antimafia» sul modello di quello operante nel decennio precedente, che era stato creato per combattere il fenomeno del terrorismo politico. Del gruppo fa parte anche Paolo Borsellino. Falcone e Borsellino vedono assassinati innumerevoli giudici, consiglieri, commissari e funzionari di polizia, tra cui anche il giudice Rocco Chinnici, il leader del loro gruppo. Si comincia allora a temere per l'incolumità dei due magistrati che sono costretti a soggiornare per qualche tempo con le famiglie presso il carcere dell'isola dell'Asinara.

In queste circostanze drammatiche cominciano i maxiprocessi, con i quali i due magistrati firmano la loro condanna a morte. Molti di questi processi si basano sulle confessioni dei «pentiti», i collaboratori della giustizia, una «invenzione» di Falcone, quando nessuno osava pensare all'eventualità che questo strumento usato in passato contro il terrorismo potesse essere adoperato anche nella lotta alla mafia. I pentiti cominciano a rivelare il legame tra la mafia e la politica, e spesso richiedono di parlare con Falcone o con Borsellino, perché le loro qualità morali e il loro intuito investigativo sono ben noti. Nel corso delle sue indagini, Falcone realizza un'importante operazione in collaborazione con l'ex-sindaco di New York, Rudolph Giuliani, denominata «Iron Tower», grazie alla quale sono colpite le famiglie mafiose dei Gambino e degli Inzerillo, coinvolte nel traffico di eroina tra la Sicilia e gli Stati Uniti.

Nel 1989, si verifica il primo attentato fallito a Falcone. Data la pericolosità della sua attività, Falcone deve affrontare tensioni e dissensi con gli altri procuratori e dedica gli ultimi anni della sua vita a un'intensa attività volta a rendere più efficace la lotta contro il crimine. Nel maggio 1992, Falcone raggiunge sufficienti voti per poter essere eletto superprocuratore. Il giorno dopo la sua nomina, sull'autostrada per Capaci, avviene la tragedia: un'autobomba fa esplodere la macchina che trasportava Falcone, sua moglie e gli agenti di scorta, tutti deceduti. La mafia sapeva che in qualità di giudice Falcone sarebbe stato troppo pericoloso. Dopo la strage, si riunisce il senato degli Stati Uniti e viene varata la risoluzione n. 308 intesa a rafforzare l'impegno del gruppo di lavoro italo-americano di cui Falcone era componente.

* * *

PAOLO BORSELLINO (1940–1992)
Paolo Borsellino nasce a Palermo nel 1940. Dopo l'università supera il concorso di magistratura e diventa magistrato a Palermo, spinto da un profondo amore per la sua terra e per la giustizia. Già dalla sua prima indagine sulla mafia e con l'arrivo della prima scorta cambia l'atmosfera in casa Borsellino. Sostenuto dalla famiglia, Borsellino parla della paura dicendo: «La paura è normale che ci sia, in ogni uomo, l'importante è che sia accompagnata dal coraggio». Come parte del pool antimafia, Borsellino cerca di cambiare la mentalità della gente e di sconfiggere una volta per tutte la cultura mafiosa. Fino alla sua morte, Borsellino cercherà di incontrare i giovani, di comunicargli questi sentimenti e di renderli protagonisti della lotta alla mafia. Il pool antimafia continua a lavorare, ma non basta: cerca lo Stato e i cittadini, vuole una mobilitazione generale contro la mafia. Invece, all'inizio del maxiprocesso l'opinione pubblica inizia a cambiare: si criticano i magistrati e il ruolo che si sono costruiti, e il fronte unico che aveva portato a grandi vittorie comincia a sgretolarsi. Borsellino, tuttavia, continua a lottare con lo stesso fervore e con lo stesso coraggio. Cominciano a parlare i pentiti e prendono forma le indagini sulle connessioni tra la mafia e i politici.

Gli attacchi a Borsellino diventano incessanti, ma lui riprende la lotta con ancora più convinzione. Alla notizia dell'attentato a Giovanni Falcone, Borsellino soffre molto: il legame che lo unisce a Falcone è speciale. Gli viene offerto di prendere il suo posto nella candidatura alla superprocura, ma Borsellino rifiuta e resta a Palermo per continuare la lotta alla mafia, consapevole che il suo momento è ormai vicino. Di Falcone dice: «La sua vita è stata un atto d'amore verso questa città, verso questa terra che lo ha generato». Nel luglio del 1992, esplode un'autobomba sotto la sua casa in via D'Amelio e Borsellino muore con tutta la scorta.

Falcone e Borsellino avevano visto morire molti uomini di valore morale ed intellettuale e sapevano benissimo di non essere esenti da una simile fine. Eppure hanno continuato a lottare per la loro terra e per un futuro migliore per i loro figli fino all'estremo sacrificio.

«Gli uomini passano, le idee restano, restano le loro tensioni morali, continueranno a camminare sulle gambe di altri uomini».

Giovanni Falcone

«Non sono né un eroe né un kamikaze, ma una persona come tante altre. Temo la fine perché la vedo come una cosa misteriosa, non so quello che succederà nell'aldilà. Ma l'importante è che sia il coraggio a prendere il sopravvento... Se non fosse per il dolore di lasciare la mia famiglia, potrei anche morire sereno.»

Paolo Borsellino

«*A man does what he must—in spite of personal consequences, in spite of obstacles and dangers and pressures—and that is the basis of all human morality*».
«Un uomo fa quello che è suo dovere fare, quali che siano le conseguenze personali, quali che siano gli ostacoli, i pericoli o le pressioni. Questa è la base di tutta la moralità umana».

J.F. Kennedy,
citazione spesso riferita da Falcone

Parole nel contesto

A. Sinonimi. Trova nel testo i sinonimi delle seguenti parole.

1. la battaglia _____
2. l'atto criminale _____
3. la piaga _____
4. finanziario _____
5. il giudice _____
6. la sicurezza _____
7. forzato _____
8. la prigione _____
9. la possibilità _____
10. rendere più forte _____
11. eliminare _____
12. escluso _____

B. Cosa vuol dire? Come si traducono in inglese le seguenti espressioni?

1. l'immaginario collettivo

_____

2. adesso tocca a me

_____

3. perseguire i reati

_____

4. le indagini patrimoniali

_____

5. firmare la propria condanna a morte

_____

6. le confessioni dei pentiti

_____

7. il gruppo di lavoro

_____

8. il fronte unico comincia a cadere

_____

Comprensione del testo

Domande e risposte. Rispondi in modo completo.

I. Perché Falcone e Borsellino sono sempre menzionati insieme?

2. Quali caratteristiche li distinguono?

3. Perché, secondo te, non hanno sempre goduto del sostegno dell'opinione pubblica?

4. Quali sono i metodi ideati da Falcone e usati nella lotta alla mafia ancora oggi?

5. Cosa si intende con «il legame tra la mafia e la politica»?

Attività comunicative

A. Eroi tra di noi. Lavorate in gruppi. Negli ultimi anni la parola «eroe» è usata con molta frequenza in televisione. Cosa ne pensate? Pensate ad alcune situazioni in cui qualcuno è stato descritto come «eroe» e parlatene ai compagni. Cosa significa per voi il concetto di eroismo?

Per cominciare:

STUDENTE I: Secondo me, un bambino che sa chiamare il 911 non è un eroe...

STUDENTE 2: Sono d'accordo, la parola è diventata banale...

B. Citazioni. In coppie, rileggete le citazioni alla fine del testo precedente e spiegate che cosa significano per voi. Pensate a delle situazioni in cui potrebbero essere applicate. Poi, confrontate le vostre opinioni con quelle degli altri gruppi.

Per cominciare:

STUDENTE I: La citazione di Falcone per me significa che...
STUDENTE 2: Anche nella storia americana ci sono stati alcuni uomini...

C. Il crimine organizzato. Lavorate in gruppi. Le organizzazioni criminali sono sicuramente uno dei mali più gravi che affliggono molte società nel mondo di oggi. Avete sentito parlare della mafia russa, albanese, cinese, giapponese? Cosa ne pensate? Perché esistono? Sarà mai possibile sconfiggerle? Come? Perché è così difficile questa lotta?

Per cominciare:

STUDENTE 1: Non sarà mai possibile sconfiggere la mafia con i metodi tradizionali...

STUDENTE 2: Io ho un'idea...

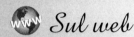

Sul web

A. «Stidda». Trova ulteriori informazioni su quest'organizzazione criminale siciliana. Quali sono le similitudini e quali le differenze tra «Stidda» e «Cosa nostra»? Con le informazioni raccolte, fai una breve presentazione alla classe.

B. La lotta odierna contro la mafia. A che punto siamo oggi nella lotta alla mafia?

Leggi i seguenti articoli online, sintetizza quello che hai letto e riferiscilo alla classe.

C. In memoria. Visita il sito dedicato a Falcone e Borsellino. Clicca sul link relativo alla strage di Capaci per accedere ad altre informazioni sull'attentato e sugli altri assassini. Cosa ti colpisce di più? Descrivi quello che hai visto alla classe.

academic.cengage.com/italian/parola

Leonardo Sciascia: il grande maestro del romanzo poliziesco (1921–1989)

Uno dei più importanti scrittori della seconda metà del Novecento letterario italiano è Leonardo Sciascia, nato a Recalmuto nel 1921. Suo padre era impiegato in una delle miniere di zolfo presenti nella zona, nelle quali aveva lavorato anche suo nonno. Da qui sorgeva il profondo legame dello scrittore con il mondo delle zolfare siciliane, varie volte descritte nei suoi romanzi. Sciascia trascorre la maggior parte dell'infanzia con il nonno e le zie. Nel 1935, si trasferisce con la famiglia a Caltanissetta e si iscrive all'Istituto Magistrale IX Maggio. Nel 1941, diventa maestro elementare e si reca a Recalmuto dove rimane fino al 1948. Quest'esperienza gli dà l'opportunità di conoscere il mondo contadino siciliano, anche questo inglobato nelle sue migliori opere narrative.

La sua carriera di scrittore inizia nel 1952, con l'uscita di *Favole della dittatura*, 26 brevi testi di prosa. Il suo primo libro di rilievo, *Le parrocchie di Regalpetra* esce nel 1956, ed espone la vita delle zolfare e delle saline nonché la sconvolgente povertà dei contadini siciliani. Segue la raccolta *Gli zii di Sicilia* (1958). Ma il romanzo che porterà a Sciascia la celebrità è il *Giorno della civetta* (1961), che ha come tema principale la mafia, motivo portante anche del romanzo successivo *A ciascuno il suo* (1966). Negli anni '60 Sciascia pubblica *Il consiglio d'Egitto* e *Morte dell'Inquisitore*, questi ultimi sotto forma di romanzo poliziesco.

Leonardo Sciascia

Siamo negli anni '70 e Sciascia, ormai in pensione, è tornato a Recalmuto dove si dedica alla scrittura di opere la cui tematica è legata alla denuncia sociale e alle problematiche politiche; in altre parole, egli produce una letteratura d'impegno. Infatti questa decade è segnata dall'intensa attività politica dello scrittore, che frequentemente suscita delle accese polemiche. La sua associazione con il Partito Comunista (PCI) è forte; però due anni dopo essere stato eletto alle elezioni comunali di Palermo del '75, si dimette dall'incarico di consigliere. Sciascia partecipa anche all'inchiesta sul rapimento e l'uccisione di Aldo Moro, presidente del PDI (Partito Democristiano Italiano), da parte dell'organizzazione terrorista delle Brigate Rosse. Non concordando con la politica del partito, in seguito se ne distacca.

Durante gli ultimi anni della vita, Sciascia si trasferisce frequentemente a Milano per curarsi dalla malattia che lo affligge. Qui, sebbene con difficoltà, continua a scrivere. Escono i brevi racconti gialli, pieni di inflessioni autobiografiche, *Porte aperte* (1987), *Il cavaliere e la morte* (1988) e *Una storia semplice* (1989). Oltre alle opere narrative Sciascia scrive poesie, testi teatrali e saggistica. Da alcuni dei suoi romanzi sono stati tratti anche dei film. Lo scrittore muore nel 1989 a Palermo.

Parole nel contesto

A. Sinonimi. Trova nel testo i sinonimi delle seguenti espressioni.

1. avere origine   _____
2. il rapporto   _____
3. passare   _____
4. andare   _____
5. importante   _____
6. disturbante   _____
7. abbandonare un impiego   _____
8. il ratto   _____

B. Traduciamo. Traduci in inglese le parole che seguono.

1. la parrocchia   _____
2. la salina   _____
3. la civetta   _____

Comprensione del testo

Domande e risposte. Rispondi alle domande in modo completo.

1. Quando e dove nasce Sciascia?
2. Perché la vita degli zolfatari e dei salinari è spesso descritta nei suoi romanzi?
3. Qual è stato il suo primo libro importante e quando è uscito?
4. Con quale romanzo si guadagna la fama?
5. Come trascorre gli anni '70?
6. Quali sono i temi principali delle sue opere narrative?

Attività comunicative

A. Il giallo. In coppie, vi piace leggere i romanzi polizieschi? Ricordate il nome di qualche autore? Spiegate le caratteristiche principali di questo genere di narrativa.

Per cominciare:

STUDENTE 1: Ho appena finito di leggere...
STUDENTE 2: Mi piace leggere i gialli perché...

B. Il crimine in televisione. In coppie, guardate qualche volta i film e i programmi televisivi che hanno come temi principali crimini vari? Quali? Spiegate cosa trovate interessante in questo tipo di intrattenimento. Fatevi delle domande a vicenda!

Per cominciare:

STUDENTE 1: Hai mai visto CSI? È in onda...
STUDENTE 2: No, preferisco...

 *Sul web*

A. Leggiamo Sciascia. Trova le opinioni dei lettori sulle opere di Sciascia.

B. La tragedia di Aldo Moro. Il caso Moro ha causato una grossa crisi nella vita politica d'Italia. Cerca delle informazioni sul rapimento di Aldo Moro e le Brigate Rosse.

C. La cronaca nera. Trova un articolo di cronaca nera, ovvero che parli di un crimine su un giornale o una rivista italiani. Riferiscilo alla classe.

academic.cengage.com/italian/parola

 Ascoltiamo! Visita il seguente sito per ascoltare il brano: academic.cengage.com/italian/parola

Domande personali: la mafia. Ascolta ogni domanda due volte e poi rispondi sia oralmente che in scritto.

1. _____

2. _____

3. _____

4. _____

5. _____

Visita il seguente sito per
guardare il video: academic.
cengage.com/italian/parola

Sulla strada

La viticoltura. Guarda il video e rispondi alle seguenti domande.

1. Come descrive la viticoltura il primo parlante?
2. Perché, secondo lui, non può esistere una macchina per cogliere l'uva?
3. Chi lavora nel vigneto?
4. Che cosa mangiano dopo la vendemmia?

Prova scritta

A. Immaginazione! Immagina di essere un giornalista del *Corriere della Sera* che sta scrivendo un articolo su un crimine avvenuto pochi giorni fa. Il tuo stile deve essere conciso, dinamico e oggettivo.

B. Io, scrittore. Scrivi un breve racconto che abbia come tema un crimine. Presta attenzione alla descrizione dei personaggi coinvolti e allo stile della tua narrazione. Lasciati guidare dalla tua immaginazione!

C. Io, poliziotto. Potresti mai svolgere la professione di poliziotto? Perché sì o perché no? Conosci qualcuno che è poliziotto? Cosa pensi della sua vita? Ti ha mai raccontato di un azione anticrimine in cui è stato coinvolto?

CAPITOLO 12

La Sardegna

Appunti grammaticali
    Per il ripasso dei gerundi e dei participi,
    riferirsi alla pagina 369.

 academic.cengage.com/italian/parola

Sul web
Ascoltiamo
Sulla strada

Entriamo nell'argomento

Sapevi che…

...in Sardegna vivono l'unico asino di razza albina e l'asino di una specie minuscola, grande come un cane?

...nell'isola non esistono serpenti velenosi?

...in Sardegna il jet-set internazionale convive con un'antichissima economia di pastorizia?

Prima di leggere

Prima di leggere il brano sulla Sardegna, ti sarà utile il seguente vocabolario essenziale. Consulta il glossario e trova il significato di queste parole.

vagare	somaro
sughero	sfociare
rappresaglia	scomparire
pastore	mutamento
arretrato	banditismo
latitante	cinghiale

Decidi quali dei seguenti sinonimi meglio descrivono le parole.

1. vagare
   a. correre   **b.** vagabondare   **c.** viaggiare

2. pastore
   a. lattaio   **b.** pecoraio   **c.** pescatore

3. somaro
   a. asino   **b.** cane   **c.** scolaro

4. mutamento
   a. scioglimento   **b.** sfruttamento   **c.** cambiamento

5. sughero
   a. materiale spugnoso   **b.** materiale cartaceo   **c.** materiale osseo

6. arretrato
   a. antico   **b.** sottosviluppato   **c.** artistico

7. sfociare
   a. saltare   **b.** salvare   **c.** sboccare

8. banditismo
   a. criminalità organizzata   **b.** criminalità sporadica   **c.** criminalità statale

9. rappresaglia
   a. vendetta   **b.** restrizione   **c.** proibizione

10. latitante
   a. inesistente   **b.** clandestino   **c.** vagabondo

11. scomparire
   a. smarrire   **b.** svenire   **c.** sparire

12. cinghiale
   a. maiale selvatico   **b.** asino selvatico   **c.** pecora selvatica

Profilo della regione

Territorio: 24.000 km²
Capoluogo: Cagliari
Province: Cagliari, Sassari, Nuoro, Oristano, Carbonia-Iglesias, Medio Campidano, Ogliastra e Olbia-Tempio

Popolazione: 1.650.000
Geografia: 68% colline, 14% montagne, 18% pianure
Clima: mediterraneo, più rigido in alcune zone interne

 Ascoltiamo! Visita il seguente sito per ascoltare il brano: academic.cengage.com/italian/parola

Quadro economico. Ascolta il brano tre volte: la prima volta per capire il significato generale e la seconda volta inserisci le parole che mancano. Ascolta il brano una terza volta per controllare il contenuto.

Le principali risorse dell'economia sarda sono sempre state la _____

e lo _____ _____ _____ (oro, argento, zinco, piombo, rame,

barite, caolino, argille, carbone e lignite); al momento, però, ambedue i

settori si trovano ___ _____ ___ _____. Anzi, le risorse minerarie sono

oggi di _____ _____ _____, ma ancora esistenti. I settori indu-

striali sono quello tessile, alimentare, metallico, della lavorazione del legno

e del _____, della manifattura del tabacco e della carta. La grande

_____ ____ _____ _____ contribuisce allo sviluppo

industriale. L'allevamento ovino (carne e lana) e caprino è ancora impor-

tante e il numero di bovini e suini è in crescita. Grazie alla _____

_____, l'agricoltura sta facendo notevoli passi avanti. I _____

___ _____ sono il sughero e il sale, a cui si aggiungono i cereali, l'uva,

le olive, la frutta (mandorle e agrumi), gli ortaggi, le barbabietole e il tabac-

co. La pesca, specialmente del tonno, è ben avviata, ma in generale potreb-

be essere _____ _____. L'artigianato è assai sviluppato (legno, arazzi,

tappeti, merletti, oreficeria, ceramiche e terrecotte). Il turismo è _____

_____, in particolare sulla costa nordorientale (_____ _____).

Un po' di storia

	QUANDO?	CHI?	COSA?
a.C.	500.000–10.000	i primi uomini	da questi tempi remoti ci pervengono manufatti di pietra, testimonianze delle prime abitazioni umane
	XVII–IX sec.	i Nuragici	la regione è abitata da questo antico popolo di guerrieri e navigatori; essi costruiscono 7.000 nuraghi, nonché le «tombe di giganti» e i pozzi sacri; la cultura nuragica rappresenta la prima età d'oro dell'isola
	X–VI sec.	i Fenici	i Fenici, popolo di mercanti e marinai, fondano le prime città in Sardegna
	VI–III sec.	i Cartaginesi	i Cartaginesi conquistano l'isola: si intravedono i primi segni del fenomeno del banditismo
	III–V sec. d.C.	i Romani	l'isola è conquistata dai Romani, che costruiscono le strade, i teatri, le città e diffondono il latino
d.C.	V–VIII sec.	i Vandali e i Bizantini	vengono costruite le prime chiese
	IX–XV sec.	i Giudicati	l'isola è divisa in quattro zone autonome, chiamate *Giudicati*, governate dai *re giudici* in questo periodo si sviluppa il sardo, che diventa la lingua più parlata nell'isola; cominicia così la seconda età d'oro in Sardegna
	XI–XIV sec.	Pisa e Genova	si verifica l'influenza e l'infiltrazione delle due repubbliche marinare nell'isola, e il declino dei *Giudicati*
	'200–700	gli Aragonesi e gli Spagnoli	la Sardegna affronta ben quattro secoli di oppressione e povertà; al popolo vengono imposte le tradizioni spagnole
	'700–800	i Savoia	durante il dominio della dinastia francese, si verificano delle insurrezioni, cui segue un breve periodo di indipendenza
	1861	la Repubblica Italiana	l'unità politica trova la Sardegna poco cambiata: l'isola è fortemente arretrata rispetto alle altre regioni italiane
	1943	Cagliari	la città è distrutta dai bombardamenti degli Alleati

Quadro economico

La Sardegna è la seconda isola del Mediterraneo occidentale per ordine di grandezza ed è una regione autonoma. È spesso vista come una terra mitologica dotata di paesaggi selvaggi e incantevoli. Questo giudizio si può ritenere vero se si considera la ricchezza della flora e della fauna selvatiche. A partire dalla fine di gennaio, l'isola sembra un paradiso pieno di frutteti in fiore, diversi fiori di macchia e oleandri fioriti e variopinti, con colori che vanno dal bianco al rosso vivace. Il bestiame, le capre e i maiali vagano liberamente sulle montagne, mentre i pastori devono proteggere le pecore dalle volpi e da altri predatori. Gli asini sono presenti in abbondanza e l'unico somaro di razza albina nel mondo si trova proprio ad Asinara, mentre a Castel Sardo ce n'è una specie minuscola, non più grande di un cane. I cavalli sardi sono famosi e sin dal Medioevo sono stati tutelati dalla legge, che protegge anche animali di razza rara come la pecora cornuta, il cervo rosso, i fenicotteri e gli aironi. Nell'isola si trovano anche vari altri uccelli selvatici e i cinghiali. Sorprende il fatto che non esistano dei serpenti velenosi, dato che il terreno montuoso potrebbe facilmente accoglierli.

Le principali risorse dell'economia sarda sono sempre state la pastorizia e lo sfruttamento delle miniere (oro, argento, zinco, piombo, rame, barite, caolino, argille, carbone e lignite); al momento, però, ambedue i settori si trovano in fase di mutamento. Anzi, le risorse minerarie sono oggi di scarso rendimento economico, ma ancora esistenti. I settori industriali sono quello tessile, alimentare, metallico, della lavorazione del legno e del sughero, della manifattura del tabacco e della carta. La grande disponibilità di energia elettrica contribuisce allo sviluppo industriale. L'allevamento ovino (carne e lana) e caprino è ancora importante e il numero di bovini e suini è in crescita. Grazie alla riforma fondiaria, l'agricoltura sta facendo notevoli passi avanti. I prodotti di punta sono il sughero e il sale, a cui si aggiungono i cereali, l'uva, le olive, la frutta (mandorle e agrumi), gli ortaggi, le barbabietole e il tabacco. La pesca, specialmente del tonno, è ben avviata, ma in generale potrebbe essere meglio sfruttata. L'artigianato è assai sviluppato (legno, arazzi, tappeti, merletti, oreficeria, ceramiche e terrecotte). Il turismo è in continua ascesa, in particolare sulla costa nordorientale (Costa Smeralda). L'insieme delle bellezze del paesaggio e dei numerosi monumenti preistorici conservati sull'isola fanno della Sardegna una delle destinazioni più ricercate dai turisti. Al progresso turistico dell'isola contribuiscono i fitti collegamenti con il continente per mezzo delle linee marittime e aree.

Società

Con l'unificazione del regno, la Sardegna diventò italiana, ma la situazione non cambiò molto. La Sardegna rimase povera, arretrata e isolata. Il nuovo governo peggiorò le cose con la decisione di concedere alle imprese i terreni da sempre riservati ai pastori. La decisione sfociò in rivolte popolari. Seguì così un ulteriore peggioramento delle condizioni di vita delle popolazioni rurali.

Come conseguenza di tutto ciò, l'isola vide l'aumento del banditismo, fenomeno riconducibile all'epoca cartaginese, quando Cartagine cacciò i sardi ribelli costringendoli a rifugiarsi sui monti situati al centro dell'isola. I ribelli si nascosero nei boschi e nelle caverne da cui uscivano solamente per procurarsi il cibo. Il banditismo rimase immutato durante tutto il Medioevo. Ma con il trascorrere dei secoli il fenomeno cambiò e si scoprì che dietro a molte di queste violenze si celavano in realtà veri e propri gruppi criminali, anziché un unico bandito. Lo Stato reagì con rappresaglie, ma il popolo rurale, che non aveva mai nutrito rispetto per lo Stato e in realtà ammirava la figura ribelle del bandito, non fu solidale con il Governo e continuò a piangere i suoi latitanti, celebrati nei canti come eroici «giganti».

Un aspetto sociale affascinante di questa regione è che vi convivono ancor oggi un'economia di pastorizia e agricola di vecchio stampo e un turismo internazionale concentrato nelle zone costiere. La Sardegna è nota al jet-set internazionale per le sue stazioni balneari esclusive, situate su una delle coste più belle del mondo.

Cucina

La gastronomia sarda rimane orgogliosamente legata al mondo agropastorale che sta scomparendo ed è segnata dalla diversità del suo terreno. L'alimentazione degli isolani è basata su pane, latte, formaggi e carni ovine. La cucina dell'entroterra si basa principalmente sull'agnello, ma fa grande uso anche del maiale giovane. Un posto speciale è riservato al cinghiale. Il metodo di cottura delle carni più diffuso è quello allo spiedo. Un altro sistema di preparazione delle carni tipicamente sardo consiste nel porre l'animale in una grossa buca nel terreno, rivestita con rami di mirto fresco. Vi si mette l'animale, si ricopre la buca e su di essa si accende un grande fuoco. Durante la cottura, attorno al fuoco, la gente canta, balla e beve. La gastronomia ittica è ricca di ricette tradizionali, fra cui spicca la «regina del mare»—l'aragosta. I prodotti tipici dell'isola sono i formaggi, tra cui si distinguono quelli ovini (che possono essere cotti, semicotti e crudi), i caprini (a pasta molle) e i vaccini. Il liquore di mirto è tra i prodotti più diffusi e noti della Sardegna assieme al pane carasau, conosciuto come «carta da musica». Tra i vini sardi pregiati si distinguono la Vernaccia di Oristano (il primo vino italiano che supera il tenore alcolico del 15%), il Nuragus di Cagliari e il Malvasia di Ogliastra.

In dialetto

Il sardo (nome nativo: «sardu» o «limba sarda») è una lingua che appartiene al gruppo romanzo delle lingue indo-europee, considerata la più conservativa tra le lingue derivanti dal latino. Il sardo è costituito da un insieme di varianti: il dialetto algherese, gallarese, lampidanese, logudorese, nuorese e sassarese. Il suo lessico è di origine punica, latina, bizantina, toscana/italiana, spagnola e catalana.

Esempi:	*crae*	chiave
	cabra	capra
	creia/cresia	chiesa
	casu	formaggio

Ecco alcuni proverbi in dialetto sardo.

Homine solu non est bonu a niunu.	L'uomo isolato non è utile a nessuno.
S'homine bonu faeddat in cara.	L'uomo onesto parla in faccia.
Totu sos homines sunt homines.	Ogni uomo è uomo.
Sos maccos e sos pizzinnos narant sa veridade.	I matti e i bambini dicono la verità.

Parole nel contesto

A. Cosa vuol dire? Rispondi alle domande dopo aver letto le seguenti affermazioni.

1. La Sardegna ha tanti *fiori di macchia*.
   Quali fiori di macchia si trovano nel tuo stato? _____

2. *Gli oleandri* favoriscono il clima mediterraneo.
   Conosci qualche altro tipo di flora adatto allo stesso clima? _____

3. Le volpi sono *animali selvatici*.
   Quali animali selvatici ci sono nel tuo paese? _____

4. *La pecora cornuta* è una specie rara della fauna sarda.
   Quale animale è tutelato dalla legge del tuo paese? Quali sono le specie protette nel tuo paese? _____

5. Negli Stati Uniti viene fissata la stagione della *caccia al cervo*.
   La caccia al cervo è popolare anche nel tuo stato? _____

6. *I fenicotteri e gli aironi* si possono vedere negli zoo.
   Quali stati statunitensi li ospitano? _____

7. *Il prosciutto di cinghiale* è molto apprezzato.
   L'hai mai assaggiato? _____

B. Traduciamo. Traduci le seguenti parole in inglese.

1. il piombo   _____

2. il rame   _____

3. il barite   _____

4. il caolino   _____

5. l'argilla   _____

6. il carbone   _____

7. la lignite   _____

8. il sughero   _____

C. Abbiniamo. Collega la colonna A alla colonna B.

A	B
1. Le capre e i maiali sardi _____ sulle montagne.	a. arazzi e tappeti
2. I pastori _____ le pecore dalle volpi.	b. fondiaria
3. _____ è una delle risorse principali dell'isola.	c. vagano
4. La riforma _____ ha favorito l'agricoltura.	d. proteggono
5. L'artigianato di _____ ____ _____ è molto sviluppato.	e. riconducibile
6. Il banditismo è _____ al periodo cartaginese.	f. la pastorizia

D. Cosa vuol dire? Spiega il significato delle seguenti espressioni.

1. Un «isolano» è _____

2. «Arretrato» significa _____

3. «Cottura allo spiedo» vuol dire _____

4. Un «ramo» fa parte _____

5. «Rivestire» vuol dire _____

6. Il «mirto» è _____

7. «L'aragosta» è _____

8. Le «rappresaglie» sono _____

9. «Solidale» vuol dire _____

Comprensione del testo

A. Parliamo di storia. Decidi se le seguenti affermazioni sono vere (V) o false (F) e correggi quelle false.

	V	F
1. I resti delle prime abitazioni sono i nuraghi.		
2. I nuraghi sono statue di giganti.		
3. I Fenici fondarono le prime città in Sardegna.		
4. I Romani costruirono le prime chiese nell'isola.		
5. Il periodo dell'autonomia della regione fu breve.		
6. I Giudicati erano zone autonome governate dai giudici.		
7. Gli Spagnoli rovinarono l'isola economicamente.		
8. Durante il Regno Sabaudo ci furono molte ribellioni nell'isola.		
9. Con l'avvento della Repubblica Italiana, l'isola cambiò.		
10. La seconda guerra mondiale arrecò gravi danni alla regione.		

B. Completiamo. Dopo aver letto il testo, completa le seguenti frasi in modo logico.

1. Dal punto di vista amministrativo, la Sardegna è _____.
2. La flora tipica sarda è _____.
3. La fauna comprende _____.
4. Le principali risorse economiche oggi sono _____.
5. Il turismo è _____.
6. Dopo l'unificazione d'Italia, la Sardegna _____.
7. La disponibilità di energia elettrica favorisce _____.
8. L'artigianato di _____ è assai sviluppato.
9. La pesca _____.
10. Oggi l'economia della regione si basa su _____.

C. Domande e risposte. Rispondi alle domande in modo completo.

1. Quali sono i prodotti tipici della Sardegna?
2. Quali tipi di formaggio vi si producono?
3. Quali animali prevalgono nella cucina dell'entroterra?
4. Quali sono i due principali modi di cottura delle carni in Sardegna?
5. Come si chiama il liquore sardo più diffuso?
6. Quali sono i vini più riconosciuti?

Attività comunicative

A. Flora e fauna. Lavorate in coppie. La Sardegna è nota per la sua varietà di flora e fauna. Ci sono varie altre parti del mondo che presentano una flora e una fauna molto interessanti ed uniche. Vi piacerebbe esplorarle? Dove? Parlatene!

Per cominciare:

STUDENTE 1: Un giorno vorrei andare alle isole…
STUDENTE 2: Io avrei paura di tutti quegli animali selvatici…

B. I souvenir. Lavorate in coppie. Quando i turisti visitano un nuovo paese, vogliono sempre comprare degli oggetti dell'artigianato locale, una bottiglia di un liquore tipico della zona o qualche altra cosa per ricordarsi in seguito del viaggio. Cosa consigliereste ai turisti che visitano il vostro paese? Parlatene facendovi delle domande a vicenda.

Per cominciare:

STUDENTE 1: Di dove sei?
STUDENTE 2: Della California, e per dirti la verità…

C. Amo gli animali! In gruppi, vi piacciono gli animali? Avete un animale domestico o ne avete avuto uno da piccoli/e? Ve l'ha regalato qualcuno o lo avete acquistato? L'avete forse salvato da un pericolo? Parlatene e confrontatevi con gli altri gruppi.

Per cominciare:

STUDENTE 1: Una volta avevo un pappagallo…
STUDENTE 2: Io odio gli uccelli, ma ho…

D. Gli eroi popolari. In gruppi, secondo voi, da dove scaturisce l'ammirazione del popolo per i banditi, i briganti, i fuorilegge e i ribelli? Conoscendo la storia della Sardegna, come si potrebbe spiegare questo fenomeno? In America esistono simili «eroi» popolari? Quali? Compilate una lista e paragonatela con quella degli altri gruppi.

Per cominciare:

STUDENTE 1: Per me, l'ammirazione per i banditi rappresenta…
STUDENTE 2: Sì, perché il governo con le sue azioni…

 Sul web

A. Feste, sagre e leggende. Cerca le informazioni sulle feste religiose, i costumi sardi e le leggende. Che cosa ti colpisce di più?

B. La Costa Smeralda. Trova delle informazioni sulla Costa Smeralda. Chi ci va? Com'è il turismo? Quanto costano gli alberghi? Come ci si può arrivare?

C. La lingua sarda (*sa limba sarda*). Il sardo è una lingua vera e propria molto interessante perché fra tutte le lingue romanze è quella più vicina al latino. Fai una ricerca ed esplora una delle categorie linguistiche. Riferisci quello che hai trovato alla classe.

D. Gli stupendi murales. Esplora questa unica forma d'arte sarda. Come si fanno? Quali temi rappresentano?

E. La flora e fauna sarde. La flora e la fauna della Sardegna sono uniche e molto varie. Quali specie di piante e animali vi si trovano? Trova quante più foto possibile. Conosci il corrispettivo inglese di tutte le specie di animali?

F. I pastori sardi. Come vivono oggi i pastori sardi? Trova delle informazioni sulla loro vita nel giorno di oggi.

academic.cengage.com/italian/parola

Città, cittadine e paesi

Cagliari: la metropoli sarda

L'origine di Cagliari non si può dire con precisione. Si suppone che sia stata costruita nei tempi preistorici, ma non si sa esattamente da quale popolo sia stata fondata. È noto però che fu il punto di approdo per i Fenici, ma non fu con loro che Cagliari assunse la struttura della città. Oggi Cagliari è il porto più importante dell'isola e il centro delle esportazioni sarde.

Un po' di storia

Dopo la dominazione dei Fenici, Cagliari fu una colonia cartaginese, occupata in seguito dai Romani, sotto il cui dominio fiorì e divenne la più importante città dell'isola, grazie alla posizione del suo porto ben protetto. Cagliari fu però ridotta in rovina dai Saraceni. Fu indipendente nel Medioevo e più tardi cadde sotto il dominio della Repubblica di Pisa, e finalmente si riprese dal degrado. Nel 1326, venne conquistata dagli Aragonesi che la dominarono fino al 1718, quando passò in mano ai Savoia. Gli Aragonesi diedero a Cagliari la fisionomia di una città spagnola. La città fu per lungo tempo il più importante centro militare dell'isola, ma le sue basi navali e aeree furono distrutte dai massicci bombardamenti delle forze alleate durante la seconda guerra mondiale.

Quadro economico

La splendida spiaggia di Tuerredda a Cagliari.

Le industrie principali sono quella chimica, petrolchimica, tessile, alimentare, del cemento e delle ceramiche. L'agricoltura e l'estrazione del sale rivestono notevole importanza. I principali prodotti di esportazione sono il sale e i vari minerali. Vi sono a Cagliari parecchi monumenti a testimonianza della sua lunga storia: la basilica di San Saturnino (V–VI secolo), fornita di cupola; la cattedrale medievale di Santa Cecilia con due torri, il Torrione di San Pancrazio e la Torre dell'Elefante, sono solo alcuni esempi. Cagliari ha anche un museo archeologico e un'università, fondata nel 1606. Il turismo è in espansione.

Parole nel contesto

Componiamo le frasi. Scrivi delle frasi originali con le seguenti espressioni.

1. il punto di approdo _____

2. essere ridotto in rovina _____

3. rivestire notevole importanza _____

4. essere in espansione _____

Comprensione del testo

Domande e risposte. Rispondi alle seguenti domande.

1. L'origine precisa di Cagliari è nota? Spiega!
2. Perché molti popoli furono attratti dalla città?
3. Sotto quali invasori conobbe la maggiore decadenza?
4. Quando si riprese dalla crisi?
5. Com'era Cagliari sotto gli Aragonesi?
6. Com'è la Cagliari d'oggi?

Cuciniamo insieme!

Il pane carasau è il simbolo della cucina sarda e l'ingrediente base della seguente ricetta. Leggila e completa l'esercizio che la segue.

Pane Frattau

Ingredienti: 8 fogli di pane carasau, 4 uova, 150 gr. di pecorino grattugiato, 400 gr. di salsa di pomodoro, 1 litro di brodo

Preparazione: Dividere il brodo in due tegami. Nel primo immergere per qualche secondo i fogli di pane carasau. Disporli su un piatto da portata, a strati alternati con la salsa di pomodoro e il pecorino grattugiato. Per ultimo, far cuocere le uova in camicia nel restante brodo e metterle sul pane, che verrà servito caldo con un'altra spolverata di pecorino.

Come si dice in italiano? Trova nel testo l'equivalente italiano delle seguenti espressioni.

1. *to place* _____
2. *a serving plate* _____
3. *in layers* _____
4. *poached eggs* _____
5. *a dusting* _____

Attività comunicative

A. Almae matris famose. Lavorate in coppie. La prima università di Cagliari fu costruita nel lontano 1606. Cercate di scoprire quali sono le più vecchie università americane. Perché certe università detengono lo status di Ivy League? Secondo voi, quali sono i vantaggi e gli svantaggi del frequentare una di queste università? Parlatene!

Per cominciare:

STUDENTE 1: Mia sorella vuole iscriversi a Princeton. Penso che…
STUDENTE 2: Io non ci andrei mai perché…

B. Le tasse universitarie. Lavorate in coppie. L'istruzione universitaria in Italia non è cara come negli Stati Uniti. Alcuni genitori americani non la pagano affatto, altri contribuiscono parzialmente alle tasse d'iscrizione e altri ancora finanziano per intero gli studi dei loro figli. Qual è la vostra situazione? Avete un lavoro durante l'anno scolastico e in estate? Parlatene!

Per cominciare:

STUDENTE 1: Quest'estate lavorerò in un ristorante; il lavoro è pagato bene!
STUDENTE 2: Io invece ho lavorato prima e adesso andrò a studiare in Italia…

C. Tutti in cucina! In coppie, sapete cucinare? Quali spezie vi piace usare? Mostrate ai vostri compagni le vostre ricette preferite che richiedono l'uso di queste spezie.

Per cominciare:

STUDENTE 1: Non uso mai l'origano quando preparo la pizza…
STUDENTE 2: Io invece lo uso tantissimo, però uso poco sale…

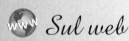 *Sul web*

A. Esploriamo la città di Cagliari. Sul sito del Comune di Cagliari cerca delle informazioni sulla città. Che tempo fa oggi? Quali sono le sue statistiche demografiche? Quali sono le sue attrattive principali? Quali mostre ci sono e dove si tengono?

B. La vita notturna di Cagliari. Che cosa c'è di interessante da fare la sera e durante le ore notturne a Cagliari? Quali sono i posti più «caldi» della città?

C. L'Università degli Studi di Cagliari. Trova delle informazioni su questa antica università. Quali facoltà ci sono? Che cosa si può studiare? Quanti anni dura il corso di studi? Ci sono i programmi master e di dottorato? In quali materie?

academic.cengage.com/italian/parola

Nuoro: l'Atene sarda

La Sardegna è nota in tutto il mondo per le sue spiagge stupende, le sue acque cristalline e per il sole caldissimo. Tuttavia, secondo molti, la vera bellezza dell'isola si trova al suo interno, nella provincia di Nuoro. Il suo territorio si estende da una costa all'altra e comprende pianure e valli, colline e montagne. In questi luoghi, si possono osservare le più straordinarie formazioni geologiche, dai marmi ai graniti ed ai calcari più incredibili. Maestose sono anche le vestigia del passato storico, dal periodo punico e romano all'epoca giudicale.

Un po' di storia

I più antichi insediamenti risalgono all'età nuragica, quando gli abitanti della zona si rifugiarono qui per sfuggire ai Romani. L'antico nome della città è Seuna, ma nel primo documento scritto risalente all'undicesimo secolo, appare il nome Nugor. Tutt'oggi i nuoresi la chiamano Nugoro. Dopo la caduta dell'Impero Romano, la città passò nelle mani dei Bizantini, che la gravarono con le tasse di guerra. In seguito, fece parte del Giudicato di Torres e poi di quello d'Arborea. Con gli Aragonesi e gli Spagnoli, Nuoro conobbe un regime oppressivo che contribuì alla diffusione del banditismo e all'isolamento della città. Il Settecento la trovò in condizioni economiche disastrose, situazione che rimase sostanzialmente immutata anche durante la dinastia sabauda. Nell'Ottocento, Nuoro fu teatro di diverse sommosse popolari. La città rimase isolata e marginalizzata, addirittura esclusa da certi investimenti dello Stato. Dopo la seconda guerra mondiale si espanse e perse lentamente il suo carattere rurale.

Monumenti e luoghi da vedere

Tra le incredibili bellezze naturali e una flora e fauna uniche, si scorgono le rovine e i monumenti che raccontano la storia di un passato pagano e insieme cristiano, oltre agli influssi delle presenze straniere marinare e continentali. Queste testimonianze di antiche origini e di un passato turbolento coesistono oggi con gli aspetti moderni della città. I monumenti più conosciuti della preistoria della Sardegna sono i nuraghi, presenti su tutto il territorio regionale. Si tratta di torri e bastioni megalitici eretti nei secoli precedenti al dominio della civiltà greca per affermare il progresso sociale ed economico. A Nuoro si trovano alcuni musei molto interessanti. Come il Museo Etnografico e il Museo Speleo-Archeologico,

Uno degli antichissimi nuraghi.

e alcune chiese d'interesse architettonico e artistico, come la chiesa delle Grazie, il Duomo e la chiesetta della Solitudine.

Nuoro è per tradizione la patria culturale dei sardi, per cui è soprannominata l'Atene sarda. Tanti degli intellettuali, dei letterati e degli artisti sardi sono nati e vissuti in questa città. Un nome noto in tutto il mondo è quello di Grazia Deledda, la prima donna in Italia a vincere il Premio Nobel per la letteratura. E ancora Francesco Ciusa, il maggior scultore sardo del Novecento. La città è anche universalmente riconosciuta come la capitale del folklore e delle tradizioni dell'isola.

Parole nel contesto

La caccia agli aggettivi. Trova gli aggettivi che si potrebbero usare con i seguenti sostantivi.

Per cominciare:

la spiaggia: stupenda, splendida, sabbiosa, pulita, ecc.

1. le acque: _____
2. il territorio: _____
3. le colline: _____
4. l'epoca: _____
5. la città: _____
6. il regime: _____
7. la terra: _____
8. i monumenti: _____
9. il passato: _____
10. la chiesa: _____

Comprensione del testo

Domande e risposte. Rispondi in modo completo.

1. Qual è, secondo te, l'aspetto più caratteristico di questa città?
2. Quali sono i nomi usati in passato e oggi per designare la città?
3. Quale fu il periodo meno prospero della città?
4. Chi sono alcuni nuoresi illustri?

Attività comunicative

A. Centri di vita culturale. Lavorate in coppie. Nuoro è il centro della vita culturale e intelletuale sarda. Quali sarebbero i centri culturali e intellettuali in America? Perché sono considerati tali? Come sono diversi tra di loro?

Per cominciare:

STUDENTE 1: Secondo me, nel Midwest…

STUDENTE 2: Sì, ma sulla costa ovest…

B. La preistoria. Lavorate in gruppi. In certe regioni italiane le vestigia dell'epoca preistorica sono numerose e ricche. Così anche in Sardegna. Cosa sai della preistoria degli Stati Uniti? Quali popoli abitavano questa terra? Quali erano i loro dei, le loro credenze e le loro leggende? Ne conosci alcune? Cosa ci è pervenuto della loro cultura?

Per cominciare:

STUDENTE 1: Gli Indiani abitavano questi territori…

STUDENTE 2: Conosco la leggenda della tribù…

 Sul web

A. I nuraghi e le tombe dei giganti. Trova le immagini di queste costruzioni e descrivile nel modo più dettagliato possibile. Secondo quello che emerge dalle immagini, quale potrebbe esser stata la loro funzione?

B. Sagre e feste. Trova delle informazioni sulle più famose e pittoresche feste e sagre della provincia nuorese. Riferiscilo alla classe.

C. Una visita virtuale. Fai una visita virtuale della città di Nuoro attraverso le foto e le informazioni contenute nel sito. Cosa ti colpisce di più? Parlane alla classe.

academic.cengage.com/italian/parola

 Ascoltiamo! Visita il seguente sito per ascoltare il brano: academic.cengage.com/italian/parola

Francesco Ciusa: il Fidia dell'Atene sarda. Ascolta il brano due volte e poi rispondi alle domande che seguono.

1. Dove, quando e con quale opera comincia la carriera artistica di Francesco Ciusa?

2. Quali erano le straordinarie circostanze del suo successo?

3. Descrivi la scultura *Madre dell'ucciso.*

4. A che cosa si ispira l'arte di Ciusa?

Alcuni sardi famosi

Grazia Deledda: l'eroina sarda (1871–1936)

Grazia Deledda fu la prima scrittrice italiana a vincere, nel 1926, il Premio Nobel per la letteratura. Nata nel 1871 a Nuoro, acquisì la sua formazione letteraria in maniera del tutto autodidatta nell'ambito della famiglia, perché l'ambiente sardo non poteva offrirle la possibilità di seguire degli studi regolari. Infatti, l'unica istruzione formale da lei ricevuta fu quella elementare, fatto che più tardi i suoi detrattori utilizzarono per giudicarla illetterata.

La Deledda iniziò a scrivere da giovanissima, e a quindici anni pubblicò la sua prima novella. Poco dopo collaborò con l'allora popolare rivista femminile *Ultima moda*. Il suo primo romanzo *Fior di Sardegna* uscì nel 1892, seguito da *Anime oneste* nel 1895. Nel 1899, si sposò con Palmiro Madesani, un funzionario statale, e si trasferì a Roma dove soggiornò per il resto della sua vita. Continuò comunque a recarsi frequentemente in Sardegna. La distanza dall'isola ebbe un impatto positivo sulla sua narrativa, poiché da un lato la liberò dal regionalismo sardo e dall'altro le permise di vedere la Sardegna come se questa fosse avvolta da un'atmosfera mitica e fiabesca, dove le passioni e i dolori della gente coesistono e il destino dell'uomo è designato e immutabile.

La maggior parte delle opere della Deledda sono ambientate in Sardegna e le loro tematiche principali riguardano i problemi morali ed emozionali dei sardi (*Il vecchio della montagna*, 1900; *Cenere*, 1904; *Nostalgie*, 1905 e *La via del male*, 1906). In *Cenere*, per esempio, una giovane madre si suicida per proteggere

Grazia Deledda

il futuro del suo figlio illegittimo. Da questo romanzo fu tratto un film, con la leggendaria attrice Eleonora Duse nel ruolo della madre. Il suo miglior romanzo e l'opera più conosciuta è *Elias Portolu* (1903). Il personaggio principale dell'opera è un semplice isolano sensibile e tormentato dai sensi di colpa perché, innamorato della fidanzata di suo fratello, non riesce a resistere alla tentazione di possederla una volta diventata sua cognata. La passione per la donna non diminuisce nemmeno quando lui diventa prete, scelta operata non per convinzione ma per liberarsi del suo grande peccato. I motivi etici, come per esempio l'accettazione della punizione per il crimine commesso, o il mito della famiglia e del lavoro, appaiono anche nei romanzi *Canne al vento* (1917), *La madre* (1920) e in molti altri.

La Deledda scrisse anche due testi teatrali: *L'edera* (1921) e *La grazia* (1921), oltre a parecchie raccolte di novelle.

La caratteristica principale del discorso narrativo della Deledda è la sensibilità e il lirismo con cui descrive l'arcaico paesaggio sardo, sul cui sfondo gli umili e superstiziosi contadini seguono il loro destino. Gli elementi folkloristici fanno parte della struttura delle sue opere e facilitano il progresso della narrazione, contribuendo alla loro atmosfera favolistica. Lo stile deleddiano si accosta in certi elementi al verismo e in altri al decadentismo; è quindi impossibile operare una distinzione netta e chiara. La scrittrice muore a Roma nel 1936. L'anno dopo viene pubblicato il suo romanzo autobiografico *Cosima*.

Parole nel contesto

Sinonimi. I sinonimi delle seguenti espressioni sono sparsi nel testo.
Trovali.

1. situato in _____

2. uno che diffama _____

3. abitare _____

4. determinato _____

5. hanno luogo _____

6. l'ambiente _____

7. si avvicina _____

Comprensione del testo

A. Vero o falso? Verifica se le seguenti frasi sono vere (V) o false (F) e
correggi quelle false.

	V	F
1. La Deledda acquisì una formazione letteraria tradizionale.	___	___
2. I suoi detrattori la consideravano illetterata.	___	___
3. Passò la maggior parte della vita a Roma.	___	___
4. Vinse il Premio Nobel nel 1936.	___	___

B. Domande e risposte. Rispondi alle domande in modo completo.

1. Quando iniziò a scrivere la Deledda?

2. A quale rivista collaborò?

3. Come si chiama il suo primo romanzo?

4. Perché il suo trasferimento a Roma fu una decisione positiva?

5. Quali sono i temi principali delle sue opere?

6. Com'è intitolato il suo romanzo più noto?

7. Di che cosa parla?

8. Dove sono ambientate le opere deleddiane?

9. La sua narrativa presenta le caratteristiche di due stili diversi. Quali?

Attività comunicative

A. Le donne nel mondo. Lavorate in gruppi. I personaggi femminili delle opere di Grazia Deledda sono spesso vittime della società arcaica sarda, che vengono frequentemente sacrificate in nome della morale del clan patriarcale. Anche oggi ci sono dei paesi in cui la donna è sfruttata, abusata e considerata inferiore all'uomo. Quali sono alcuni di questi paesi? Parlate della situazione delle donne in questi luoghi.

Per cominciare:

STUDENTE 1: Ho letto della violenza contro le donne che si verifica in…
STUDENTE 2: Anch'io mi arrabbio e voglio…

B. Il destino predeterminato. Lavorate in coppie. Credi che il destino di un individuo sia predeterminato, oppure che spetti all'individuo stesso costruirlo e cambiarlo?

Per cominciare:

STUDENTE 1: Credo che la vita di ciascuno di noi sia…
STUDENTE 2: Questo deve essere molto deprimente…

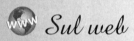 *Sul web*

Leggiamo la Deledda. Leggi un racconto di Grazia Deledda e parlane alla classe.

academic.cengage.com/italian/parola

Altri sardi illustri: Eleonora d'Arborea e Goffredo Mameli

Benché li separino quasi cinque secoli, quello che unisce questi due sardi illustri è il sentimento d'amore per la propria patria.

ELEONORA D'ARBOREA, nata ad Oristano tra il 1345 e il 1350 entrò nella storia del Giudicato dopo l'assassinio del fratello Ugone III, quando il Giudicato si trovava ormai sull'orlo dell'anarchia totale. Eleonora rientrò ad Oristano dove venne proclamata Giudichessa da una sorta di parlamento denominato *Corona de Logu*. Governò con grande determinazione, punì gli assassini del fratello Ugone e stipulò un accordo di pace con gli Aragonesi con i quali il Giudicato era stato in guerra. Non è nota la data esatta della sua morte, ma si crede che essa sia avvenuta nel 1403 o nel 1404, dopo aver contratto la peste. Non conosciamo neppure le sue sembianze, perché i ritratti che si dice rappresentino la sua effigie potrebbero non essere autentici.

Alla Giudichessa Eleonora d'Arborea si attribuisce la promulgazione nel 1392 della *Carta de Logu*: la raccolta di varie leggi in vigore in un determinato territorio. Tali leggi codificavano usanze tradizionali ed altre leggi precedenti che si erano tramandate oralmente. La *Carta* di Eleonora, un importante documento che rappresenta il quadro sociologico del periodo, rimane in vigore fino al 1827! Nella *Carta* si dice che tutti gli uomini liberi sono uguali davanti alla legge, fatto quasi rivoluzionario in un'epoca in cui i nobili e il clero erano a tutti gli effetti i padroni del popolo. La *Carta* contiene altre clausole particolarmente moderne, come quelle riguardanti la posizione e la tutela delle donne e dei minori.

Eleonora d'Arborea fu una figura poliedrica, intelligente, capace di ricoprire i ruoli di madre, moglie, regina e legislatrice. Fu anche una grande sovrana e, secondo molti, la figura femminile più splendida nella storia d'Italia.

Goffredo Mameli

* * *

GOFFREDO MAMELI fu sia un poeta che un patriota italiano, morto purtroppo prematuramente all'età di soli 22 anni. Nato a Genova nel 1827 da padre sardo, fu ligure quanto sardo. Sin da giovanissimo, si interessò vivamente alla vita politica e sviluppò il suo grande amore per la patria e per l'autonomia nazionale. Partecipò attivamente alla lotta e alle operazioni militari per l'unificazione d'Italia, con il grado di capitano. In uno dei combattimenti, Mameli venne involontariamente ferito alla gamba sinistra da un compagno. La ferita sembrava leggera, invece subentrò un'infezione e le sue condizioni peggiorarono. Nel tentativo di salvargli la vita, gli venne amputata la gamba, ma il rimedio si rivelò insufficiente e Mameli morì recitando versi in delirio.

Nel 1847, Goffredo Mameli scrisse il poema *Il canto degli Italiani*, conosciuto come *Fratelli d'Italia*, oppure l'*Inno di Mameli*, perché nel 1946 diventò l'inno nazionale italiano. La musica fu composta da Michele Novaro. Negli anni Novanta del secolo precedente, si era talvolta ventilata l'ipotesi di sostituire l'*Inno di Mameli* con la celebre aria dall'opera lirica *Nabucco* di Verdi, *Va' pensiero*. Tale ipotesi tuttavia non ha avuto seguito.

Segue il testo completo del poema originale di Mameli. Si tenga presente che l'inno ufficiale italiano è composto solamente dalla prima strofa e dal coro, ripetuti due volte, e termina con un «Sì» deciso. Il resto del poema rievoca episodi della lotta per l'unificazione d'Italia.

Il canto degli Italiani

Fratelli d'Italia,
l'Italia s'è desta,
dell'elmo di Scipio
s'è cinta la testa.
Dov'è la vittoria?
Le porga la chioma,
che schiava di Roma
Iddio la creò.

Stringiamoci a coorte,
siam pronti alla morte.
Siam pronti alla morte,
l'Italia chiamò.
Stringiamoci a coorte,
siam pronti alla morte.
Siam pronti alla morte,
l'Italia chiamò!

Noi fummo da secoli
calpesti, derisi,
perché non siam popolo,
perché siam divisi.
Raccolgaci un'unica
bandiera, una speme:
di fonderci insieme
già l'ora suonò.

Stringiamoci a coorte,
siam pronti alla morte.
Siam pronti alla morte,
l'Italia chiamò.
Stringiamoci a coorte,
siam pronti alla morte.
Siam pronti alla morte,
l'Italia chiamò!

Uniamoci, amiamoci,
l'unione e l'amore
rivelano ai popoli
le vie del Signore.
Giuriamo far libero
il suolo natio:
uniti, per Dio,
chi vincer ci può?

Stringiamoci a coorte,
siam pronti alla morte.
Siam pronti alla morte,
l'Italia chiamò,
Stringiamoci a coorte,
siam pronti alla morte.
Siam pronti alla morte,
l'Italia chiamò!

Dall'Alpi a Sicilia
Dovunque è Legnano,
Ogn'uom di Ferruccio
Ha il core, ha la mano,
I bimbi d'Italia
Si chiaman Balilla,
Il suon d'ogni squilla
I Vespri suonò.

Stringiamoci a coorte,
siam pronti alla morte.
Siam pronti alla morte,
l'Italia chiamò.
Stringiamoci a coorte,
siam pronti alla morte.
Siam pronti alla morte,
l'Italia chiamò!

Son giunchi che piegano
Le spade vendute:
Già l'Aquila d'Austria
Le penne ha perdute.
Il sangue d'Italia,
Il sangue polacco,
Bevé, col cosacco,
Ma il cor le bruciò.

Stringiamoci a coorte,
siam pronti alla morte.
Siam pronti alla morte,
l'Italia chiamò.
Stringiamoci a coorte,
siam pronti alla morte.
Siam pronti alla morte,
l'Italia chiamò!

Sì!

Parole nel contesto

Parole letterarie. Trova i sinonimi più comuni delle parole che seguono.

1. le sembianze _____

2. l'effigie _____

3. avvenire _____

4. tramandare _____

5. tutela _____

6. poliedrico _____

7. il sovrano _____

8. rivelarsi _____

9. talvolta _____

10. il seguito _____

Comprensione del testo

Domande e risposte. Rispondi in modo completo.

1. Chi fu Eleonora d'Arborea?

2. Perché è famosa?

3. Qual è, secondo te, il suo contributo più prezioso alla società d'oggi?

4. Chi fu Goffredo Mameli?

5. L'inno nazionale italiano è universalmente accettato? Spiega.

6. Di che cosa parla il poema *Il canto degli Italiani*?

Attività comunicative

A. Le donne potenti. Lavorate in coppie. Quali sono le donne più potenti d'America e nel mondo oggi? Perché sono così potenti? Qual è la loro sfera d'influenza?

Per cominciare:

STUDENTE 1: Secondo me, la donna più potente d'America è...

STUDENTE 2: Non sono d'accordo, ha più potere invece...

B. Il patriottismo. Lavorate in coppie. Secondo te, il patriottismo è un sentimento antiquato o attuale ancora aggi? Come nasce e come si manifesta? In che modo si presenta oggi in America? Cosa ne pensi?

Per cominciare:

STUDENTE 1: Il sentimento di patriottismo è cambiato molto…

STUDENTE 2: Sì, ma è rimasto sostanzialmente uguale perché…

 *Sul web*

L'inno italiano. Ascolta l'inno italiano. Ti piace? Paragonalo all'inno americano. Quali sono le somiglianze e quali le differenze tra questi due inni?

academic.cengage.com/italian/parola

 Ascoltiamo! Visita il seguente sito per ascoltare il brano:
academic.cengage.com/italian/parola

Domande personali: le isole magiche. Ascolta ogni domanda due volte e poi rispondi sia oralmente che in scritto.

1. _____

2. _____

3. _____

4. _____

5. _____

 *Sulla strada*

In vacanza. Guarda il video in cui i parlanti descrivono le proprie vacanze e poi completa la seguente tabella con le informazioni disponibili:

Visita il seguente sito per guardare il video: academic.cengage.com/ italian/parola

	Dove?	Per quanto tempo?	Come?	Cosa ha fatto?
Parlante 1				
Parlante 2				
Parlante 3				
Parlante 4				
Parlante 5				
Parlante 6				

Prova scritta

A. Le scrittrici. Hai letto recentemente qualche opera di una scrittrice americana o straniera? Scrivi la recensione del testo letto.

B. Personaggi femminili. C'è qualche personaggio femminile di un romanzo che ammiri o detesti? Scrivi un tema sull'argomento.

C. Essere patriottici. Secondo te, come si può manifestare il patriottismo di una persona? L'amore per la propria patria è un sentimento antiquato? Come esprimi tu il tuo patriottismo?

Capitolo 1 *Sostantivi, aggettivi, presente di **essere** ed **avere***

Sostantivi: genere e numero

The table below shows common noun endings.

	singolare	plurale
maschile	treno parco medico negozio zio	treni parchi* medici negozi zii
femminile	bicicletta amica maga farmacia valigia arancia	biciclette amiche maghe farmacie valige arance
m. e f.	studente automobile	studenti automobili
m.	autobus, film, sport (ending in consonant)	
f.	crisi, tesi, specie (ending in –i or –ie)	
m. e f.	città, università, caffè, gioventù (ending in accented vowel) gru, te, re (single-sillable nouns) foto (fotografia, f.) moto (motocicletta, f.) bici (bicicletta, f.) auto (automobile, f.) cinema (cinematografo, m.) radio (radiotelefonia, f.)	

*Exceptions: *greco-greci; amico-amici; nemico-nemici.*

A. Singolare/plurale. Scrivi i singolari o i plurali dei seguenti sostantivi.

Esempio: la regione / le regioni
  i paesi / il paese

1. il capoluogo_____

2. la tribù _____

3. gli impatti _____

4. le dinastie _____

5. il greco _____

6. la tecnica _____

7. le città _____

8. il borgo _____

9. gli abitanti _____

10. la società _____

Appunti grammaticali

Aggettivi

Adjectives always agree with the number and the gender of the noun they modify, but not necessarily with its ending itself. The rules for ending formation are, however, the same. Most of the adjectives are placed after the noun, but a few of them precede it (*bello, brutto, grande, piccolo, buono** etc).

	singolare	plurale
m.	sviluppato	sviluppati
f.	economica	economiche
m. e f.	alimentare	alimentari

B. Giovanni Agnelli e la Fiat. Il Capitolo 1 parla di Giovanni Agnelli e delle macchine Fiat. Come sono? Descrivili!

Giovanni Agnelli:

1. _____

2. _____

3. _____

4. _____

5. _____

Le macchine Fiat:

1. _____

2. _____

3. _____

4. _____

5. _____

Presente di *essere* e *avere*

essere	avere
io sono	ho
tu sei	hai
lui/lei/Lei è	ha
noi siamo	abbiamo
voi siete	avete
loro/Loro sono	hanno

C. *Essere o avere?* Completa le frasi in modo appropriato.

1. Torino _____ il capoluogo del Piemonte.

2. La città _____ quasi un milione di abitanti.

3. Le industrie affiancate all'automobilistica _____ molto forti.

4. Le macchine Fiat _____ un gran mercato all'estero.

5. Sai quale _____ il modello più popolare?

6. (Tu) _____ una macchina? Sì, _____ una Ford.

7. (Voi) _____ un'auto grande o piccola? _____ una SUV.

*For further explanation see *Capitolo 2, articoli indeterminativi.*

Capitolo 2   *Presente dei verbi regolari e irregolari, articoli e preposizioni*

Presente indicativo is the equivalent of several English tenses: present simple, present continuous, and, in some cases, present perfect. It expresses an action taking place in the present, often on a regular basis, or at the moment of speaking, as well as an action which began some time ago, but is still in progress at the moment of speaking. It can also express a near future action. Below are tables of regular and some frequently used irregular verbs in the present tense.

Presente dei verbi regolari in –are, –ere e –ire

lavorare	prendere	dormire
lavor**o**	prend**o**	dorm**o**
lavor**i**	prend**i**	dorm**i**
lavor**a**	prend**e**	dorm**e**
lavor**iamo**	prend**iamo**	dorm**iamo**
lavor**ate**	prend**ete**	dorm**ite**
lavor**ano**	prend**ono**	dorm**ono**

mangiare	cominciare	pagare
mangi**o**	cominci**o**	pag**o**
mang**i***	cominc**i***	pagh**i***
mangi**a**	cominci**a**	pag**a**
mang**iamo**	cominc**iamo**	pagh**iamo***
mangi**ate**	cominci**ate**	pag**ate**
mangi**ano**	cominci**ano**	pag**ano**

*Verbs whose stem ends in *-i* (*mangiare, cominciare, studiare*), drop the -i of the stem before the second-person ending -i and before the first-person plural ending *-iamo*. Verbs whose stem ends in *c*- or *g*- (*giocare, pagare*), insert an *h* between the stem and the endings *-i* and *-iamo* to preserve the hard c and g sounds of the stem.

gio<u>care</u>	leggere	capire
gioc**o**	legg**o**	capisc**o**
gioch**i***	legg**i**	capisc**i**
gioc**a**	legg**e**	capisc**e**
gioch**iamo***	legg**iamo**	cap**iamo**
gioc**ate**	legg**ete**	cap**ite**
gioc**ano**	legg**ono**	capisc**ono**

Presente di alcuni verbi irregolari in –are, –ere e –ire

andare	dare	fare	stare
vado	do	faccio	sto
vai	dai	fai	stai
va	da	fa	sta
andiamo	diamo	facciamo	stiamo
andate	date	fate	state
vanno	danno	fanno	stanno

dovere	potere	volere	bere
devo	posso	voglio	bevo
devi	puoi	vuoi	bevi
deve	può	vuole	beve
dobbiamo	possiamo	vogliamo	beviamo
dovete	potete	volete	bevete
devono	possono	vogliono	bevono

sapere	dire	uscire	venire
so	dico	esco	vengo
sai	dici	esci	vieni
sa	dice	esce	viene
sappiamo	diciamo	usciamo	veniamo
sapete	dite	uscite	venite
sanno	dicono	escono	vengono

Other commonly used irregular verbs are **porre** (*pongo, poni,* etc.), **tradurre** (*traduco, traduci,* etc.), **rimanere** (*rimango, rimani,* etc.), **salire** (*salgo, sali,* etc.), **scegliere** (*scelgo, scegli,* etc.), **trarre** (*traggo, trai,* etc.).

A. Un po' di pratica. Rispondi oralmente alle domande secondo il modello.

Dov'è la Lombardia? (*al Nord d'Italia*) → La Lombardia è al Nord d'Italia.

1. Quanti abitanti ha la Lombardia? (*9.122.000*)

2. Quale è il lago più grande? (*il lago di Garda*)

3. Cosa non manca alla Lombardia? (*le montagne*)

4. Quale nome definisce il territorio occupato dai Longobardi? (*Longobardia*)

5. Cosa divide Bergamo in due città? (*"Muraine"*)

6. Quale nome prende Monza durante il periodo romano? (*Modicia*)

B. Monza e Bergamo. Scegli il verbo corretto, coniugalo al *presente* e completa il brano.

venire	aggiungere	attrarre	mantenere	scegliere	riuscire

La regina Teodolinda _____ Monza come sua residenza. Durante i secoli la città _____ a mantenere la propria indipendenza. Molti turisti _____ a vedere il Museo e la famosa basilica di S.Giovanni Battista. Inoltre, la città è famosa oggi per le sue corse automobilistiche che _____ gli appassionati della velocità. Tra le importanti città lombarde molti _____ anche Bergamo, che _____ l'interesse dei visitatori con i suoi parchi di divertimento.

C. Al presente. Rispondi oralmente alle domande. Sta' attento/a alle forme verbali.

1. Chi è Oliviero Toscani?

2. Perché diventa famoso?

3. Con quali riviste di moda collabora?

4. Di che cos'altro si occupa oltre alla moda?

5. Perché le sue fotografie si considerano controverse?

6. Anche Silvio Berlusconi è considerato controverso? Perché?

7. Cosa possiede?

Articolo indeterminativo

Indefinite articles accompany nouns which are unspecified or mentioned for the first time in a particular context. They only exist in singular. If the adjective *buono* precedes the noun, its form will follow the forms of the indefinite article (*un → buon, uno → buono*, etc.)

	maschile		femminile
un	treno, negozio, cane, amico	**una**	madre, studentessa, zia
uno	studente zio yacht psichiatra gnocco	**un'**	amica

Articolo determinativo

Definite articles are used before specified nouns or nouns which were already mentioned in a particular context. They also accompany abstract nouns (*L'amore è un sentimento potente*), nouns representing species (*La tigre è un animale selvatico*), possessive adjectives (*la nostra casa*) and certain geographical names (*la Francia, il Lazio, il Po*, etc). If the adjectives **bello** or **quello** precede a noun, they follow the forms of the definite article (*lo → bello → quello; i → bei → quei*, etc.).

	singolare		plurale	
maschile	il	professore	i	professori
	lo	studente zio psicologo yacht gnocco	gli	studenti zii psicologi yacht gnocchi
	l'	aereo		aerei
femminile	la	classe studentessa	le	classi studentesse
	l'	amica		amiche

D. Completiamo. Inserisci gli *articoli indeterminativi* nelle seguenti frasi.

1. L'industria costituisce _____ grande fonte di ricchezza per la Lombardia.

2. _____ industria importante è quella del terziario.

3. _____ altro settore riconosciuto è l'industria dell'abbigliamento.

4. La Lombardia e anche _____ regione ricca di passione per la terra.

5. Tutto sommato, la Lombardia occupa _____ posto di assoluta pre-minenza nel quadro economico dell'Italia.

6. La regione gode anche di _____ sviluppatissimo agriturismo.

7. Dopo _____ lunga settimana passata in ufficio, molti si avviano verso le zone dei laghi e delle montagne per rilassarsi.

8. Quelli che preferiscono la vivacità di _____ parco divertimenti vanno a Gardaland.

E. Maschile/femminile. Completa le frasi con le forme adatte degli *articoli determinativi*.

1. ___ Lombardia è ___ regione più popolosa d'Italia.

2. ___ suo territorio è per ___ maggior parte pianeggiante.

3. ___ fiume più lungo è ____ Po e ___ lago più importante è ___ Lago Maggiore.

4. ___ clima è continentale con ___ inverni freddi e ___ estati calde.

5. ___ sviluppo industriale è avviato e ___ industrie più importanti sono ___ abbigliamento, ___ agricoltura e ____ finanza.

Preposizioni semplici e articolate

Italian prepositions can be simple (*a, di, da, in, con, su, per, tra/fra*), or combined with a definite article (*al, della, dai, nel, con le*, etc.) to form articulated prepositions. Below are some examples of the use of prepositions and a chart of their articulated forms.

a (*to, in, at*):
- Andare + **a** + *city*: Vado **a** Milano.
- Vado **al** bar / **al** ristorante / **all'**aeroporto / **al** negozio.
  NB: Andare **a** piedi / **a** cavallo / **a** teatro / **a** letto / **a** casa.
- **Alle** undici devo prendere il treno. / **All'**una devo pranzare.
  La lezione comincia **a** mezzogiorno. Vado a letto **a** mezzanotte.

da (*from*):
- Parto **da** New York.
- È uscito **dall'**ufficio alle cinque.
- La lezione dura **dalle** undici a mezzogiorno.

di (*of*):
- È il cane **di** Silvia.
- È il cane **del** ragazzo.
- Il giorno **della** settimana che preferisco è il sabato.
- Ho letto l'ultimo libro **di** Stephen King.
  NB: Sono **di** Detroit. (with the verb *essere*, denoting someone's origin)

in (*in, into, to*):
- Andare + **in** + bicicletta / treno / macchina / aereo / barca (means of transportation).
- Andare + **in** + *country, state, region*: Vado **in** Italia, **in** California, **in** Toscana.
- Il ghiaccio è **nei** bicchieri.
- **Nel** negozio di biciclette ci sono molte belle bici.
  NB: **In** biblioteca / **in** centro / **in** banca / **in** ufficio / **in** piazza / **in** salotto / **in** chiesa (most rooms in the house, certain places in the city, unspecified)

su (*on*):
- Il libro è **sul** tavolo.

con (*with*):
- Voglio pranzare **con** te domani.
- Esco **con** il mio amico.

per (*for*):
- Parto **per** Monza.
- Voglio comprare un regalo **per** Marco.
- Questi cioccolatini sono **per** i tuoi amici.

Preposizioni articolate

	il	l'	lo	i	gli	la	le
a	al	all'	allo	ai	agli	alla	alle
in	nel	nell'	nello	nei	negli	nella	nelle
di	del	dell'	dello	dei	degli	della	delle
su	sul	sull'	sullo	sui	sugli	sulla	sulle
da	dal	dall'	dallo	dai	dagli	dalla	dalle
per	per il	per l'	per lo	per i	per gli	per la	per le
con	con il	con l'	con lo	con i	con gli	con la	con le
tra/fra	tra il	tra l'	tra lo	tra i	tra gli	tra la	tra le

F. Un po' di pratica. Completa le seguenti frasi con le *preposizioni semplici* o *articolate*.

1. Il Po si trova _____ valle padana.

2. Le Alpi, _____ loro piste _____ sci, attirano molti sciatori.

3. Similmente _____ altre regioni italiane la Lombardia ha una storia lunga.

4. I Lombardi discendono _____ Liguri.

5. _____ dinastia Gonzaga, Mantova diventa un centro culturale.

6. Gli Austriaci lasciano il loro stampo _____ vita _____ regione.

7. La Lombardia è ricca _____ passione _____ terra.

8. La coltura _____ riso e _____ foraggi è molto sviluppata.

Capitolo 3 *Passato prossimo e imperfetto*

Passato prossimo expresses past, completed actions that occurred at a precise point in time. It is the equivalent of the simple past tense in English, but also of the present perfect. **Imperfetto**, on the other hand, expresses past actions that were repeated, habitual, long-lasting, ongoing; descriptions of people, scenery, time, weather, age, feelings, etc., in the past. Its equivalents in English are the simple past tense, the present perfect, and the past continuous.

Passato prossimo con *avere*

Transitive verbs are conjugated with *avere*.

Presente di *avere* + participio passato del verbo → *ho comprato*

Participio passato regolare		
cantare	**vendere**	**dormire**
cant**ato**	vend**uto**	dorm**ito**

Alcuni verbi con participi passati irregolari

accendere	-	acceso	offendere	-	offeso
aprire	-	aperto	perdere	-	perso
assumere	-	assunto	piangere	-	pianto
bere	-	bevuto	prendere	-	preso
chiedere	-	chiesto	rispondere	-	risposto
chiudere	-	chiuso	scegliere	-	scelto
correggere	-	corretto	scrivere	-	scritto
correre	-	corso	soffrire	-	sofferto
decidere	-	deciso	togliere	-	tolto
dipingere	-	dipinto	tradurre	-	tradotto
dire	-	detto	vedere	-	visto
fare	-	fatto	vincere	-	vinto
leggere	-	letto	vivere	-	vissuto
mettere	-	messo			

Passato prossimo con **essere**

Intransitive, reflexive and reciprocal verbs are conjugated with *essere*.

Presente di *essere* + participio passato del verbo principale → *sono andato/a*

Past participle agrees with the number and gender of the subject:

Lui è venuto. Rosa è tornata. Chiara e Marta sono arrivate, e poi tutti siamo andati al cinema. Tina e Giorgio si sono telefonati prima di uscire.

Alcuni verbi coniugati con *essere*

Verbi di <u>movimento</u>:

    andare
    arrivare
    entrare
    partire
    (ri)tornare
    uscire
    venire (p.p. venuto)

Verbi di <u>cambiamento di stato</u>:

    crescere (p.p. cresciuto)
    dimagrire
    diventare
    ingrassare
    morire (p.p. morto)
    nascere (p.p. nato)

Verbi di <u>immobilità</u>:

    essere (p.p. stato)
    rimanere (p.p. rimasto)
    stare

Imperfetto

andare	correre	aprire
anda**vo**	corre**vo**	apri**vo**
anda**vi**	corre**vi**	apri**vi**
anda**va**	corre**va**	apri**va**
anda**vamo**	corre**vamo**	apri**vamo**
anda**vate**	corre**vate**	apri**vate**
anda**vano**	corre**vano**	apri**vano**

Very few verbs are irregular in the imperfect: *bere → bevevo, dire → dicevo, fare → facevo, porre → ponevo, tradurre → traducevo*, etc.

Passato prossimo or imperfetto?

Habitual, repeated action

L'estate scorsa *andavo* al cinema ogni fine settimana.

Descriptions in the past

La strada *era* larga, *c'era* poca gente e i negozi *erano* chiusi.

Two ongoing actions happening at the same time

Mentre io *leggevo*, la mia compagna di casa *cucinava* la cena.

Date, age, time, weather in the past

Erano le undici di mattina e *faceva* molto bello.

Completed action

Ho finito i compiti e poi *sono uscito*.

Ongoing action interrupted by another action

Guardavo la televisione quando *è arrivato* Gianni.

Emotions, mental or physical states in the past

Non *sono andata* alla festa perché *ero* molto triste.

A. Marco Polo. Completa il brano con i verbi all'*imperfetto*.

Marco Polo _____ (essere) il noto viaggiatore veneziano la
cui famiglia _____ (essere) molto rinomata e benestante.
Suo padre e suo zio _____ (viaggiare) in Medio Oriente
dove _____ (commerciare) con molto successo. Da piccolo,
Marco _____ (parlare) tre lingue e _____
(volere) accompagnare suo padre e suo zio nei loro viaggi. Quando
_____ (avere) diciassette anni partì per l'Asia.

B. A coppie. Con un compagno / una compagna scambia le memorie della
tua vita fino al presente.

A sei anni _____

A dieci anni _____

A tredici anni _____

A sedici anni _____

C. Una gita a Venezia. Immagina di aver trascorso una giornata a Venezia.
Fa' una lista di 6 cose che hai fatto. Aggiungi qualche dettaglio come per
esempio il posto, l'ora ecc.

bere un caffè da Florian

andare in gondola

contare i ponti

scattare alcune foto del Canal Grande

visitare l'isola di Murano

comprare un lavoro di pizzo

vedere i quadri della Collezione di Peggy Guggenheim

mangiare un gelato

scrivere una cartolina

D. A coppie. Adesso riferisci alla classe quello che ha detto il tuo compagno /
la tua compagna.

Il mio compagno/La mia compagna: _____

_____

_____

_____

E. Imperfetto e passato prossimo. Riscrivi il brano usando l'*imperfetto* o
il *passato prossimo*.

Oggi fa molto caldo a Venezia. Laura esce dall'albergo, va in Piazza
San Marco e ci rimane fino a mezzogiorno. Siccome ha fame, compra
un panino al tonno e mentre mangia, un piccione si siede sulla sua
testa. Laura non si spaventa e finisce di mangiare il panino. Dopo torna
all'albergo e si riposa per un'ora. La sera esce con le sue compagne di
viaggio. Vanno in discoteca e ci rimangono fino a tardi. Conoscono
anche alcuni ragazzi che sono proprio simpaticissimi. È una serata molto
divertente.

Ieri _____ molto caldo a Venezia. Laura _____
dall'albergo, _____ in Piazza San Marco e ci _____
fino a mezzogiorno. Siccome _____ fame, _____
un panino al tonno e mentre _____ , un piccione _____
sulla sua testa. Laura non _____ e _____ di
mangiare il panino. Dopo _____ all'albergo e _____
per un'ora. La sera _____ con le sue compagne di viaggio.
_____ in discoteca e ci _____ fino a tardi.
_____ anche alcuni ragazzi che _____ proprio
simpaticissimi. _____ una serata molto divertente.

Capitolo 4   *Pronomi di oggetto diretto, indiretto e doppi, uso di **ne** e **ci***

Object pronouns replace direct and indirect objects in a sentence. They precede a single conjugated verb, but can be attached to the end of an infinitive. They are attached to informal imperatives, but precede formal ones.

Pronomi oggetto diretto	
mi	ci
ti	vi
lo	li
la/La	le

Pronomi di oggetto diretto (*direct object pronouns*) replace a direct object in the sentence, and answer the questions *che cosa*? or *chi*?

Pronomi oggetto indiretto	
mi	ci
ti	vi
gli	gli
le/Le	(loro/Loro*)

Pronomi di oggetto indiretto (*indirect object pronouns*) replace an indirect object in the sentence, and answer the question *a chi*?

In sentences with verbs followed by an infinitive, pronouns can be placed as follows:

> *Vuoi scrivere un articolo per il giornale? Sì, **lo** voglio scrivere / voglio scriver**lo**.*

If a **direct** object pronoun *lo, la, li,* or *le* immediately precedes a verb in compound tenses, the past participle must agree with the pronoun:

> *Ho visto la mia amica. **La** ho vista. (L'ho vista.)*
>
> *Ho mangiato gli spaghetti. **Li** ho mangiati.*

Past participles **never** agree with **indirect** object pronouns:

> *Non ha visto la mamma, ma **le** ha telefonato ieri.*

*__Loro__ can be used instead of **gli**, but it must follow the verb.

Appunti grammaticali

A. Chiacchieriamo! Completa gli scambi con i *pronomi diretti*.

I. – Conosci bene l'Emilia-Romagna?

– Mi dispiace, non _____ conosco per niente.

2. – Vedi sulla mappa le città più importanti della regione?

– Sì, _____ vedo, e vedo anche gli Appennini.

– Anch'io _____ noto.

3. – Sai che Bologna ha una delle più vecchie università d'Europa?

– Una mia amica italiana _____ frequenta.

4. – Dai, scatta la foto! Sono qui, _____ vedi bene? E anche la fontana di Nettuno?

– Sì, sì, _____ vedo bene tutti e due.

5. – Ogni volta che incontriamo i tuoi genitori in centro non _____ riconoscono. Che seccatura!

6. – Ogni autunno, quando mi trasferisco dalla casa dei miei alla casa dello studente a Bologna, mio fratello _____ aiuta.

– Beata te, _____ aiutano sempre tutti perché non riesci a fare niente da sola, viziata che sei!

B. Una settimana in Emilia-Romagna. Avete passato dei bellissimi giorni in questa splendida regione italiana. Scambia delle domande e risposte con il tuo compagno / la tua compagna secondo l'esempio.

Esempio: visitare / l'Emilia-Romagna / per la prima volta
– Hai visitato l'Emilia-Romagna per la prima volta?
– Sì, l'ho visitata per la prima volta.

1. vedere / il bellissimo paesaggio

2. bere / i vini Lambrusco e Sangiovese

3. assaggiare / il Parmigiano Reggiano

4. mangiare / le salsicce

5. ascoltare / un'opera di Verdi

C. In un ristorante a Bologna. Riscrivi le frasi usando i *pronomi indiretti* secondo l'esempio.

Esempio: Mario chiede il menu *al cameriere.*
               Mario *gli* chiede il menu.

1. Il cameriere porta il menu a noi. _____

2. Ordiniamo al cameriere il primo. _____

3. Il cameriere porta per sbaglio il secondo a me. _____

4. Paolo ha consigliato agli altri il contorno. _____

5. Sara offre la sua crostata a te. _____

6. Io verso il vino a Silvia. _____

Pronomi doppi

It is possible to combine direct and indirect object pronouns in a sentence, as well as reflexive and direct pronouns.

Luisa scrive <u>le lettere</u> <u>al suo ragazzo</u>.
              ↓   ↓

              le   *gli*

        Luisa   *gliele*   *scrive.*

Lei vuole scrivere le lettere al suo ragazzo.   *Luisa vuole scriver**gliele.***
                                                     o
                                        *Luisa **gliele** vuole scrivere.*

Lei ha scritto le lettere al suo ragazzo.   *Luisa **gliele** ha scritt<u>e</u>.*
Lei si è messa gli occhiali.   *Lei se **li** è mess<u>i</u>.*

Pronomi di oggetto indiretto	**Pronomi di oggetto diretto**							
	mi	**ti**	**lo**	**la**	**ci**	**vi**	**li**	**le**
mi	-	-	me lo	me la	-	-	me li	me le
ti	-	-	te lo	te la	-	-	te li	te le
gli	-	-	glielo	gliela	-	-	glieli	gliele
le	-	-	glielo	gliela	-	-	glieli	gliele
ci	-	-	ce lo	ce la	-	-	ce li	ce le
vi	-	-	ve lo	ve la	-	-	ve li	ve le
gli	-	-	glielo	gliela	-	-	glieli	gliele
Pronomi riflessivi								
si	-	-	se lo	se la	-	-	se li	se le

Order of pronouns:

indiretto + diretto

riflessivo + diretto

Ne

Ne replaces nouns accompanied by an expression of quantity or a noun used in a partitive sense (of it/them). It also replaces prepositional phrases beginning with the preposition *di*.

Quantità	
Quanti **amici** hai?	**Ne** ho moltissimi. ne → degli amici (*of friends*)
Quanta **frutta** compri?	**Ne** compro tanta. ne → della frutta
Quante **bottiglie di coca-cola** hai comprato per la festa?	**Ne** ho comprat**e** dieci.* ne → bottiglie di coca-cola

*__Ne__ changes the past participle only when it replaces expressions of quantity.

di + frase	
Parli spesso **di politica**?	No, non **ne** parlo. ne → di politica (*about politics*)
Vuoi parlare **di politica**?	No, non voglio parlar**ne**. o Non **ne** voglio parlare.
Hai parlato **di politica**?	No, non **ne** ho parlat**o**.

Ci

Ci replaces nouns referring to a place and prepositional phrases beginning with the preposition *a*.

posto	
Vai **all'università** ogni giorno?	Sì, **ci** vado.
Devi andare **a scuola** oggi?	No, non devo andar**ci**. o Non **ci** devo andare.

a + frase	
Pensi **agli esami**?	Certo, **ci** penso! **ci** → *about exams*
Non posso credere **ai propri occhi**!	Non posso creder**ci**. o Non **ci** posso credere.

D. Giuseppe Verdi. Rispondi alle seguenti domande usando i *pronomi doppi*, *ci* o *ne*.

1. Quante opere di Verdi hai visto?

   _____due.

2. Sei mai andato a Parma?

   No, _____

3. Hai regalato un CD di tutte le opere di Verdi alla mamma?

   Sì, _____

4. Parli qualche volta di musica classica ai tuoi amici?

   Sì, _____

5. Hai mai regalato i biglietti per un'opera ai genitori?

   Sì, _____

6. Vuole offrire l'abbonamento per la stagione operistica proprio a me?

   Sì, _____

Capitolo 5 *Si impersonale, congiuntivo presente e passato*

Si impersonale is a common expression referring to unspecified or impersonal subjects. It corresponds to the English "one," "people," "you," "we" as in phrases "What does one do in case of emergency?"

Come **si dice**...?	*How does one say...?*
Quando **si usa**...?	*When does one use...?*
Come **si scrive**...?	*How does one spell...?*
Come **si pronuncia**...?	*How does one pronounce...?*
Dove **si va** stasera?	*Where does one go/Where are we going tonight?*
Cosa **si mangia** oggi?	*What does one eat/What are we eating today?*
Oggi **si mangiano** gli spaghetti.	*We are eating spaghetti today.*
Cosa **si beve** dopo la cena?	*What does one drink/what are we drinking after dinner?*
Si beve il vino, naturalmente!	*We are drinking wine, of course!*
Cosa **si fa** dopo cena?	*What does one do/What are we doing after dinner?*
Ci si diverte!	*One is having fun!/We are having fun!*
Cosa **si è fatto** ieri?	*What did one do yesterday?/What did we do yesterday?*
Ieri si è cucinata **la cena,** si sono mangiati **gli** spaghetti e si è andati* a letto presto.	*One/We cooked dinner, one/we had spaghetti and one/we went to bed early.*

*When the direct object is absent, the past participles of compound tenses are always in masculine plural.

Appunti grammaticali

A. La Toscana. Completa il seguente paragrafo usando *si impersonale*.

Quando _____ (essere) nell'Italia centrale _____ (dovere) visitare la Toscana. Nella regione _____ (coltivare) gli ulivi, gli ortaggi e la frutta. _____ (produrre) il famoso vino Chianti. Di questo vino _____ (distinguere) sette sottodenominazioni. La regione e anche nota per le cave di marmo e i marmi di Carrara che _____ (esportare) in tutto il mondo. In Toscana _____ (godere) una cucina regionale molto varia, ma allo stesso tempo semplicissima e sana. Per esempio, _____ (usare) poca carne, ma tanto pane che _____ (presentare) in diverse forme.

B. Firenze di giorno e di notte. Chiedi a un compagno / una compagna cosa si può fare a Firenze di giorno e di notte. Segui l'esempio.

Esempio: dove / andare / di mattina a Firenze
— Dove **si va** di mattina a Firenze?
— **Si va** a prendere un cappuccino.

1. cosa / fare / con tanto tempo libero

2. quando / visitare / gli Uffizi

3. dove / mangiare bene

4. dove / comprare / una borsa Gucci

5. come / vestirsi / per andare a ballare

6. quando / prendere / l'ultimo autobus per ritornare a casa

Congiuntivo presente e passato

The subjunctive is a verbal mood that expresses uncertainty, doubt, opinions and feelings, rather than facts, which are expressed by the indicative. It conveys the emotional states and the attitudes of the speaker. The **present subjunctive** is used when the action of the dependent clause is simultaneous to the action of the independent clause, whereas the **past subjunctive** is used when the action of the dependent clause precedes that of the independent clause.

Congiuntivo presente di verbi regolari

lavorare	prendere	aprire
lavor**i**	prend**a**	apr**a**
lavor**i**	prend**a**	apr**a**
lavor**i**	prend**a**	apr**a**
che		
lavor**iamo**	prend**iamo**	apr**iamo**
lavor**iate**	prend**iate**	apr**iate**
lavor**ino**	prend**ano**	apr**ano**

Congiuntivo di alcuni verbi irregolari

andare: vada, vada, vada, andiamo, andiate, vadano	
avere: abbia	potere: possa
dare: dia	stare: stia
dire: dica	sapere: sappia
dovere: debba	uscire: esca
essere: sia	venire: venga
fare: faccia	volere: voglia

Congiuntivo passato

Il congiuntivo passato si forma con il congiuntivo presente di **essere** / **avere** + participio passato del verbo principale:

abbia comprato / sia andato/a

Uso del congiuntivo presente e passato

Opinione, dubbio, incertezza	
Credo che…	Non sono sicuro/a se…
Ho l'impressione che…	Penso che…
Immagino che…	Suppongo che…
Non so se…	Mi domando/chiedo se…
Desiderio, comando, preferenza	
Comando che…	Proibisco che…
Desidero che…	Propongo che…
Impedisco che…	Raccomando che…
Insisto che…	Spero che…
Mi aspetto che…	Suggerisco che…
Ordino che…	Vieto che…
Permetto che…	Voglio che…
Preferisco che…	
Espressioni impersonali	
Bisogna che…	È meglio che…
È bene che…	È necessario che…
È difficile che…	È ora che…
È facile che…	È possibile/impossibile che…
È giusto che…	È strano che…
È importante che…	Pare che…
È male che…	Può darsi che…
È preferibile che…	Sembra che…

Emozioni	
Mi piace che...	Temo che...
Mi dispiace che...	Sono sorpreso/a che...
Ho paura che...	Sono contento/a che...

C. In libreria. Completa il dialogo con i verbi nella forma corretta del *congiuntivo presente*.

IL CLIENTE: Cerco un romanzo di Antonio Tabucchi che _____ (essere) scritto in portoghese.

IL COMMESSO: Mi dispiace, non abbiamo molte opere di Tabucchi. Vuole che gliene _____ (ordinare) uno?

IL CLIENTE: Sì, grazie. Pare che (io) _____ (vedere) una copia del *Requiem* sullo scaffale.

IL COMMESSO: Ha ragione. Sembra che Lei _____ (arrangiarsi) meglio di me qui. Questa è però l'unica copia che noi _____ (avere).

IL CLIENTE: Le sarei grato per qualunque altro romanzo di Tabucchi che Lei _____ (riuscire) a trovare.

IL COMMESSO: Vuole che io Le _____ (suggerire) qualcosa?

IL CLIENTE: Mi dica! Ho l'impressione che Lei _____ (pensare) al romanzo *Sostiene Pereira*.

IL COMMESSO: Ha indovinato! È il libro più conosciuto di Tabucchi. È proprio il più interessante che _____ (esserci)!

D. Pisa. Completa le frasi con il verbo al *congiuntivo presente* o al *congiutivo passato*. Segui l'esempio.

Esempio: Pisa è nota solo per la sua torre pendente. (ho l'impressione)
Ho l'impressione che Pisa **sia** nota solo per la sua torre pendente.

1. L'antica Pisa è di origine greca. (si suppone)

2. Durante il Medioevo la città è stata uno dei centri più sviluppati della Toscana. (è importante)

3. Sta spesso in conflitto con Venezia e Genova. (sembra)

4. Al tredicesimo secolo è cominciato il suo declino politico. (pare)

5. Oggi l'economia pisana si basa sul turismo. (è bene)

6. Si usano metodologie avanzatissime per rallentare in futuro il processo di inclinazione. (è necessario)

Capitolo 6 *Imperativo, indicativo e congiuntivo*

Imperativo

The imperative is used to express commands in informal and formal contexts. Imperatives can be combined with various kinds of pronouns, and their placement depends on the form of the imperative (formal vs. informal, *Capitolo 4, pronomi*). Below are the forms of imperative, including examples of pronoun placement.

comprare	prendere	dormire	capire
-	-	-	-
Compr**a**! (Non comprare!)	Prend**i**! (Non prendere!)	Dorm**i**! (Non dormire!)	Capisci! (Non capire!)
Compr**i**!	Prend**a**!	Dorm**a**!	Capisc**a**!
Compriamo!	Prendiamo!	Dormiamo!	Capiamo!
Comprate!	Prendete!	Dormite!	Capite!
Compr**ino**!	Prend**ano**!	Dorm**ano**!	Capisc**ano**!

Informale: Compra + a me → Compra**mi**! / Compra**mi** + lo → Compra**melo**!
Formale: Compri + a me → **Mi** compri!/ **Mi** compri + lo → **Me lo** compri!

alzarsi	essere	avere
-	-	-
Alza**ti**! (Non alzar**ti**!)*	Sii! (Non essere!)	Abbi! (Non avere!)
Si alzi!	Sia!	Abbia!
Alziamo**ci**!	Siamo!	Abbiamo!
Alzate**vi**!	Siate!	Abbiate!
Si alzino!	Siano!	Abbiano!

*Informale: Non alzare + ti → Non alzar**ti**! / Informale: Mettiti + lo → Metti**telo**! / Formale: **Si** metta + lo → **Se lo** metta!

bere = bevi, beva...	sapere = sappi, sappia...	uscire = esci, esca...
venire = vieni, venga...		

dare	dire	stare	fare	andare
-	-	-	-	-
Da'! (Non dare!)	Di'! (Non dire!)	Sta'! (Non stare!)	Fa'! (Non fare!)	Va'! (Non andare!)
Dia!	Dica!	Stia!	Faccia!	Vada!
Diamo!	Diciamo!	Stiamo!	Facciamo!	Andiamo!
Date!	Dite!	State!	Fate!	Andate!
Diano!	Dicano!	Stiano!	Facciano!	Vadano!
Da' + le Dalle!*	Di' + mi Dimmi!	Sta' + mi Stammi!	Fa' + lo Fallo!	Va' + ci Vacci!

*Single-syllable imperatives double the first consonant of the pronoun when combined, except in the case of **gli**: *dagli, digli, fagli,* etc.

A. A Genova. Completa le frasi con le forme corrette dell'*imperativo.*

1. (tu/essere) _____ attento al dialetto parlato a Genova, è lontano dallo standard italiano!

2. (noi/dire) _____ al tassista di portarci direttamente all'albergo!

3. (Lei/venire) _____ a prenderci alla stazione ferroviaria!

4. (voi/avere) _____ pazienza, vedo arrivare il tassista!

5. (Loro/calmarsi) _____, sono arrivato/a al più presto possibile!

6. (tu/non lasciare) _____ la mancia, abbiamo aspettato il tassista un quarto d'ora!

B. Focaccia alla genovese. Completa le frasi con le forme corrette dell'*imperativo* con le *preposizioni.*

Esempio: tu/mangiare/il gelato→Mangialo!

1. (tu/scrivere/la ricetta) _____!

2. (voi/impastare/la farina con il lievito) _____!

3. (noi/aggiungere/il burro) _____!

4. (Loro/imburrare/il tegame) _____!

5. (Lei/mettere/i canditi) _____!

6. (Lei/non cuocere/la focaccia) _____!

Gli altri usi del congiuntivo

In addition to expressing the opinions of the speaker, the subjunctive is used in a number of other situations:

Dopo certe congiunzioni
affinché, benché, sebbono, a condizione che, a patto che, purché, senza che, prima che, a meno che... non
I miei genitori risparmiano i soldi affinché io possa frequentare l'università che voglio.
Sono uscita senza che i miei genitori mi abbiano sentito.
Prima che finisca questo semestre, voglio imparare tutto quello che posso.
Dopo certi indefiniti
chiunque, dovunque, comunque, qualunque, qualunque cosa
Dovunque tu vada, ti seguirò.
Comunque vadano le cose, i problemi si risolveranno.
Qualunque cosa succeda, noi rimarremo sempre amici.
Dopo il superlativo
il/la più... che, il/la meno... che
Dude, Where's My Car? è il film più stupido che io abbia mai visto!
Richard Greco è l'attore più terribile che io conosca!
Gianni è lo studente meno stressato che ci sia in questa classe.
Dopo certi negativi
non... niente che, non... nulla che, non... nessuno che
Quella povera ragazza non ha nessuno che la possa aiutare.
In questo negozio non c'è niente che mi interessi.
Non conosco nessuno che parli il dialetto genovese.
Con espressioni che indicano una cosa o una persona ipotetica
qualcuno che..., una persona/cosa che...
Cerco una segretaria che sia bella, intelligente, brava, capace e che conosca tutti i software recenti...
Voglio trovare un ristorante che sia elegante, ma che non costi troppo.
Conosci qualcuno che sappia cucinare le trofie al pesto?

In general, the subjunctive is used when the subject of the verbs in the dependent and the independent clauses are different. When the subject is the same, the infinitive is used.

Io penso che tu sia troppo stressato/a.   vs.   *Io penso di essere troppo stressato/a.*

B. La cucina ligure. La cucina regionale ligure ha delle caratteristiche molto particolari. Il seguente brano contiene le osservazioni di un turista sui prodotti tipici della regione. Completa il brano mettendo i verbi all'*indicativo* e al *congiuntivo*.

Dato che il territorio ligure _____ (essere) scarso di larghe pianure, l'allevamento del bestiame non _____ (essere) notevole. Conseguentemente, la cucina ligure _____ (scarseggiare) nell'uso delle carni. Poiché vi _____ (trovarsi) varie erbe domestiche e selvagge, tra cui il famoso basilico, i piatti regionali _____ (avere) dei sapori squisiti. Proprio da questo basilico origina il pesto, la più famosa salsa verde che _____ (esistere). Sebbene _____ (notarsi) delle variazioni nella preparazione del pesto, la ricetta originale _____ (includere) solo l'aglio, il basilico, il formaggio sardo, il parmigiano e l'olio extravergine.

C. La lingua italiana. Carla ha appena finito il primo semestre del corso d'italiano, la lingua dei suoi nonni. Il brano che segue narra la sua esperienza di studio. Completa il brano con l'*infinito* o il *congiuntivo presente*.

L'italiano è una lingua veramente bella ma anche difficile. Mi dispiace di non _____ (impararla) a casa dai nonni. Peccato che i miei genitori non _____ (parlare) italiano per niente. Si suppone che _____ (volerci) solo una generazione per dimenticare la lingua che parlano i genitori immigrati. Siccome voglio andare in Italia l'anno prossimo, sono proprio felice di _____ (imparare) un po' di grammatica e del vocabolario per poter comunicare con i miei parenti italiani. Il congiuntivo è difficile per me, e molte volte io e i miei compagni di classe pensiamo che il congiuntivo non _____ (avere) senso. Crediamo di _____ (potere) esprimerci senza usarlo, però abbiamo torto. Finalmente penso di _____ (capire) perché gli italiani usano il congiuntivo. Qualunque persona _____ (studiare) italiano sa che gli italiani lo usano per _____ (esprimere) i propri sentimenti, come per esempio: l'incertezza, il dubbio, la rabbia, la paura e la gioia. Essendo un popolo molto emozionale ed espressivo, gli italiani considerano il congiuntivo uno strumento che gli permette di _____ (far conoscere) agli altri le loro emozioni e opinioni.

D. La Festa di Cristoforo Colombo. Il 10 ottobre negli Stati Uniti si festeggia il giorno di Cristoforo Colombo. È una festa che suscita sempre una vivace polemica nella comunità italoamericana. Alcuni sono a favore di questa festa, altri vogliono abolirla. Le seguenti frasi esprimono i loro sentimenti e l'importanza storica di Colombo. Completa le frasi usando il *congiuntivo passato* o il *passato prossimo* dell' indicativo.

1. – Mi dispiace che la festa di Colombo non _____ (essere) cancellata anni fa.

   – Non sono d'accordo. La maggior parte degli italoamericani è contenta che il loro nuovo paese _____ (riconoscere) il loro contributo alla storia dell'America.

2. – Molti credono che Cristoforo Colombo _____ (essere) il più importante scopritore europeo.

   – Hanno ragione. Immagino che la sua scoperta del Nuovo Mondo _____ (avere) un impatto enorme al suo tempo.

3. – È interessante che Colombo _____ (considerare) la scoperta d'America un evento profetico piuttosto che uno dovuto alla logica, alla matematica e alle mappe.

   – Sai quanti viaggi in tutto _____ (fare) Colombo?

   – Mi pare che (lui) _____ (completarne) quattro.

4. – Una volta scoperto il Nuovo Mondo, mi chiedo cosa Colombo _____ (portare) nel vecchio continente?

   – Suppongo che oltre all'oro _____ (importare) le spezie e una varietà di piante mai viste in Europa.

Capitolo 7   *Congiuntivo imperfetto e trapassato*

Imperfect and past perfect subjunctives are used in the same way as present and past subjunctives, except in this case the action of the independent clause is in a past tense or in the conditional. The **imperfect subjunctive** is used when the action of the dependent clause is simultaneous to the action of the independent clause, whereas the **past perfect subjunctive** is used when the action of the dependent clause precedes that of the independent clause.

> *Pensavo che tu **fossi** una persona onesta.*
> *Pensavo che loro, l'anno prima, **avessero comprato** una nuova casa.*

Congiuntivo imperfetto dei verbi regolari

lavorare	prendere	aprire
lavora**ssi**	prende**ssi**	apri**ssi**
lavora**ssi**	prende**ssi**	apri**ssi**
lavora**sse**	prende**sse**	apri**sse**
lavora**ssimo**	prende**ssimo**	apri**ssimo**
lavora**ste**	prende**ste**	apri**ste**
lavora**ssero**	prende**ssero**	apri**ssero**

Alcuni verbi irregolari

fare: facessi	essere: fossi
dare: dessi	trarre: traessi
dire: dicessi	tradurre: traducessi
stare: stessi	porre: ponessi
bere: bevessi	

Congiuntivo trapassato

congiuntivo imperfetto di **essere** / **avere** + participio passato del verbo principale

> *avessi visto / fossi andato/a*

A. Alberto Moravia. Uno dei più grandi e popolari narratori del Novecento italiano è stato senza dubbio Alberto Moravia. Le seguenti frasi parlano brevemente della sua vita e delle sue opere. Metti le frasi al passato secondo l'esempio.

> *Esempio:*   Voglio che tu legga un romanzo di Moravia. →
> *Volevo* che tu *leggessi* un romanzo di Moravia.

  1. Da bambino e da adolescente Moravia è malato di tubercolosi ossea e i suoi genitori hanno paura che lui non guarisca completamente.

2. Sembra che il lungo soggiorno dello scrittore in vari sanatori sia benefico allo svolgimento della sua carriera.

3. Moravia comincia a scrivere il suo primo romanzo nel 1925 sebbene sia ancora molto giovane.

4. Malgrado *Gli indifferenti* sia considerato da molti il primo romanzo esistenzialista, il giovane autore non riesce a trovare un editore.

5. Prima che sposi la giovane scrittrice Elsa Morante, Moravia gode già di fama internazionale.

B. Ricordi personali. Ognuno di noi ricorda cose particolari della propria vita. Completa le seguenti frasi.

1. Prima di ottenere la patente mi sembrava che…

_____.

2. Era incredibile che i miei compagni di liceo…

_____.

3. Una volta iscritto/a all'università credevo che…

_____.

4. Dubitavo che dopo il primo semestre…

_____.

5. Alla fine del secondo semestre avevo paura che…

_____.

6. Ritornato/a a casa per le vacanze ero sorpreso/a che…

_____.

C. Vittorio De Sica. Pochi non hanno mai sentito parlare di questo leggendario regista italiano. Completa le frasi con il *congiuntivo trapassato*.

1. Franca non sapeva che De Sica _____ (girare) *I ladri di biciclette* nel 1948.

2. Era probabile che Franca _____ (scambiare) l'anno di questo film con un altro.

3. Mi dispiaceva che noi non _____ (riuscire) a organizzare un festival dei film di De Sica.

4. Era strano che noi non_____ (ricevere) aiuti finanziari dalle varie organizzazioni italoamericane.

5. Era incredibile quante persone ci _____ (scrivere) esprimendo il loro interesse per un evento che onorava il padre del neorealismo cinematografico italiano.

6. Mi chiedevo come mai Franca, grande ammiratrice di De Sica, non _____ mai _____ (essere) a una manifestazione cinematografica in suo onore.

Capitolo 8 *Futuro, futuro anteriore, condizionale presente e passato*

Futuro semplice e futuro anteriore

The future tense is used to express future actions, but even more frequently, it is used to express suppositions about present or past events (*futuro di probabilità*). Present future (**il futuro semplice**) is used to express suppositions about present events (*e.g., Sara avrà diciotto anni → Sara must be eighteen*) whereas past future (*il futuro anteriore*) is used to express suppositions about past events (*e.g., Loro avranno perso la strada →They must have gotten lost*).

Futuro dei verbi in –are, –ere e –ire

comprare	vendere	dormire
comprerò	venderò	dormirò
comprerai	venderai	dormirai
comprerà	venderà	dormirà
compreremo	venderemo	dormiremo
comprerete	venderete	dormirete
compreranno	venderanno	dormiranno

Verbi in –care, –gare, –ciare, –giare

giocherò	spiegherò	comincerò	mangerò
giocherai	spiegherai	comincerai	mangerai
giocherà	spiegherà	comincerà	mangerà
giocheremo	spiegheremo	cominceremo	mangeremo
giocherete	spiegherete	comincerete	mangerete
giocheranno	spiegheranno	cominceranno	mangeranno

Alcuni verbi irregolari

dare	andare	volere
darò	andrò	vorrò
darai	andrai	vorrai
darà	andrà	vorrà
daremo	andremo	vorremo
darete	andrete	vorrete
daranno	andranno	vorranno

Following the same patterns are:

like **dare:** stare, fare
like **andare:** avere, dovere, potere, vedere, sapere
like **volere:** venire, tenere, rimanere, bere

Futuro anteriore

futuro semplice di **essere / avere** + participio passato del verbo principale
avrò mangiato / saremo andati/e

A. Io, archeologa. Metti il seguente brano al *futuro.*

Sono una studentessa di archelogia e quest'estate vado (1) in Italia. Passo (2)
due mesi a Pompei ed Ercolano. Con un gruppo di studenti faccio (3) degli
scavi in nuovi siti. Ciò che noi scopriamo (4) è (5) la base della mia tesi.
Oltre a lavorare voglio (6) anche divertirmi. Visito (7) Napoli, mangio (8)
la famosa pizza Margherita e ascolto (9) un concerto di musica tradizionale
napoletana. È (10) un'esperienza indimenticabile!

1. _____ 2. _____
3. _____ 4. _____
5. _____ 6. _____
7. _____ 8. _____
9. _____ 10. _____

B. Da completare. Scrivi le forme corrette del *futuro anteriore* dei verbi
nelle frasi che seguono.

Esempio: tu/essere→Sarai stato/a una persona di successo.

1. noi/riconoscere→_____la tua buona volontà.

2. la popolazione/crescere→_____ a dismisura nel futuro.

3. il governo/combattere→_____duramente la criminalità organizzata.

4. la regione/affrontare→_____con fermezza i problemi dell'inquinamento.

5. voi/venire→_____presto a trovargli.

6. le attività criminali/esistere→_____ sempre.

7. lei/avere→_____ recentemente un
   aumento di stipendio.

8. tu/non dimenticare→_____i miei consigli.

C. Cos'è successo? Completa i dialoghi con il *futuro semplice* o il *futuro anteriore*.

Esempi: Dove (essere) _____ Tina?→Dove sarà Tina?

Lei (perdere) _____ il piroscafo! →Avrà perso il piroscafo!

1. – Chissà quanto costa una settimana a Capri! (Essere) _____ cara!

– Spero di no, (esserci) _____ degli alberghi economici per gli studenti poveri come noi.

2. – Tina non è ancora arrivata. Mi sa che (dimenticare) _____ il costume da bagno a casa e (dovere) _____ tornare a prenderlo.

– (Succedere) _____ così! (Avere) _____ di nuovo la testa fra le nuvole.

– (Innamorarsi) _____ di quel Piero che non mi piace per niente.

3. – Non vedo l'ora di tuffarmi nel mare. È proprio blu e (avere) _____ la temperatura ideale!

– Parli come una vecchietta, (passare) _____ troppo tempo con la tua nonna, dai buttati!

Condizionale presente e passato

Present conditional is used to express polite requests and wishes, while past conditional expresses a hypothetical action that can no longer be realized. In Italian, past conditional, rather than present conditional, also expresses future actions seen from a past point of view in indirect speech:

Luigi ha detto: "Verrò da te domani mattina."...*I will come to your house tomorrow morning.*

Luigi ha detto che sarebbe venuto da me domani mattina. ...*that he would come to my house tomorrow morning.*

Modal verbs in the conditional have very specific meanings:

dovrei → *I should*	avrei dovuto → *I should have*
vorrei → *I would like*	avrei voluto → *I would have wanted*
potrei → *I could*	avrei potuto → *I could have*

Condizionale presente

cantare	prendere	dormire
cante**rei**	prende**rei**	dormi**rei**
cante**resti**	prende**resti**	dormi**resti**
cante**rebbe**	prende**rebbe**	dormi**rebbe**
cante**remmo**	prende**remmo**	dormi**remmo**
cante**reste**	prende**reste**	dormi**reste**
cante**rebbero**	prende**rebbero**	dormi**rebbero**

Alcuni verbi irregolari

avere → avrei	essere → sarei	bere → berrei	dare → darei
andare → andrei		volere → vorrei	fare → farei
potere → potrei		venire → verrei	stare → starei
dovere → dovrei		rimanere → rimarrei	
sapere → saprei		tenere → terrei	
vedere → vedrei		valere → varrei	
vivere → vivrei			

Condizionale passato

condizionale presente di **essere / avere** + participio passato del verbo principale

avrei scritto / sarei andato/a

Modal verbs have a very specific meaning in the *condizionale passato*. Note the following examples:

avrei dovuto mangiare (*I should have eaten*)

saresti dovuto/a venire (*you should have come*)

avremmo voluto aiutare (*we would have wanted to help*)

non avreste potuto comprare (*you couldn't have bought*)

D. In giro per le Marche. Metti i verbi al *condizionale presente*.

1. – Marta, dato che sei delle Marche, _____ (potere)
   dirmi quali sono le zone più interessanti della regione?

   – Ti _____ (suggerire) di vedere Ancona e Urbino.
   Sono molto interessanti.

2. – Mi _____ (piacere) vedere l'Ancona moderna e
   non solo i monumenti antichi.

   – Allora tu _____ (dovere) vedere dei negozi di
   abbigliamento. I vestiti sono proprio all'ultima moda.

3. – (Io) _____ (volere) comprare anche dei regali per
   alcuni amici e per la mia famiglia.

   – Che tipo di regali _____ (tu / preferire)?

   – Mara e io _____ (volere) trovare degli oggetti
   artigianali locali.

   – Le Marche hanno una vecchia tradizione delle maioliche. I vassoi e
   i recipienti _____ (essere) non soltanto decorativi ma
   anche utili.

4. – Che dici, _____ (valere) la pena vedere anche
   alcuni musei ad Ancona e a Urbino?

   – Senz'altro. Ad Ancona ti _____ (raccomandare)
   il Museo Nazionale delle Marche e a Urbino la Galleria Nazionale
   delle Marche.

E. Un viaggio ideale. Con un compagno / una compagna parla dei
posti che ti piacerebbe visitare. Fatevi le domande a vicenda secondo
l'esempio.

Esempio: in quale continente / viaggiare
              In quale continente viaggeresti? → Viaggerei in Europa.

1. da quale città / partire

2. quale destinazione / scegliere

3. perché / volere / andarci

4. cosa / aspettarsi / di vedere

5. con chi / andarci

6. quanto tempo / rimanere

F. Un'amicizia difficile. Hai un amico / un'amica che promette di fare molte cose ma alla fine trova sempre una scusa per non realizzare queste promesse. Completa le frasi con il *condizionale passato*.

1. – Mi hai promesso che _____ (arrivare) puntual-
mente alla festa del compleanno di Lucia.

– Sì, mi ricordo. Ti ho promesso che _____
(venire), ed eccomi!

– Ma che dici, sei due ore in ritardo!

2. – Ti ho detto che ti _____ (aiutare) a cambiare
casa.

– Quel giorno non ti sei fatto vivo fino alla sera. I miei fratelli mi
avevano avvisato che _____ (dimenticare) la
tua promessa. Avevano ragione.

3. – Quella volta che ti ho prestato la macchina, me l'hai riportata tutta
sporca. Ti avevo detto mille volte che _____
(dovere) restituirmela bella e pulita.

– Che pignola che sei! Pioveva ed ero convinta che la pioggia
l'_____ (lavare).

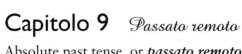

Capitolo 9 *Passato remoto*

Absolute past tense, or **passato remoto,** is another past tense that expresses a completed action. Its equivalent in English is the simple past tense or the present perfect. Unlike *passato prossimo*, its use is often limited to written texts, while its use in spoken language varies from region to region.

Passato remoto

andare	vendere	capire
and**ai**	vend**ei**	cap**ii**
and**asti**	vend**esti**	cap**isti**
and**ò**	vend**é**	cap**ì**
and**ammo**	vend**emmo**	cap**immo**
and**aste**	vend**este**	cap**iste**
and**arono**	vend**erono**	cap**irono**

Some verbs follow a particular pattern of irregularity. They have irregular forms in the first and third persons singular and in the third person plural (the so-called 1-3-3 pattern).

Verbi 1-3-3

avere
ebbi
avesti
ebbe
avemmo
aveste
ebbero

accendere	→ accesi		crescere	→ crebbi
aggiungere	→ aggiunsi		decidere	→ decisi
apparire	→ apparvi		dipingere	→ dipinsi
cadere	→ caddi		dovere	→ dovetti
chiedere	→ chiesi		leggere	→ lessi
chiudere	→ chiusi		mettere	→ misi
comporre	→ composi		nascere	→ nacqui
conoscere	→ conobbi		piacere	→ piacqui
correre	→ corsi		prendere	→ presi

raggiungere → raggiunsi	succedere → successi
rimanere → rimasi	tenere → tenni
rispondere → risposi	vedere → vidi
rompere → ruppi	venire → venni
sapere → seppi	vincere → vinsi
scendere → scesi	volere → volli
scrivere → scrissi	

Alcuni altri verbi irregolari

essere → fui, fosti, fu, fummo, foste, furono	
bere	→ bevvi, bevesti, ecc.
dare	→ diedi, desti, ecc.
dire	→ dissi, dicesti, ecc.
fare	→ feci, facesti, ecc.
stare	→ stetti, stesti, ecc.
tradurre	→ tradussi, traducesti, ecc.
porre	→ posi, ponesti, ecc.

A. Pompei ed Ercolano. Queste due località rappresentano le attrazioni principali per i turisti che visitano la Campania. Tutte e due sono state distrutte dall'eruzione del vulcano Vesuvio. Metti i verbi del seguente paragrafo al *passato remoto*.

La storia delle città di Pompei ed Ercolano è (1) per sempre alterata dall'eruzione vesuviana che le distrugge (2) in meno di 24 ore. Le ceneri ricoprono (3) le città e le piogge acide bruciano (4) la fertile campagna circostante. Si forma (5) una grandissima nube di ceneri, pomici e blocchi di gas che raggiunge (6) circa 17 km di altezza. Gli strati di pomici seppelliscono (7) completamente Pompei, Ercolano e le zone vicino al Vesuvio. Dopo questa prima eruzione segue (8) il terremoto. La furia del Vesuvio dura (9) tre giorni e fa (10) 2000 vittime.

1. _____ 2. _____

3. _____ 4. _____

5. _____ 6. _____

7. _____ 8. _____

9. _____ 10. _____

B. Un po' di storia napoletana. La capitale della Campania ha una storia lunga e ricca. Completa il brano con le forme corrette dei verbi al *passato remoto*.

Napoli _____ (rimanere) sotto il dominio straniero per vari secoli. Nel 1820 e nel 1848 la città _____ (essere) il centro dei moti liberali. Nel 1860 _____ (aggiungersi) all'Italia libera. Nella storia recente, l'anno 1943 _____ (avere) grande importanza perché i napoletani _____ (riuscire) a cacciare via gli invasori tedeschi. Nello stesso anno _____ (entrare) in città gli alleati angloamericani.

C. I grandi. In coppia fatevi le domande e rispondete seguendo l'esempio.

Esempio: Cristoforo Colombo/scoprire le Americhe/1492
– Quando *scoprì* le Americhe Colombo?
– Le *scoprì* nel 1492.

1. Lorenzo il Magnifico/arrivare al potere/1469
2. Galileo Galilei/nascere a Pisa/1564
3. Giuseppe Verdi/comporre/l'opera *La Traviata*/1853
4. Arturo Toscanini/morire a Riverdale, New York/1957
5. Marco Polo/partire/per l'Asia/1271

Capitolo 10 *Periodo ipotetico*

Hypothetical sentences consist of a dependent clause containing **se** and indicating a hypothesis or a condition, and the independent clause indicating the consequence of the hypothesis.

Se piove, rimango in casa.

Non verrò più da te se continui a invitare anche Lary.

Se fossi in te, non uscirei con quella ragazza.

Se avessi studiato di più, avrei preso un voto più alto.

Periodo ipotetico con se (*if-clauses*)

	frase dipendente (se)	frase principale
realtà	Se **comincia** a parlare (presente)	non **si ferma** più. (presente)
	Se **usciamo** presto (presente)	**arriveremo** in tempo. (futuro)
	Se **avrò** tempo (futuro)	**verrò** da te domani. (futuro)
	Se **vai** al negozio (presente)	**comprami** un gelato! (imperativo)
	Se non **hai studiato** (passato prossimo)	non **prenderai** un bel voto. (futuro)
possibilità	Se **avessi** più tempo (congiuntivo imperfetto)	**andrei** in palestra ogni giorno. (condizionale presente)
	Se lei non **fosse** così antipatica (congiuntivo imperfetto)	io **sarei andata** al cinema con lei. (condizionale passato)
impossibilità	Se lo **avessi saputo** prima (congiuntivo trapassato)	non **avrei comprato** questa macchina. (condizionale passato)
	Se tu **mi avessi** detto ieri che c'era un esame (congiuntivo trapassato)	adesso **sarei** preparato. (condizionale presente)

Appunti grammaticali

A. Ipotesi. Completa le seguenti frasi con la forma adatta dei verbi.

1. Se andrò in Calabria, ti _____ (mandare) una cartolina.

2. Se venissi anche tu, io _____ (essere) felice.

3. Se l'aereo _____ (partire) in orario, a quest'ora noi saremmo già a Reggio Calabria.

4. Se non _____ (volere) fermarci a lungo a Reggio Calabria, possiamo anche trovare i tuoi parenti a Catanzaro.

5. Se io _____ (perdere) il lavoro in Calabria, mi trasferirei in una regione più prospera.

6. Se il mio cugino calabrese non avesse comprato una nuova macchina, non _____ (avere) problemi finanziari.

B. Ipotesi personali. Completa le frasi.

1. Se fossi scrittore _____.

2. Se sapessi cucinare _____.

3. Se ho sete _____.

4. Non mi sarei alzato/a presto stamattina se _____.

5. Se andrò in Italia quest'estate _____.

C. Dall'inglese all'italiano. Traduci le seguenti frasi.

1. If I had taken more Italian classes, I could have talked to my relatives in Calabria.

   _____

2. I wish that the economy in Calabria were better.

   _____

3. If it's hot, I'm not going out.

   _____

4. If I were you, I would forgive her.

   _____

5. If you drive faster, we'll be able to arrive in time for the soccer game.

   _____

Capitolo 11 *Passivo*

In the passive voice, the subject undergoes the action of the verb. The passive voice is formed with the verb **essere** in the tense of the active verb, and the past participle of the main verb.

L'Italia è visitata da milioni di turisti ogni anno.

Forma attiva	**Forma passiva**
Lo scrittore **scrive** il libro.	Il libro **è scritto** dallo scrittore.
Molti giovani **hanno visto** il film.	Il film **è stato visto** da molti giovani.
Il cuoco **preparerà** la cena.	La cena **sarà preparata** dal cuoco.
Molti popoli **dominavano** la Sicilia.	La Sicilia **era dominata** da molti popoli.
Gli Arabi **conquistarono** l'isola.	L'isola **fu conquistata** dagli Arabi.

Si passivante

Sometimes the construction with *si* gives the third person singular or plural a passive meaning.

Si ammira molto la cucina siciliana.

Sicilian cuisine is greatly admired. (People greatly admire Sicilian cuisine.)

A. Dall'attivo al passivo. Metti le frasi alla *forma passiva* secondo l'esempio.

Esempio: L'estate scorsa numerosi turisti hanno visitato la Sicilia.
L'estate scorsa la Sicilia *è stata visitata* da numerosi turisti.

1. Attraverso i secoli molti popoli dominarono la Sicilia.

_____.

2. La scoperta del petrolio ha favorito lo sviluppo industriale.

_____.

3. Tutto il paese riconosce i contributi siciliani alla vita culturale dell'Italia.

_____.

4. Luigi Pirandello e Salvatore Quasimodo hanno ricevuto il Premio Nobel.

_____.

5. La narrativa di Leonardo Sciascia rispecchia i problemi della Sicilia novecentesca.

_____.

6. I siciliani perfezionarono il teatro popolare delle marionette.

_____.

B. La cucina siciliana. Trasforma le frasi usando le costruzioni impersonali con *si*.

Esempio: Mangiamo molto pesce in Sicilia.
Si mangia molto pesce in Sicilia.

1. Distinguiamo diversi tipi di cucina.

_____.

2. Dai dominatori greci abbiamo ereditato le olive, la ricotta salata e l'agnello.

_____.

3. Prepariamo vari dolci di origine araba.

_____.

4. Serviamo le salse e il gateau lasciati dai francesi.

_____.

5. Gustiamo le insalate e le frittate ereditate dagli spagnoli.

_____.

6. Consumiamo gli antipasti popolari ai banchetti per strada.

_____.

Capitolo 12 *Gerundi e participi*

The Italian gerund corresponds to the English gerund (*-ing form*).

> *Ho imparato a recitare **guardando** i film.*
> I learned how to act by watching films.

> ***Avendo visto** molti film, sono diventato/a un bravo critico.*
> Having seen many films, I became a good critic.

Gerundio presente

and**ando** / vol**endo** / dorm**endo** → *by/while doing something*

> *Come ha imparato l'inglese Giorgio?*
> *L'ha imparato **leggendo** i libri inglesi.* (by reading)

> *Come viaggia per il mondo la Befana?*
> *Lei viaggia **volando** su una scopa.* (by flying)

> ***Andando** a scuola, ho ricordato che avevo un esame oggi.* (while walking)

Gerundio passato

avendo letto / **essendo** tornato/a/i/e → upon doing, having done

> ***Avendo letto** l'articolo, ho imparato che il presidente d'Italia è Giorgio Napolitano.* (upon reading/having read)

NOTE:

- pronomi nel gerundio: *vendendo**li**, avendo**lo** visto, essendo**ci** stato/a*
- **pur** + gerundio = benché o sebbene + verbo: *pur essendo giovane...* even though he/she was young...
- **stare** + gerundio = tempo progressivo, presente o imperfetto:

> ***Sto guardando** la televisione, non mi disturbare!*
> **I am watching** television, don't bother me!

> ***Stavo facendo** i compiti quando mi hai chiamato.*
> **I was doing** my homework when you called.

Appunti grammaticali

A. La Sardegna. Sostituisci la costruzione data con la costruzione del *gerundio presente* seguendo l'esempio.

Esempio: *Mentre leggevo* un romanzo di Grazia Deledda, mi sono innamorato/a della Sardegna.
Leggendo un romanzo di Grazia Deledda, mi sono innamorato/a della Sardegna.

1. *Mentre ero* in Sardegna, ho visto un'abbondanza di flora e fauna selvatiche.

_____.

2. *Dato che avevo* solo due settimane di vacanza, non sono riuscito/a a vedere tutta l'isola.

_____.

3. *Poiché non sapevo* dove andare per primo, mi sono fermato/a a Cagliari.

_____.

4. *Visto che sono vegetariana*, non ho mangiato la carne cotta allo spiedo, la pietanza più popolare in Sardegna.

_____.

5. *Sebbene non volessi*, mi hanno convinto ad assaggiare almeno il liquore di mirto.

_____.

B. Dall'inglese all'italiano. Traduci le frasi usando il *gerundio passato* secondo l'esempio.

Esempio: Having left in a hurry, she forgot her car keys.
Essendo partita in fretta, ha dimenticato le chiavi della macchina.

1. Having had just a little money, I could not go to the Smeralda Coast.

_____.

2. Having read the history of Sassari, I decided to visit it.

_____.

3. Having been heavily bombarded during the Second World War, Sassari's economy suffered.

_____.

4. Having won the Nobel Price, Grazia Deledda became the best recognized female writer in Italy.

_____.

5. Having been born in Sardegna, Deledda talked about the island and its people in all her novels.

_____.

C. Una giornata da studenti. Con un compagno / una compagna scambia le domande e risposte che riguardano una vostra giornata tipica.

Esempio: le 8 del mattino / fare
             Sono le otto del mattino. Che stai facendo?
             Sto facendo colazione, e tu?
             Sto dormendo.

1. le 9 del mattino / andare

2. le 11 del mattino / frequentare un corso

3. l'una / mangiare

4. le quattro del pomeriggio / studiare

5. le sette di sera / uscire

Participio presente e passato

The present participle is used as an adjective or a noun.

La sua è stata una risposta **impressionante**.

It can also replace a relative clause with **che**.

Le strutture **esistenti** (che esistono) sono state gravemente danneggiate.

The past participle is used to form compound tenses, such as _passato prossimo, futuro anteriore, trapassato prossimo_, etc.

Participio presente

funzionare	vedere	dormire
funzion**ante**	ved**ente**	dorm**ente**

Participio passato

funzion**ato**	visto	dormito

D. Nuoro: l'Atene sarda. Trasforma i seguenti verbi dal paragrafo sulla città di Nuoro in *participi presenti*.

Esempio: comprendere → comprendente

I. risalire → _____

2. apparire → _____

3. opprimere → _____

4. contribuire → _____

5. rimanere → _____

6. perdere → _____

E. L'economia sarda. Completa le frasi scegliendo il *participio passato* adatto.

Participi: fiorito, protetto, organizzato, sfruttato, conservato

I. Generalmente parlando, la pesca in Sardegna potrebbe essere meglio

_____.

2. La pesca del tonno invece è ben _____.

3. Molti turisti visitano l'isola per i suoi monumenti preistorici ben

_____.

4. Ci sono tanti fiori in macchia e gli oleandri

_____.

5. I cavalli sardi sono famosi e _____ dalla legge.

F. Grazia Deledda. Trasforma le frasi usando il *participio passato* secondo l'esempio.

Esempio: *Dopo che ha vinto* il Premio Nobel, Grazia Deledda è diventata famosa.
         Vinto il Premio Nobel, Grazia Deledda è diventata famosa.

I. *Poiché è nata* a Nuoro, un piccolo villaggio isolato, la Deledda parlava un dialetto simile al latino.

_____

2. *Dopo che si era sposata* con Palmiro Madesani, si è trasferita a Roma.

_____

3. *Poiché era molto legata* alla Sardegna, ha continuato a visitarla frequentemente.

_____

Vocabolario

This Italian-English vocabulary contains some of the active vocabulary that appears in the student text and select passive vocabulary. Only those meanings that correspond to the text use have been given. An asterisk (*) after a verb indicates that the verb requires **essere** in compound tenses.

The following abbreviations are used in this vocabulary:

adj.	adjective
adv.	adverb
conj.	conjunction
m./f.	gender
n.	noun
prep.	preposition

A

abbigliamento (*n., m.*) clothing
abbronzarsi* to sunbathe
abiura (*n., f.*) renunciation
accanto a (*prep.*) next to
accensione (*n., f.*) ignition
acciuga (*n., f.*) anchovy
accogliente (*adj.*) welcoming, friendly
accorgersi* to perceive
acronimo (*n., m.*) acronym
addestrare to train
addirittura (*adv.*) even
aereo (*adj.*) air, aerial
affascinante (*adj.*) fascinating
afferrare to grasp
affiancare to place side by side, to support, to add;
affiancarsi* to stand beside
affinché (*conj.*) so that
affliggere to trouble, to torment
affumicato (*adj.*) smoked
afonia (*n., f.*) loss of voice

aggiornato (*adj.*) up to date
aggirarsi* to wander about
agriturismo (*n., m.*) farm vacation
alimento (*n., m.*) food
allagamento (*n., m.*) flood
allargamento (*n., m.*) widening, enlargement
allargare to widen
allattare to suckle, to nurse
alleanza (*n., f.*) alliance
allevamento (*n., m.*) breeding
allevare to raise, to breed
allontanare to take away
altezza (*n., f.*) height
altopiano (*n., m.*) plateau
altura (*n., f.*) hill, high ground
alzarsi* to get up
amalgamare to blend
ambientalista (*n., m., f., adj.*) environmentalist
ambulante (*adj.*) traveling, itinerant

ammirare to admire

ammontare (a)* to amount (to)

ampio (*n., adj.*) spacious, wide

ampliare to widen, to enlarge

andamento (*n., m.*) course, trend

anguilla (*n., f.*) eel

annessione (*n., f.*) annexation

annesso (*adj.*) annexed

antenato (*n., m.*) ancestor

apice (*n., m.*) peak, apex

appalto (*n., m.*) contract

appartato (*adj.*) secluded

appenninico (*adj.*) Apennine

apprendere to learn

apprezzare to appreciate

arazzo (*n., m.*) tapestry

arbitro (*n., m.*) referee, arbitrator

argilla (*n., f.*) clay

arrestare to arrest

arretrato (*adj.*) behind, backward

arricchire to enrich

arricchito (*n., m.*) upstart; (*adj.*) enriched

artigianato (*n., m.*) craft

asprezza (*n., f.*) harshness

assediato (*adj.*) besieged

assegnare to assign

assenza (*n., f.*) absence

assolutistico (*adj.*) absolutist

assolvere to absolve

astigiano (*adj.*) native of Asti

atavico (*adj.*) primitive

attirare to attract

auspicio (*n., m.*) omen

autista (*n., m., f.*) driver

autoconcessionario (*n., m.*) authorized car dealer

autodeterminazione (*n., f.*) self-determination

autodidatta (*n., m., f.*) self-taught

autodromo (*n., m.*) speedway

autonomistico (*adj.*) autonomous

autoveicolo (*n., m.*) motor vehicle

avanguardista (*n., m., f.*) avant-garde artist

avanspettacolo (*n., m.*) curtain raiser

avvalersi* di to avail of, to make use of

avvenire to happen, to take place

avversario (*n., m.*) opponent

avverso (*adj.*) adverse, hostile

azienda (*n., f.*) firm, business

ℬ

baccalà (*n., m.*) dry or salted cod fish

bacino (*n., m.*) basin

badare (ai bambini) to take care of (children)

baldoria (*n., f.*) revelry

balneare (*adj.*) seaside

banchiere (*n., m.*) banker

banditismo (*n., m.*) banditry

barbabietola da zucchero sugar beet

barite (*n., m.*) barite (mineral)

basilico (*n., m.*) basil

battaglia (*n., f.*) battle

battistero (*n., m.*) baptistry

beach volley (*n., m.*) beach volleyball

benessere (*n., m.*) well-being

benestante (*adj.*) well-off

bestiame (*n., m.*) livestock

bianchetto (*n., m.*) whitener

biscazziere (*n., m.*) owner of a gambling den

bolletta (*n., f.*) bill

borgo (*n., m.*) hamlet

borragine (*n., f.*) borage

branzino (*n., m.*) sea bass

brigantaggio (*n., m.*) banditry, highway robbery

brodetto (*n., m.*) light broth

bruciare to burn

buccia (*n., f.*) rind, peel

buongustaio (*n., m.*) gourmet
bussola (*n., f.*) compass
buttare to throw

C

cacciare to hunt
calarsi* to lower
calcagno (*n., m.*) heel
calle (*n., f.*) street
calo (*n., m.*) fall, drop
calzatura (*n., f.*) footwear
camorra (*n., f.*) Neopolitan criminal organization
campagnolo (*adj.*) country
campeggio camping
campo di concentramento concentration camp
candito (*adj.*) candied
cannella (*n., f.*) cinnamon
cannoniere (*n., m.*) goal scorer
canocchia (*n., f.*) type of lobster
cantiere (*n., m.*) shipyard
cantieristico (*adj.*) shipbuilding
cantina (*n., f.*) cellar
caolino (*n., m.*) kaolin
capeggiare to head, to lead
capovolgere to overturn, to reverse
cappero (*n., m.*) caper
carbone (*n., m.*) coal
carica (*n., f.*) office appointment
caricabatteria (*n., m.*) battery charger
cartaceo (*adj.*) paper
cartario (*adj.*) paper
casseruola (*n., f.*) casserole
cattività (*n., f.*) captivity
cavare to take out, to draw out
cavarsela to come off lightly, to get away with
cedere a to give way to, to surrender to
celebre (*adj.*) famous
cencio (*n., m.*) cloth
cenere (*n., f.*) ashes

chiodo di garofano (*n., m.*) clove
cimentare to put to the test
cinghiale (*n., m.*) wild boar
cipollina (*n., f.*) small onion
circostante (*adj.*) surrounding
civetta (*n., f.*) owl
clacson (*n., m.*) (car) horn
clamoroso (*adj.*) noisy, resounding
clero (*n., m.*) clergy
cofano (*n., m.*) hood (of a car)
coinvolgere to involve
collegamento (*n., m.*) connection
collegare to connect, to join
collinare (*adj.*) hill
colonna sonora soundtrack
colto (*adj.*) cultured, well-educated
combattimento (*n., m.*) battle, fight
composto (*adj.*) compound
concetto (*n., m.*) idea
concime (*n., m.*) fertilizer
concussione (*n., f.*) extortion
condanna (*n., f.*) conviction
condannare to condemn
conferire to confer, to bestow
congerie (*n., f.*) jumble, heap
conquistare to conquer
conseguire to attain, to acquire
conservificio (*n., m.*) packing plant
contachilometri (*n., m.*) odometer
contagiri (*n., m.*) revolution counter
contrada (*n., f.*) quarter, district, street
contraffazione (*n., f.*) forgery, fake
corsa (*n., f.*) race
corsia (*n., f.*) lane
cortile (*n., m.*) courtyard
cosca (*n., f.*) clan
cosidetto (*adj.*) so-called
cospargere di to sprinkle with
costiero (*adj.*) coastal
costituire to set up, to form
costringere to compel, to force
credenza (*n., f.*) belief
crollo (*n., m.*) collapse
crostaceo (*n., m.*) shellfish

cruscotto   (*n., m.*) dashboard
cucciolo   (*n., m.*) cub, pup
custodire   to preserve, to take care of

D

danno   (*n., m.*) damage
debole   (*n., m.*) weakness; (*adj.*) weak
debuttare   to make one's debut
decadenza   (*n., f.*) decline
decano   (*n., m.*) dean
detenere   to hold, to detain
di gran lunga   by far
di pari passo   at the same rate, hand in hand
dichiarare   to declare
diffamare   to slander
differenziato   (*adj.*) differentiated
differire   to postpone
diffondere   to give out; diffondersi*   to spread, to enlarge upon
diffuso   (*adj.*) widespread
dilaniare   to overwhelm
dilettarsi*   to delight in, to take pleasure in
dintorni   (*n., m.*) outskirts
diramarsi*   to branch off
disconoscere   to ignore, to disregard
disgregato   (*adj.*) disintegrated
disporsi*   to place oneself, to get ready, to be about to
distinto   (*adj.*) different
divieto   (*n., m.*) prohibition
drappello   (*n., m.*) squad, group
ducato   (*n., m.*) dukedom

E

edilizia   (*n., f.*) building (construction)
elargire   to give generously
elencare   to list

elettrotecnica   (*n., f.*) electrotechnology
eliocentrismo   (*n., m.*) heliocentricism
emicrania   (*n., f.*) migraine
emittente   (*n., f.*) broadcasting station
entroterra   (*n., f.*) hinterland
epiteto   (*n., m.*) attribute
eresia   (*n., f.*) heresy
esecrabile   (*adj.*) abominable
esercito   (*n., m.*) army, troops
esibire   to exhibit, to display
esigenza   (*n., f.*) need, demand
esordire (isc)   to start out, to begin
espandere   to expand
esteso   (*adj.*) extensive
esuberante   (*adj.*) exuberant

F

falda   (*n., f.*) layer, stratum
fallimento   (*n., m.*) failure, flop
fanalino di coda   (*n., m.*) rear taillight
fango   (*n., m.*) mud
fantino   (*n., m.*) jockey
far emergere   to emerge
fare il sub   to scuba dive; fare il trekking   to trek; fare lo sci   to ski; fare lo snò   to snowboard; fare un tuffo   to dive
fase di crescita   growth phase
fattoria   (*n., m.*) farmhouse
favorire   to favor
filo   (*n., m.*) thread
filologia   (*n., f.*) philology
finché   (*conj.*) until
finocchio   (*n., m.*) fennel
fiorente   (*adj.*) flourishing
firmarsi*   to undersign
fitto   (*adj.*) thick
florido   (*adj.*) flourishing
flotta   (*n., f.*) fleet
fondiaria   (*adj.*) land

foraggio   (n., m.) fodder
forestale   (adj.) forest
frammentato   (adj.) fragmented
frammenti magmatici   magma
    fragments
frate   (n., m.) friar, monk
freccia   (n., f.) turn signal
frenare   to brake
fruttato   (adj.) fruity
fucilata   (n., f.) shot
fuga   (n., f.) flight
fuggire*   to avoid, to run away
    from, to escape
fulcro   (n., m.) fulcrum
fungere da   to act as
fungo velenoso   poisonous
    mushroom

G

gallinella   (n., f.) moorhen
gamma   (n., f.) range
gara   (n., f.) race, competition
gastronomico   (adj.) gastronomic
gelso   (n., m.) mulberry
germe   (n., m.) seed
gestione autoritaria   authoritarian
    management
gheriglio di noce   walnut kernel
ginestra   (n., f.) broom
giochi d'azzardo   (n., m.) gamble,
    game of chance
girasole   (n., m.) sunflower
giro d'affari   (n., m.) turnover
godere   to enjoy
godersi*   to enjoy oneself
golfo   (n., m.) gulf
goliardico   (adj.) student
gomito   (n., m.) elbow, bend
grana grattugiato   grated cheese
guadagno   (n., m.) earnings
guerra   (n., f.) war
guerriero   (adj.) warlike
guerriglia urbana   urban warfare

I

imburrare   to butter, to grease
immettere   to introduce
immutato   (adj.) unchanged
impartire   to give, to grant
impastare   to knead
impedire   to impede
impegnato   (adj.) politically
    involved
impennata   (n., f.) wheelie
impianti frigoriferi   refrigeration
    systems
imporre   to impose
imposta   (n., f.) tax
impresa   (n., f.) enterprise
in folle   (n., f.) in neutral
in prima   (n., f.) in first gear
incantevole   (adj.) delightful
incarcerare   to imprison
incendio   (n., m.) fire
inchiesta   (n., f.) inquiry
incidente stradale   road accident
incipit   (n., m.) start, beginning
incrocio   (n., m.) crossroads
indebolimento   (n., m.) weakening
indegno   (adj.) unworthy,
    disgraceful
indesiderato   (adj.) unwanted
indossare   to put on
ineguagliabile   (adj.) incomparable
infarinare   to flour
influire (isc)   to influence
infrangere   to break, to shatter, to
    crush
ingaggiato   (adj.) enlisted, hired
ininterrottamente   (adv.) non-stop,
    continuously
inoltre   (adv.) besides
inondazione   (n., f.) inundation,
    flood
inquinamento   (n., m.) pollution
inquisizione   (n., f.) inquisition
insaporire   to season, to flavor
insediamento   (n., m.) settlement

insediare   to install, to settle, to populate

inserirsi*   to become a part of

insopportabile   (*adj.*) unbearable

instaurare   to establish, to institute

intoccabile   (*adj.*) untouchable

intrattenimento   (*n., m.*) entertainment

invasore   (*n., m.*) invader

irrequieto   (*adj.*) restless

iscriversi*   to join

isolano   (*n., m.*) islander

ispirare   to inspire

istantaneamente   (*adv.*) instantaneously

ℒ

latifondo   (*n., m.*) large estate

latitante   (*n., m.*) fugitive

lattaio   (*n., m.*) milkman

lavorazione   (*n., f.*) manufacturing

legame   (*n., m.*) tie, bond

lessare   to boil

leva del cambio   stick (gear) shift; **leva del freno a mano**   hand brake

liberare   to free

lievitare*   to rise

lievito di birra   brewer's yeast

lignite   (*n., f.*) coal, lignite

limite di velocità   speed limit

lino   (*n., m.*) flax, linen

litoraneo   (*adj.*) coastal

liutaio   (*n., m.*) maker of stringed instruments

livello   (*n., m.*) level

lotta   (*n., f.*) struggle, fight

ℳ

macchinario   (*n., m.*) machinery

maggiorana   (*n., f.*) marjoram

maggiorenne   (adj.) of age; (n., m., f) person of age

maiolica   (*n., f.*) majolica, pottery, china

malavita   (*n., f.*) criminal underworld

malgrado   (*adv.*) despite

mancare*   to miss, to want

mandato   (*n., m.*) mandate, term of office

manodopera   (*n., f.*) manpower

mantenere   to maintain

marea   (*n., f.*) tide

marittimo   (*adj.*) sea, naval

marmo   (*n., m.*) marble

mascalzone   (*n., m.*) scoundrel

mercurio   (*n., m.*) mercury

meridionale   (*adj.*) southern

merletto   (*n., m.*) lace

merluzzo   (*n., m.*) codfish

mescolare   to mix

mestiere   (*n., m.*) job, profession

metalmeccanico   (*adj.*) engineering

mettere in moto l'auto   to start the car (to put the car in gear)

mettere in rilievo   to give prominence to

migliaio   (*n., m.*) thousand

minaccia   (*n., f.*) threat

minacciare   to threaten

minorenne   (*adj.*) underage; (*n., m., f.*) underage person

mirare   to aim (at)

mirto   (*n., m.*) myrtle

miscela   (*n., f.*) mixture

miscuglio   (*n., m.*) mixture

mitico   (*adj.*) mythical

mitilicoltura   mussel farming

mitilo   (*n., m.*) mussel

mnemotecnica   (*adj.*) technique of mnemonics

morente   (*adj.*) dying

morso   (*n., m.*) bite

mortaretto   (*n., m.*) firecracker

mostro sacro   mythical figure

multa   (*n., f.*) fine

mutamento   (*n., m.*) change

N

naufragio (*n., m.*) shipwreck, ruin
negare to deny, to negate
negoziazione (*n., f.*) negotiation
nemmeno (*adv.*) not even
nevralgico (*adj.*) crucial, center
nodo viario junction
noleggiare to rent, to hire
nonché (*conj.*) let alone
noncurante (*adj.*) indifferent
nonostante (*prep.*) in spite of
notevole (*adj.*) remarkable
notevolmente (*adv.*) considerably
noto (*n., m.*) known
nulla osta no objection to
nuoto (*n., m.*) swimming

O

occhialeria (*n., f.*) eyeglass
    industry
odierno (*adj.*) current, of today
oleario (*adj.*) oily
olio crudo crude oil
ombra (*n., f.*) shade
omertà (*n., f.*) code of silence
omogeneizzazione (*n., f.*)
    homogenization
omogeneo (*adj.*) homogenous
ondata (*n., f.*) wave, surge
orafo (*n., m.*) goldsmith
ortaggio (*n., m.*) vegetable
ostacolo (*n., m.*) obstacle
ostrica (*n., f.*) oyster
ostricoltura (*n., f.*) oyster farming
ottenere to obtain
ottica (*n., f.*) viewpoint
ovvero (*conj.*) or, rather

P

pallacanestro (*n., f.*) basketball
panno di lino linen cloth
papalino (*adj.*) papal

parabrezza (*n., m.*) windshield
paradossale (*adj.*) paradoxical
paragonabile (*adj.*) comparable
paraurti (*n., m.*) bumper
pareggiare to tie a score
pareggio (*n., m.*) tie, draw
parlamentare (*n., m., f.*) member
    of parliament
parrocchia (*n., f.*) parish
partita (*n., f.*) game, match
pascolare to graze
pastificio (*n., m.*) pasta factory
pastore (*n., m.*) shepherd
pastorizia (*n., f.*) sheep raising
patronato (*n., m.*) patronage
pattugliamento (*n., m.*)
    patrolling
peccato (*n., m.*) sin, shame
pecoraio (*n., m.*) shepherd
pedale del freno brake pedal; **pedale
    della frizione** clutch
pellame (*n., m.*) animal skin
pendice (*n., f.*) slope
perciò (*conj.*) therefore, so
perfino (*adv.*) even
pescare to fish
pesce luna (*n., f.*) sunfish
peschereccio (*n., m.*) fishing boat
petrolchimica (*n., f.*) petrochemi-
    cal industry
piaga (*n., f.*) sore, curse
pianeggiante (*adj.*) flat, level
pianura (*n., f.*) plain; **pianura
    Padana** the Po valley
piccione (*n., m.*) pigeon
piega (*n., f.*) fold, pleat
pilota (*n., m.*) race car driver
pinacoteca (*n., f.*) art gallery
piombo (*n., m.*) lead
pioppo (*n., m.*) poplar (tree)
pista (*n., f.*) track, trail
pista ciclabile cycle track
piuttosto (*adv.*) rather
pizzo (*n., m.*) lace
plagio (*n., m.*) plagiarism

pneumatico (*n., m., f.*) car tire
podere (*n., m.*) farm
polenta (*n., f.*) corn meal
poliedrico (*adj.*) polyhedral, multifaceted
poliglotta (*n., m.*) polyglot
porchetta (*n., f.*) roast suckling pig
portabagagli (*n., m.*) trunk
portare alla luce to bring to light
portata (*n., f.*) course
portavoce (*n., m.*) spokesperson
portiere (*n., m.*) goalkeeper
precedenza (*n., f.*) priority
pregiato (*adj.*) valuable
premere to press
première (*n., f.*) premier, first performance
pressappoco (*adv.*) thereabout, more or less
prevalere* to prevail
prevedere to foresee
prezzemolo (*n., m.*) parsley
primato (*n., m.*) supremacy
primizia (*n., f.*) early fruit/vegetable
privare to deprive; **privarsi*** to do or go without, to deprive oneself
procedere to proceed
proficuo (*adj.*) profitable, prolific
profugo (*n., m.*) refugee
progettare to plan
proibire (isc) to prohibit
proiettore anteriore front headlight; **proiettore abbagliante** bright headlight; **proiettore anabbagliante** dim headlight
promuovere to promote
provenire* to come (from)
provocare to cause, to provoke
provvedere to provide
provvista (*n., f.*) provisions
puntino (*n., m.*) dot

pupo (*n., m.*) puppet, marionette
pure (*conj.*) likewise

Q

quercia (*n., f.*) oak tree

R

raddoppiare* to double
raddoppio (*n., m.*) doubling
rado (*adj.*) sparse
raffinatezza (*n., f.*) refinement
rafforzate to reinforce
raggiungere to reach
raggruppare to group together
rallentare* to slacken, to slow down
rame (*n., m.*) copper
rappresaglia (*n., f.*) retaliation
rastrellamento (*n., m.*) police roundup
razza (*n., f.*) breed, race
razzismo (*n., m.*) racism
reato (*n., m.*) crime
recare to bring, to carry, to bear; **recarsi*** to go
recensione (*n., f.*) review
recipiente (*n., m.*) container
recitazione (*n., f.*) recitation, acting
reddito (*n., m.*) income
reggere to hold up, to support
reliquia (*n., f.*) relic
rendita (*n., f.*) income
reperto (*n., m.*) find
repertorio (*n., m.*) repertoire
respingere to repel
restante (*adj.*) remaining
restituire (isc) to return, to give back
restringimento (*n., m.*) restraining, narrowing
rete (*n., f.*) net
retromarcia (*n., f.*) reverse gear

retroterra (*n., m.*) hinterland

rettore (*n., m.*) principal

riacquistare to regain

riconducibile (*adj.*) ascribable, referable

riconoscimento (*n., m.*) recognition

ridurre to reduce

rifiuto (*n., m.*) refusal

rigorista (*n., m.*) penalty kicker

rilevanza (*n., f.*) importance

rimediare to remedy

rinomato (*adj.*) renowned, famous

rinviare to return, to postpone

ripopolare to repopulate

ripresa (*n., f.*) recovery

risalire* to go up again

riscontrare to notice, to find, to compare

risiedere to reside

risorsa (*n., f.*) resource

risorse finanziarie financial resources

rispecchiare to reflect

ristagnare to be stagnant

ristagno (*n., m.*) stagnation

riva (*n., f.*) sea shore

rivalità (*n., f.*) rivalry

rivelarsi* to reveal oneself

rivestire to cover

rosmarino (*n., m.*) rosemary

rosolare to brown

rovesciare to overthrow

rovinato (*adj.*) ruined

ruota (*n., f.*) wheel

$\mathcal{S}$

sabaudo (*adj.*) of the house of Savoy

salina (*n., f.*) saltern

salma (*n., f.*) corpse

salsa (*n., f.*) sauce

salvaguardia (*n., f.*) safeguard

salvia (*n., f.*) sage

sano (*adj.*) healthy

sarago (*n., m.*) seabream

sboccare* to flow (into), to open (into)

sbucciare to peel

scalare to climb, to scale

scaldare to heat

scambi commerciali commercial trades

scambiare to exchange

scambio (*n., m.*) exchange

scarico (*adj.*) discharged, empty; (*n., m.*) waste, discharge

sci acquatico water skiing

sciogliersi* to free, to release

sciolto melted

scissione (*n., f.*) fission

scolare to drain

scolaro (*n., m.*) school boy

scomparire* to disappear, to vanish

scomunicare to excommunicate

sconfiggere to defeat

sconvolgere to disturb, to upset

scoppiare to explode

scoppio (*n., m.*) explosion

scorfano (*n., m.*) scorpion fish

scossa (*n., f.*) shock, tremor

scrofa (*n., f.*) sow

scudetto (*n., m.*) championship

sdraiare to lay down; sdraiarsi* to lie down

seguito (*n., m.*) continuation, following

selvatico (*adj.*) wild

semaforo (*n., m.*) traffic light

sembianza (*n., f.*) look

semiotica (*n., f.*) semiotics

serbatoio (*n., m.*) tank

servire* to serve as

settentrionale (*adj.*) northern

settore (*n., m.*) sector

sfociare* to flow into

sfogo viscerale profound outburst

sfruttare to exploit, to utilize

sfumare* to soften

sgocciolare* to drain

sgranare to shell, to husk

siderurgico (*adj.*) iron and steel

sidro (*n., m.*) cider

sieda (*n., f.*) initial

sindacalista (*n., f.*) trade unionist

smarrire to lose, to misplace

snocciolare to stone, to pit

solidale (*adj.*) in agreement

somaro (*n., m.*) donkey

sommergere to submerge

sommerso (*adj.*) sunken

soprannominare to nickname

sorgere* to rise

sorpassare to overtake, to go past

sorvegliare to watch over

sostanzialmente (*adv.*)
    substantially

sostenere to sustain

sostenuto (*adj.*) elevated

sostituire to substitute

sottosuolo (*n., m.*) subsoil

sovraffollamento (*n., m.*)
    overcrowding

sovranità (*n., f.*) sovereignty

sovrano (*n., m.*) sovereign

spalmare to spread

sparire* (isc) to disappear, to
    vanish

spedizione (*n., f.*) expedition

spelare to strip

spericolato (*adj.*) fearless, daring

spezia (*n., f.*) spice

spezzettare to break up

spolverare to dust

sprofondamento (*n., m.*) sinking,
    collapse

spugnoso (*adj.*) spongy

sradicare to eradicate

stagionale (*adj.*) seasonal

stoffa (*n., f.*) textile, fabric

stradale (*adj.*) road, traffic

strapagare to overpay

strato (*n., m.*) layer

stringere to tighten

stupefacente (*n., m.*) drug, narcotic

subire (isc) to endure, to undergo,
    to suffer

succhiare to suck

succoso (*adj.*) juicy

suddiviso (*adj.*) subdivided

suffragio (*n., m.*) vote

sughero (*n., m.*) cork

suino (*adj.*) swine

suscitare to arouse, to provoke

susseguire* to follow;
    susseguirsi* to succeed each
        other, to follow each other

svago (*n., m.*) relaxation, pastime

svenire* to faint, to pass out

sviluppare to develop

svolgere to perform

T

tagliare to cut

talvolta (*adv.*) sometimes

tamburello (*n., m.*) tambourine

tangente (*n., f.*) bribe, tangent

tappa (*n., f.*) stop, stage, phase

targa (*n., f.*) license plate

tasso di natalità/ mortalità
    birthrate/deathrate

tenerci a to care about

tergicristallo (*n., m.*) windshield
    wiper

terziario (*adj.*) tertiary; (*n., m.*)
    services industry

tessile (*adj.*) textile

timo (*n., m.*) thyme

tornare* to return, to go back

traccia (*n., f.*) trace

traghetto (*n., m.*) ferry

tramandare to hand down

trascorrere* to pass, to spend
    (time)

trascurare to neglect, to omit

tribunale (*n., m.*) court of justice

triglia (*n., f.*) cardinal fish

tritare   to mince

troncamento   (*n., m.*) truncation

tumulto   (*n., m.*) commotion, uproar

turbolento   (*adj.*) disorderly, turbulent

tutela   (*n., f.*) guardianship, protection

tutelare   to protect

𝒰

unire   to unite

uovo in camicia   poached egg

urtare   to bump into

usanza   (*n., f.*) custom

usura   (*n., f.*) usury

uvetta   (*n., f.*) raisin

𝒱

vagare   to wander

valanga   (*n., f.*) avalanche

valicare   to cross

vano portaoggetti   glove compartment

vantare   to boast

vaporetto   (*n., m.*) steamboat, steam ferry

vassoio   (*n., m.*) tray

veleno   (*n., m.*) poison

verificarsi   to happen

versare   to pour, to spill

vicenda   (*n., f.*) event

vicissitudine   (*n., f.*) trial, tribulation

vigile   (*n., m.*) traffic policeman

villeggiante   (*n., m.*) vacationer

vincere   to win

vinicolo   (*adj.*) pertaining to wine, wine-growing/producing

viticoltura   (*n., f.*) vine growing

vitigno   (*n., m.*) vine stock/plant

vivacità   (*n., f.*) liveliness

𝒵

zafferano   (*n., m.*) saffron

zinco   (*n., m.*) zinc

zootecnico   (*adj.*) zootechnical

Photo Credits